国家自然科学基金地区项目（项目编号：71463058）

经济管理学术文库·经济类

# 新形势下新疆棉区农业社会化服务体系的创新与扶持政策研究

## Study on Innovation and Support Policy of Agricultural Socialization Service System in Cotton Region of Xinjiang Under the New Situation

### 余国新　等／著

经济管理出版社
ECONOMY & MANAGEMENT PUBLISHING HOUSE

图书在版编目（CIP）数据

新形势下新疆棉区农业社会化服务体系的创新与扶持政策研究/余国新等著.—北京：经济管理出版社，2019.9
ISBN 978 - 7 - 5096 - 6837 - 5

Ⅰ.①新… Ⅱ.①余… Ⅲ.①农业社会化服务体系—研究—新疆 Ⅳ.①F327.45

中国版本图书馆 CIP 数据核字（2019）第 171642 号

组稿编辑：曹　靖
责任编辑：曹　靖　郭　飞
责任印制：黄章平
责任校对：董杉册

出版发行：经济管理出版社
　　　　　（北京市海淀区北蜂窝 8 号中雅大厦 A 座 11 层　100038）
网　　址：www. E - mp. com. cn
电　　话：（010）51915602
印　　刷：北京玺诚印务有限公司
经　　销：新华书店
开　　本：720mm×1000mm/16
印　　张：22.75
字　　数：395 千字
版　　次：2019 年 12 月第 1 版　　2019 年 12 月第 1 次印刷
书　　号：ISBN 978 - 7 - 5096 - 6837 - 5
定　　价：88.00 元

# 《新形势下新疆棉区农业社会化服务体系的创新与扶持政策研究》

## 项目课题组成员

| | | | |
|---|---|---|---|
| 组长 | 余国新 | 新疆农业大学 | 教　授 |
| 成员 | 宋玉兰 | 新疆农业大学 | 教　授 |
| | 李先东 | 新疆农业大学 | |
| | 尹军军 | 新疆农业大学 | |
| | 帕尔哈提·哈斯木 | 新疆农业大学 | 讲　师 |
| | 蒲　娟 | 新疆农业大学 | 博士生 |
| | 陈玉兰 | 新疆农业大学 | 副教授 |
| | 关全力 | 新疆农业大学 | 副教授 |
| | 高欣宇 | 新疆农业大学 | 硕士生 |
| | 周风涛 | 新疆农业大学 | 硕士生 |
| | 郑春继 | 新疆农业大学 | 硕士生 |
| | 常　俊 | 新疆农业大学 | 硕士生 |
| | 杨　旭 | 新疆农业大学 | 硕士生 |

# 前　言

　　农业社会化服务水平的提高对现代农业生产的发展影响深远，研究新疆棉区农业社会化服务对提高社会化服务质量意义重大。尤其在"一带一路"倡议背景下，要提升沿线省份农产品的综合竞争力，通过推进农业社会化服务发展，降低农产品生产、运输和销售成本，成为破解农业发展问题的关键。目前，新疆棉区农业社会化服务体系虽已逐步建立，但其发展存在诸多问题，如服务体系建设滞后，基层服务体系特别是农业技术推广服务体系不健全，社会化服务广度和深度并不能满足农民的广泛需求等。新疆作为三大棉区之一，提高农业社会化服务质量对棉花提质增效意义深远。鉴于此，书中基于制度经济学、路径依赖、农户经济行为理论、供求理论和顾客满意度等理论，依据调研数据，运用描述性统计，构建计量模型，探析新形势下新疆棉区农业社会化服务体系的创新与扶持政策。

　　本书以新疆棉区 5 个地州 13 个县市 1726 户棉农的调研数据为基础，从棉区农业社会化服务现状分析入手，揭示农业社会化服务体系困境；构建新疆棉区农业社会化服务水平的指标体系，基于熵值法测算考察农业社会化服务水平程度与态势，搜寻影响农业社会化服务总体发展水平的关键节点；探讨异质性农户对新疆农业社会化服务的需求意愿与差异，构建二元 Logistic 回归模型剖析影响需求意愿差异的因素，结合棉区农户的借贷行为差异，构建回归模型深入剖析影响其借贷行为的关键因素，从农户禀赋、风险偏好的视域探析棉农的参保决策行为；提炼服务效果评价指标，基于多元 Logistic 回归模型评价新疆棉区农业社会化服务效果，探索农户异质性、区域特征差异对农业社会化服务效果评价及对服务效果的影响机理；基于因子分析筛选影响新疆棉区农业社会化服务结构性失衡的主要因子，构建影响其结构性失衡的结构方程模型，探析影响其结构性失衡的关键因素；将统计分析与有序多分类 Logistic 回归模型相结合，探究影响新疆棉区农户销售服务渠道选择的主要影响因素；以新疆期货合作社的发展为依据，深入探析棉区农户参与期货合作组织的意愿。基于以上分析，从服务主体功能定位、服务内容、服务方式等方面，提炼新疆棉区农业社会化服务体系的改进内容、方向及服务创新模式，提出服务模式创新的政策策略。

通过实证分析得出了以下结论：一是新疆农业社会化服务体系呈现主体多元化、内容多样化发展，服务渠道逐渐拓宽、模式不断创新的现状；但面临棉区合作社数量少、棉农入社不积极、棉农技术获得率高但渠道不多、资金来源单一、缺乏棉花种植信息、棉花产品销路不畅等困境。二是新疆农业社会化服务水平整体呈波动上升趋势但发展较缓慢，公共、生产、科技信息和金融流通服务等服务项目发展水平差异显著；其制约度由低到高依次是科技信息、金融流通、生产和公共服务；波动趋势最复杂的是公共服务制约度的变化，其次是生产服务和金融流通服务制约度的变化，科技信息服务制约度变化相对不显著。三是新疆棉农对农业社会化服务的技术需求强烈，但渠道和指导主体单一，资金需求旺期望专业组织提供资金保障，想获得棉花保险服务但了解渠道少，棉农获取信息意识强但获取渠道传统，影响棉农需求程度差异的因素颇多。四是棉区农户对农业社会化服务的评价总体较好，不同种植规模农户对农业社会化服务的评价有差异，种植规模、性别、受教育程度、个人经历、家庭规模等是影响农户评价各项服务的显著因素。五是新疆棉区农户借贷需求程度高，获得贷款期限短、高利率、额度低，其偏好从正规渠道获得贷款，农村信用社是农村金融市场的主力军，但资金供给仍不能满足其借贷需求；性别、文化程度和是否务农、家庭劳动力人数等变量是显著影响因素；激进型农户对资金需求较为强烈且取得贷款的比例较高，保守型和中立型农户以中小额贷款为主且从正规金融机构取得贷款的比例略低。六是异质性农户对棉花销售渠道需求程度有差异，年龄、文化程度、劳动力人口数、种植年限、种植规模等对棉农销售渠道选择影响显著。

在此基础上，探索构建新型基层农业技术推广服务体系、完善专业合作社的服务功能、建立农户与棉花加工、销售企业的新型合作关系、大力发展各种类型的农业保险品种等棉区农业社会化服务供给改进路径，提出了保障农业技术推广的经费投入、创新农技推广服务方式、建立由政府主导的大农业信息服务平台等完善农业社会化服务体系的政策建议，为新疆及其他地区农业社会化服务的发展提供理论和借鉴依据。

# 目　录

# 第1章 绪 论

## 1.1 研究背景与研究意义

### 1.1.1 研究背景

建立新型农业社会化服务体系是在家庭承包经营基础上实现农业现代化的必由之路（陈锡文，2010）。早期经典的现代化理论认为，农业现代化是工业化的产物，也是传统农业社会向工业社会的转变。制度变迁和技术创新是农业发展的诱致性因素，技术是农业发展的核心因素，技术成果在工农业中的运用，带来了农业产业专业化分工的深入和农业产业链各环节协作的加强，农业发展逐渐从农业部门内部的分工服务，拓展到市场服务和社会综合服务领域。党的十八届三中全会提出了必须健全农业社会化服务体系，提高农业经营组织化程度，促进农业现代化发展进程，并把推动服务业的发展作为产业结构优化升级的战略重点。农业社会化服务体系的不断完善成为农业现代化的主要内容和发展趋势。

新疆是以农业为主的省份，棉花产业优势突出，2018 年棉花种植面积已占全国的 74.32%，总产量占全国的 83.8%①，已建成国家最大的优质商品棉和国内唯一的长绒棉生产基地，棉花产业已经成为新疆的主导产业之一，为保障国家棉花安全做出了重大贡献，在促进新疆国民经济发展和农业增产、农民增收中发挥了重要作用。但新疆棉花生产仍存在着市场信息掌握不及时，棉价大起大落；技术服务不到位，优质棉少，棉花品种"多、乱、杂"；棉花纤维长、细、强不

---

① http：//sh. qihoo. com/pc/9cbb9c665d3d29f05？cota＝3&sign＝360_ 57c3bbd1&refer_ scene＝so_ 1.

协调，据农业部棉花纤维品质抽样结果显示，一直存在着强力偏低、陆地棉纤维长度稍短等问题。棉花生产未能适应市场经济要求，新疆棉区农业社会化服务体系建设滞后，基层服务体系特别是农业技术推广服务体系线断、网破、人散，农业社会化服务"最后一公里"问题十分突出。此外，忽视农户需求意愿，导致服务结构性失衡，极大地影响了服务效果。

目前，农业社会化服务的供需矛盾突出，现有的农业社会化服务体系难以满足农户的需求。一是现代农业发展的农业社会化服务需求与劳动者素质之间的矛盾更加突出；二是农户对农业社会化服务的需求与服务的供给矛盾突出；三是社会化服务组织提供的服务缺乏针对性难以满足农户农业生产等领域的需求；四是农产品深加工领域的服务供给不多，不能有效引导农户增加农产品的附加值，影响农民收入的增加；五是农村金融服务发展不能有效满足农户发展生产的资金需求。在市场经济条件下，农户需求导向的农业社会化服务已经形成必然趋势。服务体系的建设应以农户的需求为中心，改善农业社会化服务供给状况，满足农户对农业社会化服务的需求（庞晓鹏，2006）。因此，如何建立一个与我国现代农业相适应的新型农业社会化服务体系，已成为当前必须面对和解决的重要任务。

社会化服务也是近年来学术界研究"三农"问题的热点，研究主要集中在对农业社会化服务主体作用、社会化服务供求、农户服务渠道的选择研究等方面（孔祥智等，2010；孙剑等，2009），研究涉及面比较广，既有宏观又有微观，既有理论也有实证，不少观点也很有创见。但总体来看，宏观层面的理论探讨过多，微观层面的研究和实证分析特别是基于供给主体和农户需要的实证分析鲜见。而且目前的很多理论研究和对策研究都因其泛泛而论，没法为农业社会化服务体系的建立提供可行的、可操作的具体意见。此外，各个地区的农业基础和农业运作模式存在一定差异，这种研究成果无法提供具有针对性的解决方案（龙书芹，2010）。

2014年国家棉花政策已出现重大转变，中央一号文件明确确定，新疆棉花收购政策将由临时收储政策向目标价格补贴政策转变。此外，从2013年9月开始我国将全面实施GB1103—2012棉花国家标准，摒弃棉花品级检验方法，改用颜色分级检验方法，新标准的实施不仅改变了原有的分级观念，同时也推翻了原有的贸易结算体系，将对新疆棉花产业产生重大而深远的影响。

### 1.1.2　研究意义

基于以上背景，本书以新疆棉区农业社会化服务体系为研究对象，对新疆棉区农业社会化服务效果、农户意愿、供需结构性失衡的影响因素、机理进行深入探索，以调研的新疆塔城地区沙湾县、阿克苏库车县、喀什地区莎车县为典型案例，对其服务效果及结构性失衡路径进行全面剖析，试图建立农业社会化服务效果评价、结构性失衡的边界、假设及其理论框架，最终为促进新疆棉区社会化服务体系的机制创新提供理论和现实依据。本书研究的意义：①运用福利经济学理论，立足农户福利的角度，剖析影响农业社会化服务效果的机制及差异，探索影响农业社会化服务效果的关键因素，为农业社会化服务提供指导方向。②探讨受访者个人特征、农户家庭与生产特征等与农户需求意愿之间的关联关系和影响机制，分析异质性农户对各项社会化服务需求意愿的差异及影响因素。③利用供需理论，基于农户种植规模、受教育程度的差异，分析棉区农业社会化服务项目内容结构性失衡、服务渠道结构性失衡状况及程度，探求引起结构性失衡的原因。④基于以上实证分析，依据路径依赖理论和棉花产业未来发展方向，设计新疆棉区农业社会化服务的改进路径，探讨服务主体在服务内容、服务方式等方面的改进方向，提出供需对接的内容，探索一体化服务等创新模式，提出扶持政策，为政府部门改革、农业市场规范、专业合作组织发展和完善农业社会化服务体系提供理论依据。

## 1.2 国内外研究综述

### 1.2.1 国外研究综述

由于经济社会背景不同，国外对于农业社会化服务的研究起步较早。到20世纪八九十年代，美国、西欧、日本等发达国家已建立起比较完善的贯穿产前、产中、产后整个农业生产过程的社会化服务体系，相关研究也逐渐开始升温。国外的相关研究主要涉及如下一些问题：

一是政府与私人部门在服务中的范围划分问题。一直以来，国外学者较为关注政府与私人部门在农业服务中活动与权力范围如何划分的问题，如政府应在哪些活动领域中坚守，又该从哪些领域退出，政府与私人部门各自应在农业服务中扮演何种角色等，国外学者在这些方面的研究较多，也较为成熟，但还没有形成统一的定论和方案。私人企业比政府公共部门在资源和人员管理方面具有较大的灵活性,通过与其他企业进行市场竞争,降低了商品的价格,提高了服务的质量和效率,从而最终使农民受益。但私人企业不是万能的,在许多发展中国家的农业服务领域,政府公共部门仍然发挥着不可替代的作用。政府公共部门与私人企业相结合共同提供农业服务是一种较好的解决思路(A. Sen and M. Chander, 2003)。政府可利用其在调用广播、电话、网络等媒体方面的成本优势,以促进科学技术和信息的传播与推广(Carney, 1995)。对于进行大规模商业化生产的农民来说,完全商业化和私人化的推广服务是有效的。由公共部门引入成本回收机制,可以有效地减轻政府的财政负担,促进私人服务的发展,但这仅适用于农产品生产过剩的地区(Kidd, 2000)。由于服务需求具有价格弹性,农民的支付意愿也是决定成本回收机制是否合理的重要因素。在通常情况下,小规模生产的农民不会花钱购买商业性的推广服务,除非它能使农民在短期内获益,因为农民为获得建议和信息所支付的成本往往只会抵消利润的增长,并不能使农民从中获益。另外,如何对所提供的服务进行合理定价也是促进农村发展的目标,从而肯定第二世界国家由政府主导农业服务的做法是有困难的(Dinar, 1996)。David Hulme(1983)通过对第二世界国家的考察,认为由私人企业提供农业服务能够促进农业增产。大多数国家政府角色转变的目标主要有两个:第一,通过提供服务以增进社会福利,第二,促进效率与资本价值的最大化。而后一个目标则需要市场的高度参与,即政府公共部门要在市场竞争领域中退出而允许私人企业进入,从而通过市场力量推动私人企业朝向社会合意的目标发展。但并不是所有的服务都适合于由市场提供,其中的一些服务将仍由政府来提供,这样可以减少组织与运行成本,促进效率的提高(John Farrington, 2002)。

二是农业社会化服务体系中服务组织效率的研究。服务组织主体效率问题是国外农业社会化服务组织研究的主流问题。主要内容涉及农业服务在市场制度安排和非市场制度安排中效率的比较,以及如何在农业社会化服务体系中实现市场导向和政府管理导向的有效结合。关于非营利组织与营利组织效率问题,主要原因是市场失灵和政府失灵(Weisbrod B., 1974)、信息不对称的契约失灵(Hansman H. B., 1980)。由于市场提供的服务只能满足能够支付或愿意支付的部分社会需求,还存在大量市场不满足的需求,而政府提供的服务也只能够满足部分农民的需求,因此两者都存在效率缺陷。政府对农业支持服务应该分散进行,一方面由政府或非营利组织提供支持服务,另一方面政府通过支持私人组织满足市场服务需求，这样可以提高对农业服务支持的效率（Lawrence D. Smith，1997）。
Haitham 和 El－Hourani（2005）研究发现，农业技术推广、农业研究、农业投资
等领域的政府和私人部门的职能分散，有利于农业服务效率的提高。通过分散服
务，形成合作伙伴关系，从而使非营利性组织和营利性组织产生竞争合作，提高
服务效率（David J. S.，Klaus V. G.，2004）。关于农业融资服务中政府贷款方
式、金融市场干预、不良贷款处理、中介组织的选择等服务对农业发展具有影
响。因此，如何建立和完善农村信贷市场和融资机构，保证农业融资的充足率，
加强风险成本管理，是政府和私人市场面临的挑战（Peter. J. B.，2001；Urutyan
et. al.，2006）。

三是农业社会化服务体系中服务组织合作的研究。国外关于农业服务合作的
研究主要涉及三个方面：①政府和民间等非营利组织与市场私人服务组织的合
作。合作的主要原因是两者服务对象存在局限性和不足，需要两者合作互补实现
满足不同市场的农业服务的需要（Weisbrod. B.，1974；Hansman. H. B.，1980；
Kramer，1987；Salamon，1992）。②农业服务市场的垄断结构存在，寡头垄断组
织之间的价格和市场的博弈，促进寡头企业通过与农民合作组织的合作获得竞争
优势（Richard J. S.，Xton，1990）。同时，合同农业出现，使大量农户与企业建
立基于合同安排的合作机制（James M. Macdonald，Mary C. Ahearn，David Bank-
er，2004）。③技术进步诱致农业专业化和产业链的延伸，产生农工商一体化合
作。Seitz 和 Wesley D. 等（1994）认为随着技术进步和农产品加工深入，农业初
级产品市场比例越来越小，涉农的服务业也快速发展，特别是农业的产后部门就
业人数超过了农业本身，加工与销售服务增加的种类和数量成为一个国家农业发
达程度的指标。

四是关于服务主体为农服务与发展问题的研究。主要涉及农业推广组织、龙
头企业、农民合作经济组织。关于农民合作经济组织为农服务与发展问题的研究
主要集中在：第一，对于合作社的作用和价值方面的研究。有两种不同的观点，
一种观点认为合作社对农业经济发展具有重要作用（Emelianoff，1942；Enke，
1945；Phillips，1953；Helmberger and Hoos，1962；Sexton，1986），另一种观点
认为合作社不具有效率性（Porter，1987）。第二，合作组织有效运作因素的研
究。合作社有效运作的关键因素有：合作组织的结构和政府的支持因素（Rezaei
Moghaddam K.，2005），合作组织成功程度与成员属性的关联程度，尤其是与成
员对于自身参与合作组织管理的看法有关（Csterberg Peter，Nilsson Jerker，

2009）。关于农业推广组织为农服务问题的研究主要集中在：①公共部门在农业推广中的作用。肯定了私营推广部门和公共部门在农业推广中的作用（C. R. Wise, 1990；M. Upton, 1992；R. Chapman and R. Tripp, 2003；W. M. Rivera, 2008），认为应该建立多元化农业推广体系。②农业技术推广模式的研究。认为农业技术推广模式分为三种类型：政府主导型模式、市场主导型模式、综合型模式（Ariel Dinar 1996；Charles R. Wise, 1990；Ujiro Hayami, V. W., 1970；G. Feder and R. Slade, 1984）。③关于服务对象的研究。认为无论是私有服务还是公有服务，都依赖于与农民的联系。但私人部门推广服务更倾向于满足规模大、资源丰富的农民需要，因为它的首要利益是创造利润（Andrew P. Davidson, Munir Ahmad, Tanvir Ali, 2001）。对龙头企业为农服务的研究主要集中于契约选择与关系治理。

### 1.2.2　国内研究综述

国内学者对农业社会化服务的研究主要集中在以下几个方面：

一是农业社会化服务体系的含义和范畴研究。农业作为经济再生产的各基本环节，再生产不是由个别生产经营者完成的，它必须依赖于其他部门的配合（孔祥智，2006）。农业社会化服务的本质属于专业分工的范畴，其发展是"技术进步和社会分工的结果"（龚道广，2000）。农业社会化服务体系涉及农业生产的产前、产中和产后各个方面，农业要实现小生产与市场的有效对接，关键是要建立一个灵活、高效、适应市场经济体制要求的体系，涉及信贷服务、机械服务、加工服务、生产流通服务等（周维松，2003）。从农业经济学角度，农业社会化服务可以看作农业内部产业化过程（周维松，2003）。无论从哪个视角研究，学者都认可农业社会化服务的社会分工本质。这种"分工交换产生市场社会化，成为所有社会理性的社会行为的原始类型"（Max Weber, 1913）。

学者们也从制度、功能等不同的角度对农业社会化服务体系进行了界定。农业社会化服务体系是商品农业发展到一定阶段的产物，是现代农业生产分工体系和新型市场体系（樊亢等，1994）。从功能角度，农业社会化服务体系是社会经济组织为满足农业生产的需要，给直接从事农业生产的经营主体提供各种服务所构成的一个网络体系（程富强等，2005）。从制度角度，农业社会化服务体系是连接农产品与市场、农业生产中的市场化服务以及综合性解决"三农"问题的一种机制。学者对农业社会化服务体系的不同定义，反映了各自研究视角的不同

（龙书芹，2010）。

二是农业社会化服务主体及农户之间的关系研究。关于农业社会化服务主体主要有下述几种观点：统一主体思路，认为农业社会化服务体系的主体应为涉农的政府部门（樊亢等，1994）；基于多元主体参与的农业服务组织思路，主张服务主体应从主要由政府、农业事业单位向政府涉农部门、事业单位、企业、合作社、协会、农户等多主体发展；以某一服务主体为主的多元化组织建构，主体相互补充、彼此配合，从而为农业社会化服务体系提供多层次、多形式和系列化的服务（段大恺，1990；蒋永穆等，2016）。市场的各种主体（个人、企业、合作组织、各种专业服务组织等），按照市场运行法则，以经济效益为中心，向农户提供农业服务，有些农业服务又是单靠市场所难以解决的，所以"有形的手"作为补充力量也向农户提供农业服务（赵美玲、马明冲，2013）。目前我国已经在农业推广机构、合作社、信用社、专业协会和企业等服务组织的基础上，初步形成了服务主体多元化、内容系统化、性质社会化的农业社会化服务体系（孔祥智等，2009；蔡家福、程富强等，2005）。虽然已初步形成了多主体共同参与提供农业社会化服务的格局，但服务农户的效果远没有实现（李俏、王建华，2013）。公益性服务组织作为农业社会化服务的重要主体，存在资源分散、部门分割、队伍老化等问题；合作性服务组织和市场性服务组织在现代农业发展中，提供了越来越多的农业社会化服务，但由于缺乏资金支持、政策优惠以及组织内部发展等问题影响了农业社会化服务职能的有效发挥（鲁可荣、刘红凯，2012）。

农业社会化服务主体在提供农业社会化服务中的作用不一，政府机构及村集体是外部性较强的农业社会化服务提供主体。农业社会化服务项目供求关系不因外部性大小而相异（孔祥智、徐珍源，2010）。农村合作组织以其自身的优势和条件必将成为其中的主导力量，农村合作组织是农业社会化服务的主导力量（曾福生、李小卉，2002），与农业公共服务部门、私人部门相比所具有的独特组织优势（苑鹏，2011）。龙头企业提供农业社会化服务的供给严重不足，缺乏针对企业进行农业社会化服务的具体政策，企业进行农业社会化服务的资金问题突出，企业进行社会化服务的人才不足（谭智心、孔祥智，2009）。公共服务机构和中间服务组织为农户提供的社会化服务的质量及其自身的成本收益已经成为影响农业社会化服务持续发展的重要因素，只有适应市场需求，提供高水平的服务，才能够给农户带来实惠，被农户所接受，农业社会化服务才能持续稳定地发展（段秀萍、王洋、郭翔宇，2013）。

三是农业社会化服务需求与供给及供求差异研究。农业社会化服务供给与需求的情况是研究农业社会化服务的基础。多项研究表明，农户对农业社会化服务有着强烈需求（孔祥智、徐珍源，2010；鲁可荣、郭海霞，2013；李俏、张波，2011）。农户对农业生产性服务需求迫切，且偏好于技术服务、销售服务和农资购买服务，农户自身特征和服务信息来源对农业生产性服务需求意愿的影响很大（庄丽娟、贺梅英等，2011），经营规模、家庭劳动力人数、人均纯收入、是否从事农业生产、区域位置等也对农户的农业社会化服务需求有显著影响（李俏，2011）。农户对农业社会化服务的需求呈现出多元化、专业化的趋势。农业社会化服务供给环节和内容存在片段性和不稳定性，服务组织与农户利益联结不紧，服务的单一性、一次性特点突出，服务性质的商业色彩浓、社会公益性弱。随着市场化程度的不断深入，专业化分工趋势越来越明显，公共服务机构、合作经济组织、企业等多种服务提供者与农户在长期互动中寻求建立起动态的供需平衡（谈存峰、李双奎等，2010）。当前和今后相当一段时期内农业社会化服务体系建设要解决的根本问题是以农户需求为中心，改善农业社会化服务供给状况，满足农户对农业社会化服务的需求，但原来由政府扮演主要角色的农业社会服务方式已经不能满足农户生产的需要。从调查看，农业社会化服务内容与农户的需求差异大，服务供给与农户的需求差异较大，供需结构不合理（关锐捷，2012；庞晓鹏，2006；高强、孔祥智，2013）。大学主导型农业社会化服务存在重视产中技术服务，忽视产前和产后信息和经营服务，重农业产业，轻视涉农和非农产业服务等，导致供求存在差异（卢小磊、张淑云等，2009）。现有的农业社会化服务体系难以有效地满足农户对农业社会化服务的需求（鲁可荣、郭海霞，2013）。

四是农业社会化服务供需失衡问题的研究。国内学者从多个方面研究了农业社会化服务失衡问题。许多学者认为农业社会化服务存在服务供给不足（如20%乡镇没有农经服务组织等），服务内容和方式供求脱节，服务技术和质量低（孔祥智等，2009；庞晓鹏，2006；程富强等，2005）等。农业社会化服务供求错位的表现：第一，服务层次不够高。服务组织功能比较单一，往往注重专项服务，农业金融、保险、信息等综合服务仍然比较缺乏，没有实现由专项服务向综合性服务扩展，服务层次低，与现代农业发展要求不适应。第二，服务内容不配套。公益性服务和经营性服务在服务范围、领域、内容和地位作用方面缺乏有效的组织协调和相互配合，没能形成统一协调的有效互补关系，各项服务远没有达到综合配套、覆盖全程、便捷高效，"短板效应"明显（顾瑞兰、吴仲斌，2012）。其主要原因在于农业社会化服务机构在管理体系、人员队伍、资金方面存在问题，从而导致其市场和社会服务功能薄弱，服务体系的主要职能依然是完成各级政府的技术推广任务，而没有考虑农民是否需要这些技术（胡瑞法、黄季焜，2005）；农户与农民专业合作社、龙头企业、村集体供需之间的服务优先顺序存在较大差别，存在结构性差异（何安华、孔祥智，2011；孔祥智、钟真，2009）。

### 1.2.3 文献评述

综上所述，国内外学者从不同的角度对农业社会化服务进行了理论和实践探讨，其理论和方法对本书的研究有重要的启发和借鉴意义。但是以下几方面还有待深化：一是虽然对农户农业社会化服务需求意愿进行了一些研究，但还缺乏对异质性农户（种植规模差异、受教育程度差异）需求意愿差异的分析；二是对农业社会化服务供需失衡研究存在片面性，仅对服务内容失衡进行了研究与定性分析，还缺乏服务内容失衡与渠道失衡的理论探讨与定量分析，缺乏对异质性农户（种植规模差异、受教育程度差异）供需失衡差异状况的分析；三是对于农业社会化服务效果及其影响因素的研究具有片面性，一些研究定性虽阐明了农业社会化服务的重要性，但对其效果的构成却很少涉及；四是由于区域农业基础和农业运作模式存在一定差异，这种研究成果无法为新疆棉区农业社会化服务提供具有针对性的解决方案。

因此，本书正是在前人研究的基础上，针对新疆棉区农业社会化服务的问题，运用多元有序 Logistic 模型、结构方程模型、Logit 模型等数理方法，探索研究新疆棉区异质性农户社会化服务需求意愿、服务效果与结构性失衡差异，揭示棉区农业社会化服务的服务效果偏低的症结所在。依据案例资料和路径依赖理论，针对新疆棉区农业发展的基础和农户的需求及社会化服务体系发展的差异，设计棉区农业社会化服务改进路径与创新模式，探索扶持政策，为政府部门制定提升新疆棉区农业社会化服务策略和相关的政策提供理论依据。

# 1.3 研究目的与研究方法

## 1.3.1 研究目的

基于棉区农户需求与供给视角,研究新疆棉区农业社会化服务体系问题,测算新疆农业社会化服务水平,考察棉区异质性农户对农业社会化服务的需求意愿及差异,研究异质性农户对农业社会化服务供给效果评价,拣选重要的影响因素,从服务内容、渠道等方面研究农业社会化服务供需结构性失衡状况及程度,探讨引起结构性失衡的因素,探索提升棉区农业社会化服务路径,提出棉区农业社会化服务水平提升的政策途径。具体目标为:

目标一,阐述新疆棉区农业社会化服务体系特征,构建社会化服务水平测评指标体系,分析新疆棉区农业社会化服务水平发展态势,解构影响农业社会化服务总体发展水平的关键节点。

目标二,基于农户对农业社会化服务需求意愿的计量分析,考察农户异质性因素对农业社会化服务需求意愿的影响机理和作用效果,分析异质性农户对农业社会化服务的需求偏好及影响因素与程度。

目标三,研究农户异质性、需求意愿、区域差异与效果三者之间的作用机理,揭示农户异质性、家庭特征、村庄特征及服务内容、服务方式等对农业社会化服务效果的影响机制,着重分析异质性农户对社会化服务评价的差异影响。

目标四,借鉴相关理论,分析棉区农业社会化服务服务内容、来源渠道的供需结构性失衡状况及程度,从农户异质性、村庄特征、服务主体、制度环境等方面,探讨引起结构性失衡的因素。

目标五,运用农户行为理论,结合新疆棉区的实际情况及调研数据,深入探析棉区农户的借贷行为、参保行为决策、销售渠道选择、期货合作组织参与意愿等,重点探讨影响农户行为的关键因素。

目标六,依据制度经济学和路径依赖理论,根据实际调研的数据及案例,设计棉区农业社会化服务供需对接的内容、方式及服务创新模式与改进路径,重点探讨以棉花期货合作社与以期货为纽带的"公司 + 基地 + 农户"的社会化服务一体化创新模式，提出服务创新模式的扶持政策。

### 1.3.2 研究方法

本书采用定性与定量分析相联系的方式，研究新疆棉区新形势下新疆棉区农业社会化服务体系的创新与扶持政策研究。具体运用文献研究法、实地调研法、统计描述法、计量经济学的相关方法比较分析法等。

第一，文献研究法。为了对本书的相关内容进行深入的探析，在实地调研之前，课题组成员参考了大量关于农业社会化服务和棉花发展的相关书籍和检索了相关文献资料，对搜集的资料进行归纳总结，在综合学者的相关观点的基础上探索本书的切入点和相关理论支撑。

第二，实地调研法。通过设计问卷，对新疆棉区农户进行分层抽样和典型调查，采取实地访谈和填写问卷的方式对农户展开调研。正式调查之前需经过预调研，并结合实际情况对问卷加以修改和完善。最后，正式调研采取调查员入村入户一对一调查方式，龙头企业、农民专业合作社、农技推广机构等服务主体采取实地调研方式，所有的调研内容结束后，通过一定方式对问卷集中筛选、录入数据并建立数据库。其中农户的调查问卷包含9部分内容：农户的基本信息（户主的基本特征及家庭特征和农户的基本生产特征等）、技术指导与来源（涉及农户近两年来接受的技术培训、获得技术服务情况）、金融服务（农户资金的来源、目前所获得的金融服务状况）、保险服务（农户对保险服务的认知状况及购买保险状况等）、期货（农户对期货的认知等）、信息服务（农户当前获得信息服务的状况及信息服务等）、生产环节服务（包含农户种植棉花过程中所担心的问题及棉花销售情况等）、棉农对目标价格政策的认知（农户目标价格政策的了解程度）、社会化服务主体。

第三，统计描述法。该方法运用于本书的各个章节，通过该方法描述新疆农业社会化服务的现状、农户对其的需求程度、总体评价和各项服务具体评价、农业社会化服务结构性失衡现状、棉农的借贷行为及参保决策行为、销售渠道选择、期货合作组织的发展现状等，深入探析棉区农业社会化服务的发展情况及农户的借贷行为、保险购买决策行为、销售渠道选择及参与合作组织意愿。

第四，计量经济学的相关方法。借鉴相关研究成果，研究中采用加权函数法、Logistic 回归模型（包括二元 Logistic 和多元 Logistic）、因子分析、结构方程模型等探析主要章节的内容。其中采用加权函数法测量新疆农业社会化服务水平及分项服务水平的态势；构建二元 Logistic 模型探析异质性农户对各项社会化服务需求意愿的差异，以及影响新疆棉区农户对农业社会化服务的需求程度的因素；运用多元有序 Logistic 模型分析新疆棉区农户对农业社会化服务的评价及影响农户评价的因素；基于探索性因子分析筛选影响新疆棉区农业社会化服务结构性失衡的主要因子，并构建影响其结构性失衡的结构方程模型探析影响其结构性失衡的关键因素；同时使用二元及多元有序 Logistic 回归模型探索新疆棉区农户的借贷行为、保险购买决策行为、销售服务选择行为、参与期货合作组织的意愿等关键问题。

第五，比较分析法。对新疆不同棉区农业社会化服务的差异，不同植棉地域农户、不同种植规模、受教育程度和年龄的农户对农户社会化服务的需求程度、供给评价、借贷需求和保险购买以及销售渠道的选择差异进行异质性分析，运用比较分析的方法研究棉区农业社会化服务及农户行为的差异性，从而提出提高其服务水平的政策及建议。

# 1.4　研究内容与研究框架

## 1.4.1　研究内容

根据现有的研究基础和研究目标，本书研究的主要内容如下：

1.4.1.1　第一部分：新疆棉区农业社会化服务体系的现状与面临的困境

借鉴公共管理理论，对农业社会化服务需求主体—农户及供给主体—农技推广部门、龙头企业、合作组织等进行调查，解析棉区农业社会化服务体系的状况，分析棉农接受农业技术服务、信息服务、资金服务、保险服务、农资购买服务、销售服务和包装（加工）服务的服务主体、服务内容、服务方式，剖析农技推广部门、龙头企业、合作组织等服务供给主体提供农业社会化服务的服务内容、服务方式，探析新疆棉区农业社会化服务体系深层次的问题和农业社会化供给主体—农技推广部门、龙头企业、合作组织面临的困境。

1.4.1.2　第二部分：新疆棉区农业社会化服务水平测评与制约因素解构

拟在调研的基础上，借鉴前人的相关研究成果，重点考察新疆棉区农业社会化服务水平及影响因素。构建社会化服务水平测评指标体系，利用实地调研数据，采用熵值法和加权函数法对新疆棉区社会化服务水平进行测评，分析新疆棉区农业社会化服务水平、发展态势，解析农业技术服务、信息服务、资金服务、保险服务、农资购买服务、销售服务和包装（加工）服务水平与趋势，解构影响农业社会化服务总体发展水平的关键节点，探析促进棉区农业社会化服务发展水平的主要因素。

1.4.1.3　第三部分：新疆棉区农业社会化服务需求意愿及差异分析

基于调研数据，采用数量分析方法，探索不同种植规模、不同受教育程度异质性农户对技术服务、信息服务、资金服务、保险服务、农资购买服务、销售服务和包装（加工）服务等社会化服务项目内容、服务来源渠道需求意愿间的关联关系。运用公共产品理论及消费者行为理论，探索农户需求意愿的变动规律。并进一步采用多元有序 Logistic 模型，以农户需求强度为因变量，从农户个体特征、家庭与生产特征、村庄特征、与其他农户的交流频率、是否参加合作组织或协会等方面分析影响农户对社会化服务需求的因素，探讨解释变量与农户需求意愿之间的关联关系和影响效果，分析不同种植规模、不同受教育程度异质性农户对各项社会化服务需求意愿的差异及程度。

1.4.1.4　第四部分：新疆棉区农业社会化服务效果评价

通过对相关理论和文献的研究分析，并根据农户调查资料，筛选、整合能合理反映农业社会化服务效果的指标。拟采用农户对技术服务、信息服务、资金服务、保险服务、农资购买服务、销售服务和包装（加工）服务的效果满意度指标来反映农业社会化服务的效果，使用多元有序 Logistic 模型，对技术服务、信息服务、资金服务、保险服务、农资购买服务、销售服务的效果进行评价并分析影响评价效果的因素，分析不同种植规模、不同受教育程度的异质性农户对各项社会化服务评价效果的差异，着重分析异质性农户对社会化服务评价的差异特点。

1.4.1.5　第五部分，新疆棉区农户的借贷行为、销售渠道选择及合作社参与意愿

试图从农户微观角度出发，基于二元 Logistic 模型研究新疆棉区农户的借贷需求、借贷额度、借贷利率、借贷期限等借贷行为，分析不同类型农户借贷行为的差异性，分析影响棉农借贷行为的因素，对影响程度按大小进行排序，并分析影响不同类型农户借贷行为的因素；探析新疆棉区农户棉花销售渠道现状分析与

面临的困境，分析新疆棉区农户棉花销售渠道选择、农户对棉花销售渠道的满意度情况、农户对棉花销售渠道需求强烈程度、异质性农户对棉花销售渠道强烈程度情况，了解棉区农户对棉花销售需求，并分析农户对棉花销售渠道选择及影响因素；另外从对农产品期货合作社发展起源入手，分析了发展期货合作社的必要性以及制约我国农产品合作社与期货市场对接的因素，并且通过国内现有的合作社成功利用期货市场的实践经验证明期货合作社的可行性，从棉农对期货市场的认知程度、对风险的感知和规避方式着手，分析影响农户对期货市场认知的因素，有针对性地提出农户参与期货市场的新模式。

1.4.1.6　第六部分：新疆棉区农业社会化服务供给改进路径与扶持政策

运用公共物品理论和路径依赖理论，依据实地调查数据，分析农户对技术服务、信息服务、资金服务、保险服务、农资购买服务、销售服务等服务内容、来源渠道（服务主体选择）的意愿，基于农户对服务主体的服务功能、服务内容、服务形式的期望，从有效性、便利性、实用性和针对性等多方面，揭示农户对不同形式服务主体的愿望，简练异质性农户对服务主体在服务内容、服务方式上的具体要求，探讨农业社会化服务主体的服务定位、服务内容、服务方式改进内容及方向，提出供需对接的内容、方式与服务创新模式，重点探索以棉花期货合作社和对期货为纽带的"公司 + 基地 + 农户"的社会化服务一体化创新模式的服务内容、服务方式等。在此基础上，研究保障供需对接服务创新模式，提升新疆棉区农业社会化服务水平的扶持政策。

## 1.4.2　研究框架

依据系统抽样调查、典型案例分析和实验研究相结合的方式，设计调查方案，获取研究所需农户支撑数据；通过相关统计年鉴（《中国统计年鉴》（1978 ~ 2016 年）、《中国农村年鉴》（1978 ~ 2016 年）、《新疆统计年鉴》（1978 ~ 2016 年）和相关地县市统计年鉴）获取宏观支撑数据；通过文献分析、比较分析和统计分析归纳和提炼出影响新疆棉区农业社会化服务水平、农户需求意愿和服务效果评价及结构性失衡的关键变量以及系列假设；构建计量经济模型，对因变量值进行测算，同时考察解释变量对因变量的影响机制，对形成的各种假设进行检验和验证；依据理论和实证研究结果，提出农业社会化服务体系改进路径与方向及服务创新模式和政策策略。技术路线如图 1 - 1 所示。

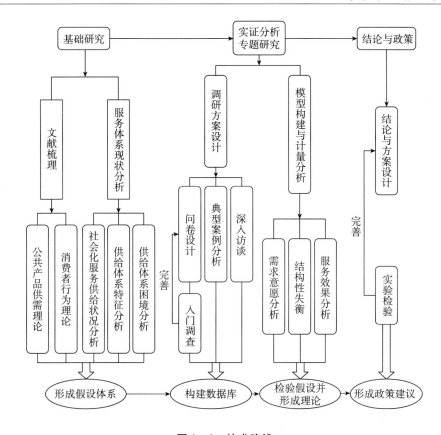

图1-1 技术路线

# 1.5 研究特色与可能的创新及不足

## 1.5.1 可能的创新

本书研究了新疆棉区农业社会化服务体系的创新与扶持政策，研究了农业社会化服务农户需求意愿和差异、效果评价与结构性失衡，注重异质性农户需求偏好的显示，运用管理学中的行为测量方法、社会学中的案例分析方法，采用经济学的数理模型分析方法，从多角度集成研究其关键问题，本书研究视角新颖，具有很强的探索性，与其他学科有很强的交叉渗透，确保研究内容的科学性和创新性。

第一，运用多元有序 Logistic 模型，引入农户满意度水平来反映农业社会化服务效果，分析农户个体特征、家庭与生产特征、村庄特征等因素对农业社会化服务效果的影响机理，探索服务内容、服务方式与服务效果之间的影响路径，考察种植规模、受教育程度异质性农户对社会化服务需求意愿的差异及程度。

第二，利用行为测量方法，分析棉区农业社会化服务内容结构性失衡、服务来源渠道结构性失衡状况及程度，基于社会化服务供给主体与需求主体—农户视角，运用因子分析和结构方程模型探讨影响农业社会化服务结构性失衡的因素，提炼异质性因素对结构性失衡影响的差异。

第三，采用 Logistic 模型，分析影响农户对农业社会化服务需求意愿的因素，探讨农户异质性特征等变量与农户需求意愿之间的关联关系和影响机制，分析异质性农户对社会化服务需求意愿的差异。

第四，在案例分析与田野实际调研的基础上，运用路径依赖理论，在对农户服务需求意愿与服务主体分析的基础上，挖掘关键因素，从服务主体功能定位、服务内容、服务方式等方面探讨农业社会化服务体系的改进内容与方向及服务创新模式，构建体现异质性农户需求意愿，适应农业社会服务发展趋势的服务体系与创新模式。

## 1.5.2　不足之处

本书在研究过程中虽能够有效地运用相应研究方法解决实际问题，但同时也存在以下不足之处：

第一，本书在开展研究的实际过程中采用农户调查的方法进行，虽然能够很好地体现农户对于农业社会化服务的需求现状，但在一定程度上忽略了供给主体的农业社会化服务供给，有关于农业社会化服务供给情况的实际调查应当同时展开，利于深入分析当前棉区农业社会化服务的供求情况。

第二，本书在进行研究的过程中虽能够很好地运用计量经济学的相应方法，但研究方法的运用相对较为单一，主要章节相关内容的研究仅采取了多元 Logistic 模型，今后的相关研究可考虑从多角度、多方面、多方法进行深入研究。

第三，在探讨农业社会化服务发展现状的同时，可结合多方面的宏观数据资料进行深入探析，本书研究中由于获取的宏观资料的限制，分析可能不够透彻，并不能反映当前新疆棉区农业社会化服务的实际发展情况，该方面研究有待完善。

# 第2章 理论基础与相关概念的界定

## 2.1 理论基础

### 2.1.1 福利经济学理论

福利经济学，是20世纪20年代最初由英国经济学家霍布斯和庇古创立的一门学科，是研究社会经济福利的一种经济学理论体系。后来，以意大利经济学家维弗雷多·帕累托为代表的经济学家在庇古的旧福利经济学基础上进行修缮，并发展形成了新福利经济学。新福利经济学倡导福利经济学应以经济效率为中心，认为当整个社会交换的最优条件和生产的最优条件都同时得到满足时，即当整个社会的交换和生产都最有效率，都达到最优状态时，则整个社会就达到最优状态，就达到最大社会福利。其中最为熟知的当属帕累托提出的判断社会资源配置效率的价值标准，即帕累托最优和帕累托改进。帕累托最优是指一种理想的资源分配状态，在不使任何人境况变坏的情况下，而不可能再使某些人的处境变好。帕累托改进是指一种变化，在没有使任何人境况变坏的前提下，使得至少一个人变得更好。

在资源闲置的情况下，一些人可以生产更多并从中受益，但又不会损害另外一些人的利益。在市场失效的情况下，一项正确的措施可以削减福利损失而使整个社会受益。帕累托最优和帕累托改进二者之间是一种相对动态的辩证关系，一方面，帕累托最优是指没有进行帕累托改进的余地的状态；另一方面，帕累托改进是达到帕累托最优的路径和方法。帕累托最优是公平与效率的"理想王国"。在社会经济变革中，大量帕累托改进范例的成功运用，对提升居民社会福利水平起到极大的促进作用。例如，农业农村部办公厅和财政部办公厅针对农业生产作业的农机购置补贴政策，这一政策推动农业机械化和农机工业又好又快发展，促进农业综合生产能力提高而对其他产业发展并没有产生负面的影响。再如国家良种补贴、节水灌溉补贴以及取消农业税等政策，都属于帕累托改进。当处于帕累托最优时，即实行任何社会经济政策变动，提升一部分人的福利水平，必然导致另一部分人的福利水平下降。一般而言，此时满足以下三个条件：交换最优、生产最优和产品混合最优。

### 2.1.2 路径依赖理论

路径依赖理论最初由保罗·A. 戴维给出证明，亚瑟·W. 布瑞恩做出了进一步拓展，用来描述技术变迁过程中的自我强化、自我积累的性质。1993年诺贝尔经济学奖者道格拉斯·诺斯在《经济史中的结构与变迁》一文中，第一次把这种在技术演进过程中出现的自我强化的现象通过理论论证并运用到制度变迁的研究中，并依据"路径依赖"理论成功、合理地阐释了经济制度的演进理论。将技术变迁机制引入制度变迁后，不仅用"路径依赖"概念来描述过去的绩效对性质和未来的强大影响力，而且指出制度变迁具有路径依赖的原因是规模效应、学习效应、协作效应和适应性预期。并相继提出诺斯路径依赖Ⅰ（成功的路径依赖）和诺斯路径依赖Ⅱ（持续失败的路径依赖）。诺斯在路径依赖中指出：一旦一种独特的发展轨迹建立以后，一系列的外在性、组织学习过程、主观模型都会加强这一轨迹；一旦在起始阶段带来报酬递增的制度，在市场不完全、组织无效的情况下，阻碍了生产活动的发展，并会产生一些与现有制度共存共荣的组织和利益集团，那么这些组织和利益集团就不会进一步进行投资，而只会加强现有制度，由此产生维持现有制度的政治组织，从而使这种无效制度变迁的轨迹持续下去。因此，在既定的制度变迁目标下，要正确选择制度变迁的路径并不断地调整路径方向，使之沿着不断增强和优化的轨迹演进，避免陷入制度锁定状态。

路径依赖理论的主要内容有三个方面：一是制度的变迁与技术演进的过程存在很强的相似性，具有报酬递增和自我强化机制，这种机制使制度变迁一旦走上了某一条路径，它的既定方向会在以后的发展中得到自我强化。所以，"人们过去做出的选择决定了他们现在可能的选择"。针对经济和政治制度的变迁，有可能进入起初良好规划设计轨道，实现良性循环的优化目的；同时，也有可能顺着原先存在巨大缺陷的轨迹，导致错误路径进行变得更差。一旦进入某种无效率的锁定状态，往往很难通过自我力量得以修正，因此大部分需要外部力量才能脱离这种陷阱。二是制度变迁与技术演进差异，除受到报酬递增机制的影响，现实市场中的诸多交易因素对其具有一定的影响作用。三是制度的变迁远比技术的演进更为复杂。因而行为决策者由此而形成的主观抉择观念在制度变迁演进中，起到了最为关键性的作用。道格拉斯·诺思认为："在具有不同的历史和结果的不完全反馈下，行为者将具有不同的主观主义模型，因此，制度变迁演进过程的边际调整趋势存在差异。"这种观点认为各种制度模式存在着显著性的差异特征，在不同历史条件下，这也是造成不良制度或经济贫困国家能够长期存在的原因之一。

李明义等（2008）对制度变迁路径依赖进行研究并指出：路径依赖的特性可能会导致低效制度均衡的长期存在，尽管这种均衡是低效甚至是无效的，但是放弃它的成本非常昂贵，从而使得低效制度均衡长期存留于许多发展中国家而无法产生帕累托最优的制度变迁。沿着路径依赖的每一个阶段都有政治和经济上的选择，只是由于路径依赖的特性，会使得选择集合变窄，在没有外部压力和内部危机时，变革它的成本会高昂到足以阻止变革本身。

### 2.1.3　公共选择理论

公共选择理论，通常称作"公共选择"，又称集体行为理论，同时也称新政治经济学或者政治学的经济学，是介于经济学和政治学之间的一门新的交叉学科。公共选择理论起源于凯恩斯主义经济学盛行的"二战"后，并于 20 世纪五六十年代形成了较为完整的基本原理和理论框架，60 年代末以来，其学术影响作用开始在世界范围内迅速扩大。不同时期的主要代表人物有美国著名经济学家詹姆斯·布坎南、肯尼斯·约瑟夫·阿罗、戈登·塔洛克，英国经济学家阿马蒂亚·森等。公共选择问题是公共选择理论的研究内容，公共选择一般指政治针对公共物品的需求、供给和产量制定计划时，为保证民主的特征，让人们通过民主选择决策的过程。就公共选择的本质来看，公共选择实际上是一种政治管控过程（宋延清，2009）。参考公共选择理论分析，政府工作效率长期处于低效率状态的原因，大部分源于政府工作的服务具有绝对的垄断性和公共性，因而在市场运作面前显得十分缺乏相对竞争性。政府与社会的关系是公共选择理论研究的重心，它主张通过对政府与市场关系的改革和重组，适当把政府的一些职能逐步释放给社会和市场，并以此建立公私之间的市场竞争机制，来打破政府在某些服务上存在的垄断地位，最终提高社会服务效率（王洋，2010）。

农业作为国民经济的重要基础组成部分，决定国计民生的基础地位不可动摇。农业资源的配置效率，不但影响着农业生产活动，同样影响着工业生产及服务业的效率配置问题。如今，面临着日益稀缺的农业资源与日益增长的社会需求之间的矛盾，如何运用"节约理念"，以科学技术进步为动力，从源头上控制对资源的消耗，生产出更多的商品和劳务已经成为各个国家亟待解决的问题。就农业生产领域而言，面对我国低下的农业生产效率以及"三农"问题，已严重影响到农民、农产品加工企业的生产积极性，更是阻碍了我国发展现代化农业的步伐。开展多样化的农业社会化服务项目，成为新时期突破目前农业发展瓶颈的重要举措。政府展开农业社会化服务时刻要以福利经济学理论、路径依赖理论以及公共选择理论为基本指导，丰富市场服务供给主体多元化，释放一些有传统部门控制的社会职能给社会私人部门，同时遵循帕累托最优原则，在不减少其他方面福利的同时，尽可能多地提高农民、农产品生产加工企业的福利，引导促成有竞争的服务供给市场，从而提高农业社会化服务资源配置的整体效率。

新古典经济学派对公共选择理论的解释能够有效地处理市场经济中非市场决策的问题。对于享受共同利益的集体，只有通过形成一致意见集体行动，才能维护自己的利益（Fulton M.，1995）。而集体行动的有效性可以通过组织一个沟通畅通、能够达成一致意见的部门来实现。作为弱势群体的农户，因为分布广泛，部门地区基础通信设施的缺失导致农户获取信息不对称且不及时，无法组建一个能够达成一致意见的组织，进而无法保证自己的利益。改变农户这种弱势群体的地位就要通过建立能够代表其利益的合作社。通过一部分农户的行为影响另一部分农户的行为，利用农户的从众心理，组织农户形成一个集体，采取一致对外的行动。合作社能够提高农户的组织程度，保障农户作为一个整体进行高效的内部沟通，为自己的利益采取集体行动。

### 2.1.4 供求理论

随着社会分工的不断发展，在市场中原始的物物交换开始演变为商品交换，市场的逐渐形成伴随着更多供给与需求问题的产生。马克思认为，供给与需求是由生产本身所决定的，社会中用来生产某种物品所用的时间数量与这种物品的需求规模之间只存在偶然的联系。在市场关系中，一方面，供给是为了价值而供给，其所提供的抽象劳动也是价值，而需求指的则是使用价值。如果花费了一定劳动的商品供给并不为社会所需要，那么这种供给就成为了"无效供给"。另一方面，人的无限需求并不都是"有效需求"，那些有相应货币购买力的需求才能称之为有效需求。因此，在市场经济中，有效供给和有效需求才被认可并通过偶然联系产生社会行为，发生社会关系。在经济学范畴中，需求和供给的对象大多都是商品；而在社会学的概念中，需求不再仅仅指人们物质上的获取，更多的是指人们精神上获得的效用，即按照马斯洛需求层次理论可分为生物性需求和社会性需求，人们常常在满足低层次的生物性需求之后转而寻求更高层次社会性需求的实现。正是基于供需程度的不断变化，市场机制的自发作用促使经济始终朝着供需曲线交点发展，最终实现市场供需平衡，达到社会福利最大化。

### 2.1.4.1　农村金融供求理论

（1）农村金融需求理论。

农村金融需求理论以微观调查对象——农户的视角为出发点进行分析，首先研究金融产生的原因和动力，然后从农户需求视角研究金融市场供需关系并进行调节，使两方实现供求平衡，从而合理配置有限的经济资源。根据一般供求理论的表述，当一种商品的售价下降时，购买者消费该种商品的数量将会上升；而当商品售价上升时，购买者购买该种商品的数量将会下降。即在其他条件恒定的状态下，商品售价和购买者购买该种商品的数量负相关，而造成这种负相关的主要原因是收入和替代效应。其中，替代效应可以解释我国农村某些地区出现的非正规金融替代正规金融的现象，农户更加偏好从非正规渠道获得贷款，即出现非正规借贷活动比正规借贷活动更加活跃的现象。

如今，供给领先、需求追随是农村金融服务主要的两种方式。供给领先方式是深化农村金融供给地位，并且优于农村主体的需求。该方式认为，农村金融供给决定着农村主体需求，强调农村市场中的主要地位是农村金融机构。而需求追随模式深化农村金融需求地位，并且优先于农村金融供给。该模式认为，农村金融需求决定着农村金融供给。Patrick（1966）认为，在不同的农村经济发展水平下，需求追随和供给领先同时存在。我国在农村金融体制改革的过程当中充分地借鉴了这两种模式。

（2）农村金融供给理论。

第一，农业信贷补贴理论。农业的"弱质性"、农户受益的不稳定性、存储能力较弱和农户缺乏呈现给金融机构的抵押物或者信用证明等原因，导致商业银行对农户这一借贷群体产生"惜贷"。所以，外界的政策性资金有必要介入到农村金融市场当中，同时需要一个正规金融机构来管理这些政策性资金，并进行合理配置，从而为完善农村金融市场及时注入资金。可见金融机构对农业贷款放款利率是信贷补贴理论的核心之处，即农业信贷利率必须低于其他产业的贷款，根本目的就是将农业生产者和其他非农业生产者之间的收入水平缩小。但目前农户的融资行为一般表现为期限较短，且非正规借贷渠道被大多数农户偏好。由于民间借贷的高利率使得农户的资金压力加大，就阻碍了农村经济和农业生产的健康有序发展。作为农村金融市场上的领导者，农村信用社有必要肩负起承担主要借贷资金的责任。借助农村信用社的力量，将充足的低息借贷资金投放到农村金融市场中，农户在得到这些政策性资金后能够不耽误农业生产经营活动。

在不发达国家的农村金融体系的改革过程中，该理论起到了关键作用，能够使农村经济和农业经济的研究得到相应的完善。但因为理论具有一些缺点，造成资金利用不充分的情况。该理论是利用了供给先行的农村改革政策，而农户自身的存储意愿也较为旺盛。以往研究发现，当农户面临存储机会的激励时，大多数农户都会进行存储。所以，放宽借款利率不能够完全达到农业经营和收入再分配的目标。此外，由于贷款用途存在替代效应的原因，使得低收入农户无法完全从低息贷款中受益，也存在低息贷款补贴的资金流入使用大额贷款的高收入水平农户手中的可能性。

第二，不完全竞争市场理论。不完全竞争市场理论表示，金融市场在发展中国家是以不完全市场的形式存在的。在不完全市场当中，金融机构与借款人双方彼此之间的信息都无法掌握，这就是信息不对称现象，结果就是有资金需求的借款人无法从金融市场当中及时地获得足够的资金。至此，"有形的手"将作为一种重要的手段来补救和干预不完全竞争市场当中的缺陷部分。借助于不完全竞争市场、信息不对称理论，美国经济学家斯蒂格里茨研究发现，该理论必须建立在对农村进行实践的条件上，政府才能进行适度的干预，这种理论条件也是其他发展中国家在制定农村市场政策时的参照之一。我国农村金融在改革过程当中也受到了这种理论的指导，以供给领先需求的主导思想，在改革过程当中得到了充分体现。供给先行的制度要求构建农村金融机构并且提供低额度的资金贷款，例如村镇银行等。但是如果仅仅从供给角度出发，不兼顾需求角度，并不能对目前农村金融的困境起到较大的帮助，与建立有效合理的农村金融体系的目标存在一定差距。

### 2.1.4.2 农业保险供需理论

（1）农业保险需求理论。

农业保险需求理论旨在分析保险费率与需求量之间的关系，即在既定条件下，农户对农业保险的需求量与农业保险费率之间呈负相关关系，即农业保险需求量随着费率上升而减少，随着费率下降而增加。具体的函数表达式为：

$$D = f(x_1, x_2, \cdots, x_n) \tag{2-1}$$

其中，$x_1$，$x_2$，$\cdots$，$x_n$ 代表影响农户保险需求的各种因素。假设其他所有影响因素保持不变，只分析费率对农业保险需求量的影响，则农业保险需求函数可表示为：

$$Q_d = f(p) \tag{2-2}$$

其中，自变量 $p$ 为农业保险费率，$Q_d$ 表示农业保险的需求量。转换成常用的线性函数表达式为：

$$Q_d = \alpha - \beta(p) \tag{2-3}$$

其中，$\alpha$，$\beta$ 为常数，$\alpha$ 为截距，$\beta$ 为斜率的倒数。影响农业保险需求的因素包括影响农户购买欲望和购买能力的各种经济因素与社会环境，具体包括：保险费率、经济收入、消费者偏好与预期收益等。

（2）农业保险供求理论。

供给是指保险机构在一定时期内、一定费率水平上愿意而且能够提供的农业保险产品量。农业保险供给理论是分析保险费率与其供给量之间关系的理论。其基本内容是：在其他条件不变的情况下，商业保险机构对农业保险产品的供给量与费率之间呈正相关，即供给量随着保险费率上升而增加，随着保险费率下降而减少。用供给函数表示为：

$$S = f(x_1, x_2, \cdots, x_n) \tag{2-4}$$

其中，$x_1$，$x_2$，$\cdots$，$x_n$ 代表影响保险机构农业保险产品供给的各种因素。若其他因素保持不变，只考虑费率变化对农业保险供给的影响，则农业保险供给函数可表示为：

$$Q_s = -\delta - Y(p) \tag{2-5}$$

保险机构作为农业保险供给方，他们的目标函数就是利润最大化。影响供给的因素包括影响保险机构供给愿望与供给能力的各种经济与社会因素，主要包括：生产要素的数量与价格、技术以及预期。

2.1.4.3　消费者需求理论

（1）消费者需求理论的概念。

消费者需求理论研究一种物品的价格、除此物品之外的商品价格、人们收入和人们需求行为之间的关系。该理论有不同的学派，他们都有自己对该理论的简介，而且有很大的应用价值。

（2）消费者行为理论。

消费者行为理论又称效益理论，即研究怎么把消费者的收入在所需商品和劳务之间进行分配才能最大化地满足其自身需要的理论。在现代西方经济学界主要是以序数效用论为基础的无差异曲线来解释需求曲线向右下方倾斜的原因，并以此进一步地解释消费者行为理论。还有另一种方法就是以基数效用论为基础的边际效用来阐释消费者行为理论。消费者最优行为理论主要考察三方面：第一，消费者以什么动机来得到商品；第二，消费者的收入是多少即手里有多少钱可以消费这种商品；第三，消费者实现得到这种商品的目标的条件是什么（高鸿业，2011）。消费者行为理论研究人们消费对自己的效用。即人们怎么消费才能使自己的效用最大。人们在消费之前，必定要考虑自己的效用，那么他就要考虑自己消费的方式，他必定选择能满足自己最大需要的消费方式。人们会在自己所面临的所有商品之间，做出选择哪些东西的决定，放弃哪些东西，制定自己选择物品的优化配置方案。该理论有自己的假设条件，主要是消费者非常理性的、人们自己有选择或者不选择某些物品的权利、人们选择的物品会给人们带来满足，若人们在选择物品前没有这些假设，该理论是不成立的。

随着购买物品的增加，而可获得的效用不断降低，消费者愿意支付的价格也将随之下降。就农业保险而言，农户购买农业保险希冀通过这一手段来分散风险或者在他们受到损失之后能够得到一定的经济补偿，从而挽回部分损失，有一定的收入，他们愿意在可以承担的保费范围之内购买保险。但是，是否购买保险以及购买什么样的保险，这就取决于他们在购买保险前后或者购买这种保险给他们带来的效用的大小了。在既定的保费条件下，农户对于保障度越高的保险险种的购买意愿越强烈；在同等程度的保障水平下，农户对于保费越低的保险险种的购买意愿会越强烈。

### 2.1.5　顾客满意度理论

#### 2.1.5.1　顾客满意度理论的概念

从古到今，学者对满意度均有一定研究。英国的 Bentham 于 1802 年提出研究用户满意度问题，美国的学者于 1935 年首次提出顾客满意度理论，随后将其应用到经济发达国家（章芸，2013）。1965 年，Cardoz 将顾客满意度的概念引入营销学领域，其理论随之发展（曹丽，2012）。顾客满意度是由顾客的预期感知不一致所产生的情绪与顾客购买前的感受相结合产生的一种心理状态（Oliver R. L.，1980；Ranaweera C.，2003）。顾客满意度水平对顾客是否购买影响较大（Oliver R. L. et al.，1980；Ranaweera C.，2003）。

2.1.5.2　顾客满意度理论模型

美国学者最早提出"顾客满意度理论"。随后到1989年，费乃尔博士提出费乃尔模型，即由顾客购买的价格、购买前的期望及购买后的认知等因素组成的计量模型（杨雪，2014）。瑞典、美国、欧洲、中国等国家先后运用其指数模型在一定程度上研究"顾客满意度"。瑞典是第一个开展顾客满意指数调查的国家，也是最早建立全国性顾客满意指数模式和提出顾客满意弹性概念的国家；1994年科罗思·佛耐尔教授提出了美国顾客满意指数模型；1999年正式提出顾客满意度指数模型；与其他国家相比中国关于顾客满意度的研究相对较晚，赵平于1995年将该理论引入中国，同年清华大学学者也逐步开始研究（刘博，2012）。

## 2.1.6　农户经济行为理论

早期的农户经济行为研究主要遵循两大理论：利润最大化理论和劳动消费均衡理论。以这两大理论为基础，又形成过密论、风险厌恶理论和农场户理论。一是利润最大化理论。代表人物是美国的西奥多·舒尔茨，提出"贫穷而有效率"学说，代表作是《改造传统农业》，其基本观点是：传统社会的农民与现代资本主义社会的农场主，在经济行为上没有本质差异，都遵循经济学的"利润最大化"原则。二是劳动消费均衡理论。代表人物是苏联的 A. 恰亚诺夫，代表作是《农民经济组织》，强调农户经济行为组织具有"家庭劳动农场"性质，农户生产产品的主要目的是满足家庭需求而不是追求市场利润最大化。三是过密论。代表人物是黄宗志，认为中国的农户经济行为不能单纯用上述任何一种理论进行解释，农民所处的劣势社会阶层地位，使得"总产出在以单位工作日边际报酬递减为代价的条件下扩展"。四是风险厌恶理论。该理论运用"风险"与"不确定"条件下的决策理论，对农户经济行为进行研究，其风险关注的焦点在于"市场风险"，忽略了非市场风险。五是农场户理论。该理论通过"时间分配理论"和"生产消费一体化"两个概念相结合，将生产决策和消费决策联系起来形成农场户模型。农场户模型和风险厌恶理论已经成为农户经济行为理论的主流理论。

农户行为理论告诉我们：农户行为的选择是众多因素共同作用的结果。而最优化原理告诉我们：理性的农户总是从众多的选择方案中选择对他们最为有利的方案，这样才能获得他们自身最大的效用。陈风波、丁士军（2007）通过研究完善了农户的行为分析框架，得出农户所做的生产和消费决策是由在特定的条件下所拥有的资源禀赋决定的，这种特定的条件是指农户本身所在的市场环境、政策背景以及当时的生产条件和经济的发达程度。因为每个农户生活的环境是千变万化的，所以每个农户的行为选择也就有可能与农户行为理论不一致。社会行动理论告诉我们：生活在复杂环境中的农户，其自身的行为受到各种影响。因此，农户所处的环境对其农业社会化服务内容的选择产生重要的影响。

### 2.1.7 农户借贷理论

#### 2.1.7.1 金融抑制理论

农村金融问题可以通过分析政府与市场间的联系来间接研究。当前发达国家的研究主线是以信贷配给制和农业补贴政策为基础，研究农村金融问题。而发展中国家受其影响，也开始在农村金融制度方面进行革新。但是发展中国家在进行农村金融改革实践中，形成了金融抑制理论，即农业补贴理论的对立面。金融抑制理论是政府与金融市场之间博弈的延续与发展，麦金农认为，由于农民需求的小额资金需求不能从正规金融渠道得到充分的满足，由此产生借贷抑制现象。因为商业银行的主要经营目标是谋利，为规模较大的公司和企业提供大额贷款，所以满足不了农户的小额贷款需求一般由民间金融机构来弥补。

爱德华·S.肖认为，金融抑制现象是典型的经济进步的特点之一。该现象出现时即表示金融抑制已经引起经济下降，此时政府会采用积极的财政策略和稳妥的货币策略去提升市场上的货币供给量，从而持续地促使经济由落后转变复苏。金融抑制现象首先体现在三个方面，市场货币供应量不足、固定利率管控和正规金融机构与民间金融组织并存。当前，金融抑制现象是影响一国家或区域经济进步的重要因素。根据该理论的部分结论可以判断，实行利率管控的国家或地区往往会产生金融抑制现象。政府为了实现激发投资的目的，从而将市场的实际利息水平限制在均衡点以下。这样做一方面会导致金融供给一方把市场信贷供给降低，另一方面会使对市场资金的需求较为旺盛，最终会导致市场需求资金旺盛，经济发展受到限制。受限的经济发展又会成为金融市场被限制的主要因素，最终会形成一种恶性循环——金融抑制与经济发展相互抑制。中国人民银行制定并管制我国的基准利率，由此导致我国的利率水平难以正确地体现金融市场上资金的供需现状。因此，我国目前仍处于金融抑制状态。

#### 2.1.7.2　金融深化理论

金融深化理论的目标是使资金达到合理配置的状态，可以通过提高金融效率和自由度来实现。研究内容主要包括：发展中国家经济增长、经济稳定与货币金融之间的关系，实现最终金融自由化的关键，是加强政府的放松管制。另外，该理论认为发展和变革农村金融市场，必须采取有效途径。受金融深化理论的影响，一些发展中国家在 20 世纪 80 年代开始实行金融自由化，并且推出了利率改革、货币改革和强化金融机构竞争等一系列的政策措施，以此来达到深化金融的目的。自 20 世纪 90 年代开始，我国在金融行业采取了一些改革措施。当前我国以中国人民银行为向导、商业银行为组成来建立金融服务体制。并且商业银行也经过了一系列的改革，且程度较深。改革的结果提升了农村信用社发展速度，拓展了农村金融组织的服务范围。同时也发展了村镇银行和城市商业银行等金融机构，对金融环境的改善产生了极大的推动作用。

### 2.1.8　期货理论

#### 2.1.8.1　价格发现功能理论

英国剑桥学派创始人马歇尔的短期均衡价格理论标志着对期货价格理论研究的开始。从理论上看，西方经济学家的许多经典理论都为期货市场的价格发现功能提供了依据。

（1）蛛网模型。

20 世纪初，蛛网模型为期货市场价格形成机制提供了理论依据。蛛网理论首先建立在这样的假设下：商品前期的价格 $P_{t-1}$ 的高低将决定下期的产量 $Qs_t$，即形成供给函数 $Qs_t = f\ (P_{t-1})$；而本期的价格 $P_t$ 由本期的需求 $Qd_t$ 决定，即形成需求函数 $Qd_t = f\ (P_t)$。然后构建了一个动态模型：

$$\begin{cases} Qd = \alpha - \beta \cdot P_t \\ Qs = -\delta + \gamma \cdot P_{t-1} \\ Qs = Qd \end{cases} \qquad (2-6)$$

其中，$\alpha$、$\beta$、$\delta$、$\gamma$ 均为常数。由于农产品属于需求弹性较小的商品，所以适用于供给弹性大于需求弹性的发散型蛛网。蛛网模型主要用于考察本期价格对下一期的影响形式。

（2）适应性预期农产品期货模型。

在蛛网模型的基础上，那罗夫（1958）将商品价格预期引入模型中，建立了价格适应性预期农产品市场模型：

$$\begin{cases} Qd = \alpha - \beta \cdot P_t \\ Qs = -\delta + \gamma \cdot P_t \\ P_t - P_{t-1} = \lambda \cdot (P_{t-1}) \end{cases} \tag{2-7}$$

其中，λ为价格的适应性系数，表示农产品依据新的信息做出反应的速度。在新的模型中，农产品的交易者根据即时信息对预期价格不断做出调整，这相当于在农产品现货市场中建立期货市场，对现货市场的价格变化做出更多的预期信息，从而不断地调整反映真实价值的价格，帮助供给者做出适合的生产经营决策。

（3）持有成本理论。

20世纪30年代，由凯恩斯提出的持有成本理论指出了在完美市场假定的前提下，期货价格由当前的现货价格加上持仓费用构成。凯恩斯提出此理论是专门针对农产品期货市场的。

本理论的基本假设是：农产品生产具有季节性，但需求是全年平均分配；商品收获后需要进行储藏，并支付成本；期货合约可以规避价格风险。从而得出期货价格公式为：

$$F_t = P + C_t \tag{2-8}$$

其中，$F_t$为期货价格，$P$为现货价格，$C_t$为持仓费用，包括现货仓储费、运输费、保险费和借款利息等。

（4）仓储价格理论。

沃金提出的仓储价格理论从另一个角度解释了期货价格与现货价格的关系（Working，1962）。首先在预期未来价格走势的功能上，只对特定区间的月份产生影响，并未对不同月份期货之间的相对价格有显著的作用。

如图2-1所示，X轴表示仓储量，Y轴表示现货价格与期货价格的差额，SS、DD分别表示仓储供给和需求曲线。当仓储量在OA段时，市场出现供给少需求多的现象，农产品价格上涨，持仓成本相对下降。当持仓成本减小为负时，市场则出现现货价格高于期货价格的情况。而BC段则是仓储量的合理区间，此时仓储设备充分利用。当仓储量超过C点，超过了仓储设备的能力，则使持有成本增加。

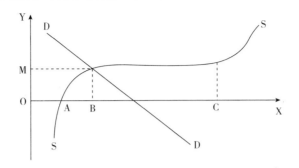

图 2 - 1　仓储价格理论标示图

由此，沃金得出结论，即影响期货价格波动的主要因素是本期的产量和库存量，现货价格与期货价格的基差逐渐缩小，并最终使得行权时的价格一致，这就是期货市场价格发现的作用原理。此结论对期货市场上的大多数期货品种，如粮食、金属、钢材等，具有普遍的适用性。米歇尔·布里南运用仓储量、仓储成本和仓储价格等变量设计的模型进一步验证了该理论，得出期货市场上形成的下一期价格的预期，通过仓储价格这个桥梁，与本期的现货价格相联系。

### 2.1.8.2　套期保值功能理论

传统套期保值理论由英国经济学家凯恩斯和希克斯提出。该理论主张在期货市场上的交易者不是为了获取利益，而是借助期货市场来转移对冲现货市场的价格波动风险。通过在期货市场购进或卖出与现货市场相同数额或金额，相同交割时间的期权，用期货市场的盈余抵补现货市场可能出现的亏损。虽然在理论上解释了期货市场套期保值的功能实现，但是其最大的缺陷就是没有考虑到基差。

在传统理论的基础上，沃金将基差作为依据，确定最后交割价格为期货价格加上协商好的基差，提出基差逐利型套期保值理论（Working，1949）。套期保值者根据对基差波动的预期，对到期日、种类、持有量等变量做出适当的调整，不仅可以实现套期保值，甚至还能产生盈利。

约翰森和斯坦恩则通过资产组合理论来解释套期保值，交易者将现货市场和期货市场作为一个整体，即资产组合，在这个组合中构建效用函数，它的决定因素就是期货与现货的价格比率和相关性（Johnson L.，1960；Stein，1961）。而为了达到套期保值的目的，则需要算出最优的套期保值比，此为资产型套期保值理论，也为后来学者研究套期保值功能的实证研究提供了理论依据。

进入期货市场的参与者利用期货市场转移价格波动风险，同时能够实现在风险一定时收益最大。但无论怎样变化，套期保值的根本目的仍然是回避现货市场的价格波动风险，即利用期货市场的风险规避功能。

### 2.1.8.3 交易费用理论

交易费用概念首次由科斯在《企业的性质》一文中提到，他认为交易费用是由于交易这一经济行为的稀缺性而产生的，其中应该包括在交易过程中获取市场信息的成本、与交易对方协商谈判的成本、签订合约后的不确定性导致可能承担的成本风险以及界定保护产权所产生的成本。制度创新的动力之一就是寻求降低交易费用的途径，而最有效降低交易成本的方式就是明确界定产权。因此，在交易成本超过可以接受的程度时，人们为了降低交易成本，会主动建立一种将外部的交易费用变为内部运营费用的合作组织，例如合作社、企业联盟等形式。

交易费用理论应用在农业中，农户采购农资和生产材料时，交易费用是指寻求交易对象、处理交易市场的信息成本、与企业议价的成本、维护市场秩序的成本、保护农产品产权的成本和承担市场风险的成本。而我国农业具有种植相对分散、生产规模小的特点，农户处于弱势地位。因此，想要降低交易过程中的时间成本和不确定性就要探求能够将农户组织起来。农民专业合作社能够提升农户在市场谈判中的协商能力，减少单个农户自己进入市场寻找交易对手等的成本，也能解决市场中的信息不对称问题，降低农户承担的不确定性。

## 2.2 相关概念界定

本书借鉴相关学者的研究，对农业社会化服务、棉区农业社会化服务、农户行为、农业保险、销售渠道、农业合作组织等的相关概念进行了界定。

### 2.2.1 农业社会化服务

#### 2.2.1.1 农业服务

农业服务一词，在《现代农村经济辞典》中的解释是为农业生产服务的各种服务活动。包括为大农业的农、林、牧、副、渔各业服务的服务活动。分为产前、产中、产后三个方面。产前服务如各种农用物资的供应；产中服务如各项工序的技术支援；产后服务如产品分级、加工、包装、贮运、销售等。农业商品化专业化的发展，要依靠长短期资金的投入和科技发展，同时需要有畅通的供应和运销渠道，因此为农服务在发达国家则分为金融、科技推广和支援、产前产后供销服务三方面。

针对不同区域、不同阶段的农业经济发展状态，农业生产单位和个体对农业生产过程（产前、产中、产后）的服务需求存在较大差异。第一个时期：19 世纪末至 20 世纪 40 年代，农产品服务产业的起初，对低廉、快捷的运输服务需求较强，以期降低运输成本和销售价格。第二个时期：20 世纪 40 年代至 50 年代，伴随着农产品国际贸易业务的迅速增加，在产品流通过程中所有权转移环节日益增多，造成交易成本快速增加，极大降低了农产品交易效率，此时对新的组织形式和制度服务的需求开始增强，逐步形成了以农产品加工业和农商综合体为中心的垂直综合服务系统的形式。第三个时期：20 世纪 60 年代至 20 世纪末，市场营销方式的转变，导致传统以产品为导向转为以市场为导向，归结于消费者日益明显的消费个性，农产品适应市场需求，形成以品牌、包装、产品深加工和售后服务等为主的服务形式。现代化的农业生产部门结构出现调整，产前、产中、产后的服务机构和加工机构迅速从传统大农业生产部门中分离出来，在市场资源重新优质配置后，形成以农产品生产、流通和消费为中心的综合服务体系。这种综合服务使农产品服务需求内容得到延伸，逐步扩展农业服务领域的范畴，如对生物科技、信息技术、农业保险以及金融借贷、市场咨询等其他辅助的服务领域的需求日益突出（孔祥智等，2009）。农业服务要始终与农业生产过程保持协调关系，才能够发挥出农业服务的作用。在划分农业服务和生产时，通常是以各自所在农业部门作为划分的重要依据，从农产品生产到消费的总过程中，把属于动植物自然生长过程排除之后，由生产者所实施的全部生产环节称为农业服务（龚道广，2000）。基于此，本书将农业服务定义为在农业生产、消费过程中，针对期间所有生产、流通及消费过程中，各活动主体在农业产前、产中和产后提供的所有劳务和产品的支持行为，即为农业服务，其中包括生产性服务和非生产性服务。

### 2.2.1.2　农业社会化服务

"社会化"一词来源于社会学中的一个概念，原本用来表示个人、群体或某种文化传统的变化过程，通过对社会规范、社会文化以及角色知识的学习，逐渐由生物人成长为社会人并适应社会生活的全过程（郑杭生，2003）。"农业社会化服务"这个概念是在中国第一次提出。1991 年，国务院颁布的 134 号文件定义了相关定义，它指为农、林、牧、副、渔各业发展提供服务的专业经济技术部门，如乡村合作经济组织和社会其他方面。当时随着商品经济的迅速发展，针对"三农"等一系列问题实行改革措施，农业商品化和专业化程度不断得到提高，农民对政府提供的农业服务有了更高质量的要求。农业社会化服务是在农户兼业化、农业商业化和农业产业化不断推动的作用下发展起来的，针对个体小农无法独立完成整个生产过程而产生，是政府公共机构、农村专业合作组织、龙头企业、科研教育单位和其他社会服务组织为农户生产经营所提供的各种服务，服务内容涵盖产前、产中、产后各个环节（李俏，2012）。

我国的农业社会化服务体系经历了三个阶段。首先，20世纪80年代，其经历了第一个探索起步阶段，开始提出发展农村社会化服务体系；其次，20世纪末期，其经历了第二个大力推进阶段，明确指出建立农业社会化服务体系的具体内容、发展原则及政策。最后，从21世纪初至今，其经历了改进完善的第三个阶段，在这个阶段中改革专业经济技术部门和扶持农民专业合作经济组织是重中之重。

随着农业的发展，国家加强了对农业社会化服务的重视力度，政府相继制定政策措施以促进其服务体系的完善与发展。国家于1991年颁发了《国务院关于加强农业社会化服务体系建设的通知》，号召各级政府加强农业社会化服务体系建设。2005年、2007年和2009年的中央一号文件均提出加强农业组织及合作社的服务；2013年提出构建社会化服务新机制；2014年提出要健全服务体系；2015年强调要抓好农业生产全程社会化服务机制创新试点，重点支持为农民提供代耕代收、统防统治、烘干储藏等服务；2016年指出要发挥多种形式农业适度规模经营引领作用，坚持以农户家庭经营为基础，支持新型农业经营主体和新型农业服务主体成为建设现代农业的骨干力量，充分发挥多种形式适度规模经营在农业机械和科技成果应用、绿色发展、市场开拓等方面的引领功能；2017年指出要继续深入供销合作社综合改革，增强为农服务能力；2018年提出要促进小农户与现代农业发展的有机衔接，统筹兼顾培育新型农业经营主体和扶持小农户，采取有针对性的措施，把小农生产引入现代农业发展轨道。培育各类专业化市场化服务组织，推进农业生产全程社会化服务，帮助小农户节本增效，发展多样化联合与合作，提升小农户对接市场。扶持小农户发展生态农业、设施农业、体验农业、定制农业。提升产品档次和附加值，拓展增收空间。改善小农户生产设施条件，提升小农户抗风险能力，研究制定扶持小农生产的政策意见。

### 2.2.1.3 农业社会化服务体系

农业社会化服务体系是农业生产商品化、市场化发展到一定程度的表现。通过多种经济形式和经营形式，多层次、多环节、多回路的相互联系、互相配合的全面系统化的服务，达到各种生产要素的优化组合、促进农业生产和农村经济发展的网络体系（李俏，2012）。从本质上说，农业社会化服务体系，就是农业的分工体系和市场体系。传统农业中，农民直接承担的各种农业生产环节逐步从农业生产过程中被分化出来，并通过系统和专业化的改革创新管理，最终发展独立成各种新兴的涉农经济部门或组织；这些组织和部门在市场机制的作用下，逐步以商品交换为纽带，连同原先的各个农业生产部门，又重新形成一种较为稳定、高效、且具有相互依赖的关系，即形成一个有机的系统整体。本书更多地认同李俏在其博士学位论文中的阐述，即农业社会化服务体系是指为满足农业生产与发展需要，政府、市场和社会三方为农民从事农业生产与经营提供各种服务所构成的服务网络与组织系统（李俏，2012）。农业社会化服务体系建设是实现我国农业社会化和现代化的重要条件，也是我国实现农业生产社会化的必然要求。

### 2.2.2 棉区农业社会化服务

#### 2.2.2.1 棉区的概念

棉区是指该地区拥有一定自然条件并且在很长一段时间从事大规模棉花种植的地区。全国划分为三大棉花主产区：长江流域棉区、黄河流域棉区和新疆棉区。以 2018 年为例，长江流域棉区，包括湖北省、安徽省、湖南省、江西省、江苏省、浙江省、四川省等，产量共计约为 42.3 万吨，占比 6.94%，主要原因在于近年来种植面积不断减少。黄河流域棉区，包括河北省、山东省、河南省、天津市、山西省、陕西省等，产量共计约为 52.6 万吨，占比 8.63%，该产区近年来种植面积比较稳定。新疆作为三大棉区之一，凭借其独特的自然条件，是我国最主要的长绒棉生产基地。国家统计局公布 2018 年统计公告数据显示，中国最大的产棉区——新疆棉花种植面积达 2491.3 万吨，棉花产量达到了 511.1 万吨，比 2017 年增加 54.5 万吨，增长 11.94%。本书中新疆棉区指塔城地区、昌吉州、巴州、阿克苏和喀什地区的主要植棉分布区域。

#### 2.2.2.2 棉区农业社会化服务

棉区农业社会化服务的具体内容涉及技术、金融、保险、信息和农资购买服务等。本次调研的内容不仅涉及以上五方面，还包括为顺应当今政策的发展状况的内容，如农业社会化服务主体和农户对目标价格政策的认知等。各棉区的差异会影响当地的农业社会化服务发展，因而了解其服务状况是提高和改进棉区服务质量的重要参考依据。棉区农业社会化服务主体主要包括：为农户提供技术服务的农技推广部门，为农户提供基本服务的村集体和合作社，为农户提供农资服务的农资销售企业、加工棉花的棉花加工企业以及为农户提供日常生活帮助的邻里亲戚等。棉区农业社会化服务主体为农户获得所需的服务提供了基本保障。

## 2.2.3 农户行为

结合以往国内外学者的研究，农户的概念在不同角度被进行界定。农户存在的基本条件是依靠血缘，作为农业生产的劳动者，农户在承包或租赁的土地上进行农业生产经营活动，并以此来获得家庭收入（韩明谟，1997）。农户的含义应从职业特征、社会地位和农村经济发展三个方面进行阐述：从职业特点角度来看，农户是进行农业生产、经营行为的个体；从社会地位方面来说，农户自身文化水平不高且获得的社会保障较低，政治地位较为低下；从农村经济进步的角度来说，发展农村经济依靠的主要元素即由农户构成（史清华、侯瑞明，2001）。

本书研究中农户的定义为，在家或承包的土地上从事体力劳动，并依赖农业生产获得家庭收入的劳动者。农户是发展当今农村经济的生力军，在建设农村过程中也占有重要的角色地位，同时也是农村金融市场服务主体。当今农业生产依赖科技水平的程度较高，这表明农户在农业生产的方式由单一落后逐渐向现代化转变，而变化过程中产生的必然产物就是新型职业农户。新型职业农户的文化程度普遍较高，同时能够掌握当代农业生产技术和一定的农业生产、经营、管理能力。传统型农户代表的是一种身份，而新型职业农户代表的是一种行业，真正地将农业现代化生产模式应用到了实际农业生产当中。

农户禀赋具体是指农户的家庭及其成员能够支配的资源及其拥有的能力，它能够从客观上影响其农户生产决策行为（孔祥智，2004；李尚蒲，2012）。迄今为止，对于农户禀赋，国内外文献中并没有一个明确清晰统一的界定，研究者们都是根据自己的研究方向及主题来确定农户禀赋的相关指标。本书根据文献资料及实际研究方向，将农户禀赋分为三类：农户个人禀赋、家庭禀赋和资源禀赋，其中农户个人禀赋包括年龄、文化程度、种植年限，家庭禀赋包括农业收入、家庭资源、耕地规模，资源禀赋包括社会经验、组织程度和城乡距离。

### 2.2.3.1 农户行为

一直以来，农户实施农业生产决策的依据是自身的资源禀赋情况和"成本—收益"变动工具，以此确定从农业投资到生产的过程和家庭日常消费。如果农户资金借贷的成本低于农户利用借来的资金产生的某项收入，农户会毫不犹豫地参与到借贷行为当中。所以，农户在农业生产经营过程中，会使用成本计算和预期收益的方法来确定自身应该发生何种生产经营方式。由此可见，理性经营者的特征在农户农业生产、经营过程中得以体现。

恰亚诺夫表示，农户通过投入劳动力而从事农业生产和经营的目标是为满足家庭的消费需求。只要农户从消费当中得到的效益高于投入到农业生产当中的劳动成本，农户就会增加这种成本最终使效益达到最大。西奥多·W.舒尔茨认为，导致传统农业发展停滞的原因是农业投资收益率较低。而较低农业投资收益率是由农业的"弱质性"造成的，由传统的农业经营模式导致的高农业生产成本也是原因之一，而增加生产性资本对于农业生产是无益的。所以，解决农业生成要素投资收益率低的方法包括以下几种：提高对农户的教育力度，提升农业生产技术效率，提高农户农业种植产量和收益率。

黄宗智（1988）借助于长江三角洲地区农户数据，对比分析小型农业家庭的雇佣收入与农业收入后，引出了"拐杖逻辑"理论。该理论认为，我国小农家庭生产过程中已经出现劳动力过剩的现象，这些剩余劳动力可以以雇佣的方式提供给其他农户，以此来获得非农收入。这样不仅扩大了家庭收入的渠道，而且对于解决家庭劳动力的问题能够起到帮助作用。此外，农户投入劳动力后所获得的边际产品接近于零的现象经常是由小农经济的农业生产规模所造成的。王曙光（2008）研究发现，农户进行经营农业以分散、个体的形式为主。农民在进行生产决策的过程中往往表现出分散性和单一性，主要是受一国的农村经济制度和土地制度所影响。农民在劳动过程中与其他劳动者缺乏紧密的交流沟通，农业生产难以实现分工合作，这也是由于农民耕地面积狭小且分散所造成的。从而导致农业规模经济往往处于缺失态势，最终难以利用规模经济的优势去实现扩大土地种植规模的目的。另外，小农经济对于抗打击、抗风险的能力相对较弱，并且难以接纳外来的新型技术和组织。

#### 2.2.3.2　借贷行为

基于研究需要，将农户借贷行为定义为农户在农村金融市场上的借款行为。借贷行为表现在借贷需求、借贷额度、借贷渠道、借贷期限和利率等方面。农户借贷行为表现了农户在农业经营和生活消费两方面的特征，所以农户借贷行为也是其经济行为的表现形式。农户借贷渠道主要分为正规和非正规两种。正规借贷渠道包括村镇银行、农村信用社和其他正规金融组织等。农户如果选择正规借贷渠道进行借款，首先考虑的是借款的利息和还贷款的期限，而提供资金的一方首先考虑的是农户能够提供足够的抵押或者信用证明。非正规借贷渠道是指农户通过亲朋邻居、私人钱庄、高利贷等渠道进行的融资行为。另外，农户借贷需求是引起借贷行为的另一种体现方式。所以，本书在对农户进行分类的基础上，研究不同投资偏好农户的借贷需求、借贷额度、借贷渠道、借贷期限和利率等行为差别。

### 2.2.3.3　投资偏好

本书研究将农户分类的依据基于投资偏好，投资偏好决定了投资者对投资风险的选择及其控制，投资者会根据自身的风险偏好去选择不同的投资类型，一般情况下激进的投资者为了获得较高的收益会选择高风险的投资，但保守型投资者往往从安全出发，偏好低风险，因此得到的收益略低。在对农户借贷行为进行研究时，应与农户的投资偏好相结合。因为我国农业生产的设施较为脆弱，抵抗天气灾害的能力较差，市场波动也比较频繁，农业经营具有高风险性。农户面对这种高风险，其投资偏好是存在差异的。不同投资偏好农户的思想观念和生产行为也会有差异，从而影响到农户的借贷情况。

为了得知农户在农业活动中的投资偏好，在调研过程中设置了问题——"您在农业活动中农业活动的行为偏好是什么?"同时给出了四个选项——"高投资高收益""低投资低收益""中投资中收益"和"有时高投资高收益，有时低投资低收益"供农户选择，根据农户相应的选择，来确定农户的投资偏好。根据农户对投资偏好的选择，将农户分为保守型、激进型、中立型三个类型，三个类型的农户各具特点。保守型农户：保守型农户具有家庭土地规模较小、家庭年收入处于中下等水平、农业经营规模较小等特点。且保守型农户具有较为保守的投资态度，当期望收入相同时，偏好投资风险较低的投入；但对于风险相同的投资，会偏好期望收入较高的投资。选取选择"低投资低收益"选项的农户作为保守型农户。激进型农户：激进型农户具有家庭土地规模较大、家庭年收入处于中上等水平、农业经营规模较大等特点。与保守型农户恰恰相反，激进型农户通常主动追求投资，喜欢收益的动荡胜于喜欢收益的稳定。他们选择投资的原则是投资高收益高。选取选择"高投资高收益"选项的农户作为激进型农户。中立型农户：中立型农户的家庭特征和生产水平处于保守型和激进型农户之间。若其在农业生产过程中收益不理想，可能会采取其他非农业方式就业。同时中立型农户往往既不规避投资，也不主动投资。他们选择投资的唯一标准是期望收入的高低，而不关心投资情况如何。选取选择"有时高投资高收益,有时低投资低收益"和"中投资中收益"选项的农户作为中立型农户。

农户的风险偏好是决策者在看待或者面对风险时的立场,并在风险决策制定过程中发挥重要的作用。它受社会、经济、心理等多方面影响,且是一种较复杂的个体特征表现。根据决策者对风险性质的感知,风险偏好可以分为三类,分别是风险偏爱、风险中立和风险厌恶。风险偏好的差异折射出决策者对风险决策的关注集中点不同,在一定程度上主导决策者在诊断环境、选择战略等环节的信息沟通,即风险偏好所导致的个人行为会影响农户生产决策的全过程,并使决策的具体执行受到较大影响。因此,本书采用风险偏好变量旨在反映植棉农户参保决策过程中的心理与行为特征。

#### 2.2.3.4　参保决策行为

农户的参保决策行为是指农户为满足其个人或家庭规避农业风险、降低经济损失需求而发生的参与农业保险的决策过程。消费者购买决策理论认为消费者会在消费过程中谨慎地评价商品并理性地进行选择。而农户作为农业保险市场中最重要的消费群体,其参保决策行为是一项系统、复杂而难以琢磨的过程,因为农户对于农业保险的选择与评价的过程是隐秘的,有时候并不能具体表明自身对于农业保险的购买意向,或实际购买行为等产生的真正原因。农户参保决策行为包括农户对于农业保险产品的购买意愿和实际购买行为两方面,该决策行为的产生是受到农户内在因素和外在因素的相互促进交互影响的。通过对农户参保决策行为的研究,来掌握其内在规律,从而制定有利于农业保险稳健发展的策略。

### 2.2.4　农业保险

农业保险作为一种独特的险种,具备保险产品的一般属性。广义的农业保险是指在大农业范畴内的生产活动,为了降低自然灾害、社会突发事件及其他因不可抗力所造成的经济损失而设立的专业保险。目前,经济市场化虽然不断发展与深化,但市场经济本身存在一定的缺陷,造成农业在市场经济中的竞争力每况愈下,农民的收益缺乏保障。因此,政府对市场经济的调控非常有必要。基于此,政府为帮扶农业经济发展、保障农民收益,采取财政补贴与市场机制相结合的政策性农业保险模式。但是,农业不同于其他行业,因具有天然脆弱性,易受到自然因素、社会因素等外部环境的影响,遂呈现出以下几大特征。

一是地域性。各地区由于气候、地形、水文、土壤等自然环境以及社会经济环境、技术环境的不同，导致农业生产具有明显的地域性差异。因此，这就决定了农业保险可基于各区域实情，设置承保条件和赔付方式，即农业保险具有地域性特征。

二是季节性。四季更迭，光、热、降水的变化对农业生产造成很大的影响，因此农业生产表现出明显的季节性。农业生产受季节性的约束必须被认真考虑，使保险机构详细掌握各保险标的特质，以便在展业、承保、防灾和理赔等业务与操作过程中，提出合理方案。

三是连续性。农业生产的对象是具有生命特征的动植物有机体，通常要经历一个紧密相连、相互牵制的生长周期，这就要求农作物的生产周期必须作为农业保险设置承保方式的一种因素，树立长期、动态观点，实施风险的有效防范与控制，以确保农民收益得到有效保障。

四是政策性。为促使农业经济与农民收入的协调发展，农业保险不能完全交给市场来运作，必须在依靠政府参与的前提下，以政府补贴作为有效手段，将农业保险作为政策性保险业务，才能够充分调动农户的参保积极性。

### 2.2.5　销售渠道

销售渠道是指企业或个人将产品或劳务以一定价格销售给消费者的途径。销售渠道研究侧重点不同，其定义也不相同。庄二平（2014）认为，销售渠道是指产品由生产者转移至消费者的通路或路径，它包括一系列相互联系、相互依赖的环节，其起点是生产者，终点是消费者。时显勋（2013）就认为销售渠道是商品所有权转让的通道，并且具有以下几种特征：一是起点和终点的设立，分别是生产者和消费者；二是中间的参与者是商品流通过程中必不可少的；三是商品或服务转移的前提必须是有价值的、有偿的。在农业生产中最常见的销售渠道有农产品合同销售和关系营销。

农产品合同销售，就是通过农户与龙头企业或中介组织签订具有法律效力的产销合同，确立双方的权利和义务，农户根据合同安排组织生产，企业或中介组织按照合同收购农产品，实现生产者与市场的对接。本书涉及的合同销售是指农户通过与棉花企业签订合同订单的方式，农户依照订单进行农业生产从而满足棉花企业生产需求。这种销售方式有助于保障农户和企业的双方利益。

在 Morgan 和 Hunt 的著作中关系营销被定义为吸引、保持和提升顾客关系，建立、发展、维持成功关系交易的所有营销活动；或者是做出承诺、遵守承诺和兑现承诺的过程。基于关系营销定义,本书把社会关系销售定义为通过邻居、亲朋好友等社会相关关系把销售相关信息进行共享,从而达到销售的目的。

### 2.2.6　农业合作组织

#### 2.2.6.1　农民专业合作社

关于农民专业合作社的定义,根据《中华人民共和国农民专业合作社法》的界定可以描述为:一方面,作为互助性经济组织,农民专业合作社在农村家庭承包经营的基础上,为同类农产品或同类农业的生产经营者提供服务,强调其性质为自愿联合、民主管理;另一方面,对于提供的服务内容,农民专业合作社主要以其成员即农民为服务对象,向其提供农业生产资料、农产品的销售、加工、运输、储藏和与农业生产经营相关的信息服务、技术服务等。

#### 2.2.6.2　期货合作社

"期货合作社"的概念是在 2000 年由吉林省四平市银监局姜柏林提出。此概念的提出得益于大连商品交易所开展的"市场服务工程","市场服务工程"项目首先以四平地区作为试点,尝试期货订单,为使更多农民能够进入期货市场寻求规避风险。具有多年组织合作社的经验和金融专业背景的姜柏林,根据"公司＋农户、期货＋订单"模式的运作原理,提出农户可以利用专业合作组织与期货市场实现对接,建立一个期货合作社,为农民规避风险,保值增收(姜柏林,2000)。当时,期货概念尚未进入农户的认知范围,因此 2005 年大连商品交易所设立了一项"千村万户服务工程",提高农户对期货市场的认识,鼓励农户积极参与到期货市场中。"千村万户服务工程"通过农民专业组织合作社培训农户,不仅具有方便、易于组织的特点,同时能够有针对性地加大培训农户的力度,增加农民这一弱势群体在市场中谈判的能力。

在此之后,期货合作社逐步引起国内学者的重视。首先对"期货合作社"这一概念进行界定的是国内学者谢勇模,他界定期货合作是一种自主独立的组织,以联产承包责任制为基础,将农户组织起来,集体参与期货市场,对冲现货价格波动风险,以期指导农户规模化、标准化生产。并在此基础上提出期货合作社的三种组织模式(谢勇模,2006)。随着《农民专业合作社法》的出台,国内黑龙江省、湖南省等地区的期货合作社的实践进一步推动了期货合作社的发展。何蒲明、黎东升在研究中指出期货合作社的意义和难点,在此基础上建议加大培训力度，努力提高各方对期货的认知，同时鼓励政府和企业对期货合作社提供资金支撑，进一步促进期货合作社的发展壮大（魏君英、何蒲明，2008）。此后，围绕"期货合作社"概念的研究与实践日益增多。

# 第3章 新疆棉区农业社会化服务体系的现状与面临的困境

本章借鉴公共管理理论,通过对新疆棉区农业社会化服务的需求主体以及供给主体进行调查,解析当前棉区农业社会化服务体系的状况,分析棉农接受农业社会化服务的服务主体、内容和方式,剖析供给主体提供农业社会化服务的服务内容、服务方式,探索新疆棉区农业社会化服务体系深层次的问题和农业社会化供给主体——农技推广部门、龙头企业、合作组织面临的困境。

## 3.1 主要棉区分布及样本统计特征

### 3.1.1 棉区分布及基本状况

新疆地处我国西北边陲,土地面积广阔,农业用地占较大比重,2017年耕地面积512.31万公顷,农业产值2206.08亿元,占农林牧渔总产值的72.21%。新疆昼夜温差大、光照时间长,适宜棉花生长,植棉面积占较大比重,2017年棉花播种面积3326.20万亩,产量456.6万吨,播种面积比2016年增长了93.8万亩,同口径对比产量增长8.7%。自2014年新疆试点棉花目标价格政策以来,植棉规模稳定,棉花产量波动幅度较小,棉花产业稳固发展。棉花产业对于新疆经济的发展具有重要的意义。

本书研究的数据是由国家自然科学基金项目《新形势下新疆棉区农业社会化服务体系的创新与扶持政策研究》课题组成员在2014年12月至2015年4月,对新疆的主要棉区,如北疆的昌吉州、塔城棉区,南疆的巴州、阿克苏和喀什棉区,共5个地州、13个县市的1726户农户关于农业社会化服务的实地访谈、填写问卷获得。根据新疆各地区棉花播种、产量以及地理分布状况，本书将新疆分为南疆棉区和北疆棉区。针对两大棉区的区域特征，分别在南疆棉区选择巴州、阿克苏地区、喀什地区，在北疆棉区选择昌吉州、塔城地区为典型样本地区。在这五个地州中各选择2~3个典型县（市），选择巴州的尉犁县、轮台县，阿克苏地区的阿瓦提县、库车县、温宿县，喀什地区的莎车县、巴楚县、麦盖提县，昌吉州的昌吉市、呼图壁县、玛纳斯县，塔城地区的乌苏市、沙湾县为典型样本县市作为研究样本。在实地调研中，调查对象分别为农户、服务主体。农户调查在每个县（市）抽取3个乡镇，在每个乡镇抽取3个自然村，采取农户分层随机抽样的调查方法，每个自然村随机抽取20~30个农户。服务主体主要是针对所选择的县、乡镇、自然村为调研农户服务的农技推广机构、龙头企业、农民专业合作社等。调查内容主要包括：一是农户对农业社会化服务的需求状况及其影响因素，包括农户个体特征、农户家庭及生产特征、服务需求程度、需求结构、理想渠道等；二是农户接受农业社会化服务情况及满意程度，包括接受服务的内容、方式、渠道来源及获得服务的满意程度等；三是服务主体基本情况、提供社会化服务状况（服务内容、服务方式等）、获得支持政策等。在依托课题组支持的情况下，在调研中采取问卷调查与典型访谈相结合的方式，且问卷经过预调研，根据预调研的情况，加以修改和完善。正式调研采取调查员入村入户一对一调查方式，对龙头企业、农民专业合作社、农技推广机构等服务主体采取实地调研方式，调研结束后对调查问卷集中检验、录入数据并建立数据库，具体样本问卷的回收情况见表3-1。

表3-1 调研有效问卷回收状况　　　　　　　　　　单位：份

| 样本地区 | | 样本数量 | |
| --- | --- | --- | --- |
| 南疆地区 | 巴州 | 尉犁县 | 140 |
| | | 轮台县 | 159 |
| | 阿克苏地区 | 库车县 | 134 |
| | | 阿瓦提县 | 120 |
| | | 温宿县 | 140 |
| | 喀什地区 | 莎车县 | 167 |
| | | 巴楚县 | 147 |
| | | 麦盖提县 | 139 |

续表

| 样本地区 | | 样本数量 | |
| --- | --- | --- | --- |
| 北疆地区 | 塔城地区 | 沙湾县 | 105 |
| | | 乌苏市 | 140 |
| | 昌吉州 | 呼图壁县 | 131 |
| | | 玛纳斯县 | 107 |
| | | 昌吉市 | 97 |
| 合计 | | | 1726 |

数据来源：由实际调研的新疆棉区 1726 户农户的数据整理所得。

从表 3 - 1 样本分布角度来看，本书样本涵盖了南北疆等地区，总体情况可以反映出新疆的基本情况。调研获取有效问卷共计 1726 份，其中包括南疆地区 1146 份，约占总样本量的 66.4%，巴州 299 个有效样本，阿克苏地区 394 个有效样本，喀什地区 453 个有效样本。北疆地区获取有效问卷共580 份，约占总样本量的 33.6%，其中塔城地区 245 个有效样本，昌吉州335 个有效样本。因而所选样本能够较为全面地代表当地棉花生产服务的基本现状。

### 3.1.2　有效问卷样本的统计特征

根据调研结果，对样本数据基本特征进行分析。受访者以男性为主，女性仅占 11.2%；调查的农户以中青年农户为主，农户的年龄分布状况大体呈现出正态分布的特点，同时年龄段处于 41~50 岁的农户占 37.7%，比例最高，年龄段处于 25 岁及以下的农户所占比例仅为 3%；棉区农户的学历为初中居多，占50.9%，较高学历的农户和较低学历的农户所占比例均较低，其中农户的文盲比例为 2.3%，大专及以上农户仅占 1.3%，表明棉区农户的文化程度较低；家庭规模以 3~4 人为主，占 48.7%，规模以 5~6 人的农户居于第二位，占37.3%，表明农户的家庭结构逐渐发生变化且规模逐渐缩小，农户的家庭由大家庭向小家庭转变；劳动力人数以 1~2 人的农户居多，占 63.8%，劳动力人数为 7 人及以上的农户所占比例较小，仅为 0.7%，表明棉区农户的可支配劳动人数较少（见表 3 - 2）。

表 3-2　调查农户基本特征　　　　单位:%

| 统计指标 | 比例 | 统计指标 | 比例 | 统计指标 | 比例 |
|---|---|---|---|---|---|
| 家庭规模 | | 性别 | | 户主是否务农 | |
| 1~2 人 | 3.9 | 男 | 88.8 | 是 | 92.5 |
| 3~4 人 | 48.7 | 女 | 11.2 | 否 | 7.5 |
| 5~6 人 | 37.3 | 年龄 | | 受教育程度 | |
| 7 人及以上 | 10.1 | 25 岁及以下 | 3.0 | 文盲 | 2.3 |
| 劳动力人数 | | 26~40 岁 | 30.6 | 小学及以下 | 33.8 |
| 1~2 人 | 63.8 | 41~50 岁 | 37.7 | 初中 | 50.9 |
| 3~4 人 | 30.1 | 51~60 岁 | 19.7 | 高中或中专、高职 | 11.6 |
| 5~6 人 | 5.4 | 61 岁及以上 | 9.0 | 大专及以上 | 1.3 |
| 7 人及以上 | 0.7 | | | | |

数据来源：由实际调研的新疆棉区 1726 户农户的数据整理所得。

## 3.2　新疆棉区农业社会化服务体系的现状

### 3.2.1　农业社会化服务体系已初具规模

2013 年中央一号文件《中共中央、国务院关于加快发展现代农业，进一步增强农村发展活力的若干意见》要求构建农业社会化服务新机制，大力培育发展多元服务主体。目前，新疆基本建成以政府公共服务机构为主导、多元化的市场主体广泛参与的社会化服务体系。新疆从省级到村级分别建立了各级农业社会化服务机构，把各项社会化服务推广到农户中。农业社会化服务的内容十分宽泛，包括物资供应、生产服务、技术服务、信息服务、金融服务、保险服务，以及农产品的运输、加工、贮藏、销售等各个方面。随着市场化趋向的改革不断推进，新疆农业社会化服务体系中各类政府以外的市场化主体得到了蓬勃发展，进一步发展了以乡村集体或合作经济组织为基础，以公共服务部门为依托，以社会其他力量自办服务为补充的农业社会化服务体系。大量非政府主体进入农业生产资料的供给和农产品的收购、储存、加工、销售等服务市场。多元化、多主体、多服务模式的新型农业社会服务体系建设已初具规模。全疆生产性服务主体也比较多，具体情况见表 3 - 3。

表 3 - 3　社会化服务主体统计

| 部门 | 主体内容 |
| --- | --- |
| 农业技术服务主体 | 基层技术服务站、农技推广部门、农民协会和合作经济组织、农业公司和龙头企业、科研单位和高等农业院校、地方技术学校等 |
| 金融服务主体 | 农村信用社、银行、农资企业、农产品销售加工及农资企业等 |
| 信息服务主体 | 基层信息服务站、农技推广部门、村干部为牵头和政府部门为主体、以农资经营门市、亲朋好友、农业专业技术协会、农业服务性企业和大学及科研单位 |
| 生产服务主体 | 村集体、农技推广部门、专业合作社、加工销售及农资企业、农业服务企业、农业专业户、科研教育单位、个体、农户本身等 |

数据来源：实际调研整理所得。

　　新疆农村能够提供棉花生产作业过程中的服务主体主要有农技推广部门、村集体、合作社、农资销售企业，以及棉花加工企业、邻里亲戚等，这些主体积极活跃在农村的各个生产环节，对提升新疆棉花种植技术、提高棉花产量及增加棉农收入都起到突出作用。根据实际调研情况来看（见表 3 - 4），棉农对这些服务供给的主体表现出不同的满意程度。其中对邻里亲戚的满意程度最高，满意率为95.0%，其中表示满意的百分比为58.2%，满意率最低的是棉花加工企业为75.5%，其中满意的百分比为41.4%。棉农对农技推广部门的满意率为86.6%，其中很满意的百分比为21.6%，满意和基本满意的百分比分别为42.4%和22.6%。不太满意的百分比为9.7%，不满意的百分比为3.7%。棉农对村集体提供服务的满意率为92.3%，其中很满意的百分比为12.6%，满意的百分比为56.7%，基本满意的百分比为23.0%。不太满意的百分比为4.4%，不满意的百分比为3.3%。棉农对合作社提供的服务的满意率为78.5%，其中很满意的百分比为12.6%，满意和基本满意的百分比分别为41.5%和24.4%。棉农对合作社服务不太满意和不满意的百分比分别为6.8%和14.7%。棉农对农资销售企业的满意率为82.2%，其中满意和基本满意的百分比分别为41.2%和32.9%。整体来看，棉农对农业生产服务提供主体满意率依次排序为：邻里亲戚、村集体、农技推广部门、农资销售企业、合作社、棉花加工企业。

表3-4　棉农对棉花生产服务主体满意程度分布及百分比　　单位：n,%

| | | 很满意 | 满意 | 基本满意 | 不太满意 | 不满意 |
|---|---|---|---|---|---|---|
| 农技推广部门 | 频数 | 447 | 877 | 468 | 201 | 77 |
| | 百分比 | 21.6 | 42.4 | 22.6 | 9.7 | 3.7 |
| 村集体 | 频数 | 261 | 1173 | 476 | 92 | 68 |
| | 百分比 | 12.6 | 56.7 | 23.0 | 4.4 | 3.3 |
| 合作社 | 频数 | 260 | 860 | 505 | 140 | 305 |
| | 百分比 | 12.6 | 41.5 | 24.4 | 6.8 | 14.7 |
| 农资销售企业 | 频数 | 167 | 852 | 681 | 263 | 107 |
| | 百分比 | 8.1 | 41.2 | 32.9 | 12.7 | 5.1 |
| 棉花加工企业 | 频数 | 226 | 856 | 481 | 294 | 213 |
| | 百分比 | 10.9 | 41.4 | 23.2 | 14.2 | 10.3 |
| 邻里亲戚 | 频数 | 407 | 1205 | 354 | 70 | 34 |
| | 百分比 | 19.7 | 58.2 | 17.1 | 3.4 | 1.6 |

注：满意率=（很满意人数+满意人数+基本满意人数）/总人数×100%。

## 3.2.2　社会化服务组织蓬勃发展

各产业部门依据其服务内容和服务方式，构建相应的组织载体，围绕农业再生产的各个环节，形成有机结合、相互补充的组织体系，为农业提供综合配套的服务，实现农业生产经营活动的科学和高效。农民合作经济组织不断适应生产力的发展要求，形成了更为专业化、一体化、社会化的服务组织。

### 3.2.2.1　农技推广服务组织趋向多元化发展

农业社会化服务主体是指为农户提供各类服务的机构、组织或个人，作为生产过程中最关键环节的是农技推广服务，棉区技术服务主体类型多样，棉农可从农业推广部门、技术服务站、专业合作社、农资企业或者加工厂等获得较为先进的技术，从村干部或村集体组织的技术学习活动中获得技术支持。目前，新疆形成了以政府为主体，基层服务站、农业技术推广站、村干部为牵头，同时以农资经营门市、亲朋好友、农业专业技术协会、农业服务性企业和大学及科研单位为补充的，集信息的采集、加工和发布为一体的服务队伍。同时棉区农业社会化服务的服务主体逐渐增加，由最初的单一农技推广部门发展到多类型的服务主体，具体涉及农业技术推广部门、村集体、合作社、农业物资销售企业、棉花加工企业及邻里亲戚等。服务主体所提供的服务发生改变：由以前仅由金融机构提供资金、农资机构仅提供农资、信息服务机构提供信息服务的单一服务发展为金融机构、农资购买机构和信息服务机构等不仅能够提供本机构所需的基本服务也能向农户提供各类利于农户开展农业活动的信息。

农技推广部门与基层技术服务站作为棉区为农户提供主要技术服务的机构，受到广大棉农的好评，棉区 50.7% 的农户认为该机构是最为理想的技术服务主体，其后依次是农民专业技术协会、合作社、村集体，其也能为农户提供相应的技术服务，其他服务主体虽也为农户提供技术指导但服务范围较小，对部分贫困地区农户而言，农技推广部门的服务相对匮乏且并不能直接见到技术服务人员，反而是从村干部、亲朋好友等渠道获取技术服务。

农业推广机构对农户从事农业生产意义重大，一方面农业推广机构可引导农户生产高质量、高产量的农作物，另一方面农业推广机构对农户运用新技术、使用新产品可提供相应指导。新形势下农业推广机构发展稳步，据 2018 年农业厅有关于农技推广体系建设的相关统计资料显示：新疆农技推广机构共计 2543 个，其中自治区级 15 个、地市级 79 个、县级 422 个、乡镇一级 2027 个。新疆农业技术推广机构共有农技人员 12907 名，其中，正高级职称有 666 名，占 5.16%；副高级职称有 1659 名，占 12.85%；中级职称有 3637 名，占 28.18%；初级职称有 3760 名，占 29.13%；3185 人未取得职称，占 24.68%。基层农技推广机构全部纳入财政全额拨款，有效发挥了公益性农技推广职能，为新疆棉农从事农业生产提供了较为便利的服务。

### 3.2.2.2　合作组织、龙头企业逐渐壮大

合作组织在新疆不断推广的同时也逐渐发展壮大，2017 年已达到 24111 个，其中包含示范社 2549 个，农民专业合作社成员 527087 个，涉及 429257 个普通农户，8959 个专业大户及家庭成员，2585 个企业成员，其他团体成员 5193 个，714027 户专业合作社带动的非成员农户。

农业产业化龙头企业发展壮大。2017 年，新疆农业产业化经营组织达到1.39 万个，订单带动农户 194.68 万户，带动农户新增收入 25.13 亿元；自治区级以上农业产业化重点龙头企业达到 509 家（国资控股企业 52 家）；国家级重点

龙头企业 33 家；资产总额 10 亿元以上 19 家，1 亿元以上 195 家；培育自治区农业产业化园区 43 个，入驻企业 1000 余家，吸纳农村富余劳动力 11.4 万余人；国家农业产业化示范基地 5 个，集聚各类龙头企业百余家，销售收入近 250 亿元。新疆农业生产经营组织、龙头企业等规模快速扩大，服务人员数量增加，为农服务意识不断增强，呈现出良好的发展态势。

### 3.2.2.3 金融保险服务组织发展态势良好

2017 年新疆金融机构数目达 3848 个，金融机构人员 69229 人，其中，法人机构 120 个，人员 6272 人，二级分行 154 家，人员 13442 人，分行及网点 3546 家，人员 39895 人，乡镇及农牧团场网点 1217 个，人员 8119 人。其中，涉农金融机构 1701 个；就人员的工作数量看，新疆在金融机构中工作的所有人员数额可达 184848 人，其中涉及农业的金融机构人员数目达 25949 人；存款余额可达 4246.83 亿元，其中有 1938.32 亿元的单位存款，有 2675.24 亿元的各项存款余额，1284.97 亿元的中长期贷款，可见金融机构发展相对较好。

新疆保险服务的发展态势相对较好，保险公司作为非银行中介机构有较大发展。至 2017 年，新疆已有 34 家保险公司及其分支机构，地区级中心支公司 239 家，县级支公司 724 家，营业服务部 882 家，保险业务类型达 17 项，其中涉及农业的保险，主要包括农作物保险、收获期农作物保险、森林保险、经济林保险、园林苗圃保险、牲畜保险、家畜保险、家禽保险、水产养殖保险、其他养殖保险等，涉农业务保险费用达 399240.92 万元，比 2016 年增加 10.46%，赔款及给付达 270209.59 万元，其中棉区保费收入达 1095546.10 万元，比 2016 年增长 14.52%。

## 3.2.3 农业社会化服务主体多元化

### 3.2.3.1 技术服务主体来源多样化

市场的各种主体按照市场运行法则，以经济效益为中心，向农户提供农业服务的力量，他们可以是各种主体，如个人、企业、合作组织等。当前，新疆已建立了以专业农技推广机构为主体的基层农技推广体系。其他多元化的农业技术服务组织近年来也非常活跃。其服务主体有：合作经济组织、农业公司、龙头企业、科研单位和高等农业院校等。

棉农获得农业生产过程中的技术指导服务，对降低棉花种植成本、提高棉花产量具有一定的积极作用。统计发现（见表 3-5），棉区有 34.7% 的棉农通过农技推广部门与基层技术服务站获得农业生产技术，通过农民专业技术协会或合作社获得技术服务的比例为30.5%。这得益于近年来国家对农业技术合作协会和农业合作社政策扶持力度的不断增加。通过农资企业或加工厂获得技术指导的比例为15.6%，这与一些农资企业为获得市场占有额，通过定期到农民地里进行作业和相关技术指导，进而达到推销公司产品的目的有关。在农村通过亲朋好友和其他农户的经验指导农业生产的比例为7.3%，这也是普遍现象，因为普通农户在日常沟通过程中就是农业技术有效传播的过程。

表 3 – 5　棉农农业生产技术指导来源主体分布及比例　　单位：n,%

| 项目 | 频数 | 百分比 |
| --- | --- | --- |
| 1 | 718 | 34.7 |
| 2 | 630 | 30.5 |
| 3 | 322 | 15.6 |
| 4 | 131 | 6.3 |
| 5 | 116 | 5.6 |
| 6 | 150 | 7.3 |

注：1 表示农技推广部门与基层技术服务站；2 表示农民专业技术协会或合作社；3 表示农资企业或加工厂；4 表示大学和科研单位；5 表示村干部或村集体；6 表示亲朋好友和其他农户。

统计数据显示，越来越多的农民对农业生产技术的认可程度不断提升，绝大多数农民都希望使用先进的技术来完成农业生产工作。根据调研统计，棉农对农业生产技术指导服务的需求率为93.3%，认为不需要的比例为2.9%，认为无所谓的比例为3.8%（见表3 – 6）。可以看出，随着新疆经济的快速发展，农民对现代化农业作业设备、技术的需求也会呈现出迅速增长的态势。尤其是一些种植大户，还有越来越多的农业技术协会以及农业合作社的成立，势必需要更多、更好的技术指导服务，未来市场的竞争将会越来越激烈。

表 3 – 6　棉农对农业生产技术指导服务需求程度分布及比例　　单位：n,%

| | 频数 | 百分比 |
| --- | --- | --- |
| 不需要 | 60 | 2.9 |
| 无所谓 | 78 | 3.8 |

续表

|  | 频数 | 百分比 |
|---|---|---|
| 需要 | 1127 | 54.4 |
| 很需要 | 389 | 18.8 |
| 强烈需要 | 416 | 20.1 |

注：需求率＝（需要人数＋很需要人数＋强烈需要人数）／总人数×100%。

### 3.2.3.2 农业信息服务主体多元化，信息渠道广泛

新疆已经形成以基层信息服务站、农技推广部门、村干部为牵头和政府部门为主体，以农资经营门市、亲朋好友、农业专业技术协会、农业服务性企业和大学及科研单位为补充的，集农业信息采集、加工和发布为一体的专业信息服务队伍。调研结果显示，目前农户获得各类信息主要有七种渠道（电视、广播等大众传媒，技术示范、观摩，邻居亲戚朋友，互联网，书刊和科技小报，科教录像光盘与讲座培训以及手机短信）。见表3－7。

表3－7　新疆棉区目前获取信息渠道现状　　　单位：n,%

| 技术指导类型 |  | 目前获取信息渠道 | | | | | | |
|---|---|---|---|---|---|---|---|---|
|  |  | 大众传媒（电视、广播） | 技术示范、观摩 | 邻居亲戚朋友 | 互联网 | 书刊和科技小报 | 科教录像光盘与讲座培训 | 手机短信 |
| 科学技术信息 | 频数 | 637 | 427 | 295 | 127 | 71 | 114 | 55 |
|  | 百分比 | 36.9 | 24.7 | 17.1 | 7.4 | 4.1 | 6.6 | 3.2 |
| 价格信息 | 频数 | 557 | 410 | 400 | 149 | 94 | 86 | 30 |
|  | 百分比 | 32.3 | 23.8 | 23.2 | 8.6 | 5.4 | 5 | 1.7 |
| 供求信息 | 频数 | 535 | 433 | 370 | 138 | 110 | 91 | 49 |
|  | 百分比 | 31 | 25.1 | 21.4 | 8 | 6.4 | 5.3 | 2.8 |
| 农药农资信息 | 频数 | 460 | 439 | 317 | 166 | 128 | 157 | 59 |
|  | 百分比 | 26.6 | 25.4 | 18.4 | 9.6 | 7.4 | 9.1 | 3.5 |
| 行情预测信息 | 频数 | 481 | 434 | 344 | 170 | 106 | 116 | 75 |
|  | 百分比 | 27.9 | 25.1 | 19.9 | 9.8 | 6.1 | 6.7 | 4.3 |

续表

| 技术指导类型 | | 目前获取信息渠道 | | | | | | |
| --- | --- | --- | --- | --- | --- | --- | --- | --- |
| | | 大众传媒（电视、广播） | 技术示范、观摩 | 邻居亲戚朋友 | 互联网 | 书刊和科技小报 | 科教录像光盘与讲座培训 | 手机短信 |
| 政策法规信息 | 频数 | 534 | 404 | 340 | 163 | 104 | 144 | 37 |
| | 百分比 | 30.9 | 23.4 | 19.7 | 9.4 | 6 | 8.3 | 2.2 |
| 劳务用工信息 | 频数 | 518 | 426 | 354 | 134 | 96 | 144 | 54 |
| | 百分比 | 30.1 | 24.7 | 20.5 | 7.8 | 5.6 | 8.3 | 3 |
| 气象信息 | 频数 | 619 | 385 | 310 | 117 | 90 | 120 | 85 |
| | 百分比 | 35.8 | 22.3 | 18 | 6.8 | 5.2 | 7 | 5 |

数据来源：由实际调研的新疆棉区1726户农户的数据整理所得。

### 3.2.3.3　新疆的农村金融服务主体多元化

新疆的农村金融供给主体包括农产品的加工和销售以及农资企业、亲朋邻居、农村信用社、银行、村集体、合作社等。根据调研从种棉资金来源现状表中所得，新疆棉区农户种棉所需的资金主要来源于农村信用社，比例达到47%，农村信用社提供的七种金融服务类型比例都较高，最高的比例是组织贷款，达到55.6%。从金融服务主体现状表中可以看出：新疆棉农一共需要七类金融服务类型（组织贷款、专业组织提供资金、贷款的担保、组织帮助购买农业保险、提供信用评级证明、介绍贷款渠道和组织农户集体贷款）。提供七类金融服务的主体为农产品的加工和销售以及农资企业、亲朋邻居、农村信用社、银行、村集体、合作社。从金融服务是否获得现状表得知：各种金融服务类型都能得到较高比例的获得，且大部分是由农村信用社提供（见表3-8）。

### 3.2.3.4　农业生产资料服务主体多样化

对棉农生产资料购买来源的调研数据显示（见表3-9），棉农购买生产资料的可选择性较强，针对不同的生产资料棉农选择的购买来源也存在着较大差异。表3-9显示，在关于生产资料购买来源调研的1726份有效样本中，棉农选择个体经销公司购买物资的频数最高，为599，所占百分比为31.1%，是棉农最普遍购买来源。选择到政府部门或与农业相关的企事业单位（农技推广部门等）和个体经销公司购买所需农资的样本频数是501，所占百分比为26.0%，排在第二

表3-8　新疆棉区金融服务主体现状　　　　　　单位：n,%

| 金融服务类型 | | 金融服务主体 | | | | | |
|---|---|---|---|---|---|---|---|
| | | 农产品的加工和销售以及农资企业 | 亲朋邻居 | 农村信用社 | 银行 | 村集体 | 合作社 |
| 组织贷款 | 频数 | 237 | 157 | 959 | 198 | 142 | 33 |
| | 百分比 | 13.7 | 9.1 | 55.6 | 11.5 | 8.2 | 1.9 |
| 专业组织提供资金 | 频数 | 222 | 184 | 933 | 215 | 107 | 65 |
| | 百分比 | 12.9 | 10.7 | 54.1 | 12.5 | 6.2 | 3.6 |
| 贷款的担保 | 频数 | 169 | 291 | 821 | 251 | 142 | 52 |
| | 百分比 | 9.8 | 16.9 | 47.6 | 14.5 | 8.2 | 3 |
| 组织帮助购买农业保险 | 频数 | 213 | 190 | 827 | 179 | 246 | 71 |
| | 百分比 | 12.3 | 11 | 47.9 | 10.4 | 14.3 | 4.1 |
| 提供信用评级证明 | 频数 | 200 | 195 | 847 | 200 | 180 | 104 |
| | 百分比 | 11.6 | 11.3 | 49.1 | 11.6 | 10.4 | 6 |
| 介绍贷款渠道 | 频数 | 189 | 230 | 788 | 210 | 273 | 36 |
| | 百分比 | 11 | 13.3 | 45.7 | 12.2 | 15.8 | 2 |
| 组织农户集体贷款 | 频数 | 229 | 218 | 782 | 217 | 238 | 42 |
| | 百分比 | 13.3 | 12.6 | 45.3 | 12.6 | 13.8 | 2.4 |

数据来源：问卷调查统计。

位。选择到村集体和个体经销公司购买生产资料的样本频数为82，所占百分比为4.3%。还有棉农选择到科研院所、高校、协会或合作社购买生产物资，但这些购买来源所占比重都较小，在1.0%~3.4%。其余棉农要么选择政府部门或与农业相关的企事业单位（农技推广部门等）和协会或合作社，要么选择村集体、协会或合作社、个体经销公司等其他组合形式，以此来权衡成本最低的购买方案，实现最大效益。

表3-9　棉农农业生产物资购买来源分布及比例　　　　　　单位：n,%

| 生产资料购买来源 | 频数 | 百分比 |
|---|---|---|
| 5 | 599 | 31.1 |
| 1、5 | 501 | 26.0 |

| 生产资料购买来源 | 频数 | 百分比 |
|---|---|---|
| 2、5 | 82 | 4.3 |
| 1、4 | 65 | 3.4 |
| 4 | 65 | 3.4 |
| 1、2 | 64 | 3.3 |
| 1、2、5 | 56 | 2.9 |
| 4、5 | 39 | 2.0 |
| 3 | 36 | 1.9 |
| 1、2、3、5 | 35 | 1.8 |
| 2 | 35 | 1.8 |
| 1、3 | 33 | 1.7 |
| 1、4、5 | 30 | 1.6 |
| 1、6 | 29 | 1.5 |
| 1、3、5 | 26 | 1.3 |
| 1、2、3 | 23 | 1.2 |
| 3、5 | 20 | 1.0 |
| 其他混合选项 | 188 | 9.8 |

注：1 表示政府部门或与农业相关的企事业单位（农技推广部门等）；2 表示村集体；3 表示协会或合作社；4 表示科研院所、高校；5 表示个体经销公司；6 表示其他。

棉农对获取农业生产物资服务的需求率是 90.9%，可以看出棉农对获得安全、高效的农业生产物资服务的需求强烈。根据调研数据显示，选择不需要农业生产资料服务的比例为 2.8%。这一部分棉农群体，多是当地一些棉花种植大户，规模很大，生产物资一般通过自我联合批发形式，能以较低的价格购买到生产物资。但一般小规模的棉花种植农户，因购买量较小，往往只能以市场价格购买所需生产物资。就调研统计来看，选择需要提供农业生产物资服务的样本频数为 1199，所占百分比为 57.9%；选择很需要和强烈需要的样本百分比分别为 14.5% 和 18.5%（见表 3-10）。

表3-10　棉农获得农业生产物资服务的需求分布及比例　　单位：n,%

| 项目 | 频数 | 百分比 |
|------|------|--------|
| 不需要 | 58 | 2.8 |
| 无所谓 | 130 | 6.3 |
| 需要 | 1199 | 57.9 |
| 很需要 | 301 | 14.5 |
| 强烈需要 | 383 | 18.5 |
| 合计 | 2070 | 100.0 |

注：需求率＝（需要人数＋很需要人数＋强烈需要人数）／总人数×100%。

### 3.2.4　农业社会化服务模式不断健全

近年来，随着农业社会化服务组织的蓬勃发展，以市场为导向的社会化服务组织的服务模式也不断健全。新疆技术服务模式可分为"基层技术服务站＋农户""农民专业协会或合作社＋农户""农资经营门市＋农户""农技推广部门＋农户""村组集体经济组织＋农户"以及其他模式6种模式；新疆农民专业合作社的服务模式有4种，分别是"市场＋大户＋合作经济组织""龙头企业＋合作经济组织＋农户"、由事业单位牵头带动发展的合作社以及其他类型的模式；金融服务模式分为"农产品销售加工及农资企业＋农户""农村信用社＋农户""银行＋农户""亲朋好友＋农户"以及其他模式5种模式；农户获得信息服务的主要模式有3种，分别是"基层信息服务站＋农户""农资经营门市＋农户"和"村干部＋农户"；另外包括龙头企业在内的各服务组织也不断创新服务模式，其更加专业化、细致化的服务为农民的生产提供了有力保障。新疆目前获得农产品流通服务的主要模式有3种，分别是"农户本身＋市场""个体＋农户""涉农企业＋农户"（见表3-11）。

表3-11　新疆现有农业社会化服务模式

| 技术服务模式 | 金融服务模式 |
|--------------|--------------|
| 基层技术服务站＋农户 | 农产品销售、加工及农资企业＋农户 |
| 农民专业协会或合作社＋农户 | 农村信用社＋农户 |
| 农资经营门市＋农户 | 银行＋农户 |
| 农技推广部门＋农户 | 亲朋好友＋农户 |
| 村组集体经济组织＋农户 | 其他模式 |

续表

| 技术服务模式 | 金融服务模式 |
|---|---|
| 其他模式 | |
| 信息服务模式 | 农产品流通服务模式 |
| 基层信息服务站＋农户 | 农户本身＋市场 |
| 农资经营门市＋农户 | 个体＋农户 |
| 村干部＋农户 | 涉农企业＋农户 |

数据来源：实地调研。

## 3.2.5　农业社会化服务内容系统化

农业社会化服务主体提供的农业社会化服务内容系统化（见表 3 – 12）。

表 3 – 12　社会化服务内容

| 服务部门 | 服务内容 |
|---|---|
| 金融服务 | ①专业组织提供资金，规定农户用于购买种子、农药、化肥等生产资料；②生产性贷款的担保；③帮农户购买农业保险；④提供信用评级证明；⑤介绍贷款渠道；⑥组织集体贷款；⑦其他服务 |
| 技术服务 | ①新品种技术；②优良品种选育；③地膜覆盖技术；④田间栽培管理；⑤病虫害防治；⑥科学施肥；⑦畜禽防疫技术；⑧节水灌溉技术；⑨测土施肥技术；⑩农药安全使用技术；⑪机械采收技术 |
| 生产性服务 | 种植业：①选择良种；②播种；③机耕；④选择化肥；⑤农药；⑥农机；⑦施肥；⑧打药；⑨灌溉；⑩采摘 |
| 流通服务 | 种植业：①初加工；②包装；③储藏；④运输；⑤收购与销售 |
| 信息服务 | ①农业科学及技术信息；②农产品价格信息；③农药及化肥等农资信息；④农业政策及相关法律法规信息；⑤农产品供求信息；⑥气象与教育及卫生信息；⑦劳务用工信息；⑧农产品行情预测信息；⑨农产品加工信息 |

数据来源：实地调研。

#### 3.2.5.1　生产技术服务内容覆盖生产全过程

由表 3 – 13 得知，新疆棉区农户在生产环节获得的技术服务包括：产前有新品种技术和播种技术，产中有地膜覆盖技术、田间栽培管理、病虫害防治、科学施肥、节水灌溉技术、农药安全使用技术，产后有机械采收技术、秸秆粉碎技术、地膜回收技术。各项技术获得比例基本达到 70% 以上，表明农户基本上都能获得种植棉花所需的技术。

表 3 – 13　新疆棉区技术服务现状　　　　　单位：n,%

| | | | 频数 | 百分比 | 有效百分比 | 累计百分比 |
|---|---|---|---|---|---|---|
| 产前 | 是否获得新品种技术 | 否 | 476 | 27.6 | 27.6 | 27.6 |
| | | 是 | 1250 | 72.4 | 72.4 | 100 |
| | 是否获得播种技术 | 否 | 370 | 21.4 | 21.4 | 21.4 |
| | | 是 | 1356 | 78.6 | 78.6 | 100 |
| 产中 | 是否获得地膜覆盖技术 | 否 | 422 | 24.4 | 24.4 | 24.4 |
| | | 是 | 1304 | 75.6 | 75.6 | 100 |
| | 是否获得田间栽培管理 | 否 | 568 | 32.9 | 32.9 | 32.9 |
| | | 是 | 1158 | 67.1 | 67.1 | 100 |
| | 是否获得病虫害防治 | 否 | 372 | 21.6 | 21.6 | 21.6 |
| | | 是 | 1354 | 78.4 | 78.4 | 100 |
| | 是否获得科学施肥 | 否 | 543 | 31.5 | 31.5 | 31.5 |
| | | 是 | 1183 | 68.5 | 68.5 | 100 |
| | 是否获得节水灌溉技术 | 否 | 456 | 26.4 | 26.4 | 26.4 |
| | | 是 | 1270 | 73.6 | 73.6 | 100 |
| | 是否获得农药安全使用技术 | 否 | 421 | 24.4 | 24.4 | 24.4 |
| | | 是 | 1305 | 75.6 | 75.6 | 100 |
| 产后 | 是否获得机械采收技术 | 否 | 653 | 37.8 | 37.8 | 37.8 |
| | | 是 | 1073 | 62.2 | 62.2 | 100 |
| | 是否获得秸秆粉碎技术 | 否 | 612 | 35.5 | 35.5 | 35.5 |
| | | 是 | 1114 | 64.5 | 64.5 | 100 |
| | 是否获得地膜回收技术 | 否 | 593 | 34.4 | 34.4 | 34.4 |
| | | 是 | 1133 | 65.6 | 65.6 | 100 |

数据来源：问卷调查统计。

#### 3.2.5.2　棉区金融服务

新疆农村金融服务体系提供的金融服务内容包括：组织贷款专业组织提供资金；贷款的担保；组织帮助购买农业保险；提供信用评级证明；介绍贷款渠道；

组织农户集体贷款，提供七类金融服务的主体为：农产品的加工和销售以及农资企业、亲朋邻居、农村信用社、银行、村集体、合作社（见表3－14）。

表 3－14　新疆棉区金融服务获得状况　　　　　　　　　　单位：n,%

| | | 频数 | 百分比 | 有效百分比 | 累计百分比 |
|---|---|---|---|---|---|
| 组织贷款 | 否 | 491 | 28.4 | 28.4 | 28.4 |
| | 是 | 1235 | 71.6 | 71.6 | 100 |
| 专业组织提供资金 | 否 | 727 | 42.1 | 42.1 | 42.1 |
| | 是 | 999 | 57.9 | 57.9 | 100 |
| 贷款的担保 | 否 | 431 | 25 | 25 | 25 |
| | 是 | 1295 | 75 | 75 | 100 |
| 组织帮助购买农业保险 | 否 | 550 | 31.9 | 31.9 | 31.9 |
| | 是 | 1176 | 68.1 | 68.1 | 100 |
| 提供信用评级证明 | 否 | 574 | 33.3 | 33.3 | 33.3 |
| | 是 | 1152 | 66.7 | 66.7 | 100 |
| 介绍贷款渠道 | 否 | 620 | 35.9 | 35.9 | 35.9 |
| | 是 | 1106 | 64.1 | 64.1 | 100 |
| 组织农户集体贷款 | 否 | 577 | 33.4 | 33.4 | 33.4 |
| | 是 | 1149 | 66.6 | 66.6 | 100 |
| 合计 | | 1726 | 100 | 100 | |

数据来源：问卷调查统计。

### 3.2.5.3　棉区信息服务范围广

从是否获得棉花信息服务现状表中我们知道，主要有八类棉花信息服务（科学技术信息、价格信息、供求信息、农药等农资信息、行情预测信息、政策法规信息、劳务用工信息和气象信息）。每一项信息获得比例都比较高，均在50%以上，说明在获取棉花信息方面能力较强。从目前获取信息渠道现状表中得知：目前获得各类信息主要有七种渠道（电视、广播等大众传媒，技术示范、观摩，邻居亲戚朋友，互联网，书刊和科技小报，科教录像光盘与讲座培训以及手机短信）（见表3－15）。

表3-15　新疆棉区是否获得棉花信息服务现状　　　单位：n,%

|  |  | 频数 | 百分比 |  |  | 频数 | 百分比 |
|---|---|---|---|---|---|---|---|
| 科学技术信息 | 否 | 553 | 32 | 行情预测信息 | 否 | 782 | 45.3 |
|  | 是 | 1173 | 68 |  | 是 | 944 | 54.7 |
| 价格信息 | 否 | 488 | 28.3 | 政策法规信息 | 否 | 557 | 32.3 |
|  | 是 | 1238 | 71.7 |  | 是 | 1169 | 67.7 |
| 供求信息 | 否 | 772 | 44.7 | 劳务用工信息 | 否 | 589 | 34.1 |
|  | 是 | 954 | 55.3 |  | 是 | 1137 | 65.9 |
| 农药等农资信息 | 否 | 589 | 34.1 | 气象信息 | 否 | 404 | 23.4 |
|  | 是 | 1137 | 65.9 |  | 是 | 1322 | 76.6 |

数据来源：问卷调查统计。

## 3.2.6　农业社会化服务渠道多样化

### 3.2.6.1　技术服务渠道多样化

农户通过一定途径获得技术服务，农业技术服务主体具有多样性，使得技术服务的传播方式各异，棉农获得技术服务的渠道趋于多元化。棉区农户获得技术服务的渠道来自多方面：大多数农户是通过大众传媒（广播、电视等）的传播而获得部分技术；有的农户是由技术示范和观摩获取的；有的是通过邻居亲戚的帮助；部分农户通过先进的互联网（网络浏览）或手机短信传递的技术信息来获取技术；有的是通过书刊、科技小报和宣传手册等纸质刊物获取技术；还有一部分农户通过科教录像光盘与讲座培训等多种方式获取技术，而真正能够在农村传播的渠道也会受农村各类条件的约束，从而使得技术服务最终传播到农户的渠道相对较少。在上述渠道中，棉农最为理想的获取技术服务的渠道是通过技术人员的技术示范和观摩，这种渠道更能让农户接受相应的技术并将其运用到农业生产活动中，随着广播电视在农村地区的广泛普及，运用广播电视传播技术服务较为普遍，棉区中34.5%的农户认为由电视、广播等大众传媒传播的技术服务是可以接受的。

### 3.2.6.2　保险服务推广全面化

农户在从事棉花种植的过程中具有一定风险，农户中有60.6%的棉农认为种植棉花有风险，有32.3%的棉农认为种植棉花具有中等风险，剩余部分棉农认为从事棉花生产的风险较小，因而保险服务对于棉农降低种植风险意义深远。新时期为保障棉农基本权益，农业保险随之出现，推广渠道种类也逐渐增多。农户了解保险服务不仅是通过保险营销员、保险机构的推广，也可通过电视广播、期刊、网络新闻、亲朋好友、村干部等多方了解。保险服务与技术服务相比出现较晚，随着保险服务的推广，棉农对保险服务的了解程度较好，其中65.1%的棉农对保险服务是一般了解的状态，仅17.8%的棉农不了解保险服务，总体上棉农对保险服务的认知程度较好，但仍需提高棉农对保险服务的认知度，使棉农在真正意义上了解农业保险。

### 3.2.6.3　信息服务渠道拓宽

棉农是否及时获取信息是影响农户从事农业生产的因素，农户可获得的信息服务类型包含科学技术、价格与供求、涉农物资、预测行情、法规政策和劳务用工及气象信息等。棉农获得信息服务的渠道相对广泛，有电话、手机短信、网上发布的信息、信息中介获得、亲朋好友推荐、农业经济人、政府信息中心等多种渠道。据调查，农户所在地区其中有信息服务协会的占51.4%，60.2%的棉农需要信息服务，48.9%的棉农可及时获取信息，可见信息服务在棉区的推广相对较好，棉农可以有效地获取农业信息。

### 3.2.6.4　金融服务模式不断创新

互联网的发展及农业信息的广泛传播促使棉区农业社会化服务的服务模式发生了相应改变，出现了"农户＋网络平台""农户＋合作社＋政府"及"农户＋政府＋加工企业＋销售企业"等多种类型的服务模式，可为农户提供全面具体及时有效的服务，使棉农的生产更具有科学性。其中棉区社会化服务模式创新以"金融服务"最为典型。

棉农能否获取充足资金是金融服务模式发展的动力。农户种植棉花需要一定的资金积累，资金是棉农种植棉花过程中不可缺少的资源，棉农种植棉花的资金投入来源广泛，金融服务机构是为棉农提供主要资金支持的金融机构，为棉农种植棉花提供了资金、贷款等金融支持。棉农从事棉花生产的资金来源多种多样，如一部分资金筹集或亲戚朋友的援助，向棉花销售及加工企业、农资企业和其他金融机构的借入等。对农村地区的大部分棉农来说，除自己积累的资金外，其他资金向金融机构贷款，当农户资金短缺时，61.8%的棉农选择向农村信用合作社贷款，15.7%的棉农会选择向亲戚朋友借，金融机构的服务对棉农有重要意义。棉农有了充足的资金可顺利从事农业生产，其想获得的金融服务有：组织贷款专业组织提供资金、贷款的担保、组织帮助购买农业保险、提供信用评级证明、介绍贷款渠道、组织农户集体贷款。59.1%的棉农最想获得的服务是由金融机构建立专业组织，其可为农户提供资金支持便于农户获得所需资料，13.2%的棉农认为需要提供生产性贷款的担保，金融机构可从这两方面入手，建立相应的组织机构为棉农提供更多的金融支持。

棉农理想的棉花种植金融服务模式奠定了金融服务模式创新的基础。棉区金融服务机构的类型多样，农户所能接受的金融服务模式是政府广泛推广的。棉农理想的棉花种植金融服务模式有："农户＋农业合作社＋网络平台""农户＋农业加工销售企业""农户＋金融机构＋企业""农户＋专业合作社＋金融机构""农户＋专业合作社＋加工销售企业""农户＋政府""农户＋政府＋金融机构""村集体＋农户＋合作组织"等，表明棉花的加工过程和销售棉花的过程给棉农带来了巨大的影响，棉农最理想的棉花种植金融服务模式是"农户＋农业加工销售企业"。

# 3.3 新疆棉区农业社会化服务面临的困境

农业社会化服务具有一定的公益性质，较低的投资回报率难以吸引多种渠道的资金进入，加之基层政府对社会化服务的投入不足，当前新疆农业社会化服务供给能力总体偏低。此外，中央和地方各级政府在社会化服务领域的立法较少，相关具体的政策措施不到位，且多缺乏可行性和可操作性，致使社会化服务体系建设滞后于主体的现实需求，表现为组织发展程度低；金融信贷支持力度不够、难以适应现代农业发展需求；严重缺乏棉花种植信息，棉区信息服务渠道还需拓宽；农业社会化服务的技术性困惑等方面。

## 3.3.1 组织发展程度低，亟待完善

### 3.3.1.1 政府公共组织需要完善

职能定位不清，弱化公共服务能力。很多乡镇由农技、水产、农机、水利、林业、农经等站统一建立了农业综合服务中心，但上一级的农业机构并未相应调整，使得农业服务中心在区县没有完全对应的主管部门，常常是多头领导、交叉指挥。农业服务中心承担的工作包括了土地流转工作、扶贫项目监管工作、林业

执法、负责涉农项目审核、农村环保工作、乡村旅游工作、气象服务工作等，工作内容的专一性减弱、综合性增强。

管理体制不顺，规范化程度不高。乡镇农业服务中心实行以乡镇管理为主的县、乡双重管理，县级农业部门指导工作，基层财政核发工资，这种双层管理虽然节约了乡镇农业公共服务的机构成本，但财政的限制会使专门从事农业科技服务工作的时间、经费等难以保证。基层农业公共服务体系出现了与上级农业行政主管部门联系脱节，提拔或流动后没有正常的补充机制等问题。

人员结构不合理，科研创新能力不高。受基层政府农业服务机构的经济基础落后和人事组织僵化的影响，机构普遍出现了人员结构不合理的现象。自治区农业厅统计数据显示（见表 3－16），种植业、畜牧业、农机以及渔业农业技术推广机构的编制数量都有剩余，但是仍然有很多农业技术人员没有编制。编制内农业技术人员中高级职称所占比例都比较小，初级职称所占比例最大，无职称的比例也比较大。农业技术人员中大专学历所占比重是最大的，本科及以上的农业技术人员比较少，中专及以下的农业技术人员仍然占有较高比例。总体上看，农业技术人员的职称比较低，缺少高职称工作人员，高文化程度的农业技术人员不多，农业技术人员的文化程度比较低，科研创新力度不够。

**表 3－16　农业技术人员职称和学历统计表**　　　　单位：人

| 编制及人员情况 | | 人员情况 | 占比 | 备注 |
|---|---|---|---|---|
| 实有人数 | | 12907 | 100.00 | |
| 职称 | 正高级 | 666 | 5.16 | |
| | 副高级 | 1659 | 12.85 | |
| | 中级 | 3637 | 28.18 | |
| | 初级 | 3760 | 29.13 | |
| | 无 | 3185 | 24.68 | |
| 学历 | 研究生 | 592 | 4.59 | |
| | 本科 | 4724 | 36.60 | |
| | 大专 | 4882 | 37.82 | |
| | 中专 | 1907 | 14.77 | |
| | 高中学历 | 425 | 3.29 | |
| | 初中及以下学历 | 377 | 2.92 | |

数据来源：自治区农业厅。

备注：在职攻读并入相应学历教育。

对市场性服务的指导调节监管力度不够。以龙头企业为代表的市场性服务主体从自身的经济利益出发，提供的社会化服务常常受到企业的生产决策、市场效益、企业文化、服务意识的制约，需要政府这只"看得见的手"给予一定的指向性要求，比如龙头企业参与社会化服务的准入门槛、利益分成、市场监督等。但是，现实情况中政府的公益性社会化服务任务繁重，常常无暇顾及对市场性社会化服务的指导，基层政府也无法把握市场调节的尺度。

### 3.3.1.2 市场服务组织亟须发展

专业化程度不高，棉区农业合作社数量少，棉农入社不积极。除了一些专业经济技术部门服务专业化程度较高外，很多服务组织的专业化程度很低，对新技术、新设备的应用能力有限。特别是一些小型农业合作社，经营规模较小、发育不充分、组织化与产业化程度较低，其社会化服务属于自助服务，服务层次低、规范化程度不高，对农民和产业发展的带动能力不足。

通过对新疆农村地区专业合作社的调查发现，合作社数目、规模和分布密集程度都存在许多不足之处（见表3-17）。调研数据显示，新疆棉区五个地州十三个县市有农业合作社的比例达到了41.2%，没有合作社的比例达到了58.8%，从以上数据我们可以看出，新疆棉区农业合作社十分欠缺，自然也就不能满足棉农的农业社会化服务需求。更重要的是在有合作社的情况下，没有参加合作社的比例达到77.3%，这一比例太高，这种情况说明，农民参加农业合作社的意愿不强，不想加入合作社，政府相关部门没有充分调动棉农加入农业合作社的意愿。更深一层地表明：即使有的地方建有合作社，但由于无人参加或参加人数少，农业合作社就根本无法履行其职能，浪费其宝贵的合作社资源。

表3-17　新疆棉区合作社服务现状　　　　　　单位：n,%

| 项目 | | 频数 | 百分比 | 有效百分比 | 累计百分比 |
|---|---|---|---|---|---|
| 是否有合作社 | 否 | 1015 | 58.8 | 58.8 | 58.8 |
| | 是 | 711 | 41.2 | 41.2 | 100 |
| | 合计 | 1726 | 100 | 100 | |
| 是否参加合作社 | 否 | 1335 | 77.3 | 77.3 | 77.3 |
| | 是 | 391 | 22.7 | 22.7 | 100 |
| | 合计 | 1726 | 100 | 100 | |

数据来源：由实际调研的新疆棉区1726户农户的数据整理所得。

农民专业合作社亟待发展，农民专业合作社作为一种互助性质的经济组织，抱着扶持农民的目标，将同一种类的农业经营者、生产者相联系，目的是及时有效地给农民提供农业生产资金、农业生产所需的农资产品以及其他农业经营活动中所需的物资。由于我国的专业合作社起步较晚，导致合作社数量较少且水平较低，与发达国家的合作社相比有较大的差距。同时，农民专业合作社能否得到发展，与政府重视程度密不可分。

农民专业合作社内部结构不平衡，播种、收割等生产性服务占了社会化服务的绝大部分，运输、深加工、线上及线下销售以及农业金融、信贷、保险、信息等服务仍然比较缺乏。政府成为了社会化服务的绝对供给主体，但一些新兴且发展潜力较大的信息咨询、计算机应用服务业、广告业、综合技术服务业等行业大多是规模很小的公司，服务能力有限、覆盖面小，服务体系内部结构还需优化。服务对象的对接存在矛盾。社会化服务体系庞杂，同一类的农业组织既可能是服务主体，也可能是服务对象。例如农民专业合作社这一类农业组织既有农业生产合作社，需要接受其他组织提供的服务；又有农机合作社，可以向种粮大户、农户提供农机服务。还有部分农业服务组织随着自身的不断发展，可以逐渐将社会化服务内化，逐渐从服务对象转型为服务主体。此种服务主体和服务对象的动态性会造成服务对象的需求多样性，服务主体面对庞大的需求市场却仍会缺失服务对象，在提供服务时缺乏针对性，常常不能满足农户的个性化需求，没有对象承接服务。

同时基层服务人才流失严重，缺乏现代型的职业农民。乡镇政府和村级组织是农村地区微观的管理单元，也是社会化服务的重要载体。但是随着城市化、市场化的推进，在多重因素的综合影响下，农村服务人才在城乡之间双向流动的推拉力失衡、机制失效，呈现出由农村到城市的单向流动特征。单向流动使农村人才市场得不到有效补充，持续发展下去基层服务人才将流失严重。国家和自治区开展各种类型的农民培训提升基层劳动力素质，农村劳动力普遍文化水平较差，缺乏现代经营管理、市场营销、农业科技、财务管理等方面的专业人才，懂技术、会管理、善经营的职业农民人才严重缺乏。

### 3.3.2　金融信贷支持力度不够，难以适应现代农业发展需求

#### 3.3.2.1　农户借贷难问题依然突出

农户普遍存在着抵押担保难、财务制度不健全、信息透明度差的问题，难以

取得银行授信；银行贷款普遍门槛较高、审批程序严格、手续复杂时间长，很难满足农业融资"短、小、频、急"的要求。金融机构更愿意将资金投入利润较高的产前、产后流通领域，而不愿顾及利率较低、风险较大的产中阶段，而产中阶段是社会化服务需求量最大的环节。通过农户对金融机构借贷服务满意度的调查发现，农户对金融机构借贷服务较为满意，"满意"比例为42.6%，"不太满意""不满意"的比例为14.5%（见表3－18）。

表3－18　农户对借贷服务满意度调查　　　　　　　　单位：%

| 满意程度 | 百分比 | 备注 |
| --- | --- | --- |
| 很满意 | 15.5 | — |
| 满意 | 42.6 | — |
| 基本满意 | 27.4 | — |
| 不太满意 | 10.7 | — |
| 不满意 | 3.8 | — |

　　在被问及不满意金融机构信贷服务的原因时，农户普遍认为"贷款申请困难""不能解决实际困难"和"办事效率低"是不满意的主要原因，比例分别为43.1%、23.6%和19.9%。由于农户自身缺乏担保、抵押物少等原因，同时金融机构为了规避风险，所以导致金融机构"惜贷"。其次，大多数农户认为，金融机构提供的贷款额度太少，满足不了农业生产经营的需求。此外，金融机构的贷款申请起来程序较为繁琐，农户不愿意花费较高的时间成本，因此满意度较低。其中，部分激进型农户认为金融机构办事不及时，面对投资较大的农业生产方式亟须及时的资金支持（见表3－19）。

表3－19　农户对借贷服务不满意的原因　　　　　　　　单位：%

| 原因 | 保守型农户 | 激进型农户 | 中立型农户 | 总体 |
| --- | --- | --- | --- | --- |
| 办事效率低 | 23.9 | 17.8 | 19.6 | 19.9 |
| 贷款申请困难 | 40.7 | 41.2 | 45.3 | 43.1 |
| 不能解决实际困难 | 22.1 | 24.4 | 23.6 | 23.6 |
| 不及时 | 5.3 | 12.2 | 4 | 6.8 |
| 其他 | 8 | 4.4 | 7.5 | 6.6 |

### 3.3.2.2 种棉资金来源单一，主要由农村信用社提供

从新疆棉区种棉资金来源现状（见表 3-20）可以看出，新疆棉区农户种棉所需的资金主要来源于农村信用社，比例达到 47%。

表 3-20 新疆棉区种棉资金来源现状 单位：n,%

| 来源渠道 | ① | ② | ③ | ④ | ⑤ |
|---|---|---|---|---|---|
| 频数 | 431 | 226 | 151 | 803 | 277 |
| 比例 | 25 | 13 | 9 | 47 | 16 |

注：①自己积累；②棉花销售、加工及农资企业；③亲朋；④农村信用社；⑤银行。

数据来源：由实际调研的新疆棉区 1726 户农户的数据整理所得。

从新疆棉区金融服务是否获得现状（见表 3-21）可以看出，新疆棉农一共需要七类金融服务类型：组织贷款、专业组织提供资金、贷款的担保、组织帮助购买农业保险、提供信用评级证明、介绍贷款渠道和组织农户集体贷款。七类金融服务的获得率都相对较高，其中，贷款的担保的获得率最高，高达 75%，组织贷款的获得率第二高，高达 71.6%，专业组织提供资金的获得率最低，只有57.9%，由此可见，新疆棉区农户对于金融服务的需求中，需求贷款担保相应服务的比重占大多数，体现了贷款担保在金融服务中不仅关乎农户是否能够借贷，对供给方银行、农村信用合作社等金融机构而言，贷款担保也是金融供给机构能够给农户提供贷款的依据，该项服务的完善对棉农及供给主体均有重要意义。

表 3-21 新疆棉区金融服务是否获得现状 单位：n,%

| 项目 | | 频数 | 百分比 | 有效百分比 | 累计百分比 |
|---|---|---|---|---|---|
| 组织贷款 | 否 | 491 | 28.4 | 28.4 | 28.4 |
| | 是 | 1235 | 71.6 | 71.6 | 100 |
| 专业组织提供资金 | 否 | 727 | 42.1 | 42.1 | 42.1 |
| | 是 | 999 | 57.9 | 57.9 | 100 |
| 贷款的担保 | 否 | 431 | 25 | 25 | 25 |
| | 是 | 1295 | 75 | 75 | 100 |
| 组织帮助 购买农业保险 | 否 | 550 | 31.9 | 31.9 | 31.9 |
| | 是 | 1176 | 68.1 | 68.1 | 100 |

续表

| 项目 | | 频数 | 百分比 | 有效百分比 | 累计百分比 |
|---|---|---|---|---|---|
| 提供信用评级证明 | 否 | 574 | 33.3 | 33.3 | 33.3 |
| | 是 | 1152 | 66.7 | 66.7 | 100 |
| 介绍贷款渠道 | 否 | 620 | 35.9 | 35.9 | 35.9 |
| | 是 | 1106 | 64.1 | 64.1 | 100 |
| 组织农户集体贷款 | 否 | 577 | 33.4 | 33.4 | 33.4 |
| | 是 | 1149 | 66.6 | 66.6 | 100 |
| 合计 | | 1726 | 100 | 100 | |

数据来源：由实际调研的新疆棉区1726户农户的数据整理所得。

提供七类金融服务的主体为：农产品的加工和销售以及农资企业、亲朋邻居、农村信用社、银行、村集体、合作社（见表3-22）。各种类型的金融服务主要由农村信用社提供，农产品的加工和销售以及农资企业、亲朋邻居和银行提供金融服务类型所占的比例不相上下。合作社提供的金融服务所占的比例最小。

表3-22　新疆棉区金融服务主体现状　　　　　单位：n,%

| 金融服务类型 | | 金融服务主体 | | | | | |
|---|---|---|---|---|---|---|---|
| | | 农产品的加工和销售以及农资企业 | 亲朋邻居 | 农村信用社 | 银行 | 村集体 | 合作社 |
| 组织贷款 | 频数 | 237 | 157 | 959 | 198 | 142 | 33 |
| | 百分比 | 13.7 | 9.1 | 55.6 | 11.5 | 8.2 | 1.9 |
| 专业组织提供资金 | 频数 | 222 | 184 | 933 | 215 | 107 | 65 |
| | 百分比 | 12.9 | 10.7 | 54.1 | 12.5 | 6.2 | 3.6 |
| 贷款的担保 | 频数 | 169 | 291 | 821 | 251 | 142 | 52 |
| | 百分比 | 9.8 | 16.9 | 47.6 | 14.5 | 8.2 | 3 |
| 组织帮助购买农业保险 | 频数 | 213 | 190 | 827 | 179 | 246 | 71 |
| | 百分比 | 12.3 | 11 | 47.9 | 10.4 | 14.3 | 4.1 |
| 提供信用评级证明 | 频数 | 200 | 195 | 847 | 200 | 180 | 104 |
| | 百分比 | 11.6 | 11.3 | 49.1 | 11.6 | 10.4 | 6 |
| 介绍贷款渠道 | 频数 | 189 | 230 | 788 | 210 | 273 | 36 |
| | 百分比 | 11 | 13.3 | 45.7 | 12.2 | 15.8 | 2 |

续表

| 金融服务类型 | | 金融服务主体 | | | | | |
|---|---|---|---|---|---|---|---|
| | | 农产品的加工和销售以及农资企业 | 亲朋邻居 | 农村信用社 | 银行 | 村集体 | 合作社 |
| 组织农户集体贷款 | 频数 | 229 | 218 | 782 | 217 | 238 | 42 |
| | 百分比 | 13.3 | 12.6 | 45.3 | 12.6 | 13.8 | 2.4 |

数据来源：由实际调研的新疆棉区 1726 户农户的数据整理所得。

### 3.3.2.3　农村金融服务制度待健全

新疆农业经济进步受到制约的主要原因是金融抑制，不同类型农户金融需要已不能完全从农村金融机构当中得到满足。在当前的农村金融市场体制下，存在明显的金融抑制和金融的二元性，农户的主体地位已经被渐渐忽略，从而导致供需失衡。农户在资金借贷方面存在困难，尤其对于家庭收入水平不高的农户，融资难的问题更加显著。而农村信用社是农村为农户提供贷款服务的主要渠道，其机构数在农村正规金融机构当中居于首位，且网点数在新疆农村地区分布较为广泛。根据数据显示，新疆农村信用社承担农业贷款的负担较重，但其储蓄金额远达不到贷款的金额，由此导致农村信用社的存贷差额比例拉大。最终结果将导致农村信用社储蓄、贷款额度出现严重失衡现象。此外，作为合作金融组织的农村信用社，其对风险的抵抗和转换经济的能力较为薄弱，从而使得农村信用社对农业产业的金融支持有限。所以，提升农村金融机构的网点覆盖范围，为农村正规金融机构配套完善的基础设施，提升现有的金融产品水平，从而使农户日趋多元化的借贷需求得到满足。

### 3.3.2.4　农户信用体系待完善

农户在农业经营当中积累财富的速度较慢，所以其对信用社等正规金融机构有着较为强烈的借贷需求。由于农户在农村金融市场上能提供的信用担保较少，农户参与金融行为的意识比较淡薄，农村金融市场信息不对称，法律法规不完善等原因。金融机构需充分考虑农户的还贷能力，并且了解农户是否有拖欠贷款等行为，导致能够为农户提供的农业贷款额度较低。同时，农村金融市场不能够为农户提供有效的农业贷款担保体系，体系的缺乏也大大降低了农户从正规金融机构获取借款的可能性。农户自身缺乏抵押或信用评级证明，导致其无法达到正规金融机构的贷款条件，因此就无法获得农村信用社和银行的贷款。即使部分农户能够提供抵押物或信用评级证明，但是由于办理贷款的手续较为繁琐，审批贷款时间长等问题，使得农户的借贷需求降低。有的农户会采取联保或担保人等方式对借贷资金进行担保，但联保人或担保人有时也会出现拖欠贷款或无力偿还贷款的行为，这也会影响农户从金融机构获得贷款。而且金融机构没有构建完善的农业贷款担保和信用评价体制，造成金融机构也不会贸然向农户提供贷款，从而影响了农户获得借款的效率，也影响了金融机构的服务水平。

### 3.3.3 棉花种植信息缺乏，信息服务渠道还需拓宽

棉农可获得农业信息服务的比重不高。根据调研显示（见表3-23），新疆棉区的五个地州十三个县市在获取棉花种植信息方面的服务比较欠缺，没有获得信息服务的比例达到51.1%，这一比例太大，说明棉区对获取信息服务的能力比较欠缺。

表3-23　新疆棉区是否获得棉花种植信息服务　　　　　单位：n,%

| 项目 | 频数 | 百分比 | 有效百分比 | 累计百分比 |
|---|---|---|---|---|
| 否 | 882 | 51.1 | 51.1 | 51.1 |
| 是 | 844 | 48.9 | 48.9 | 100 |
| 合计 | 1726 | 100 | 100 | |

数据来源：由实际调研的新疆棉区1726户农户的数据整理所得。

新疆棉区没有获得棉花种植信息服务的原因有："不知去哪儿获取信息""不知哪些信息有用""自身文化水平低""虚假信息太多""提供信息的针对性差、信息实用性不强""提供的信息及时性差"等。其中有两个关键的原因：第一，棉农不知道怎样去获得信息，也就是信息的来源在哪不知道；第二，当获得了众多信息时，可能由于自身文化程度的原因分辨不清哪些是其需要的信息，也就是信息的有用性识别能力差，两者的比例分别达到了26%和24%。这一现象说明，对那些没有获得棉花种植信息服务的棉农来说，对于信息的甄别能力较低，无法分辨哪些信息有用并且不知道获得信息的渠道。所以，应加强农户的信息识别意识（见表3-24）。

表 3 - 24　新疆棉区没有获得棉花种植信息服务的原因　　单位: n, %

| 项目 | ① | ② | ③ | ④ | ⑤ | ⑥ | ⑦ |
|---|---|---|---|---|---|---|---|
| 频数 | 393 | 372 | 225 | 118 | 256 | 149 | 16 |
| 比例 | 26 | 24 | 15 | 8 | 17 | 10 | 1 |

注: ①不知去哪儿获取信息; ②不知哪些信息有用; ③自身文化水平低; ④虚假信息太多; ⑤提供信息的针对性差, 信息实用性不强; ⑥提供的信息及时性差; ⑦其他。

数据来源: 由实际调研的新疆棉区 1726 户农户的数据整理所得。

### 3.3.4　农业社会化服务的技术性困惑

#### 3.3.4.1　棉花机械化水平有待提高

适用机采的棉花品种仍需培育。品种成熟期方面, 机采棉种植品种需选择早熟性能好 (9 月 20 日前吐絮)、棉桃吐絮集中, 但目前有的品种成熟期较晚 (9 月 30 日前吐絮), 很可能受早霜影响, 而且吐絮时间参差不齐, 降低了机械采净率。从棉花株高看, 机采棉要求棉花枝结铃部位距地面 18 厘米以上, 株高在 75~85 厘米, 但目前新疆许多棉花品种株高在 70 厘米以下, 不利于机械采收。从棉花落叶性看, 传统人工采摘中, 棉花自然成熟后落叶, 而机采棉要求棉花脱叶时间基本一致 (9 月上中旬) 且脱叶率高。从品种统一性看, 机械化采收要求同一区域统一品种, 但由于市场准入不规范, 部分植棉区盲目引种、品种多乱杂, 有的一个县就有近 20 个品种。

棉花种植各环节集成技术缺乏。新疆部分棉区为了追求产量, 仍然采用"矮、密、早、膜"的栽培模式, 密集植株导致脱叶剂只能喷施在上部叶片, 下部叶片不能有效得到喷施影响了整体脱叶效果。采棉机配套的棉花播种机应为 6 行机, 而目前一部分地方仍为 5 行机或 3 行机 (小型播种机); 棉农为增加播种面积, 有的农户人为地减少了连接行或者连接行不准确, 带来了机采困难。同时由于脱叶剂使用期间 (9 月上中旬) 气温较低、温差大、温度不稳定, 再加上脱叶剂质量以及使用时间、剂量等喷施技术等因素的影响, 一些地方脱叶率为 70% 左右, 采净率较低, 难以达到机采棉脱叶率要求的 90% 以上, 造成机采棉含杂量高、等级差, 降低了机采棉品质。从机械配套看, 全程机械化要求棉花在犁地拖拉机、整地机、播种机、打药机 (喷雾机)、中耕机、采棉机、高栏运棉拖车相互适应、协调一致, 但目前这些机械并不完全配套。

国产采棉机整体性能仍需提升。国产采棉机虽然价格不到进口采棉机的 1/3

（国产采棉机价格为 140 万元/台，进口采棉机价格为 470 万元/台），并且国产采棉机的关键零部件也是进口的，但农民仍愿意贷款购买进口采棉机，根本原因在于国产采棉机技术性能不如进口采棉机。国产采棉机用一天要修两天、质量较差，而进口采棉机连续作业时间长、工作效率高。由于南疆地方系统明显缺乏采棉机操作和保养检修技术，制约着国产采棉机的使用效率和采摘质量。

轧花企业技术改造滞后。人工采棉有自然晒干和挑拾棉花的过程，不需要机器烘干和严格清花，而机采棉由于含水量和杂质比人工采棉高，需要轧花企业额外投入超过 1000 万元以上的棉花烘干和清花等设备，导致轧花企业技术改造滞后。同时由于棉花收购价格不透明，轧花企业往往通过压级压价来增加利润空间，导致棉农利润受损。棉花"三丝"问题一直是影响棉花销售量的问题之一。棉花的三丝即与棉花混合在一起的非棉纤维（如人的头发、用塑料制作的绳子、丝线等）。棉花三丝不仅在棉花转化成棉纱或布的过程中降低其质量，而且在对布的染色过程中会引起染色不均的问题。在新疆，造成棉花"三丝"问题严重的原因主要有两个：第一，棉花本身的问题；第二，人为的问题。主要是棉农在对棉花的采摘和保管过程中使用了不当的方法所致。如在采摘时用不清洁的袋子，保管过程中用了毛毡等毛制品等，这些原因都会严重影响并限制棉花的销售量。

### 3.3.4.2 病虫害频发、生态环境脆弱和水资源匮乏的多重困境

在新疆棉花的种植生产过程中病虫害的发生较为普遍。新疆的棉花几乎都是规模化种植，这种规模化种植有利于机械化耕种，方便管理，但对病虫害的防治来说无疑是一个弊端。一方面大面积的种植棉花有利于病虫害的传播，再加上在同一时间喷洒农药，这样不仅导致棉花病虫害的天敌无地方栖身如棉蚜、棉叶螨发生危害呈上升趋势，而且也对棉花有益的益虫（如"七星瓢虫"）造成益害比例严重失调；另一方面对棉花规模化的、连续多年的种植，造成土地种植单一化，土地轮作方式消失，这样就加速了棉花病虫害的生长，棉花种植过程中，最严重的病虫害逐渐由棉铃虫病虫害转变为红蜘蛛病虫害，农药的使用量和品种等也逐渐增加。棉花的产量和品质都受到较大程度的影响。

地膜污染和农药污染是棉花种植的两个主要污染问题。新疆大部分棉田种棉花时都用地膜，因为地膜在增加土地温度、防止有害病虫侵入等方面具有较大的优势，能够增加棉花的产量和经济效益，但也存在一定弊端。留在土壤中的地膜不容易分解，阻碍了土壤中水分、养分向地下渗透，降低土壤质量，也会造成棉

花营养不良、产量降低等问题。而且附着在地上的地膜碎片遇风以后在空中乱飘，引起一定的空气污染。农药污染：棉花种植过程中，一定量的农药是不可或缺的。但有的棉农为了增加产量，不断增加对农药的使用量，更严重的是使用如"3911"、"666"粉之类的毒性农药，而且乱丢用完的农药瓶，会再次引起污染。

　　新疆作为干旱区的典型，一直都是缺水严重的地区。随着人口、城镇、工业等方面的快速发展以及大面积开荒复垦等原因，水资源紧缺的矛盾日趋尖锐。据统计，新疆水资源总量从2003年的920.1亿立方米下降到2011年的885.7亿立方米，全疆中度和重度缺水棉田面积占总面积的60%左右。有些棉区为了增加棉花产量，增加种植规模，在开垦荒地，扩大种植面积的同时也加大了用水量，使水资源更加短缺。

# 第4章 新疆棉区农业社会化服务水平测评与制约因素解构

## 4.1 基于熵值法的新疆农业社会化服务水平测评

### 4.1.1 综合评价内涵的意义

#### 4.1.1.1 评价与综合评价

在日常生活中，人们大多根据主观因子和客观因子所构建的一系列标准，对某一个体或针对某一事物、行为或状态的某一方面或某几个方面的性质或特征，按照预先设计好的一套标准进行各个性质或特征状态的评价，以此判断其性质或状态的优劣或水平，从而指导其决策行为。从中可以看到，评价既是对事物或者目标的一种认知过程，又是对活动行为的一个决策选择。伴随着人类精致生活时代的到来，评价将在人类社会的认知过程中扮演着越来越重要的角色，也将在各个领域中发挥巨大效用。

综合评价是在一般评价的发展基础上，经过查德、A. Charnes 和 W. W. Coope 等学者的研究逐步发展为世界主流评价方法。在客观实际环境中，单一指标虽能对目标事物的某一方面优劣进行评价，却不能翔实地对其各个方面的性质特征进行评价。而综合评价是通过多指标建立评价指标体系，运用系统、科学的统计学及数理知识由事物现象的多个侧面信息进行高度抽象综合客观评价，进而以定量形式确定现象综合优劣水平与次序的一种新兴统计分析方法。鉴于综合评价的理论基础，短时间内就在各个领域的学术界被广泛运用，并取得了突出成果。早在1672 年，英国著名经济学家威廉·配第（统计学、政治算术学派之父）在其

《政治算术》与《爱尔兰政治解剖》两书中，就开始采用综合评价方法对社会问题进行评价（Riedel S. L.，1986；苏为华，2000）。

### 4.1.1.2　综合评价的意义

从哲学高度来审视统计综合评价，可以看出统计综合评价是一种定性及定量对客观事物的认识过程和决策手段，科学的多指标体系能够让在我们面对纷杂的现象时，提升自我把握事物的整体水平。从统计学科发展及体系来审视统计综合评价，在评价过程中与回归分析、指数分析、时间序列分析等方法有机结合，又使综合评价作为统计方法体系中的一个重要分支，并被广泛应用于社会经济现象（经济效益、社会效益、生态效益等）的定量综合评价实践中去，解决了实践难题。从统计学的方法属性看，统计综合评价技术作为一种重要的定量管理工具，管理者和学者不断通过科学、系统的综合评价方法，对社会各种生产、生活行为做出科学决策，不断地被应用到各类综合评价实践中去解决实际问题。

## 4.1.2　综合评价指标体系的构建原则及一般步骤

### 4.1.2.1　综合评价指标体系的构建原则

全面性原则：在运用综合评价时，首先要考虑构建评价目标的指标体系能够从多侧面、多角度、多层次等内容，对评价目标做出最为全面、科学的评价。因此在构建评价指标体系之初，就必须把握构建指标体系的全面性的原则，保证各个指标能够从各层次反映预期评价项目。

目的性原则：即整个综合评价指标体系的构建过程，所选择的指标必须紧紧围绕综合评价目的层层展开，选择与不选择的指标都应有翔实理论依据，保证最终确定的评价指标能够反映最初的评价意图。

层次性原则：即建立综合评价指标体系的层次结构，预先对评价体系的各层次进行构建，再通过二级或三级指标对各个评价层次进行系统划分，做到各个评价指标都能够分门别类对应各自的评价层次或系统。

代表性原则：构建综合评价指标体系是一件系统相对复杂的工作内容，针对每一个指标的选择，要考虑选择各个层次指标时应具有该系统的代表性，能够全面、准确、系统地反映各层次评价系统的结构、功能等要素。

科学性原则：即整个综合评价指标体系从各评价层次的元素和构成结构，从每一个指标的名称及内容到指标的计算方法都必须科学、合理、准确地反映各个评价层次的预期目标。

可比性原则：各评价指标应是针对每一项评价指标（评价对象）特征是公平的、可比的，并且指标体系中不应该包含一些具有明显"倾向性"的指标，即各评价指标能够与其他同类评价指标体系具有可比性，这样能够确保最终的评价结果具有可比性，测算结果在同领域之间比较，更具有公平性。

可操作性原则：最终决定综合评价是否能够运营实践，便是所有指标是否能够用数量表示及指标的可量化性，并且能保证获得各指标数据的可获得性，面对难以获取数据的指标，最为科学的做法应该是设法通过寻找替代指标或者通过运用科学的统计估算理论对指标数据进行估算。如此，能够确保指标体系中的每一个指标都必须具有显著的可操作性，是体现综合评价方法的真正价值所在。

#### 4.1.2.2　综合评价的一般过程及内容

随着综合评价的运用和不断改进，其已经作为一门独立学科，从综合评价的基本问题到不同评价方法的选择，再到实际问题的解决，综合评价学已具备一套完整的学科理论基础（见图4-1）。

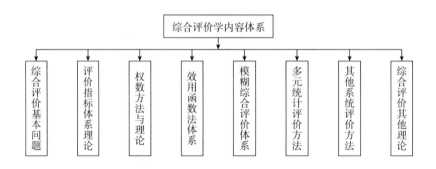

**图4-1　综合评价学主要研究内容体系**

根据综合评价学的研究范畴及思想，规划的综合评价都有一系列与之相对应的工作步骤。一般来说，整个过程大致可划分为四个主要环节：理论准备、指标体系初选、指标体系测验、指标体系应用。

（1）理论准备。

综合评价指标的设计者应该对所研究或待评价领域，掌握较为全面并具有一定理论的理论功底，此外还应该具有一定深度的实践运用的基本专业技术技能，能全方位考虑到拟将综合评价的各个方面。根据评价目的，确定各评价指标在对某事物评价中的相对重要性，或各指标的权重。

（2）指标体系初选。

根据评价目的，依据构建评价指标的原则特征选择恰当的评价指标，这些指标必须具有很好的代表性、目的性、层次性、可比性以及可操作性等原则，往往可以依据专业知识通过对多个评价指标进行由粗到细、逐步求精的系统性筛选，即根据有关的专业理论和实践，来分析各评价指标对结果的影响，挑选那些代表性可量化的指标组成评价指标体系。

（3）指标体系测验。

一套科学、合理的综合评价指标体系，很难做到一次性构建成功，指标初选的结果并不一定是合理的或必要的，可能有重复，也可能有遗漏甚至错误。所以需要根据评价目的、数据特征，选择适当的综合评价方法，并根据已掌握的历史资料，对初选指标进行测验，并根据测验结果对各指标进一步筛选，从而使综合评价指标体系的测验与结构趋于优化和完善，最终建立理想的综合评价体系模型。

（4）指标体系应用。

指标体系的应用是综合评价指标体系分析问题的具体实践过程。正如毛泽东同志所言：实践是检验真理的唯一标准。同样，综合评价的效果最终还是需要通过社会实践的方式检验，并且需要在实践中逐步完善。通过对实际问题理论提升，以科学综合评价的输出结果为依据，最终解决实际问题。在这个过程中，两者之间很有可能出现各种各样的矛盾，其中会有很多不确定的因素影响着评价结论，但寻找导致评价结论与实践过程的出入或矛盾的原因才是科学研究的工作任务。只有在同类事物综合评价的应用实践中，对选用的评价模型进行考察，并不断修改补充，使之具有一定的科学性、实用性与先进性，然后推广应用，才是综合评价的精髓所在。

上述综合评价的四个研究流程或思想也是一般科学研究的基本逻辑，其理论逻辑流程如图4-2所示。

### 4.1.3　几种常用综合评价方法简介

经过历史演绎，综合评价方法得到国内外学者的不断丰富和延伸，综合评价方法得到了不断完善。目前，较为常用的评价方法大致可分为9大类，具体有综合指数法、TOPSIS法、层次分析法、RSR法、模糊综合评价法、灰色系统法等。这些综合评价方法针对不同领域，各自具有各个研究领域的特征。但综合评价作为一种科学决策及管理的重要方法，本书针对一些主要运用方法，对相关学者的研究成果进行简单介绍、梳理。

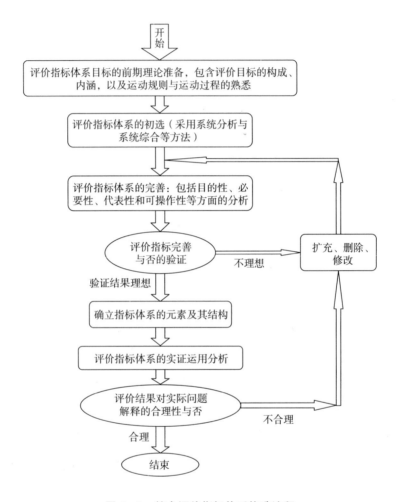

图 4 - 2　综合评价指标体系构造流程

陈衍泰、陈国宏等（2004）曾对综合评价方法进行系统研究，并针对综合评价研究方法及方法特征优缺点进行归类统计。本书在阅读陈衍泰等的研究成果后，觉得十分翔实，特引用借鉴供以分享之用（见表 4 - 1）。但随着不同科学领域学者的系统研究，综合评价方法也在不断丰富，本书在这里简单介绍两种方法，TOPSIS 法以及秩和比法。

表 4-1　常用的综合评价方法比较与汇总

| 方法类别 | 方法名称 | 方法描述 | 优点 | 缺点 | 使用对象 |
|---|---|---|---|---|---|
| 定性评价方法 | 专家会议法 | 组织专家面对面交流，通过多方讨论，形成最终的评价结果 | 操作简单，可以利用专家的知识，结论易于使用 | 主观性比较强，多人评价时时结论难收敛 | 战略层次的决策对象，不能或者难以量化的大系统及简单的小系统 |
| | Delphi 法 | 征询专家，用信件背靠背评价，汇总，收敛 | | | |
| 技术经济分析方法 | 经济分析法 | 通过价值分析、成本效益分析、价值功能分析，采用 NPV 等指标 | 方法的含义明确，可比性强 | 建立模型比较困难，适用评价因素少的对象 | 大中型投资建设项目，企业设备更新与新产品开发效益等评价 |
| | 技术评价法 | 通过可行性分析，可靠性评价 | | | |
| 多属性和多目标决策方法 (MODM) | 多属性和多目标决策方法 | 通过化多为少、分层序列、直接求非劣解，重排次序法来排序与评价 | 对评价对象描述比较精确，处理多决策者、多指标、动态的对象 | 刚性的评价，无法涉及有模糊因素的对象 | 优化系统的评价与决策应用领域广泛 |
| 运筹学方法 | 数据包络分析模型 | 以相对效率为基础，按多指标投入和多指标产出，对同类型单位的相对有效性进行评价，是基于一组标准相对有效生产面前沿评价 | 可以评价多输入多输出的大系统，并可用"窗口"技术找出单元相对薄弱环节加以改进 | 只表明评价单元的相对发展指标，无法表示出实际发展水平 | 评价经济学中生产函数的技术、规模有效性、产业的效益评价、教育部门的有效性 |
| 统计分析方法 | 主成分分析 | 相关的经济变量间存在着起支配作用的共同因素，找出影响某个经济过程的几个不相关的综合指标来原来的变量 | 全面性、可比性、客观合理性 | 因子负荷符号交替使得函数意义不明确，需要大量的统计数据，没有反映客观发展水平 | 对评价对象进行分类 |
| | 因子分析 | 根据因素相关性大小把变量分组，使同组内的变量相关性最大 | | | 反映各类评价对象的依赖关系，并应用于分类 |
| | 聚类分析 | 计算对象或指标间距离，或者相似系数，进行系统聚类 | 可以解决相关程度大的评价对象 | 需要大量反映客观发展水平的统计数据，没有反映客观发展水平 | 证券组合投资选择、地区发展水平评价 |
| | 判别分析 | 计算指标间间距，判断归属主体 | | | 主体结构的选择、经济效益评价 |

续表

| 方法类别 | 方法名称 | 方法描述 | 优点 | 缺点 | 使用对象 |
|---|---|---|---|---|---|
| 系统工程方法 | 评分法 | 对评价对象划分等级、打分、再进行处理 | 方法简单、容易操作 | 只能用于静态评价 | 新产品开发计划与结果、交通系统安全性评价等 |
| | 关联矩阵法 | 确定评价对象与权重,对各替代方案有关评价项目确定价值量 | | | |
| | 层次分析法 | 针对多层次结构的系统,用相对量的比较,确定多个判断矩阵,取其特征所对应的特征量作为权重,最后综合总权重,并排序 | 可靠度比较高、误差小 | 评价对象的因素不能太多(一般不多于9个) | 成本效益决策、资源分配次序、冲突分析等 |
| 模糊数学方法 | 模糊综合评价 | 引入隶属函数,实现把人类的直觉确定为具体隶属数(模糊综合评价矩阵),并将约束条件量化表示,进行数学化解答 | 可克服传统数学方法中"唯一解"的弊端,根据不同可能性得出多层次的问题题解,可扩展性符合"柔性管理"的思想 | 不能解决评价指标间相互关联造成的信息重复问题,隶属函数、模糊相关矩阵等的确定方法有待进一步研究 | 消费者偏好识别、决策中的专家系统、证券投资分析、银行项目贷款对象识别等,拥有广泛的应用前景 |
| | 模糊积分 | | | | |
| | 模糊模式识别 | | | | |
| 对话式评价方法 | 逐步法(STEM) | 用单目标线性规划法求解问题,分析者把计算结果告诉决策者来评价结果,如果认为已经满意则停止,否则再根据决策意见进行修改和再计算,直到满意为止 | 人机对话的基础性思想,体现柔性化管理 | 没有定量表述不出决策者的偏好 | 各种评价对象 |
| | 序贯解法(SEMOP) | | | | |
| | Geoffrion法 | | | | |
| 智能化评价方法 | 基于BP人工神经网络的评价 | 模拟人脑智能化处理过程的人工神经网络技术,通过BP算法、学习或训练获取知识,并存储在神经元的权值中,通过这种思想把相关信息复现,能够"揣摩""提炼"评价对象本身的各观规律,进行对相同属性评价对象的评价 | 网络具有自适应能力,可容错性能够处理非线形、非局限性与非凸性的大型复杂系统 | 精度不高,需要大量的训练样本等 | 应用领域不断扩大,涉及银行贷款项目、股票价格的评估、城市发展综合水平的评价等 |

资料来源:陈衍泰、陈国宏、李美娟. 综合评价方法分类方法及研究进展[J]. 管理科学学报,2004,4(2):69 - 79.

TOPSIS 法（Technique for Order Preference by Similarity to Ideal Solution，逼近理想解排序法），TOPSIS 法是系统工程中有限方案多目标决策分析的一种常用方法，是基于归一化后的原始数据矩阵，分别通过运用最优向量和最劣向量表示出在有限方案中的最优方案和最劣方案，然后分别计算诸多评价对象中与最优方案和最劣方案的距离，进而获得各评价对象与最优方案的相对接近程度，并作为评价优劣的依据。理想解一般是设想最好的方案，它所对应的各个属性至少达到各个方案中的最好值。

1988 年，我国著名统计学家田凤调教授基于秩和比 RSR（Rank - sum Ratio）的统计分析方法，提出综合评价方法——秩和比法。该方法在医疗卫生等领域的多指标综合评价、统计预测预报、统计质量控制等方面已得到广泛的应用（王跃峰，2013）。

### 4.1.4　基于熵值法新疆农业社会化服务水平测评

#### 4.1.4.1　新疆农业社会化服务评价指标体系的构建

农业社会化服务体系是一个十分复杂的、包含多种因素的复杂系统。本书参考王洋（2010）以服务内容作为选择、划分指标的依据构建的新型农业社会化服务体系评价指标的划分层次结构。第一层是目标层，即新疆农业社会化服务水平。第二层是评价指标层（A 层），参考王洋（2010）和钟亮亮、童金杰等（2014）按照农业社会化服务的具体内容及前后生产环节，将其划分为：公共服务、生产服务、科技信息服务、金融流通服务 4 个评价指标层。第三层即综合评价的具体指标，包含第一产业从业人员、村民委员会数量、乡办水电站数量、第一产业固定资产投资额、节水灌溉面积、有效灌溉面积、农机总动力、农药使用量、化肥施用量、农用薄膜使用量、农业生产资料价格总指数、棉花单产产量、乡村电话用户数量、电视人口覆盖率、广播人口覆盖率、农业信息传输、软件开发投入资金、农副产品加工业投入金额、棉、麻批发和零售总额、棉纱出口量、农业贷款额等总计 27 个具体指标，涉及微观和宏观性的相关具体指标。在指标的选取与设计当中，力求所选择的指标能够体现新疆农业社会化服务体系的具体内涵，充分反映新疆农业社会化服务体系的社会性、系统性、科学性及代表性。具体指标体系见表 4 - 2。

表4-2 新疆农业社会化服务水平评价指标体系

| 目标层 | A 层 | B 层 | C 层：具体指标名称 |
|---|---|---|---|
| 新疆棉区农业社会化服务水平评价指标体系 | 公共服务（A1） | 农业社会化服务人员（B1） | 第一产业从业人员（C1） |
| | | 村民委员会数量（B2） | 村民委员会数量（C2） |
| | | 乡办水电站数量（B3） | 乡村及村以下办水电站发电量（C3） |
| | | 农村基本建设投资额（B4） | 第一产业固定资产投资额（C4） |
| | | 水利节水效果（B5） | 节水灌溉面积（C5） |
| | | 农业灌溉面积（B6） | 有效灌溉面积（C6） |
| | | 农业用电量（B7） | 农村用电量（C7） |
| | | 政府用于"三农"支出（B8） | 财政用于"三农"支出（C8） |
| | 生产服务（A2） | 农机具供应量（B9） | 农机总动力（C9） |
| | | 农药供应量（B10） | 农药使用量（C10） |
| | | 化肥供应量（B11） | 化肥施用量（C11） |
| | | 农用塑料薄膜供应量（B12） | 农用薄膜使用量（C12） |
| | | 农业生产资料价格水平（B13） | 农业生产资料价格总指数（C13） |
| | | 农业受灾状况（B14） | 农作物受灾面积（C14） |
| | | 农业生产服务效果（B15） | 棉花亩产产量（C15） |
| | 科技信息服务（A3） | 农业科技服务人员（B16） | 企事业农业技术人员（C16） |
| | | 农业科技培训人员（B17） | 农民技术学校培训人次（C17） |
| | | 农村电话拥有量（B18） | 乡村电话用户数量（C18） |
| | | 电视机拥有量（B19） | 电视人口覆盖率（C19） |
| | | 广播通信比例（B20） | 广播人口覆盖率（C20） |
| | | 农业信息网络使用量（B21） | 互联网用户（C21） |
| | | 农业信息化建设水平（B22） | 农业信息传输、软件开发投入资金（C22） |
| | 金融流通服务（A4） | 农副产品加工企业建设（B23） | 农副产品加工业投入金额（C23） |
| | | 农副产品批发和零售总额（B24） | 棉、麻批发和零售总额（C24） |
| | | 农副产品出口量（B25） | 棉纱出口量（C25） |
| | | 农业贷款额（B26） | 农业贷款额（C26） |
| | | 农业保险额（B27） | 农业保险保费（C27） |

资料来源：王洋. 新型农业社会化服务体系构建［D］. 哈尔滨：东北农业大学，2010.

### 4.1.4.2 评价指标简要说明

根据表4-2所示的综合评价指标体系，对相关几个指标做简单介绍。

（1）第一产业从业人员：是指在各级国家机关、政党机关、社会团体及企业、事业单位中工作，取得工资或其他形式的劳动报酬的全部人员。

（2）村民委员会数量：村民委员会是由行政村的村民选举产生的群众性自治组织，村民委员会是村民自我管理、自我教育、自我服务的基层群众性自治组织，它是农业社会化服务的重要主体。

（3）乡办水电站数量：乡办水电站数量基本反映了一个区域内水利基础设施的建设状况。

（4）第一产业固定资产投资额：第一产业固定资产投资额是以货币表现的建造和购置农业固定资产活动的工作量，它是反映农业固定资产投资规模、速度、比例关系和使用方向的综合性指标。

（5）节水灌溉面积：以最低限度的用水量获得最大的产量或收益的灌溉面积，也就是最大限度地提高单位灌溉水量的农作物产量和产值的灌溉面积。

（6）有效灌溉面积：灌溉工程设施基本配套，有一定水源、土地较平整，一般年景下当年可进行正常灌溉的耕地面积。

（7）农业用电量：用于农业生产的用电量，单位是万千瓦时。

（8）农机总动力：指主要用于农、林、牧、渔的各种动力机械的动力总和。

（9）农药使用量：农业生产农药总量，单位是吨。

（10）化肥施用量：指本年内实际用于农业生产的化肥数量，包括氮肥、磷肥、钾肥和复合肥。化肥施用量要求按折纯量计算数量。

（11）农用薄膜使用量：农业生产薄膜使用总量，单位是吨。

（12）农业生产资料价格总指数：指反映一定时期内农业生产资料价格变动趋势和程度的相对数。1994年以前，农业生产资料价格指数仅仅是商品零售价格指数的一个类别，此后，从商品零售价格指数中分离出来，单独编制。

（13）农作物受灾面积：指因灾害造成农作物产量损失占总作物产量一成以上的面积。

（14）棉花亩产产量：每667平方米的棉花产量。产量按皮棉计算。3公斤籽棉折1公斤皮棉，不包括木棉。

（15）乡村电话用户数量：按行政区划属于城市范围以外的乡（镇）、村的电话用户数。

（16）互联网用户：互联网用户数量。

（17）棉纱出口量：从新疆出口的棉纱总量，单位为吨。

（18）农业贷款额：用于农业部门的贷款总额。

### 4.1.4.3　熵值法评价指标数据计算步骤

为克服各项指标的计量单位的不统一性，本书首先要对其进行标准化处理，即把指标的绝对值转化为相对值。本书需要评价新疆农业社会化服务水平，评价指标体系包括公共服务、生产服务、科技信息服务、金融流通服务 4 个一级指标，以及农业社会化服务人员、村民委员会数量、乡办水电站数量等其他相关共计 27 个二级指标组成的样本评价体系。

第一步针对由于正向指标和负向指标数值所代表含义的区别，本书根据熵值法对高、低指标采用不同的算法对数据进行标准化处理。使用式（4-1）对正向指标进行正向标准化处理，运用式（4-2）对负向指标进行标准化处理。在处理过程中，正向指标数值越高越好，负向指标数值越低越好，为了方便起见，仍记非负化处理后的数据为 $X_{ij}$。其具体方法如下：

$$X_{ij} = \frac{X_{ij} - \min(X_{1j}, X_{2j}, \cdots, X_{nj})}{\max(X_{1j}, X_{2j}, \cdots, X_{nj}) - \min(X_{1j}, X_{2j}, \cdots, X_{nj})} + 1, \quad i = 1, 2, \cdots,$$

$$n; \quad j = 1, 2, \cdots, m \tag{4-1}$$

$$X'_{ij} = \frac{\max(X_{1j}, X_{2j}, \cdots, X_{nj}) - X_{ij}}{\max(X_{1j}, X_{2j}, \cdots, X_{nj}) - \min(X_{1j}, X_{2j}, \cdots, X_{nj})} + 1, \quad i = 1, 2, \cdots,$$

$$n; \quad j = 1, 2, \cdots, m \tag{4-2}$$

第二步计算第 j 项指标下第 i 个指标占该层指标的比重，如式（4-3）所示。

$$P_{ij} = \frac{X_{ij}}{\sum\limits_{i=1}^{n} X'_{ij}} (j = 1, 2, \cdots, m) \tag{4-3}$$

第三步计算第 j 项指标的熵值，如式（4-4）所示。

$$e_j = -k \times \sum\limits_{i=1}^{n} P_{ij} \log(P_{ij}) \tag{4-4}$$

其中，k > 0，ln 为自然对数，$e_j \geqslant 0$。式中常数 k 与样本数 m 有关，一般情况下令 k = 1/lnm，则 $0 \leqslant e \leqslant 1$。

第四步计算第 j 项指标的差异系数。对于第 j 项指标，指标值 $X_{ij}$ 的差异越大，对方案评价的作用越大，熵值就越小，$g_j = 1 - e_j$，则 $g_j$ 越大指标越重要。

第五步计算各个指标的权数，如式（4-5）所示。

$$W_j = \frac{g_j}{\sum\limits_{j=1}^{m} g_j}, \quad j = 1, 2, \cdots, m \tag{4-5}$$

第六步计算综合得分，如式（4-6）所示。

$$S_i = \sum_{j=1}^{m} W_j \times P_{ij} \ (i = 1, 2, \cdots, n) \tag{4-6}$$

## 4.1.5　新疆农业社会化服务水平

### 4.1.5.1　新疆农业社会化服务水平

新疆农业社会化服务总水平，根据熵值法计算的数值（见表4-3）和总水平变化趋势（见图4-3）来看①，2000~2013年新疆农业社会化服务水平整体呈现出波动上升的趋势，但新疆农业社会化发展较为缓慢。从2000年的0.0342到2013年的0.0373，14年间增长了9.06%，年均增长率仅为0.67%。造成这一结果的原因，一方面是缘于新疆地理自然条件的限制，如南疆地区极其干旱少雨、土地土壤贫瘠等很大程度上阻碍了新疆农业社会化发展水平的提升；另一方面是经济发展有待进一步提升，即经济尚不够发达，对农业生产的投入尚不足以全面提升新疆各个地区农业生产。

表4-3　新疆农业社会化服务水平

| 年份 | 公共服务 | 生产服务 | 科技信息服务 | 金融流通服务 | 总水平 |
| --- | --- | --- | --- | --- | --- |
| 2000 | 0.0094 | 0.0055 | 0.0103 | 0.009 | 0.0342 |
| 2001 | 0.0091 | 0.0079 | 0.0103 | 0.0068 | 0.0341 |
| 2002 | 0.0087 | 0.006 | 0.0106 | 0.0074 | 0.0327 |
| 2003 | 0.0084 | 0.0068 | 0.0111 | 0.0058 | 0.0321 |
| 2004 | 0.0082 | 0.0092 | 0.0101 | 0.0055 | 0.033 |
| 2005 | 0.0098 | 0.0086 | 0.0092 | 0.0047 | 0.0323 |
| 2006 | 0.0098 | 0.0091 | 0.0092 | 0.0042 | 0.0323 |
| 2007 | 0.0098 | 0.01 | 0.0088 | 0.0049 | 0.0335 |
| 2008 | 0.0091 | 0.0126 | 0.0076 | 0.0058 | 0.0351 |
| 2009 | 0.0116 | 0.0102 | 0.0073 | 0.0066 | 0.0357 |
| 2010 | 0.0124 | 0.0106 | 0.0064 | 0.0068 | 0.0362 |
| 2011 | 0.0132 | 0.0098 | 0.0064 | 0.007 | 0.0364 |
| 2012 | 0.0129 | 0.01 | 0.0062 | 0.0078 | 0.0369 |
| 2013 | 0.0114 | 0.0093 | 0.0066 | 0.01 | 0.0373 |

① 新疆农业社会化各个服务项目发展水平详见附录。

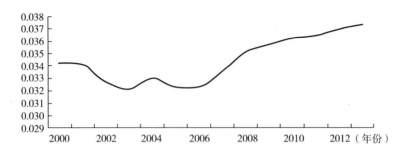

图 4 - 3　新疆农业社会化服务总水平

　　分阶段来看，整个波动期间可以大致分为两个阶段。第一个阶段：2000～2003 年连续下降阶段。期间由 2000 年的 0.0342，下降到 2003 年的 0.0321，社会化服务水平下降了 6.14%。第二个阶段：2004～2005 年短期波动阶段。这一时期的新疆农业社会化服务水平变化频率较大，2004 年出现微弱增长，增长率为 2.80%，次年又出现小幅度下降，增长率为 –2.12%，振幅接近 5%。

　　从农业社会化服务项目的结构来看，公共服务、生产服务、科技信息服务、金融流通服务等农业社会化服务项目的发展水平差异也就较为显著（见图 4 - 4）。公共服务、生产服务和金融流通服务的发展水平整体呈现出波动上升的趋势，科技信息服务的发展水平表现出连续下降的趋势。

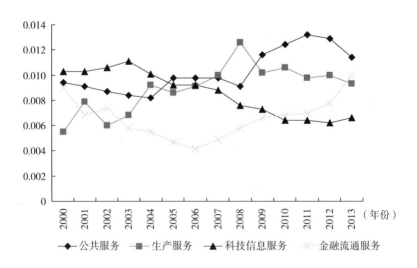

图 4 - 4　社会化服务各项目发展变化

从农业社会化服务体系中公共服务发展水平来看，截止到 2013 年的数据显示，公共服务发展水平高于其他服务发展水平。从公共服务发展水平的波动趋势分析，大致可以分为三个阶段。第一个阶段：2000 ~ 2004 年缓慢下降阶段。期间由 2000 年的 0.0094 下降到 2004 年的 0.0082，下降了 12.77%。第二个阶段：2004 ~ 2007 年快速增长阶段。期间由 2004 年的 0.0082 增长到 2007 年的 0.0098，增长了 19.51%，振幅较为显著。第三个阶段：2008 ~ 2013 年波动增长阶段。由起初 2008 年的 0.0091 增长到 2013 年的 0.0114，增长了 25.27%，振幅最为显著，并在 2011 年达到最大值 0.0132。

　　从农业社会化服务体系中生产服务发展水平来看，截止到 2013 年的数据显示，生产服务发展水平为 0.0093，仅高于科技信息服务的发展水平。从生产服务发展水平的波动趋势分析，大致可以分为两个阶段。第一个阶段：2000 ~ 2008 年连续波动上升阶段。这一阶段的波动特征表现较为复杂，期间由 2000 年的 0.0055 上升到 2001 年的 0.0079，之后又下降到 2002 年的 0.0060，剩下年份从 2003 年到 2008 年出现连续快速上升趋势。由 2003 年的 0.0068 增长至 2008 年的 0.0126，增长了 85.29%，且在 2008 年达到最大值。第二个阶段：2009 ~ 2013 年快速下降阶段。期间由 2009 年的 0.0102 下降到 2013 年的 0.0093，下降了 8.82%，下降幅度较为显著。

　　从农业社会化服务体系中科技信息服务水平来看，截止到 2013 年的数据显示，科技信息服务发展水平为 0.0066，是各社会化服务项目发展水平中的最低水平。从科技信息服务发展水平的波动趋势分析，大致可以分为两个阶段。第一个阶段：2000 ~ 2003 年缓慢增长阶段。期间由 2000 年的 0.0103 上升到 2003 年的 0.0111，增长了 7.77%，且在 2003 年达到最大值。第二个阶段：2004 ~ 2013 年连续迅速下降阶段。期间由 2003 年的 0.0111 下降到 2013 年的 0.0066，下降了 34.65%，下降幅度尤为显著。

　　从农业社会化服务体系中金融流通服务水平来看，截止到 2013 年的数据显示，金融流通服务发展水平为 0.0100，仅低于公共服务发展水平值，在所有服务项目发展水平中排在第二位。从金融流通服务发展水平的波动趋势分析，大致可以分为两个阶段。第一个阶段：2000 ~ 2006 年快速下降阶段。期间由 2000 年的 0.0090 下降到 2006 年的 0.0042，下降幅度达 53.33%，期间仅在 2002 年出现过小幅增长，且增幅不显著。第二个阶段：2007 ~ 2013 年连续迅速增长阶段。期间由 2007 年的 0.0049 增长到 2013 年的 0.0100，增幅为 104.08%，下降幅度最为显著。

### 4.1.5.2 新疆农业社会化各项服务权重

为进一步分析新疆农业社会化各个服务项目之间的关系，特将熵值法计算出来的各项指标的权重做对比分析（见表4-4）。从各项分类指标来看，新疆农业社会化服务体系中的社会公共服务项目的权重是0.3022，在总排序中位于第一位。其中财政用于"三农"支出的权重是0.0481，在社会公共服务项目中权重最大；第一产业从业人员的权重是0.0469，在社会公共服务项目中的权重排在第二位；节水灌溉面积的权重是0.0454，在社会公共服务项目中的权重排在第三位；有效灌溉面积的权重是0.0428，在社会公共服务项目中的权重排在第四位；农村用电量的权重是0.0403，在社会公共服务项目中的权重排在第五位；第一产业固定资产投资额的权重是0.0293，在社会公共服务项目中的权重排在第六位；村民委员会数量的权重是0.0249，在社会公共服务项目中的权重排在第七位；乡村及村以下办水电站发电量的权重是0.0245，在社会公共服务项目中的权重最小。

表4-4 新疆农业社会化各项服务权重分布情况

| 目标层 | A层：分类指标权重 | B层：各项指标权重 |
|---|---|---|
| 新疆棉区农业社会化服务水平评价指标体系 | 公共服务（0.3022） | 第一产业从业人员（0.0469） |
| | | 村民委员会数量（0.0249） |
| | | 乡村及村以下办水电站发电量（0.0245） |
| | | 第一产业固定资产投资额（0.0293） |
| | | 节水灌溉面积（0.0454） |
| | | 有效灌溉面积（0.0428） |
| | | 农村用电量（0.0403） |
| | | 财政用于"三农"支出（0.0481） |
| | 生产服务（0.2581） | 农机总动力（0.0422） |
| | | 农药使用量（0.0339） |
| | | 化肥施用量（0.0381） |
| | | 农用薄膜使用量（0.0362） |
| | | 农业生产资料价格总指数（0.0335） |
| | | 农作物受灾面积（0.0476） |
| | | 棉花亩产产量（0.0265） |

续表

| 目标层 | A 层：分类指标权重 | B 层：各项指标权重 |
|---|---|---|
| 新疆棉区农业社会化服务水平评价指标体系 | 科技信息服务（0.1923） | 企事业农业技术人员（0.0241） |
| | | 农民技术培训学校培训人次（0.0394） |
| | | 乡村电话用户数量（0.0189） |
| | | 电视人口覆盖率（0.0272） |
| | | 广播人口覆盖率（0.0188） |
| | | 互联网用户（0.0384） |
| | | 农业信息传输、软件开发投入资金（0.0256） |
| | 金融流通服务（0.2474） | 农副产品加工业投入金额（0.0488） |
| | | 棉、麻批发和零售总额（0.0569） |
| | | 棉纱出口量（0.0426） |
| | | 农业贷款额（0.0467） |
| | | 农业保险保费（0.0524） |

生产服务在新疆农业社会化服务体系中的权重是 0.2581，在总排序中排在第二位。其中，农作物受灾面积的权重是 0.0476，生产服务各项目权重排序中，排第一位；农机总动力的权重是 0.0422，在生产服务各项目权重排序中，排第二位；化肥施用量的权重是 0.0381，在生产服务各项目权重排序中，排第三位；农用薄膜使用量的权重 0.0362，在生产服务各项目权重排序中，排第四位；农药使用量的权重是 0.0339，在生产服务各项目权重排序中，排第五位；农业生产资料价格总指数的权重是 0.0335，在生产服务各项目权重排序中，排第六位；在生产服务各项目权重排序中，排在最后一位的是棉花亩产产量的权重（0.0265）。

科技信息服务在新疆农业社会化服务体系中的权重是 0.1923，在总排序中排在最后一位。其中，农民技术培训学校培训人次的权重是 0.0394，在科技信息服务各项目权重排序中，排第一位；互联网用户的权重是 0.0384，在科技信息服务各项目权重排序中，排第二位；电视人口覆盖率的权重是 0.0272，在科技信息服务各项目权重排序中，排第三位；农业信息传输、软件开发投入资金的权重是 0.0256，在科技信息服务各项目权重排序中，排第四位；企事业农业技术人员的权重是 0.0241，在科技信息服务各项目权重排序中，排第五位；乡村电话用户数量的权重是 0.0189，在科技信息服务各项目权重排序中，排第六位；在科技信息服务各项目权重排序中，排在最后一位的是广播人口覆盖率的（0.0188）。

金融流通服务在新疆农业社会化服务体系中的权重是 0. 2474，在总排序中排在第三位。其中，棉、麻批发和零售总额的权重是 0. 0569，在金融流通服务各项目权重排序中，排第一位；农业保险保费的权重是 0. 0524，在金融流通服务各项目权重排序中，排第二位；农副产品加工业投入金额的权重是 0. 0488，在金融流通服务各项目权重排序中，排第三位；农业贷款额的权重是 0. 0467，在金融流通服务各项目权重排序中，排第四位；在金融流通服务各项目权重排序中，排在最后一位的是棉纱出口量的权重（0. 0426）。

从各个分项指标来看，根据新疆农业社会化服务体系中的权重排序情况，金融流通服务中各项指标的权重均值最大，为 0. 0495；公共服务项目的各项指标权重均值是 0. 0378，排在第二位；生产服务项目的各项指标权重均值是 0. 0369，排在第三位；科技信息服务项目的各项指标权重均值是 0. 0275，排在最后一位。单就各项指标权重的排序来看，权重排在前十位的分别是：棉、麻批发和零售总额（0. 0569）、农业保险保费（0. 0524）、农副产品加工业投入金额（0. 0488）、财政用于"三农"支出（0. 0481）、农作物受灾面积（0. 0476）、第一产业从业人员（0. 0469）、农业贷款额（0. 0467）、节水灌溉面积（0. 0454）、有效灌溉面积（0. 0428）、棉纱出口量（0. 0426）。排在最后五位的分别是：村民委员会数量（0. 0249）、乡村及村以下办水电站发电量（0. 0245）、企事业农业技术人员（0. 0241）、乡村电话用户数量（0. 0189）、广播人口覆盖率（0. 0188）。

## 4. 2　新疆农业社会化服务水平制约因素解构

对于农业社会化服务水平制约因素的研究，本书在熵值法的计算基础上，具体采用"因子贡献度""指标偏离度"和"制约度"三个指标计算得出。其中，"因子贡献度（$T_j$）"代表单项因素对总目标的影响程度，即单因素对总目标的权重；"指标偏离度（$D_j$）"代表单项指标与农业社会化服务体系发展目标之间的差距，即设定与单项指标标准化值之间的差距；"制约度（$H_j$、$K_i$）"分别表示单项指标与分类指标对农业社会化服务体系进步水平的影响值，该指标便是农业社会化服务体系发展制约分析的目标和结果。具体公式如下：

因子贡献度：$T_j = R_j \times W_i$，其中，$R_j$ 为第 $j$ 分类指标权重，$W_i$ 表示 $j$ 分类指

标中第 i 项指标权重。

指标偏离度：$D_j = 1 - X_j$，其中，$X_j$ 代表各单项指标标准化值，该标准化值是基于熵值法处理得出的标准值。

制约度：$H_j = \dfrac{T_j \times D_j}{\sum T_j \times D_j}$，$K_i = \sum H_{ij}$，其中，$H_{ij}$ 表示各项指标的制约度，$K_i$ 表示分类指标的制约度。

### 4.2.1　新疆农业社会化各服务项目总制约水平

从新疆农业社会化服务项目制约度来看（见表 4 – 5），2000 年影响新疆农业社会化服务的制约度最高的是公共服务（0.3590），其次是生产服务（0.2863），金融流通服务位列第三（0.2473），排在最后一位的是科技信息服务的制约度（0.1074）。经过 14 年的发展，截止到 2013 年制约度最大的还是公共服务，其值为 0.3497。生产服务的制约度（0.2858）排在第二位，并与金融流通服务的制约度（0.2064）处于中间水平。科技信息服务的制约度为 0.1581，在分类指标制约度大小中位列最后。可以看出，公共服务对新疆农业社会化服务的影响作用十分显著，且长期存在并严重影响到新疆农业社会化发展的进程。生产服务的制约度，在各分类指标中的制约度排序基本未发生显著变化。科技信息服务与金融流通服务的制约度排序变化亦不显著，但期间金融流通服务的制约度变化要稍微显著于科技信息服务制约度的波动。

表 4 – 5　新疆农业社会化各服务项目总制约度变化情况

| 年份 | 公共服务 | 生产服务 | 科技信息服务 | 金融流通服务 |
| --- | --- | --- | --- | --- |
| 2000 | 0.3590 | 0.2863 | 0.1074 | 0.2473 |
| 2001 | 0.3681 | 0.2630 | 0.1049 | 0.2640 |
| 2002 | 0.3709 | 0.2823 | 0.0903 | 0.2565 |
| 2003 | 0.3733 | 0.2722 | 0.0947 | 0.2599 |
| 2004 | 0.3766 | 0.2473 | 0.0817 | 0.2944 |
| 2005 | 0.3533 | 0.2525 | 0.0887 | 0.3055 |
| 2006 | 0.3495 | 0.2411 | 0.0847 | 0.3247 |
| 2007 | 0.3600 | 0.2222 | 0.0863 | 0.3315 |

| 年份 | 公共服务 | 生产服务 | 科技信息服务 | 金融流通服务 |
|------|----------|----------|--------------|--------------|
| 2008 | 0.3984 | 0.1465 | 0.1207 | 0.3344 |
| 2009 | 0.3286 | 0.2289 | 0.1166 | 0.3258 |
| 2010 | 0.2841 | 0.2133 | 0.1411 | 0.3615 |
| 2011 | 0.2098 | 0.2398 | 0.1690 | 0.3814 |
| 2012 | 0.2125 | 0.2156 | 0.1847 | 0.3872 |
| 2013 | 0.3497 | 0.2858 | 0.1581 | 0.2064 |

从新疆农业社会化服务项目制约度的变化趋势来看（见图4-5），波动趋势最为复杂的是公共服务制约度的变化，其次是生产服务和金融流通服务制约度的变化，科技信息服务制约度变化相对不显著，2000~2013年均呈现出连续上升的趋势。

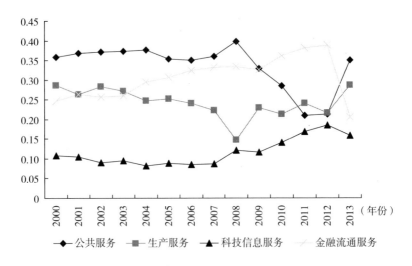

图4-5　农业社会化服务制约度变化趋势

从各分类指标制约度变化来看，公共服务制约度的变化趋势表现为三个阶段。第一个阶段：2000~2008年，波动上升阶段。制约度从0.3590波动增长至2008年的0.3984，增长了10.97%。第二个阶段：2008~2012年，迅速下降阶段。制约度从2008年的0.3984迅速下降到2012年的0.2125，降幅为46.66%。第三个阶段：2012~2013年，迅速上升阶段，仅一年时间增长率为64.56%。

生产服务制约度的整体波动较为显著，波动趋势大致可以分为两个阶段。第一个阶段：2000～2008 年，波动下降阶段。期间，生产服务制约度从 2000 年的 0.2863 下降到 2008 年的 0.1465，降幅为 48.83%。第二个阶段：2008～2013 年，波动上升阶段。期间，生产服务制约度波动增长到 2013 年的 0.2858，增长了 95.08%，增长幅度显著，基本又回到 2000 年的水平。

科技信息服务制约度的变化，相对其他分类指标变化趋势较为明显。制约度从 2000 年的 0.1074 一路波动增长到 2013 年的 0.1581，增幅为 47.21%，年均增长率为 3.02%。

金融流通服务制约度的变化，大致可以分为两个阶段。第一个阶段：2000～2012 年，连续波动增长阶段。制约度从 2000 年的 0.2473 一路波动增长到 2012 年的 0.3872，增幅为 56.57%，年均增长率为 3.81%。第二个阶段：2012～2013 年，迅速下降阶段。截止到 2013 年，制约度降到 0.2064，降幅为 46.69%。

### 4.2.2　公共服务和生产服务制约水平

#### 4.2.2.1　公共服务制约水平

从农业社会化各项服务体系中公共服务的制约度水平来看（见表 4－6），截止到 2013 年，公共服务对农业社会化服务发展进步水平的制约度最大的是第一产业固定资产投资额，为 0.1130；制约度排在第二位的是村民委员会数量，为 0.0959；节水灌溉面积在公共服务项目中对社会化服务发展的制约度排在第三位，为 0.0540；财政用于"三农"支出在公共服务项目中对社会化服务发展的制约度排在第四位，为 0.0206；第一产业从业人员在公共服务项目中对社会化服务发展的制约度排在第五位，为 0.0201；有效灌溉面积在公共服务项目中对社会化服务发展的制约度排在第六位，为 0.0184；农村用电量在公共服务项目中对社会化服务发展的制约度排在第七位，为 0.0173；乡村及村以下办水电站发电量在公共服务项目中对社会化服务发展的制约度最小，为 0.0105。

从公共服务各项指标的制约度变化趋势来看（见图 4－6），各项服务指标的制约度整体的变化趋势，大致可以分为三个阶段。第一个阶段为 2000～2008 年，波动增加阶段；第二个阶段为 2008～2012 年，波动下降阶段；第三个阶段为 2012～2013 年，迅速上升阶段。且 2013 年公共服务分类中各个项目对社会化服务进步的制约度，与 2000 年的水平相比，多数均有所下降，如第一产业从业人员、有效灌溉面积、乡村及村以下办水电站发电量、财政用于"三农"支出、农村用电量。节水灌溉面积制约度的变化在 2012 年之前均低于 2000 年的水平，至 2010 年制约度出现显著上升趋势。2013 年村民委员会数量、第一产业固定资产投资额的制约度均显著高于 2000 年的同期水平，且村民委员会数量制约度仅在 2013 年出现下降，其余年份均出现增长的趋势。

表 4 - 6    公共服务制约度变化情况

| 项目 | 2000 年 | 排序 | 2013 年 | 排序 |
|---|---|---|---|---|
| 第一产业从业人员 | 0.0653 | 2 | 0.0201 | 5 |
| 村民委员会数量 | 0.0006 | 8 | 0.0959 | 2 |
| 乡村及村以下办水电站发电量 | 0.0140 | 7 | 0.0105 | 8 |
| 第一产业固定资产投资额 | 0.0352 | 6 | 0.1130 | 1 |
| 节水灌溉面积 | 0.0633 | 3 | 0.0540 | 3 |
| 有效灌溉面积 | 0.0576 | 4 | 0.0184 | 6 |
| 农村用电量 | 0.0561 | 5 | 0.0173 | 7 |
| 财政用于"三农"支出 | 0.0671 | 1 | 0.0206 | 4 |

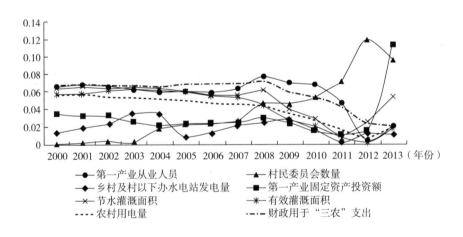

图 4 - 6    公共服务制约度变化趋势

### 4.2.2.2    生产服务制约水平

农业社会化各项服务体系中生产服务的制约度水平如表 4 - 7 所示。

表4-7 生产服务制约度变化情况

| 项目 | 2000 年 | 排序 | 2013 年 | 排序 |
|---|---|---|---|---|
| 农机总动力 | 0.0503 | 2 | 0.0154 | 3 |
| 农药使用量 | 0.0308 | 6 | 0.0124 | 6 |
| 化肥施用量 | 0.0454 | 3 | 0.0139 | 4 |
| 农用薄膜使用量 | 0.0431 | 4 | 0.0133 | 5 |
| 农业生产资料价格总指数 | 0.0399 | 5 | 0.0704 | 2 |
| 农作物受灾面积 | 0.0520 | 1 | 0.1519 | 1 |
| 棉花亩产产量 | 0.0248 | 7 | 0.0085 | 7 |

从2000年的数值来看，生产服务对农业社会化服务发展进步水平的总制约度是0.2863，在分类指标中制约度最大的是农作物受灾面积，其制约度为0.0520；制约度排在第二位的是农机总动力，制约度是0.0503；化肥施用量在生产服务项目中对社会化服务发展的制约度排在第三位，为0.0454；农用薄膜使用量在生产服务项目中对社会化服务发展的制约度排在第四位，为0.0431；农业生产资料价格总指数在生产服务项目中对社会化服务发展的制约度排在第五位，为0.0399；农药使用量在生产服务项目中对社会化服务发展的制约度排在第六位，为0.0308；棉花亩产产量在生产服务项目中对社会化服务发展的制约度最小，为0.0248。

从2013年的数值来看，农作物受灾面积的制约度仍然排在第一位，制约度是2000年的3倍，增长最为显著；排在第二位的是农业生产资料价格总指数，制约度为0.0704，是2000年的2倍；排在第三位的是农机总动力，制约度为0.0154，较2000年下降了2倍；排在第四位的是化肥施用量，与排在第五位的农用薄膜使用量的制约度差异较小，分别为0.0139和0.0133；制约度排在第六、第七位的各项指标未发生改变，分别是农药使用量、棉花亩产产量，分别0.0124、0.0085，且对生产服务分类指标的制约度下降较为显著。

从生产服务各项指标的制约度变化趋势来看（见图4-7），除农作物受灾面积、农业生产资料价格总指数制约度出现显著的波动上升趋势外，其他各项指标制约度的变化基本趋于连续波动下降趋势。从农作物受灾面积、农业生产资料价格总指数制约度变化趋势上，两者的波动趋势具有显著的同步性特征，均在2008年达到极小值，在2013年达到极大值。从生产服务分类指标中的各项服务项目指标来看，其余各项指标的制约度均有所下降。根据各项目指标制约度的数值变化来看，2000 年的制约度均为极大值，极小值多分布在 2013 年，少数分布在 2012 年。由此可知，近年来，农机总动力、化肥施用量、农用薄膜使用量、农药使用量以及棉花亩产产量等服务项目，对生产服务进步的制约度逐步下降。

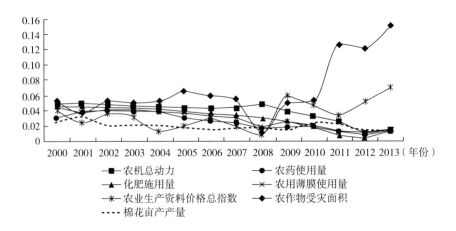

图 4－7　生产服务制约度变化趋势

### 4.2.3　科技信息服务和金融流通服务制约水平

#### 4.2.3.1　科技信息服务制约水平

农业社会化各项服务体系中科技信息服务的制约度水平如表 4－8 所示。

表 4－8　科技信息服务制约度变化情况

| 项目 | 2000 年 | 排序 | 2013 年 | 排序 |
|---|---|---|---|---|
| 企事业农业技术人员 | 0.0214 | 2 | 0.0298 | 2 |
| 农民技术培训学校培训人次 | 0.0012 | 6 | 0.0941 | 1 |
| 乡村电话用户数量 | 0.0168 | 4 | 0.0111 | 3 |
| 电视人口覆盖率 | 0.0176 | 3 | 0.0074 | 5 |
| 广播人口覆盖率 | 0.0167 | 5 | 0.0051 | 6 |
| 互联网用户 | 0.0338 | 1 | 0.0105 | 4 |

从 2000 年的数值来看，科技信息服务对农业社会化服务发展进步水平的总

制约度是 0. 1074，在分类指标中制约度最大的是互联网用户，其制约度为 0. 0338；制约度排在第二位的是企事业农业技术人员，制约度是 0. 0214；电视人口覆盖率在科技信息服务项目中对社会化服务发展的制约度排在第三位，为 0. 0176；乡村电话用户数量在科技信息服务项目中对社会化服务发展的制约度排在第四位，为 0. 0168；广播人口覆盖率在科技信息服务项目中对社会化服务发展的制约度排在第五位，为 0. 0167；农民技术培训学校培训人次在科技信息服务项目中对社会化服务发展的制约度最小，为 0. 0012。

从 2013 年的数值来看，农民技术培训学校培训人次的制约度排在第一位，较 2000 年的数值增长最为显著，制约影响作用显著；排在第二位的是企事业农业技术人员，制约度为 0. 0298，基本与 2000 年的数值持平，变化较不显著；排在第三位的是乡村电话用户数量，制约度为 0. 0111，较 2000 年数值有所下降；排在第四位的是互联网用户，制约度为 0. 0105；排在第五位的是电视人口覆盖率，制约度为 0. 0074；排在第六位的是广播人口覆盖率，制约度为 0. 0051。可以看出，农民技术培训学校培训人次由 2000 年的第六位，上升到 2013 年的第一位，变化显著。互联网用户的制约度由 2000 年的第一位，下降到 2013 年的第四位，变化较为显著。企事业农业技术人员、广播人口覆盖率以及乡村电话用户数量指标，对影响科技信息服务分类指标制约度排序的变化整体不显著（见表 4 - 8）。

从科技信息服务各项指标的制约度变化趋势来看（见图 4 - 8），除农民技术培训学校培训人次、企事业农业技术人员制约度出现显著的波动上升趋势外，其他各项指标制约度的变化基本趋于连续波动下降趋势。根据农民技术培训学校培训人次、企事业农业技术人员制约度的变化趋势分析，两者的整体波动趋势的同步性特征十分显著。农民技术培训学校培训人次制约度，2000 ~ 2012 年，均处于显著的波动上升趋势，仅在 2013 年出现较大幅度下降。企事业农业技术人员制约度的变化，可以简要分为两个阶段。第一个阶段：2000 ~ 2007 年连续波动下降阶段，由 2000 年的 0. 0214 下降到 2007 年的 0. 0019，下降幅度为 91. 32%；第二个阶段：2007 ~ 2013 年连续显著波动上升阶段，截至 2013 年制约度已经增长到 0. 0298，增长近 15 倍。从 2000 ~ 2013 年乡村电话用户数量、广播人口覆盖率、电视人口覆盖率以及互联网用户指标的制约度变化趋势看，制约度整体呈现微弱下降趋势。

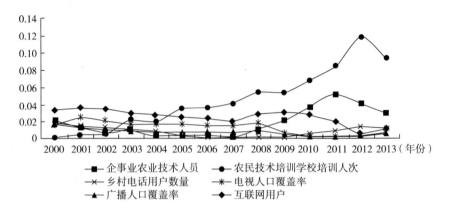

图 4-8   科技信息服务制约度变化趋势

### 4.2.3.2   金融流通服务制约水平

农业社会化各项服务体系中金融流通服务的制约度水平如表 4-9 所示。

表 4-9   金融流通服务制约度变化情况

| 项目 | 2000 年 | 排序 | 2013 年 | 排序 |
|---|---|---|---|---|
| 农业信息传输、软件开发投入资金 | 0.0090 | 5 | 0.0070 | 6 |
| 农副产品加工业投入金额 | 0.0557 | 3 | 0.0171 | 4 |
| 棉、麻批发和零售总额 | 0.0642 | 1 | 0.0200 | 2 |
| 棉纱出口数量 | 0.0054 | 6 | 0.1276 | 1 |
| 农业贷款额 | 0.0533 | 4 | 0.0164 | 5 |
| 农业保险保费 | 0.0596 | 2 | 0.0184 | 3 |

从 2000 年的数值来看，金融流通服务对农业社会化服务发展进步水平的总制约度是 0.2473。在分类指标中制约度最大的是棉、麻批发和零售总额，其制约度为 0.0642；制约度排在第二位的是农业保险保费，制约度是 0.0596；农副产品加工业投入资金在金融流通服务项目中对社会化服务发展的制约度排在第三位，为 0.0557；农业贷款额在金融流通服务项目中对社会化服务发展的制约度排在第四位，为 0.0533；农业信息传输、软件开发投入金额在金融流通服务项目中对社会化服务发展的制约度排在第五位，为 0.0090；棉纱出口数量在金融流通服务项目中对社会化服务发展的制约度最小，为 0.0054。可以看出，农业保险保费、农副产品加工业投入金额及农业贷款额等指标，在金融流通服务项目中对社会化服务发展的制约度差异较小。农业信息传输、软件开发投入资金、棉纱出口

数量指标之间的制约度差异较为显著。

从 2013 年的数值来看，棉纱出口数量的制约度排在第一位，制约度为 0.1276。其排序由 2000 年的第六位，上升至 2013 年的第一位，增长最为显著；排在第二位的是棉、麻批发和零售总额，制约度为 0.0200，与 2000 年的数值 0.0642 相比，下降幅度十分显著。从总排序来看，棉、麻批发和零售总额的制约度下降到第二位；排在第三位的是农业保险保费，制约度为 0.0184，较 2000 年数值下降幅度显著。从总排序来看，农业保险保费的制约度由第二位下降到第三位；排在第四位的是农副产品加工业投入金额，制约度为 0.0171；排在第五位的是农业贷款额，制约度为 0.0164；制约度排在第六位的是农业信息传输、软件开发投入资金，制约度为 0.0070。可以看出，农业信息传输、软件开发投入资金，农副产品加工业投入金额，棉、麻批发和零售总额，棉纱出口数量以及农业贷款额、农业保险保费等指标的制约度，整体排序变化不显著。

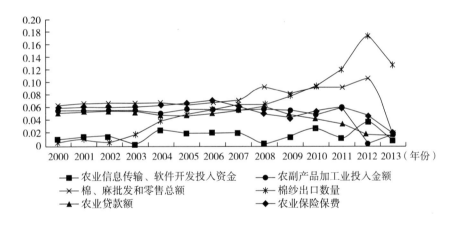

**图 4 - 9　金融流通服务制约度变化趋势**

从金融流通服务各项指标的制约度变化趋势来看（见图 4 - 9），除棉纱出口数量指标的制约度出现显著的波动上升趋势外，其他各项指标制约度的变化基本趋于连续波动下降趋势。从剩余指标制约度波动趋势看，棉、麻批发和零售总额指标制约度的变化较显著于其他指标。整体变化趋势可以分为两个阶段：第一个阶段为 2000 ~ 2013 年连续波动上升趋势，由 2000 年的 0.0642 增长到 2012 年的 0.1074，制约度增长幅度为 67.27%，年均增长率为 4.38%；第二阶段为 2012 ~ 2013 年迅速下降阶段，截至 2013 年制约度仅为 0.0200，下降幅度为 81.40%。

其次制约度波动频率较为显著的是农业信息传输、软件开发投入资金，2000～2013 年整体呈现波动下降趋势，期间制约度出现下降情况的有 7 个年度数据，7 个年度的制约度是上升的，制约度变化最为显著的年份分别是 2003 年、2008 年、2012 年和 2013 年。农业保险保费、农副产品加工业投入金额和农业贷款额指标制约度的变化情况较为相近，整体呈现波动下降的趋势，且农副产品加工业投入金额制约度在 2012 年的变化最为显著。可以看出，金融流通服务分类指标的各项指标，对农业社会化服务进步的制约作用呈现出十分复杂的变化，不同年份间制约度差异显著，各项指标的影响作用表现出较大差异。

## 4.3　本章小结

　　运用熵值法计算新疆农业社会化服务水平，结果显示新疆农业社会化服务水平整体呈现出波动上升的趋势，但发展较为缓慢。测算结果显示从新疆农业社会化服务水平变化趋势来看，其总水平整体呈波动上升趋势；从综合分类指标来看，公共服务、生产服务、科技信息服务、金融流通服务等农业社会化服务项目的发展水平差异较显著。其发展水平由低到高依次是：科技信息服务、生产服务、金融流通服务、公共服务。在对各指标分解时，分析显示从社会化服务项目制约度来看，制约度由低到高依次是：科技信息服务、金融流通服务、生产服务、公共服务；从变化趋势来看，波动趋势最复杂的是公共服务制约度的变化，其次是生产服务和金融流通服务制约度的变化，科技信息服务制约度的变化相对不显著。

# 第5章 新疆棉区农业社会化服务需求意愿及差异分析

新疆棉区农户对农业社会化服务的需求意愿存在差异，为探析棉区农户对农业社会化服务的需求异质性。本章通过实地调研数据，利用描述性统计探析新疆棉农对农业社会化服务的需求意愿，利用二元 Logistic 模型分析影响新疆棉农对农业社会化服务的需求意愿及其影响因素。

## 5.1 新疆棉农对农业社会化服务的需求意愿分析

新疆棉区农户对农业社会化服务的需求随着地域经济水平的差异、农户自身的异质性等，新疆棉农对农业社会化服务的需求意愿具体表现在技术需求强烈，但获取渠道和指导主体单一；棉农资金需求旺，希望专业组织提供资金保障；棉农保险服务需求强烈，但了解保险渠道单一；棉农获取信息渠道传统，获取信息的意识强烈等方面。

### 5.1.1 技术需求强烈，获取渠道和指导主体单一

根据实际调研，从表 5-1 中可以看出，新疆棉区的五个地州十三个县市的棉农对技术服务需求强度比较高，需要的比例达到90.9%，可见棉花技术对棉农来说非常重要。因此，政府要继续加强对技术的投入，关心农户的技术服务需求，来满足棉农日益增长的技术服务需求。棉农如此大的技术需求可能一方面来源于主观能动性，本身可能由于文化水平不高，所以迫切性高；另一方面可能迫于增加收入的压力，种植了一些经济作物，迫于急于学习技术。具体来说：从棉花的各个生产环节即产前、产中、产后三个环节来分析各个生产环节的棉花技术

的需求强度如下：产前有新品种技术和播种技术，需求强度分别为84.91%和84.72%。产中共有六种技术（地膜覆盖技术、田间栽培管理、病虫害防治、科学施肥、节水灌溉技术和农药安全使用技术），对这六种产中技术有较高的需求强度，平均比例达到80%以上；产后技术包括机械采收技术、秸秆粉碎技术、地膜回收技术，平均需求强度接近80%。从以上棉花的各个生产环节所需要的技术强度可以看出：不管是对总的技术还是对各个生产环节所需的技术都是非常需要的。

表5-1　新疆棉区技术指导需求的强烈程度　　　　　　单位:%

| 项目 | 技术指导类型 | 不需要 | 无所谓 | 需要 | 很需要 | 强烈需要 |
|---|---|---|---|---|---|---|
| | 对总的技术需求强度 | 3.60 | 5.40 | 55.70 | 21.90 | 13.30 |
| 产前 | 新品种技术 | 6.29 | 8.79 | 54.86 | 17.94 | 12.11 |
| | 播种技术 | 6.04 | 9.24 | 53.57 | 19.35 | 11.80 |
| 产中 | 地膜覆盖技术 | 5.74 | 7.91 | 51.58 | 19.99 | 14.77 |
| | 田间栽培管理 | 5.91 | 11.64 | 49.03 | 19.60 | 13.81 |
| | 病虫害防治 | 5.73 | 7.31 | 47.19 | 21.81 | 17.95 |
| | 科学施肥 | 7.16 | 6.69 | 52.79 | 18.3 | 15.07 |
| | 节水灌溉技术 | 4.87 | 7.59 | 49.71 | 21.96 | 14.95 |
| | 农药安全使用技术 | 5.45 | 6.84 | 48.15 | 23.12 | 15.53 |
| 产后 | 机械采收技术 | 0.46 | 11.18 | 48.09 | 17.50 | 13.67 |
| | 秸秆粉碎技术 | 8.63 | 11.88 | 48.84 | 18.54 | 11.36 |
| | 地膜回收技术 | 9.15 | 11.41 | 46.93 | 17.67 | 13.67 |

数据来源：由实际调研的新疆棉区1726户农户的数据整理所得。

从表5-2中我们可以看出，产前、产中、产后的所有技术，获得技术指导的理想主体主要是农技推广部门与基层技术服务站、村干部或村组集体。可见农技推广部门与基层技术服务站和村干部或村组集体这两个技术指导主体在实践中最受棉农朋友的青睐，主要是因为他们与棉农朋友靠得最近，最接地气，他们对棉农朋友指导技术最方便。所以在充分发挥农技推广部门与基层技术服务站和村干部或村组集体这两个技术指导主体的作用的同时，也要调动其他指导主体的作用，特别是要发挥大学和科研单位的技术指导作用，要把好的技术在第一时间转化为棉农所需要的技术。

表 5 - 2　新疆棉区农户获得技术指导的理想主体　　　　单位:%

| 生产环节 | 技术指导类型 | 获得技术指导的理想主体 | | | | | |
|---|---|---|---|---|---|---|---|
| | | ① | ② | ③ | ④ | ⑤ | ⑥ |
| 产前 | 新品种技术 | 43.61 | 16.46 | 10.92 | 7.65 | 15.35 | 6.01 |
| | 播种技术 | 42.00 | 18.21 | 9.54 | 7.04 | 15.07 | 8.14 |
| 产中 | 地膜覆盖技术 | 40.35 | 16.10 | 10.29 | 6.69 | 18.08 | 8.49 |
| | 田间栽培管理 | 40.30 | 16.19 | 8.62 | 8.74 | 16.95 | 9.20 |
| | 病虫害防治 | 41.59 | 14.08 | 9.77 | 9.54 | 16.99 | 8.03 |
| | 科学施肥 | 37.79 | 17.33 | 10.47 | 9.13 | 17.15 | 8.14 |
| | 节水灌溉技术 | 38.20 | 16.69 | 10.64 | 7.79 | 18.55 | 8.14 |
| | 农药安全使用技术 | 40.01 | 14.69 | 10.69 | 7.55 | 17.77 | 9.29 |
| 产后 | 机械采收技术 | 41.66 | 16.15 | 9.24 | 7.55 | 18.25 | 7.15 |
| | 秸秆粉碎技术 | 40.61 | 17.63 | 8.78 | 7.68 | 17.80 | 7.50 |
| | 地膜回收技术 | 42.31 | 15.03 | 8.68 | 8.86 | 15.91 | 9.21 |

注:①农技推广部门与基层技术服务站;②农民专业技术协会或合作社;③农资企业或加工厂;④大学和科研单位;⑤村干部或村组集体;⑥亲朋好友与其他农户。

数据来源:由实际调研的新疆棉区 1726 户农户的数据整理所得。

从表 5 - 3 中可以看出,棉农需要的技术大概有 11 类:①新品种技术;②播种技术;③田间栽培管理;④病虫害防治技术;⑤科学施肥;⑥节水灌溉技术;⑦农药安全使用技术;⑧机械采收技术;⑨残膜回收技术;⑩地膜覆盖技术;⑪秸秆粉碎技术。根据表 5 - 3 中数据分析得出:棉农最需要的技术按照需求强烈程度排序,第一位是新品种技术,第二位是播种技术,第三位是病虫害防治技术,第四位是病虫害防治技术,第五位是新品种技术。可以看出,农户最需要的技术是产前的新品种技术。棉农之所以最需要新品种技术主要是因为,只有好的新品种技术才能生产出优良的新品种,有了好的新品种才能种出好的棉花。

表 5 - 3　新疆棉区最需要的技术优先顺序排列　　　　单位:%

| 项目 | 第一位 | 第二位 | 第三位 | 第四位 | 第五位 |
|---|---|---|---|---|---|
| 新品种技术 | 45.90 | 12.60 | 12.70 | 15.30 | 23.70 |
| 地膜覆盖技术 | 0.20 | 0.20 | 0.40 | 1.50 | 2.60 |

续表

| 项目 | 第一位 | 第二位 | 第三位 | 第四位 | 第五位 |
|---|---|---|---|---|---|
| 秸秆粉碎技术 | 0.10 | 0.20 | 0.20 | 0.40 | 0.80 |
| 播种技术 | 17.70 | 29.90 | 7.20 | 5.00 | 4.40 |
| 田间栽培管理 | 9.40 | 14.60 | 16.00 | 6.50 | 5.40 |
| 病虫害防治技术 | 10.70 | 18.20 | 23.90 | 17.80 | 6.90 |
| 科学施肥 | 3.60 | 8.60 | 12.00 | 17.20 | 16.10 |
| 节水灌溉技术 | 3.60 | 5.50 | 11.80 | 10.70 | 12.80 |
| 农药安全使用技术 | 2.90 | 5.60 | 10.00 | 13.00 | 9.30 |
| 机械采收技术 | 4.90 | 3.40 | 3.80 | 9.80 | 10.70 |
| 残膜回收技术 | 1.00 | 1.20 | 1.90 | 2.90 | 7.30 |
| 合计 | 100.00 | 100.00 | 100.00 | 100.00 | 100.00 |

数据来源：由实际调研的新疆棉区1726户农户的数据整理所得。

从表5-4中可以看出：产前产中产后的技术所需要的理想渠道主要是技术示范、观摩，其次是大众传媒（电视、广播等）。技术示范、观摩是最主要的理想渠道，主要是因为棉农一般文化程度不是很高，对棉花的技术理解和掌握需要一定的时间，若通过技术人员的亲自示范会更加方便和容易掌握。这也是棉农普遍喜欢的。其次的渠道是大众传媒如电视和广播，这主要是因为棉农家家都有电视，学起技术来比较方便。

表5-4　新疆棉区获取技术指导的理想渠道　　　　　　单位:%

| 生产环节 | 获取技术指导的理想渠道 | | | | | |
|---|---|---|---|---|---|---|
| | 技术指导类型 | ① | ② | ③ | ④ | ⑤ | ⑥ |
| 产前 | 新品种技术 | 23.89 | 38.46 | 9.09 | 8.51 | 6.41 | 13.64 |
| | 播种技术 | 21.67 | 42.57 | 8.15 | 8.44 | 6.64 | 12.52 |
| 产中 | 地膜覆盖技术 | 19.49 | 41.02 | 10.09 | 7.35 | 6.65 | 15.4 |
| | 田间栽培管理 | 17.59 | 41.18 | 9.61 | 7.75 | 8.62 | 15.26 |
| | 病虫害防治 | 18.79 | 40.26 | 10.97 | 7.64 | 5.66 | 16.69 |
| | 科学施肥 | 18.12 | 40.79 | 9.44 | 6.76 | 7.23 | 17.66 |
| | 节水灌溉技术 | 20.55 | 44.06 | 8.73 | 6.00 | 6.58 | 14.09 |
| | 农药安全使用技术 | 19.61 | 42.73 | 10.68 | 7.36 | 6.19 | 13.43 |

续表

| 生产环节 | 获取技术指导的理想渠道 | | | | | | |
| --- | --- | --- | --- | --- | --- | --- | --- |
| | 技术指导类型 | ① | ② | ③ | ④ | ⑤ | ⑥ |
| 产后 | 机械采收技术 | 21.99 | 37.77 | 9.97 | 7.74 | 6.92 | 15.60 |
| | 秸秆粉碎技术 | 21.86 | 38.40 | 10.58 | 8.24 | 7.54 | 13.38 |
| | 地膜回收技术 | 25.12 | 36.24 | 10.01 | 7.26 | 7.38 | 13.99 |

注：①大众传媒（电视、广播等）；②技术示范、观摩；③邻居亲戚朋友；④互联网（网络浏览）或手机短信；⑤书刊、科技小报和宣传册；⑥科教录像光盘与讲座培训。

数据来源：由实际调研的新疆棉区 1726 户农户的数据整理所得。

## 5.1.2　棉农资金需求旺，希望专业组织提供资金保障

根据实际调研，从表 5 - 5 中可以看出：新疆棉区的五个地州十三个县市的棉农对金融服务的总体需求强度较高，比例达到 87%，一方面是因为棉农是弱势群体，手中资金有限；另一方面是由于扩大了农业投入，一时资金周转不开导致对金融服务的需求的强度加大。从具体的金融服务类型来分析棉农的金融服务需求强度：主要有七种金融服务类型（组织贷款，专业组织提供资金，贷款的担保，购买农业保险，提供信用评级证明，介绍贷款渠道和组织农户集体贷款）。从表 5 - 5 中还可以看出，金融服务的六种类型中，棉农对其的需求强度均在80% 左右，需求程度较高，与对金融服务的总体需求强度保持一致。

表 5 - 5　新疆棉区对金融服务需求的强烈程度　　　　　单位:%

| 金融服务类型 | 对该项服务需求的强烈程度 | | | | |
| --- | --- | --- | --- | --- | --- |
| | ① | ② | ③ | ④ | ⑤ |
| 金融服务的总体需求强度 | 5.9 | 7.1 | 50.5 | 17.3 | 19.3 |
| 组织贷款 | 8.88 | 9.87 | 55.72 | 15.71 | 9.81 |
| 专业组织提供资金 | 7.89 | 11.05 | 53.13 | 17.88 | 10.05 |
| 贷款的担保 | 8.11 | 8.64 | 52.25 | 19.21 | 11.79 |
| 购买农业保险 | 8.13 | 11.93 | 52.57 | 18.19 | 9.18 |
| 提供信用评级证明 | 9.59 | 10.41 | 54.12 | 17.18 | 8.71 |
| 介绍贷款渠道 | 11.12 | 9.01 | 51.32 | 19.31 | 9.25 |
| 组织农户集体贷款 | 10.59 | 9.24 | 52.38 | 17.07 | 10.71 |

注：①不需要；②无所谓；③需要；④很需要；⑤强烈需要。

数据来源：由实际调研的新疆棉区 1726 户农户的数据整理所得。

从表5-6中可以看出：棉农最希望获得的金融服务按优先顺序进行排序，第一位是专业组织提供资金，第二位是贷款的担保，第三位是帮购买农业保险，第四位是介绍贷款渠道，第五位是组织农户集体贷款。从上述分析中可以看出，棉农最希望获取的金融服务是专业组织提供资金，比例达到了64.87%。

表5-6　新疆棉区农户最希望获取的金融服务前五位　　　　单位:%

| 金融服务类型 | 第一位 | 第二位 | 第三位 | 第四位 | 第五位 |
|---|---|---|---|---|---|
| 专业组织提供资金 | 64.87 | 7.02 | 7.94 | 7.22 | 8.16 |
| 贷款的担保 | 14.37 | 35.95 | 20.52 | 11.55 | 9.12 |
| 购买农业保险 | 4.68 | 27.33 | 29.26 | 11.65 | 6.24 |
| 提供信用评级证明 | 6.08 | 12.44 | 18.2 | 26.7 | 13.33 |
| 介绍贷款渠道 | 3.42 | 11.6 | 16.15 | 32.78 | 25.57 |
| 组织农户集体贷款 | 6.58 | 5.65 | 7.94 | 10.1 | 37.58 |
| 合计 | 100 | 100 | 100 | 100 | 100 |

数据来源：由实际调研的新疆棉区1726户农户的数据整理所得。

从表5-7中可以看出：获得各类金融服务的理想主体主要集中在农村信用社、银行这两类，最主要的理想主体是农村信用社，其中期望从农村信用社获取各项金融服务的棉农占比达到了40%以上，其次期望从银行获取各项金融服务的农户比重达到14.9%。出现这样的状况的主要原因是农村信用社覆盖范围广，棉农朋友认可度高，在农村信用社可以比较容易获得资金。

表5-7　新疆棉区获得该项服务的理想主体　　　　单位:%

| 金融服务类型 | 获得该项服务的理想主体 | | | | | |
|---|---|---|---|---|---|---|
| | ① | ② | ③ | ④ | ⑤ | ⑥ |
| 组织贷款 | 10.99 | 8.54 | 48.42 | 16.37 | 10.41 | 5.26 |
| 专业组织提供资金 | 13.43 | 7.30 | 44.83 | 17.81 | 7.76 | 8.87 |
| 贷款的担保 | 12.43 | 12.43 | 37.89 | 16.35 | 11.68 | 9.22 |
| 购买农业保险 | 13.48 | 6.68 | 40.15 | 16.53 | 12.84 | 10.32 |

续表

| 金融服务类型 | 获得该项服务的理想主体 | | | | | |
| --- | --- | --- | --- | --- | --- | --- |
| | ① | ② | ③ | ④ | ⑤ | ⑥ |
| 提供信用评级证明 | 13.66 | 9.11 | 42.21 | 16.46 | 12.26 | 6.30 |
| 介绍贷款渠道 | 13.78 | 8.11 | 42.79 | 14.94 | 13.08 | 7.30 |
| 组织农户集体贷款 | 14.25 | 6.46 | 41.36 | 15.59 | 13.32 | 9.02 |

注：①农产品销售、加工及农资企业；②亲朋邻居；③农村信用社；④银行；⑤村集体；⑥合作社。

数据来源：由实际调研的新疆棉区 1726 户农户的数据整理所得。

从中 5 - 8 中可以看出：棉农最理想的棉花种植金融服务模式是农户与农业加工、销售企业两者相结合的模式；其次是农户、农业专业合作社、农业加工、销售企业三者结合的模式和农户、政府、金融机构三者相结合的模式。农户与农业加工、销售企业两者相结合的模式已成为棉农最理想的棉花种植的金融服务模式，主要是因为这一模式集合了棉花的生产、初加工、销售于一体，可以让棉农后顾无忧，可以保证生产出来的棉花能销售出去，而且在进行初加工后可以有附加值，可以提升棉农种棉的积极性。

表 5 - 8　新疆棉区理想的棉花种植金融服务模式　　　单位：n, %

| 项目 | ① | ② | ③ | ④ | ⑤ | ⑥ | ⑦ | ⑧ | ⑨ |
| --- | --- | --- | --- | --- | --- | --- | --- | --- | --- |
| 频数 | 383 | 602 | 304 | 420 | 552 | 140 | 530 | 223 | 34 |
| 百分比 | 22.19 | 34.88 | 17.61 | 24.33 | 31.98 | 8.11 | 30.71 | 12.92 | 1.97 |

注：①农户＋农业专业合作社；②农户＋农业加工、销售企业；③农户＋金融机构；④农户＋农业专业合作社＋金融机构；⑤农户＋农业专业合作社＋农业加工、销售企业；⑥农户＋政府；⑦农户＋政府＋金融机构；⑧村集体＋农户；⑨其他。

数据来源：由实际调研的新疆棉区 1726 户农户的数据整理所得。

### 5.1.3　棉农保险服务需求强烈，但了解保险渠道单一

从表 5 - 9 中可以看出，新疆棉区五个地州十三个县市的棉农对棉花保险都有了解，比例达 82.1%，不了解的比重仅为 17.9%，且对棉花保险的购买意愿比较强烈，愿意购买比例达 83.1%，不愿意及中立态度的棉农占比较少，表明新疆棉农对棉花保险的认可度较高，对棉花保险的需求意愿较强。同时对棉花保险

服务的满意度较高，比例达 73.8%，棉农对保险服务满意度较高。

表 5 – 9　新疆棉区棉花保险了解及购买意愿分析　　　单位：n,%

| 项目 | | 非常了解 | 一般了解 | 不了解 |
|---|---|---|---|---|
| 对棉花保险了解程度 | 频数 | 281 | 1124 | 307 |
| | 百分比 | 16.40 | 65.70 | 17.90 |
| 项目 | | 愿意 | 不愿意 | 随便 |
| 是否愿意购买棉花保险 | 频数 | 1217 | 213 | 291 |
| | 百分比 | 70.70 | 12.40 | 16.9 |

数据来源：由实际调研的新疆棉区 1726 户农户的数据整理所得。

从表 5 – 10 中可以看出，主要有七类棉农需要购买保险而现在没有买的原因（"买保险程序及保险条款太复杂""理赔太麻烦""不信任保险公司""保费太高""家庭经济状况不佳""周围的人都没买""曾经买过，印象不好""其他"）。按原因的强烈顺序进行排序，排在前五位的是：第一位是买保险程序及保险条款太复杂，第二位是理赔太麻烦，第三位是保费太高，第四位是家庭经济状况不佳。从上述分析可以看出，尚未购买的原因主要是买保险程序及保险条款太复杂。主要是因为棉农一般文化程度不高，对保险的具体详细内容不能理解得非常到位，所以一方面他知道棉花保险好，而另一方面又因保险程序和条款太过于复杂，所以造成尚未购买、观望的态度。对是否应购买棉花种植保险，64.1% 的人认为应该购买，说明棉农对棉花保险认可度高，接受意愿也强。

表 5 – 10　新疆棉区需要购买保险，而现在尚未购买的原因　　　单位：%

| 排序次位 | ① | ② | ③ | ④ | ⑤ | ⑥ | ⑦ | ⑧ |
|---|---|---|---|---|---|---|---|---|
| 第一位 | 27.18 | 23.69 | 16.21 | 5.64 | 12.62 | 5.74 | 6.05 | 2.87 |
| 第二位 | 9.28 | 23.29 | 19.87 | 5.70 | 11.56 | 16.94 | 10.75 | 2.61 |
| 第三位 | 15.30 | 0.53 | 15.57 | 15.83 | 12.66 | 13.19 | 11.87 | 7.92 |
| 第四位 | 13.88 | 17.22 | 13.88 | 13.88 | 7.22 | 9.57 | 10.05 | 4.31 |
| 第五位 | 26.67 | 18.52 | 7.41 | 5.19 | 16.30 | 16.30 | 8.89 | 0.74 |

注：①买保险程序及保险条款太复杂；②理赔太麻烦；③不信任保险公司；④保费太高；⑤家庭经济状况不佳；⑥周围的人都没买；⑦曾经买过，印象不好；⑧其他。

数据来源：由实际调研的新疆棉区 1726 户农户的数据整理所得。

从表5－11中可以看出，新疆棉区农户对保险服务持"基本满意"态度的农户占比较大，其中32.8%的棉农持"基本满意"态度，持"很满意"和"不满意"态度的棉农占比在10%左右。由此可知，总体上新疆棉区农户对农业保险较为满意，但农业保险服务仍需不断完善，不断提高。从棉农对农业保险服务的需求来看，新疆棉区农户对农业保险服务持"需要"态度的占绝大多数，"强烈需要"的比重最少，仅为5.2%，表明农户对于保险服务的需求较大。

**表5－11 新疆棉区对保险服务满意及需求程度分析** 单位：n,%

| 项目 | | 很满意 | 满意 | 基本满意 | 不太满意 | 不满意 |
|---|---|---|---|---|---|---|
| 对保险服务满意程度 | 频数 | 183 | 524 | 565 | 272 | 180 |
| | 百分比 | 10.6 | 30.4 | 32.8 | 15.8 | 10.4 |
| 项目 | | 不需要 | 无所谓 | 需要 | 很需要 | 强烈需要 |
| 对保险服务需求程度 | 频数 | 218 | 284 | 948 | 177 | 90 |
| | 百分比 | 12.7 | 16.5 | 55.2 | 10.3 | 5.2 |

数据来源：由实际调研的新疆棉区1726户农户的数据整理所得。

在政府最应设置哪类产量保险、价格保险问题上，调查显示：57%的人接受价格保险，而43%的人接受产量保险（见表5－12）。主要有8种了解棉花的保险的渠道（广播、电视、报纸、网络、保险营销员、亲戚朋友、村干部、其他）。从表5－13中可知，棉农了解棉花保险的渠道主要来自村干部，主要由于村干部为棉农服务，经常与棉农接触，在平时的交流中就可以与其交流保险。所以要想让棉农更好地了解棉花保险，应继续扩大棉花保险其他渠道的宣传。

**表5－12 新疆棉区是否应购买棉花种植保险及设置哪类保险** 单位：n,%

| 项目 | | 否 | 是 |
|---|---|---|---|
| 是否购买棉花种植保险 | 频数 | 619 | 1106 |
| | 百分比 | 35.9 | 64.1 |
| 项目 | | 产量保险 | 价格保险 |
| 政府最应设置哪类保险 | 频数 | 617 | 817 |
| | 百分比 | 43 | 57 |

数据来源：由实际调研的新疆棉区1726户农户的数据整理所得。

从表5-13中可以看出，棉区农户了解保险服务大多是从村干部的宣传中了解，占44.15%，其次是从保险营销员的保险推广中了解，再次是从电视上了解。可见新疆棉区农户了解保险服务的渠道趋向于多样化，农户可通过多种形式了解保险服务，保险服务对于农户植棉生产过程中，降低植棉风险具有重要的意义。

表5-13  新疆棉区农户了解棉花保险的渠道                    单位：n,%

| 项目 | ① | ② | ③ | ④ | ⑤ | ⑥ | ⑦ | ⑧ |
|---|---|---|---|---|---|---|---|---|
| 频数 | 289 | 295 | 120 | 69 | 370 | 168 | 762 | 36 |
| 百分比 | 16.74 | 17.09 | 6.95 | 4.00 | 21.44 | 9.73 | 44.15 | 2.09 |

注：①广播；②电视；③报纸；④网络；⑤保险营销员；⑥亲戚朋友；⑦村干部；⑧其他。

数据来源：由实际调研的新疆棉区1726户农户的数据整理所得。

从表5-14中得出，棉农最看重的是出事（出险）后能赔偿多少，比例达到56.08%，其次看重的是保险公司承诺是否属实，比例为19.64%。这也是为什么选择保险的原因，选择保险就是为了让自己的风险降到最低，获得风险损失的补偿。

表5-14  新疆棉区对棉花保险最看重什么                    单位：n,%

| 项目 | ① | ② | ③ | ④ | ⑤ | ⑥ |
|---|---|---|---|---|---|---|
| 频数 | 968 | 339 | 197 | 185 | 99 | 38 |
| 百分比 | 56.08 | 19.64 | 11.41 | 10.72 | 5.74 | 2.2 |

注：①出事（出险）后能赔偿多少；②保险公司承诺是否属实；③保费额；④有没有合适的险种；⑤保险合同条款；⑥其他。

数据来源：由实际调研的新疆棉区1726户农户的数据整理所得。

### 5.1.4  棉农获取信息渠道传统，获取信息的意识强烈

根据表5-15得知：新疆棉区五地州十三个县市的棉农对信息服务的总需求强度较高，比例达到88.98%。这一高比例说明新疆棉农渴望得到棉花方面的信息，以信息来指导棉花生产，做到有根有据，心中有数。从表5-15中可以看出，主要有9种与棉花相关的信息（农业科学、技术信息，农产品价格信息，农产品供求信息，农药、化肥等农资信息，农产品加工信息，农产品行情预测信

息，农业政策、相关法律法规信息，劳务用工信息，气象、卫生信息）。棉农对各类信息的需求强度均达到 80% 以上。这与信息服务的总需求强度一致，说明棉农对每一个具体的信息需求强度均较高。

表 5 – 15　新疆棉区农户对农业信息服务的需求强烈程度　　　　单位:%

| 信息指导类型 | 需求的强烈程度 | | | | |
|---|---|---|---|---|---|
| | ① | ② | ③ | ④ | ⑤ |
| 信息服务总需求强度 | 5.45 | 5.57 | 60.27 | 15.84 | 12.88 |
| 农业科学、技术信息 | 9.78 | 10.08 | 55.91 | 14.44 | 9.78 |
| 农产品价格信息 | 6.73 | 6.85 | 50.85 | 22.76 | 12.81 |
| 农产品供求信息 | 8.1 | 7.81 | 51.52 | 21.21 | 11.36 |
| 农药、化肥等农资信息 | 7.74 | 7.91 | 53.23 | 20.59 | 10.53 |
| 农产品行情预测信息 | 7.11 | 10.15 | 54.4 | 18.78 | 9.56 |
| 农业政策、相关法律法规信息 | 8.14 | 10.47 | 52.03 | 18.6 | 10.76 |
| 劳务用工信息 | 9.12 | 8.94 | 56.39 | 15.56 | 9.99 |
| 气象、卫生信息 | 8.47 | 9.22 | 50.23 | 20.07 | 12.01 |

注：①不需要；②无所谓；③需要；④很需要；⑤强烈需要。

数据来源：由实际调研的新疆棉区 1726 户农户的数据整理所得。

从表 5 – 16 中得出：通过对是否有信息服务协会的调查得知，有信息服务协会的比例达到 54.52%，这说明信息服务协会还有进一步扩大服务覆盖范围的空间。在有信息服务协会的情况下，90.74% 的人愿意加入信息服务协会，入会愿望强烈，获取信息的意识强烈。

表 5 – 16　新疆棉区农户参与信息服务协会的情况分析　　　　单位：n,%

| 项目 | | 是 | 否 |
|---|---|---|---|
| 是否有信息服务协会 | 频数 | 621 | 518 |
| | 百分比 | 54.52 | 45.48 |
| 是否愿意加入信息服务协会 | 频数 | 1117 | 114 |
| | 百分比 | 90.74 | 9.26 |

数据来源：由实际调研的新疆棉区 1726 户农户的数据整理所得。

从表5-17可知，按需要的强烈程度进行排序，对信息服务需求排在前五位的是：第一位是农业科学、技术信息，第二位是农产品价格信息，第三位是农产品供求信息，第四位是农药、化肥等农资信息，第五位是农产品加工信息。从中可以看出，棉农最需要的信息是农业科学、技术信息。

表5-17　新疆棉区农户最希望获得的信息服务排序（前五位）　单位:%

| 项目 | 第一位 | 第二位 | 第三位 | 第四位 | 第五位 |
| --- | --- | --- | --- | --- | --- |
| 农业科学、技术信息 | 44.34 | 9.67 | 8.18 | 8.16 | 10.03 |
| 农产品价格信息 | 32.84 | 34.22 | 7.42 | 11.65 | 6.53 |
| 农产品供求信息 | 8.82 | 16.68 | 24.62 | 8.16 | 7.6 |
| 农药、化肥等农资信息 | 4.23 | 18.54 | 24.3 | 23.51 | 6.53 |
| 农产品加工信息 | 2.98 | 6.82 | 7.48 | 11.31 | 15.96 |
| 农产品行情预测信息 | 2.38 | 4.28 | 8.12 | 8.84 | 13.68 |
| 农业政策、相关法律法规信息 | 2.15 | 3.97 | 12.15 | 15.15 | 13.83 |
| 劳务用工信息 | 0.54 | 1.92 | 3.96 | 6.79 | 11.32 |
| 气象、卫生信息 | 1.73 | 3.91 | 3.77 | 6.44 | 14.51 |
| 合计 | 100 | 100 | 100 | 100 | 100 |

数据来源：由实际调研的新疆棉区1726户农户的数据整理所得。

从表5-18中可以得知：获得各类信息的理想主体主要是农技推广部门与基层技术服务站和村干部或村组集体。因为这两类主体与棉农的距离最近，获得信息也最方便。其中最理想的主体是农技推广部门与基层技术服务站，因为农技推广部门与基层技术服务站其本身也是第一时间掌握各类信息的载体，也最容易传达给棉农。

表5-18　新疆棉区农户期望获得各类农业信息服务的理想供给主体　单位:%

| 信息指导类型 | 获得各类信息的理想主体 | | | | | |
| --- | --- | --- | --- | --- | --- | --- |
| | ① | ② | ③ | ④ | ⑤ | ⑥ |
| 农业科学、技术信息 | 51.14 | 9.43 | 8.14 | 7.91 | 15.82 | 7.56 |
| 农产品价格信息 | 41.81 | 14.27 | 10.33 | 7.34 | 16.5 | 9.69 |
| 农产品供求信息 | 41.47 | 13.96 | 10.63 | 7.07 | 17.87 | 9.00 |
| 农药、化肥等农资信息 | 40.14 | 13.85 | 10.12 | 7.21 | 18.73 | 9.95 |

续表

| 信息指导类型 | 获得各类信息的理想主体 | | | | | |
|---|---|---|---|---|---|---|
| | ① | ② | ③ | ④ | ⑤ | ⑥ |
| 农产品行情预测信息 | 44.02 | 10.57 | 12.03 | 7.88 | 16.05 | 9.46 |
| 农业政策、相关法律法规信息 | 44.42 | 12.39 | 10.52 | 7.25 | 17.48 | 7.95 |
| 劳务用工信息 | 42.54 | 12.68 | 11.5 | 8.02 | 16.58 | 8.67 |
| 气象、卫生信息 | 47.08 | 11.55 | 8.34 | 7.06 | 16.57 | 9.39 |

注：①农技推广部门与基层技术服务站；②农民专业技术协会或合作社；③农资企业或加工厂；④大学和科研单位；⑤村干部或村组集体；⑥亲朋好友与其他农户。

数据来源：由实际调研的新疆棉区1726户农户的数据整理所得。

　　通常棉农获取农业信息的渠道有电视、电话、广播、互联网、书刊和科技小报、录像光盘、讲座培训、技术示范观摩、拜访推广部门、邻居亲戚朋友、手机短信等。从表5-19中可以看出：农户获取各类信息的渠道有7种，主要是技术示范、观摩，大众传媒（电视、广播等）。主要是因为这两种渠道的普遍性和实用性。其中最理想的获取信息的渠道是技术示范、观摩，主要是因为棉农本身的文化程度所限，还有就是技术示范、观摩的实用性所致。

表5-19　新疆棉区农户期望获取各类信息的理想渠道　　　　单位:%

| 信息指导类型 | 获取各类信息的理想渠道 | | | | | | |
|---|---|---|---|---|---|---|---|
| | ① | ② | ③ | ④ | ⑤ | ⑥ | ⑦ |
| 农业科学、技术信息 | 29.87 | 31.16 | 10.68 | 6.48 | 4.43 | 12.37 | 5.02 |
| 农产品价格信息 | 27.97 | 30.24 | 12.06 | 8.74 | 5.30 | 11.54 | 4.14 |
| 农产品供求信息 | 25.12 | 32.69 | 10.37 | 8.68 | 5.36 | 12.88 | 4.90 |
| 农药、化肥等农资信息 | 24.27 | 34.55 | 9.87 | 7.78 | 6.56 | 11.90 | 5.05 |
| 农产品行情预测信息 | 24.11 | 33.18 | 11.27 | 9.59 | 5.64 | 11.62 | 4.59 |
| 农业政策、相关法律法规信息 | 25.19 | 34.21 | 8.49 | 9.71 | 5.53 | 11.17 | 5.70 |
| 劳务用工信息 | 28.12 | 31.73 | 10.63 | 6.97 | 5.75 | 11.33 | 5.46 |
| 气象、卫生信息 | 30.14 | 30.08 | 8.89 | 8.54 | 5.23 | 9.81 | 7.32 |

注：①大众传媒（电视、广播等）；②技术示范、观摩；③邻居亲戚朋友；④互联网（网络浏览）；⑤书刊和科技小报；⑥科教录像光盘与讲座培训；⑦手机短信。

数据来源：由实际调研的新疆棉区1726户农户的数据整理所得。

## 5.2 影响新疆棉农农业社会化服务
## 需求意愿的因素分析

### 5.2.1 模型选择

在模型选择方面，本章借鉴秦建群等利用二元 Logistic 模型的研究方法，利用农户是否需求来研究影响因素。由于农户在做出是否需求的决策中只有两种选择：有需求和没有需求。而二元 Logistic 模型是对因变量进行二元分类的选择模型，因此适合对此问题进行分析。二元 Logistic 模型为：

$$P = (Y = 1/X_1,\ X_2,\ \cdots,\ X_n) = \frac{e^{\beta_0 + \beta_1 X_1 + \cdots + \beta_n X_n}}{1 + e^{\beta_0 + \beta_1 X_1 + \cdots + \beta_n X_n}} \qquad (5-1)$$

经对数变换，得到：

$$\ln\left(\frac{P}{1-P}\right) = \beta_0 + \sum_{i=1}^{n} \beta_i X_i \qquad (5-2)$$

其中，P 表示农户发生需求意愿行为的概率；Y 表示农户的需求行为取值为 1 时表示农户有需求；取值为 0 时表示没有需求；X 表示对农户需求意愿产生影响的因素；$\beta_0$ 表示截距（常量）；$\beta_i$ 表示回归系数（于雅雯，2016）。

### 5.2.2 变量的设置及赋值

本书选择了农户户主特征、农户家庭特征、农户农业生产特征、农户家庭环境特征四类因素作为影响农户需求意愿的因素。以上四种因素具体细化为包括性别、民族在内的 17 个变量，具体分类说明如下：17 个变量主要包括七个农户户主特征（性别、民族、年龄、文化程度、本人经历、当前是否务农、投资偏好），三个农户家庭特征（家庭人口数、家庭劳动力人数和社会关系），四个农户农业生产特征（棉花年收入占比、种植规模、棉花种植年限和是否加入农业合作社），三个农户家庭环境特征（家到火车站的距离、村里是否有专职技术人员和村里是否有信息员）。本章是研究农户对农业社会化服务需求意愿的影响因素，因此，农户对某项农业社会化服务是否有需求意愿为因变量 Y，Y = 0 表示对某项农业社会化服务没有需求，Y = 1 表示对某项农业社会化服务有需求。变量说明如表 5 - 20 所示。

表 5 - 20　变量定义及其取值说明

| 变量名 | | 变量 | 变量的赋值及说明 | 预期方向 |
|---|---|---|---|---|
| 需求服务 | 技术服务 | $Y_1$ | 1 = 需要，0 = 不需要 | |
| | 金融服务 | $Y_2$ | 1 = 需要，0 = 不需要 | |
| | 信息服务 | $Y_3$ | 1 = 需要，0 = 不需要 | |
| | 农资服务 | $Y_4$ | 1 = 需要，0 = 不需要 | |
| | 销售服务 | $Y_5$ | 1 = 需要，0 = 不需要 | |
| 农户户主特征 | 性别 | $X_1$ | 1 = 男，0 = 女 | + |
| | 民族 | $X_2$ | 0 = 少数民族，1 = 汉族 | + |
| | 年龄 | $X_3$ | 1 = 25 岁及以下，2 = 26 ~ 40 岁，3 = 41 ~ 50 岁，4 = 51 ~ 60 岁，5 = 61 岁及以上 | + / - |
| | 文化程度 | $X_4$ | 1 = 文盲，2 = 小学，3 = 初中，4 = 高中或中专，5 = 大专及以上 | + |
| | 本人经历 | $X_5$ | 1 = 有特殊经历，0 = 无特殊经历 | + |
| | 当前是否务农 | $X_6$ | 1 = 务农，0 = 不务农 | + |
| | 投资偏好 | $X_7$ | 1 = 低投资低收益，2 = 中投资中收益，3 = 高投资高收益 | + |
| 农户家庭特征 | 家庭人口数 | $X_8$ | 1 = 1 ~ 2 人，2 = 3 ~ 4 人，3 = 5 ~ 6 人，4 = 7 人及以上 | + / - |
| | 家庭劳动力人数 | $X_9$ | 1 = 1 ~ 2 人，2 = 3 ~ 4 人，3 = 5 ~ 6 人，4 = 7 人及以上 | + / - |
| | 社会关系 | $X_{10}$ | 1 = 有关系，0 = 没有关系 | + |
| 农户农业生产特征 | 棉花年收入占比 | $X_{11}$ | 1 = 50% 及以下，2 = 50% 以上 | + |
| | 种植规模 | $X_{12}$ | 1 = 0 ~ 20 亩，2 = 21 ~ 40 亩，3 = 40 亩以上 | + |
| | 棉花种植年限 | $X_{13}$ | 1 = 5 年及以下，2 = 6 ~ 10 年，3 = 11 ~ 15 年，4 = 15 年以上 | - |
| | 是否加入农业合作社 | $X_{14}$ | 1 = 加入，0 = 未加入 | - |
| 农户家庭环境特征 | 家到火车站的距离 | $X_{15}$ | 1 = 10 公里及以下，2 = 11 ~ 40 公里，3 = 41 ~ 70 公里，4 = 70 公里以上 | + |
| | 村里是否有专职技术人员 | $X_{16}$ | 1 = 有，0 = 没有 | - |
| | 村里是否有信息员 | $X_{17}$ | 1 = 有，0 = 没有 | - |

### 5.2.3　模型分析及解释

借助 SPSS21.0 软件，进行二元 Logistic 模型分析，回归结果如表 5 – 21 所示。根据模型回归结果来看：

年龄（$X_3$）在 5% 水平上对技术服务的需求程度显著正向影响。年龄越大的农户承担家庭责任的能力越强，一技之长必不可少。因此，棉区农户对农业技术服务的需求程度越高，农户会学习相应技术为棉花生产提供服务。

文化程度（$X_4$）分别在 10%、5% 和 1% 水平上对技术服务、金融服务和销售服务的需求显著正向影响。若是棉农自己有较高的文化程度，对相关技术的学习会比较容易，对技术的学习会产生主观能动性，再加上在棉花的种植过程中需要很多相关技术，使得农户会主动学习技术，从而对技术需求有显著正向影响。文化程度高的农户对融资重要性的认识比较全面，对金融提供的服务认可度、接受度也高，所以农户在种植棉花的过程中缺乏资金时，就对金融服务的需求程度相应提升；文化程度相应越高，知识面就越广，当面临棉花销售出现滞销时，农户的思路拓宽，对销售服务的需求程度较高。

本人经历（$X_5$）在 1% 水平上对销售服务的需求显著负向影响。经历越多的农户，人脉相比较广。比如担任过村干部，销售渠道多、门路广，销售棉花没有困难。所以经历越多的农户对销售服务需求越少。

当前是否务农（$X_6$）在 10% 水平上对信息服务的需求显著正向影响。棉农若处于务农的状态，为了使农业生产收益最大化，降低种植风险，减少农业损失，会增加对一些关于农产品价格、供求、劳务用工、气象等农业信息的关注度，进而棉区农户的需求也就越强烈。

投资偏好（$X_7$）在 10% 水平上对金融服务的需求显著正向影响。风险偏好不同的人对事物的接受程度是不同的。棉农的投资偏好越强烈，则对资金的需求程度越高，从而增加借贷。农业生产存在一定风险。例如，播种质量和农药质量都对农作物的生产成果有较大的影响，因此对保险也有很大的需求。同时为了能销售大量农业生产产品，近年来对期货市场有一定需求。所以农户的投资偏好越强烈对金融服务的需求度越高。

社会关系（$X_{10}$）在 5% 水平上对金融服务的需求显著负向影响。社会关系越广，对金融服务的需求也就相对降低，这说明社会关系丰富的农户，人脉广，路子多，其借贷、保险、销售的渠道就多，因为他可以请亲朋帮忙，这样既方便又有保障。相对来说对金融服务的需求程度就会降低。

棉花年收入占比（$X_{11}$）在5%水平上对销售服务的需求显著负向影响。新疆棉花规模产业化，有稳定的销售渠道，表明农业兼业化程度越低的农户在销售方面困难越小，反之则困难相对较大。

种植规模（$X_{12}$）分别在10%、1%和10%水平上对信息服务、农资服务和销售服务的需求显著正向影响。种植规模越大的农户对劳动力、气象、市场等各种信息需求程度越高，而且种植规模越大自然就对农药、施肥、打药等农资的需求越大，需要花费的成本也就增加，同时为了顺利把种植的棉花销售出去，就要加大对销售服务的需求，销售服务的需求就会强烈。

棉花种植年限（$X_{13}$）分别在1%和10%水平上对金融服务和销售服务的需求显著正向影响。棉花的种植年限越长，说明棉农越认可棉花的收入效益，棉花收入逐渐成为棉农的主要收入来源，随着棉农种植时间的增加，其对金融的重要性的理解较深，棉花种植时间越长，就越需要有稳定的资金供应和销售服务，只有这样才能保持继续对棉花进行种植，从而对金融和销售的依赖越大，对金融服务和销售服务的需求程度越高。

是否加入农业合作社（$X_{14}$）分别在10%和5%水平上对信息服务和销售服务的需求显著正向影响。选择加入农业合作社的棉区农户会从合作社中得到相应的服务，扩大了棉农的知识面和视野，从而加大了农户对信息服务和销售服务的需求。

家到火车站的距离（$X_{15}$）分别在1%、1%、5%和1%水平上对技术服务、金融服务、信息服务和农资服务的需求显著负向影响。如果棉农家到火车站的距离较近，棉农获得各项服务相对较为容易，基本上能为之满足，对各项服务的需求程度也会相应地减少。交通是农户获得农业服务的保障，若棉农居住地到火车站的距离较远，则获得农业服务就略为困难，需求就越强烈，从而也就加大了对这些服务的需求强度。

村里是否有专职技术人员（$X_{16}$）在1%水平上对信息服务的需求显著正向影响。村里如果有专职技术人员，专职技术人员提供的有效技术反过来又会使得棉农对农业信息服务的需求增加。

村里是否有信息员（$X_{17}$）在1%水平上对农资服务的需求显著正向影响。棉农可以有效地选择他们所需要的相关农业信息，从而增加其对农资信息服务等方面的需求。农业信息员提供的有效农业信息也使得棉区农户购买农资和希望获得农资服务的需求相应增加。

表 5 - 21　Logistic 模型回归结果

| 变量 | 技术服务 | | 金融服务 | | 信息服务 | | 农资服务 | | 销售服务 | |
|---|---|---|---|---|---|---|---|---|---|---|
| | B | Sig. | B | Sig. | B | Sig. | B | Sig. | B | Sig. |
| $X_1$ | 0.309 | 0.264 | 0.289 | 0.199 | -0.457 | 0.149 | -0.368 | 0.218 | 0.162 | 0.445 |
| $X_2$ | 0.031 | 0.904 | -0.324 | 0.123 | 0.123 | 0.599 | 0.178 | 0.450 | 0.238 | 0.213 |
| $X_3$ | 0.192** | 0.042 | 0.03 | 0.709 | 0.000 | 0.999 | 0.136 | 0.101 | 0.006 | 0.935 |
| $X_4$ | 0.234* | 0.078 | 0.266** | 0.018 | 0.102 | 0.399 | 0.103 | 0.383 | 0.287*** | 0.005 |
| $X_5$ | -0.142 | 0.481 | -0.093 | 0.576 | 0.092 | 0.622 | -0.132 | 0.462 | -0.407*** | 0.007 |
| $X_6$ | 0.053 | 0.718 | 0.036 | 0.759 | 0.342* | 0.094 | -0.053 | 0.599 | 0.138 | 0.266 |
| $X_7$ | 0.041 | 0.748 | 0.188* | 0.084 | 0.027 | 0.815 | 0.165 | 0.143 | 0.013 | 0.894 |
| $X_8$ | -0.059 | 0.672 | -0.148 | 0.216 | -0.097 | 0.443 | -0.064 | 0.602 | 0.114 | 0.289 |
| $X_9$ | 0.118 | 0.460 | 0.059 | 0.665 | 0.065 | 0.652 | 0.092 | 0.516 | 0.061 | 0.637 |
| $X_{10}$ | 0.18 | 0.351 | -0.416** | 0.018 | -0.132 | 0.47 | -0.163 | 0.368 | -0.056 | 0.712 |
| $X_{11}$ | 0.067 | 0.754 | -0.002 | 0.99 | 0.121 | 0.533 | -0.317 | 0.11 | -0.385** | 0.028 |
| $X_{12}$ | 0.157 | 0.199 | 0.139 | 0.184 | 0.197* | 0.086 | 0.347*** | 0.002 | 0.183* | 0.052 |
| $X_{13}$ | -0.107 | 0.329 | 0.228*** | 0.004 | -0.024 | 0.808 | 0.038 | 0.675 | 0.124* | 0.097 |
| $X_{14}$ | 0.241 | 0.295 | 0.107 | 0.563 | 0.432* | 0.063 | 0.059 | 0.772 | 0.428** | 0.019 |
| $X_{15}$ | -0.563*** | 0.000 | -0.243*** | 0.003 | -0.195** | 0.033 | -0.366*** | 0.000 | -0.07 | 0.341 |
| $X_{16}$ | -0.076 | 0.716 | -0.079 | 0.650 | 0.721*** | 0.000 | 0.041 | 0.819 | 0.054 | 0.735 |
| $X_{17}$ | 0.043 | 0.829 | 0.157 | 0.362 | 0.053 | 0.782 | 0.534*** | 0.004 | -0.136 | 0.384 |
| C | 1.912 | 0.04 | 1.735 | 0.026 | 1.414 | 0.102 | 1.765 | 0.036 | 0.03 | 0.966 |

注：*、** 和 *** 分别表示在 10%、5% 和 1% 水平上显著。

由以上分析可知，年龄、文化程度和家到火车站的距离是影响棉农对技术服务需求的因素。年龄和文化程度显著正向影响，家到火车站的距离显著负向影响；文化程度、投资偏好、社会关系、棉花种植年限和家到火车站的距离是影响棉农对金融服务需求的因素。文化程度、投资偏好和棉花种植年限显著正向影响，社会关系和家到火车站的距离显著负向影响；当前是否务农、种植规模、是否加入农业合作社、家到火车站的距离和村里是否有专职技术人员是影响棉农对信息服务需求的因素。当前是否务农、种植规模、是否加入农业合作社和村里是否有专职技术人员显著正向影响，家到火车站距离显著负向影响；种植规模、家到火车站的距离和村里是否有信息员是影响棉农对农资服务需求的因素。种植规模和村里是否有信息员显著正向影响，家到火车站的距离显著负向影响。文化程度、本人经历、棉花年收入占比、种植规模、棉花种植年限和是否加入农业合作社是影响棉农对销售服务需求的因素。文化程度、种植规模、棉花种植年限和是否加入农业合作社显著正向影响；本人经历和棉花年收入占比显著负向影响。

## 5.3　不同种植规模下新疆棉农的需求意愿分析

### 5.3.1　模型选择

根据统计分析数据，将农户家庭种植规模分为三类：第一类为种植规模较小，种植棉花面积为 0 ~ 20 亩；第二类为种植规模中等，种植棉花面积为 21 ~ 40 亩；第三类为种植规模较大，种植棉花面积在 40 亩以上。借助秦建群等（秦建群、吕忠伟等，2011）利用二元 Logistic 模型的研究方法，利用农户是否需求来研究影响因素。由于农户在做出是否需求的决策中只有两种选择：有需求和没有需求。而二元 Logistic 模型是一个因变量分类的选择模型，因此比较适合对此问题进行分析。二元 Logistic 模型为：

$$P = ( Y = 1/X_1 , X_2 , \cdots , X_n ) = \frac{e^{\beta_0 + \beta_1 X_1 + \cdots + \beta_n X_n}}{1 + e^{\beta_0 + \beta_1 X_1 + \cdots + \beta_n X_n}} \tag{5 - 3}$$

经对数变换，得到：

$$\ln \left( \frac{P}{1 - P} \right) = \beta_0 + \sum_{i=1}^{n} \beta_i X_i \tag{5 - 4}$$

其中，P 表示农户发生需求意愿行为的概率；Y 表示农户的需求行为，取值为 1 时表示有需求；取值为 0 时表示没有需求；X 表示影响农户需求行为的自变量；$\beta_0$ 表示常量；$\beta_i$ 为各个自变量的回归系数。

### 5.3.2　变量设置及赋值

将农户行为理论和社会行动理论相结合，根据现有的相关文献和本章的实证研究，选择了农户户主特征、农户家庭特征、农户农业生产特征和农户家庭环境特征四类作为影响农户需求行为意愿的主要因素。将以上四类因素具体细化为包括性别、民族在内的 14 个变量，具体分类说明如下：

自变量方面，农户户主特征包括性别、年龄、文化程度、本人经历、当前是否务农。农户家庭特征包括家庭人口数、家庭劳动力人数和社会关系，农户农业生产特征包括棉花年收入占比、棉花种植年限和是否加入农业合作社，农户家庭环境特征包括家到火车站的距离、村里是否有专职技术人员和村里是否有信息员。本章研究农户对农业社会化服务需求的影响因素，因变量方面，Y = 0 表示没需求，Y = 1 表示有需求。分别研究不同种植规模下棉农的需求意愿。变量定义及取值说明见表 5 - 22。

表 5 - 22　变量定义及取值说明

| 变量 | 定义 | 取值说明 |
| --- | --- | --- |
| Y | 需求意愿 | 1 = 需求，0 = 不需求 |
| $X_1$ | 性别 | 1 = 男，0 = 女 |
| $X_2$ | 年龄 | 1 = 25 岁及以下，2 = 26 ~ 40 岁，3 = 41 ~ 50 岁，4 = 51 ~ 60 岁，5 = 61 岁及以上 |
| $X_3$ | 文化程度 | 1 = 文盲，2 = 小学，3 = 初中，4 = 高中或中专，5 = 大专及以上 |
| $X_4$ | 本人经历 | 1 = 有特殊经历，0 = 无特殊经历 |
| $X_5$ | 当前是否务农 | 1 = 务农，0 = 不务农 |
| $X_6$ | 家庭人口数 | 1 = 1 ~ 2 人，2 = 3 ~ 4 人，3 = 5 ~ 6 人，4 = 7 人及以上 |
| $X_7$ | 家庭劳动力人数 | 1 = 1 ~ 2 人，2 = 3 ~ 4 人，3 = 5 ~ 6 人，4 = 7 人及以上 |
| $X_8$ | 社会关系 | 1 = 有关系，0 = 没有关系 |
| $X_9$ | 棉花年收入占比 | 1 = 50% 及以下，2 = 50% 及以上 |
| $X_{10}$ | 棉花种植年限 | 1 = 5 年及以下，2 = 6 - 10 年，3 = 11 - 15 年，4 = 15 年及以上 |
| $X_{11}$ | 是否加入农业合作社 | 1 = 加入，0 = 未加入 |
| $X_{12}$ | 家到火车站的距离 | 1 = 10 公里及以下，2 = 11 ~ 40 公里，3 = 41 ~ 70 公里，4 = 70 公里及以上 |
| $X_{13}$ | 村里是否有专职技术人员 | 1 = 有，0 = 没有 |
| $X_{14}$ | 村里是否有信息员 | 1 = 有，0 = 没有 |

### 5.3.3　模型分析及解释

根据模型回归结果得知：

第一，对小规模种植户的技术服务、金融服务、信息服务、农资服务和销售服务的需求意愿分析，根据表 5 - 23 可以看出：

　　家庭人口数（$X_6$）在 5% 水平上对金融服务的需求显著负向影响。在种植规模偏小的情况下家庭人口数越多，表明对金融服务的需求越低。主要是因为家庭人口数越多，种植规模也不大，一个家庭的经济实力一般能够应对，自然对金融服务的需求相对较低。

　　棉花年收入占比（$X_9$）在 10% 水平上对信息服务的需求显著正向影响，对销售服务的需求显著负向影响。在种植规模偏小的情况下，棉花年收入越高，信息服务的需求意愿越强烈，加之农业生产规模不大，自己种的棉花一般能销售出去，所以对销售服务的需求就自然而然地降低。

　　棉花种植年限（$X_{10}$）在 5% 水平上对销售服务的需求显著正向影响。在种植规模偏小的情况下，棉花种植年限越长，对销售服务的需求程度越高。棉花种植年限越长，表明棉农种植棉花更加得心应手，或者也可能成为棉农的整个家庭的主要经济收入，因此对棉花的销售就越关注。

　　是否加入农业合作社（$X_{11}$）在 5% 水平上对销售服务的需求显著正向影响。棉农加入农业合作社后，在各方面都有很大的提升，开阔了眼界，自己辛辛苦苦种的棉花自然想卖一个好价钱，所以也就对销售服务的需求提高了。

　　家到火车站的距离（$X_{12}$）分别在 10%、10% 和 1% 水平上对技术服务、金融服务、农资服务的需求显著负向影响。在种植规模偏小的情况下，对农资服务的需求就越。家到火车站的距离越远，种植规模偏小，棉农本身具有的技术和金钱资本足以应对现有规模下的技术和金融要求，自然就对技术服务和金融服务、农资服务需求越小。

　　村里是否有信息员（$X_{14}$）在 1% 水平上对农资服务的需求显著正向影响。村里有信息员，棉农就能获得相对较多的信息，再加上种植规模小，自然就想在最小的种植面积上获得更大的收入，就要精细化耕作，自然就对农资服务的需求增大。

　　总之，在种植规模偏小的情况下对技术服务的需求影响因素主要有家到火车站的距离（$X_{12}$）且有负向影响；对金融服务的需求影响因素主要有家庭人口数（$X_6$）、家到火车站的距离（$X_{12}$）而且起负向影响；对信息服务的需求影响因素主要有棉花年收入占比（$X_9$）且起正向影响；对农资服务的需求影响因素主要有家到火车站的距离（$X_{12}$）、村里是否有信息员（$X_{14}$），其中起正向影响的有村里是否有信息员（$X_{14}$），起负向影响的有家到火车站的距离（$X_{12}$）；对销售服务的需求影响因素主要有棉花年收入占比（$X_9$）、棉花种植年限（$X_{10}$）、是否加入农业合作社（$X_{11}$），其中起正向影响的有棉花种植年限（$X_{10}$）、是否加入农业合作社（$X_{11}$），起负向影响的有棉花年收入占比（$X_9$）。

第二，对中规模种植户的技术服务、金融服务、信息服务、农资服务和销售服务的需求意愿分析，根据表5-24可以看出：

性别（$X_1$）在5%水平上对技术服务的需求显著正向影响。性别上的区别对技术服务的需求显著正向影响。

文化程度（$X_3$）分别在5%和1%水平上对金融服务和销售服务的需求显著正向影响。随着种植规模的增大达到中等规模，对棉花的种植就需要一定的文化。文化程度提高了，对金融的理解就加深了，随着种植规模的扩大，自然提高了对资金的需求，对金融服务的需求强度就提高了。同时，由于种植规模的扩大，对棉花的销售就有较高的期望，因此也就对销售服务的需求增加。

本人经历（$X_4$）在10%水平上对技术服务的需求显著负向影响。在棉花种植中等规模情况下，棉农的社会经历越丰富，懂得的知识和技术相对就比较多，再加上规模不大，所以自身具备的技术能够应付，也就对技术服务的需求不是很强烈。

家庭人口数（$X_6$）在5%水平上对金融服务的需求显著正向影响。在种植规模增加到中等规模情况下，经济实力已经不能满足棉花种植的大规模资金需求，农户家庭人口数越多，就会有更多的家庭劳动人口投入到棉花种植上，因此也就对金融服务的需求更加强烈。

家庭劳动力人数（$X_7$）在5%水平上对销售服务的需求显著正向影响。在种植规模增加到中等规模情况下，农户家庭劳动力人数越多，就对销售服务越强烈，家庭收入来源单一，希望能够增收，才能支付得起人工支出及其他成本费用。

社会关系（$X_8$）分别在5%和10%水平上对金融服务和农资服务的需求显著负向影响。社会关系越丰富的家庭，可以动用的社会资源就越多，棉农本身就能够满足对金融和农资的需求。所以降低了对金融服务和农资服务的需求。

棉花年收入占比（$X_9$）分别在5%和10%水平上对农资服务和销售服务的需求显著负向影响。棉花年收入越多，表明棉农已经成长为棉花大户，本身就具有能力可以购买农资，也不用担心销售，所以降低了对农资服务和销售服务的需求。

是否加入农业合作社（$X_{11}$）在 5% 水平上对信息服务的需求显著正向影响。随着种植规模扩大，棉农加入了农业合作社，对信息服务的需求就提高了。

家到火车站的距离（$X_{12}$）分别在 1% 和 1% 水平上对技术服务和信息服务的需求显著负向影响。一般而言，火车站附近的区域，经济比较发达，交通比较便利，各项服务设施相对来说比较齐全。如果家到火车站的距离较近，棉农所获得各项服务相对较为容易，基本上能为之满足，对各项服务的需求程度也会相应地减少。交通是农业社会化服务顺畅的前提保障，棉农居住地若是离火车站远，得到相应的农业社会化服务就很困难，需求很难得到满足，越是需求得不到满足，需求就越强烈，从而也就加大了对这些服务的需求强度。

村里是否有专职技术人员（$X_{13}$）在 5% 水平上对信息服务的需求显著正向影响。随着种植规模扩大，村里配备了专职技术人员，表明村里缺乏这方面的技术，棉农对这方面的信息需求也就更强烈。

总之，在种植规模中等情况下对技术服务的需求影响因素主要有性别（$X_1$）、本人经历（$X_4$）、家到火车站的距离（$X_{12}$），其中起正向影响的有性别（$X_1$），起负向影响的有本人经历（$X_4$）、家到火车站的距离（$X_{12}$）；对金融服务的需求影响因素主要有文化程度（$X_3$）、家庭人口数（$X_6$）、社会关系（$X_8$），其中起正向影响的有文化程度（$X_3$）、家庭人口数（$X_6$），起负向影响的有社会关系（$X_8$）；对信息服务的需求影响因素主要有是否加入农业合作社（$X_{11}$）、家到火车站的距离（$X_{12}$）、村里是否有专职技术人员（$X_{13}$），其中起正向影响的有是否加入农业合作社（$X_{11}$）、村里是否有专职技术人员（$X_{13}$），起负向影响的有家到火车站的距离（$X_{12}$）；对农资服务的需求影响因素主要有社会关系（$X_8$）、棉花年收入占比（$X_9$）且起负向影响；对销售服务的需求影响因素主要有文化程度（$X_3$）、家庭劳动力人数（$X_7$）、棉花年收入占比（$X_9$），其中起正向影响的有文化程度（$X_3$）、家庭劳动力人数（$X_7$），起负向影响的有棉花年收入占比（$X_9$）。

第三，对大规模种植户的技术服务、金融服务、信息服务、农资服务和销售服务的需求意愿分析，根据表 5 - 25 可以看出：

年龄（$X_2$）在 10% 水平上对金融服务的需求显著正向影响。随着年龄的增长，其棉农对金融的认可度、接受度都显著提高，又随着种植规模的增大，就增加了对金融服务的需求。

本人经历（$X_4$）在 10% 水平上对销售服务的需求显著负向影响。棉农的社会经历越丰富，懂得的知识相对就比较多，自身的资源就越多，能充分利用自身资源为棉花销售服务，对销售服务的需求也就降低。

当前是否务农（$X_5$）在5%水平上对农资服务的需求显著负向影响。棉农若处于务农的状态，自身就能满足对农资的需要，对农资服务的需求就相对降低。

家庭劳动力人数（$X_7$）在10%水平上对金融服务的需求显著负向影响。随着棉农种植规模的扩大，农户家庭劳动力人数越多，表明农户家庭农业生产实力越强，对资金的需求也就相对减小，对金融服务的需求也就相对降低。

社会关系（$X_8$）在10%水平上对金融服务的需求显著负向影响。棉农家庭社会关系越广，其资金来源也就越多，对金融服务的需求也就降低。

棉花种植年限（$X_{10}$）在1%水平上对金融服务的需求显著正向影响。随着棉农种植规模的扩大，棉花种植年限越长，表明棉农已经把棉花作为其主业，也是其家庭收入的支柱，因此需要持续稳定的资金支持，也就加大了对金融服务的需求。

是否加入农业合作社（$X_{11}$）在5%水平上对技术服务的需求显著正向影响。随着棉农种植规模的扩大，棉农本身的技术已经不能满足其发展的需要，加入农业合作社就是为了多学技术，也就加大了对技术服务的需求。

家到火车站的距离（$X_{12}$）分别在1%、1%和10%水平上对技术服务、农资服务和销售服务的需求显著负向影响。一般而言，火车站附近的区域，经济比较发达，交通比较便利，各项服务设施相对来说比较齐全。如果棉农家到火车站的距离较近，棉农所获得各项服务相对较为容易，基本上能为之满足，对各项服务的需求程度也会相应地减少。交通是农业社会化服务顺畅的前提保障；相反，棉农家到火车站的距离远，得到相应的农业社会化服务就困难，需求很难得到满足，越是需求得不到满足，需求就越强烈，从而也就加大了对这些服务的需求度。

村里是否有专职技术人员（$X_{13}$）分别在10%和1%水平上对技术服务和信息服务的需求显著正向影响。随着棉农种植规模的扩大，村里配了专职技术人员，表明棉农对技术和信息的需求增大。

总之，在种植规模较大情况下对技术服务的需求影响因素主要有是否加入农业合作社（$X_{11}$）、家到火车站的距离（$X_{12}$）、村里是否有专职技术人员（$X_{13}$），其中起正向影响的有是否加入农业合作社（$X_{11}$）、村里是否有专职技术人员（$X_{13}$），起负向影响的有家到火车站的距离（$X_{12}$）；对金融服务的需求影响因素主要有年龄（$X_2$）、家庭劳动力人数（$X_7$）、社会关系（$X_8$）、棉花种植年限（$X_{10}$），其中起正向影响的有年龄（$X_2$）、棉花种植年限（$X_{10}$），起负向影响的有家庭劳动力人数（$X_7$）、社会关系（$X_8$）；对信息服务的需求影响因素主要有村里是否有专职技术人员（$X_{13}$），有正向影响；对农资服务的需求影响因素主要有当前是否务农（$X_5$）、家到火车站的距离（$X_{12}$），有负向影响；对销售服务的需求影响因素主要有本人经历（$X_4$）、家到火车站的距离（$X_{12}$），有负向影响。

表 5－23　新疆棉区小规模种植户 Logistic 模型回归结果

| 项目 | 技术服务 | | 金融服务 | | 信息服务 | | 农资服务 | | 销售服务 | |
|---|---|---|---|---|---|---|---|---|---|---|
| | B | Sig. | B | Sig. | B | Sig. | B | Sig. | B | Sig. |
| $X_1$ | 0.405 | 0.348 | 0.091 | 0.809 | －0.607 | 0.220 | －0.402 | 0.355 | 0.229 | 0.478 |
| $X_2$ | 0.122 | 0.405 | 0.005 | 0.971 | 0.059 | 0.636 | 0.159 | 0.200 | 0.046 | 0.683 |
| $X_3$ | 0.110 | 0.623 | 0.151 | 0.429 | 0.130 | 0.495 | 0.149 | 0.416 | 0.184 | 0.277 |
| $X_4$ | 0.506 | 0.158 | －0.052 | 0.850 | 0.385 | 0.192 | －0.190 | 0.482 | －0.234 | 0.332 |
| $X_5$ | 0.061 | 0.805 | 0.271 | 0.330 | 0.250 | 0.354 | 0.096 | 0.608 | 0.484 | 0.132 |
| $X_6$ | －0.225 | 0.289 | －0.414** | 0.020 | －0.143 | 0.420 | －0.146 | 0.399 | 0.177 | 0.259 |
| $X_7$ | －0.120 | 0.590 | 0.323 | 0.120 | 0.143 | 0.483 | 0.021 | 0.913 | －0.238 | 0.190 |
| $X_8$ | －0.096 | 0.768 | 0.116 | 0.669 | －0.169 | 0.550 | 0.250 | 0.348 | －0.169 | 0.492 |
| $X_9$ | 0.122 | 0.677 | 0.152 | 0.540 | 0.415* | 0.091 | －0.112 | 0.651 | －0.455* | 0.051 |
| $X_{10}$ | －0.225 | 0.189 | 0.149 | 0.209 | －0.086 | 0.525 | 0.055 | 0.649 | 0.253** | 0.014 |
| $X_{11}$ | 0.202 | 0.610 | －0.206 | 0.512 | 0.532 | 0.173 | －0.073 | 0.820 | 0.644** | 0.049 |
| $X_{12}$ | －0.288* | 0.072 | －0.268* | 0.059 | －0.153 | 0.278 | －0.475*** | 0.001 | 0.081 | 0.511 |
| $X_{13}$ | －0.451 | 0.156 | －0.215 | 0.428 | －0.002 | 0.995 | －0.378 | 0.138 | －0.052 | 0.827 |
| $X_{14}$ | 0.055 | 0.863 | 0.116 | 0.675 | 0.296 | 0.304 | 1.013*** | 0.000 | －0.074 | 0.767 |
| 常量 | 3.350 | 0.015 | 1.572 | 0.174 | 1.589 | 0.183 | 2.325 | 0.041 | －0.115 | 0.91 |

注：＊、＊＊和＊＊＊分别表示在10%、5%和1%水平上显著。

表 5－24　新疆棉区中规模种植户 Logistic 模型回归结果

| 项目 | 技术服务 | | 金融服务 | | 信息服务 | | 农资服务 | | 销售服务 | |
|---|---|---|---|---|---|---|---|---|---|---|
| | B | Sig. | B | Sig. | B | Sig. | B | Sig. | B | Sig. |
| $X_1$ | 0.940** | 0.048 | 0.421 | 0.369 | 0.324 | 0.582 | －0.528 | 0.406 | －0.386 | 0.502 |
| $X_2$ | 0.100 | 0.522 | －0.202 | 0.167 | －0.178 | 0.260 | 0.039 | 0.787 | －0.070 | 0.601 |
| $X_3$ | 0.267 | 0.245 | 0.466** | 0.036 | －0.026 | 0.909 | －0.001 | 0.995 | 0.882*** | 0.000 |

续表

| 项目 | 技术服务 | | 金融服务 | | 信息服务 | | 农资服务 | | 销售服务 | |
|---|---|---|---|---|---|---|---|---|---|---|
| | B | Sig. | B | Sig. | B | Sig. | B | Sig. | B | Sig. |
| $X_4$ | − 0.639 * | 0.072 | − 0.112 | 0.736 | − 0.357 | 0.324 | − 0.004 | 0.990 | − 0.387 | 0.212 |
| $X_5$ | 0.214 | 0.547 | − 0.007 | 0.979 | 0.312 | 0.419 | 0.075 | 0.751 | 0.562 | 0.131 |
| $X_6$ | − 0.075 | 0.769 | 0.466 ** | 0.049 | 0.081 | 0.754 | − 0.151 | 0.530 | − 0.203 | 0.346 |
| $X_7$ | 0.475 | 0.126 | 0.275 | 0.343 | 0.136 | 0.658 | 0.362 | 0.210 | 0.685 ** | 0.010 |
| $X_8$ | 0.401 | 0.270 | − 0.952 ** | 0.021 | 0.270 | 0.466 | − 0.719 * | 0.066 | − 0.051 | 0.873 |
| $X_9$ | 0.321 | 0.399 | 0.018 | 0.963 | − 0.027 | 0.952 | − 1.262 | 0.020 ** | − 0.695 * | 0.082 |
| $X_{10}$ | 0.122 | 0.540 | 0.126 | 0.488 | 0.046 | 0.831 | 0.077 | 0.676 | 0.006 | 0.972 |
| $X_{11}$ | − 0.196 | 0.628 | 0.419 | 0.330 | 2.205 ** | 0.032 | 0.044 | 0.914 | 0.671 | 0.126 |
| $X_{12}$ | − 0.785 *** | 0.000 | − 0.123 | 0.414 | − 0.525 *** | 0.008 | − 0.086 | 0.576 | − 0.136 | 0.344 |
| $X_{13}$ | − 0.378 | 0.354 | 0.366 | 0.305 | 1.004 ** | 0.011 | 0.525 | 0.126 | 0.123 | 0.705 |
| $X_{14}$ | 0.085 | 0.810 | − 0.489 | 0.135 | 0.070 | 0.854 | 0.008 | 0.980 | − 0.202 | 0.514 |
| 常量 | 0.834 | 0.576 | − 0.042 | 0.977 | 2.291 | 0.155 | 4.704 | 0.004 | 0.636 | 0.662 |

注：*、**和***分别表示在10%、5%和1%水平上显著。

### 表 5 – 25　新疆棉区大规模种植户 Logistic 模型回归结果

| 项目 | 技术服务 | | 金融服务 | | 信息服务 | | 农资服务 | | 销售服务 | |
|---|---|---|---|---|---|---|---|---|---|---|
| | B | Sig. | B | Sig. | B | Sig. | B | Sig. | B | Sig. |
| $X_1$ | − 0.858 | 0.260 | 0.485 | 0.206 | − 0.589 | 0.348 | − 0.036 | 0.949 | 0.316 | 0.365 |
| $X_2$ | 0.343 | 0.149 | 0.290 * | 0.085 | 0.140 | 0.484 | 0.277 | 0.196 | 0.037 | 0.811 |
| $X_3$ | 0.391 | 0.116 | 0.080 | 0.676 | 0.131 | 0.554 | 0.337 | 0.149 | 0.126 | 0.479 |
| $X_4$ | − 0.225 | 0.552 | − 0.125 | 0.673 | 0.393 | 0.278 | 0.059 | 0.873 | − 0.427 * | 0.097 |
| $X_5$ | − 0.335 | 0.140 | − 0.116 | 0.478 | 0.943 | 0.104 | − 0.352 ** | 0.025 | − 0.158 | 0.254 |
| $X_6$ | 0.347 | 0.281 | − 0.164 | 0.492 | − 0.149 | 0.588 | 0.201 | 0.488 | 0.236 | 0.297 |
| $X_7$ | 0.241 | 0.523 | − 0.496 * | 0.056 | − 0.344 | 0.254 | 0.008 | 0.980 | − 0.029 | 0.911 |
| $X_8$ | 0.096 | 0.787 | − 0.551 * | 0.076 | − 0.372 | 0.271 | − 0.402 | 0.254 | − 0.014 | 0.958 |
| $X_9$ | − 1.628 | 0.118 | − 0.737 | 0.182 | − 0.881 | 0.245 | − 0.238 | 0.681 | 0.135 | 0.719 |
| $X_{10}$ | − 0.224 | 0.385 | 0.453 *** | 0.002 | 0.056 | 0.769 | − 0.03 | 0.888 | 0.058 | 0.707 |
| $X_{11}$ | 1.067 ** | 0.024 | 0.203 | 0.501 | − 0.037 | 0.914 | 0.415 | 0.282 | 0.192 | 0.481 |
| $X_{12}$ | − 0.740 *** | 0.001 | − 0.227 | 0.119 | − 0.138 | 0.444 | − 0.770 *** | 0.000 | − 0.222 * | 0.095 |
| $X_{13}$ | 0.850 * | 0.061 | − 0.061 | 0.848 | 1.793 *** | 0.000 | 0.407 | 0.321 | 0.248 | 0.41 |

续表

| 项目 | 技术服务 | | 金融服务 | | 信息服务 | | 农资服务 | | 销售服务 | |
|---|---|---|---|---|---|---|---|---|---|---|
| | B | Sig. | B | Sig. | B | Sig. | B | Sig. | B | Sig. |
| $X_{14}$ | -0.308 | 0.469 | 0.637** | 0.045 | -0.417 | 0.262 | 0.298 | 0.460 | -0.396 | 0.178 |
| 常量 | 5.901 | 0.029 | 2.241 | 0.165 | 3.499 | 0.094 | 2.946 | 0.119 | 0.992 | 0.468 |

注：*、**和***分别表示在 10%、5% 和 1% 水平上显著。

# 5.4　本章小结

本章在分析新疆棉区农业社会化服务需求意愿的基础上，运用二元 Logistic 模型探析影响棉农需求意愿异质性的因素，其中选择农户户主特征、农户家庭特征、农户农业生产特征和农户家庭环境特征四类因素，包括性别、民族在内的 17 个变量作为影响农户需求意愿的主要因素，结果显示自变量中的性别、民族、家庭人口数和家庭劳动力人数对因变量中的技术服务、金融服务、信息服务、农资服务和销售服务没有相关作用。文化程度、种植规模、棉花种植年限、是否加入农业合作社和家到火车站的距离对棉农的技术服务、金融服务、信息服务、农资服务和销售服务五类服务的需求意愿有显著影响。同时选择农户户主特征、农户家庭特征、农户农业生产特征和农户家庭环境特征四类因素，细化为性别、民族等 14 个变量作为影响农户需求意愿的主要因素，将棉农种植规模分为三类，第一类为小规模种植户，面积为 0～20 亩，第二类为中规模种植户，面积为 21～40 亩，第三类为大规模种植户，面积在 40 亩以上。分别在三类种植规模上对 5 类社会化服务进行二元 Logistic 模型回归分析。从分析结果中可以看出，从总体来看，是否加入农业合作社（$X_{11}$）和家到火车站的距离（$X_{12}$）都对三类种植规模下的棉农农业社会化服务需求意愿有影响。棉花种植年限（$X_{10}$）和村里是否有信息员（$X_{14}$）都对种植规模偏小和种植规模较大情况下的棉农农业社会化服务需求意愿有影响。家庭人口数（$X_6$）和棉花年收入占比（$X_9$）都对种植规模偏小和种植规模中等情况下棉农农业社会化服务需求意愿有影响。本人经历（$X_4$）、家庭劳动力人数（$X_7$）、社会关系（$X_8$）和村里是否有专职技术人员

（$X_{13}$）都对种植规模中等和种植规模较大情况下的棉农农业社会化服务需求意愿有影响。性别（$X_1$）和文化程度（$X_3$）只对种植规模中等下的棉农农业社会化服务需求意愿有影响。年龄（$X_2$）和是否务农（$X_5$）只对种植规模较大下的棉农农业社会化服务需求意愿有影响。从纵向看，对技术服务需求意愿产生影响的因素有性别（$X_1$）、本人经历（$X_4$）、是否加入农业合作社（$X_{11}$）、家到火车站的距离（$X_{12}$）、村里是否有专职技术人员（$X_{13}$）、村里是否有信息员（$X_{14}$），其中家到火车站的距离（$X_{12}$）因素对三种种植规模下的技术都有影响。对金融服务需求意愿的影响因素有年龄（$X_2$）、文化程度（$X_3$）、家庭人口数（$X_6$）、家庭劳动力人数（$X_7$）、社会关系（$X_8$）、棉花种植年限（$X_{10}$）、家到火车站的距离（$X_{12}$）和村里是否有信息员（$X_{14}$），未有因素对三种种植规模下的金融都有影响。对信息服务需求意愿产生影响的因素有棉花年收入占比（$X_9$）、是否加入农业合作社（$X_{11}$）、家到火车站的距离（$X_{12}$）、村里是否有专职技术人员（$X_{13}$），没有一个因素是对三种种植规模下的信息都有影响。对农资服务需求意愿产生影响的因素有当前是否务农（$X_5$）、社会关系（$X_8$）、棉花年收入占比（$X_9$）、家到火车站的距离（$X_{12}$）、村里是否有信息员（$X_{14}$），未有因素对三种种植规模下农资都有影响。对销售服务需求意愿产生影响的因素有文化程度（$X_3$）、本人经历（$X_4$）、家庭劳动力人数（$X_7$）、棉花年收入占比（$X_9$）、棉花种植年限（$X_{10}$）、是否加入农业合作社（$X_{11}$）、家到火车站的距离（$X_{12}$），未有因素对三种种植规模下的销售都有影响。

# 第6章 新疆棉区农业社会化服务效果评价

## 6.1 新疆棉区农户对农业社会化服务的总体评价

### 6.1.1 农户对农业社会化服务的满意程度概况

根据李克特量表并结合棉区实际情况，将农户对农业社会化服务的满意程度评价等级具体由低到高分为不满意、不太满意、基本满意、满意、很满意5个层次，从农户的选择层次可看出棉区社会化服务的服务效果差异。

#### 6.1.1.1 农户对农业社会化服务的总体评价

棉区农户对农业社会化服务的总体评价较好，并且呈现"倒V形"分布。农户对棉区农业社会化服务的满意度可视为其对该服务的服务质量的评价。其中45.4%的农户对农业社会化服务"基本满意"，农户的评价为"满意"的占30.9%，农户的态度为"不满意"的占3.9%，农户的态度为"很满意"的占11.7%，表明农户对该服务的总体评价较好，但其水平仍需提高以满足更多农户的需要。见图6-1。

#### 6.1.1.2 农户对农业社会化各项服务的评价

棉区的技术、金融、保险、信息和农资购买服务等是构成社会化服务体系的重要部分，农户对各项服务的评价状况一定程度上反映了其服务的服务效果。总体上棉农对各项服务的评价为"基本满意"和"满意"，其中对技术服务、金融服务、信息服务持"满意"态度的农户居多，分别占42.9%、41.3%和38.5%，对保险和农资购买服务持"基本满意"态度的农户居多。

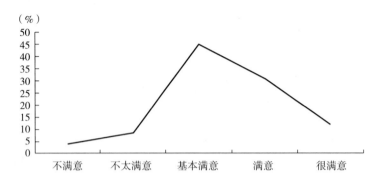

**图 6 - 1　新疆棉区农户对农业社会化服务的总体评价**

数据来源：由实际调研的新疆棉区 1726 户农户的数据整理所得。

从横向看，棉农对这 5 种服务的评价呈正态分布，对各项服务的评价持"不满意"态度和持"很满意"态度的所占比例均较少，农户的评价为"基本满意"和"满意"的人数所占比例相对较多，可见棉区各项服务的服务质量较好，农户对各项服务的服务质量满意度较高。从纵向看，仅 4.9% 的农户对金融服务持"不满意"态度，而农户对保险服务持"不满意"的占 10.5%，农户持"不太满意"态度的所占比重较高，具体为 15.8%，这与棉区的金融服务与保险服务水平相关，可见棉区的金融服务相对较好，棉农可获得相应的金融贷款服务等，而农业保险在棉区的服务水平相对较低同时棉农对其的认知也具有一定差异，因而评价"不满意"的棉农较多；37.2% 的农户对农资购买服务持"基本满意"态度，所占比重较大，对技术服务持"基本满意"态度的人数仅占 28.5%，由此可见，棉区技术服务部门及农业技术推广机构等提供的技术服务并不能完全满足棉农的需求，棉农对棉花生产过程中所需的技术服务需求较强烈，而所需的农药、化肥、种子等农资能够较大程度地满足棉农的需求，能为棉农提供较高的服务保障；棉农对技术服务持"满意"态度的人数所占比例最高为 42.9%，农户对保险服务的态度为"满意"的农户所占比重为 30.4%，与其他 4 项服务的评价比重相比较少；农户对信息服务的态度为"很满意"的棉农与其他棉农相比所占比重较少，仅占 8.5%，表明棉区农业信息的传播范围有限、农户获得农业信息相对闭塞，获得信息服务质量也有待提高，具体内容见表 6 - 1。

表 6-1　新疆棉区农户对农业社会化各项服务的效果评价　　　单位:%

| 项目 | 不满意 | 不太满意 | 基本满意 | 满意 | 很满意 |
|---|---|---|---|---|---|
| 技术服务 | 5.40 | 9.80 | 28.50 | 42.90 | 13.40 |
| 金融服务 | 4.90 | 9.80 | 34.10 | 41.30 | 9.90 |
| 保险服务 | 10.50 | 15.80 | 32.70 | 30.40 | 10.60 |
| 信息服务 | 7.70 | 11.00 | 34.30 | 38.50 | 8.50 |
| 农资购买服务 | 9.20 | 11.90 | 37.20 | 32.00 | 9.70 |

数据来源：由实际调研的新疆棉区 1726 户农户的数据整理所得。

## 6.1.2　异质性农户对农业社会化服务的总体评价

农户自身及家庭和生产情况差异，使其对社会化服务的评价具有差异。异质性农户是指新疆棉区不同地域、种植规模、受教育程度和年龄的农户等，下面将具体介绍异质性农户对其的评价状况。

### 6.1.2.1　不同地域农户对农业社会化服务的满意度比较

新疆棉花产业的发展具有得天独厚的优势，优越的自然条件和国家政策的支持等使其不断发展壮大，至今在北疆地区和南疆地区均已形成相应的棉花产区，其中南疆地区和北疆地区由于受到当地的自然条件、政治、经济、文化等方面的影响，南、北疆农业社会化服务体系的发展状况不同，其服务水平具有差异，因而农户对其满意度因地区的差异而发生变化。不同棉花产区其服务状况有差异，因而棉农对社会化服务的满意度不同。棉农对农业社会化服务的评价除喀什棉区的农户对其评价为"满意"之外，其他棉区农户的评价均以"基本满意"为主，而对农业社会化服务的态度为"不满意"的农户仅占 3.9%，其态度为"不太满意"的仅占 8.1%，表明总体上棉区农户对该服务评价较好。

不同棉区农业社会化服务水平的差异使得农户对其的评价不同，被调查的 5 大主要棉区亦是如此，具体内容见表 6-2。喀什棉区的农户对农业社会化服务评价为"满意"的所占比重较大，农户评价不满意的仅占 0.3%；阿克苏作为南疆主要棉区之一，农业社会化服务机构是否为农户提供充足的服务反映在农户对其的满意度上，其对农业社会化服务的态度为"基本满意"的农户和态度为"满意"的农户所占比例之和为 18.2%；巴州棉区，农户对其的评价是"不满意"的农户与评价为"不太满意"的农户所占比重之和较少，仅占 1.3%；塔城棉区农户对农业社会化服务"不满意"的相对较多，占 2.4%；昌吉棉区，农户对该服务的评价是五大棉区中较好的，其中评价为"基本满意"的农户占 12.7%。

表 6-2　不同棉区的棉农对农业社会化服务的评价　　　单位:%

| 项目 | 不满意 | 不太满意 | 基本满意 | 满意 | 很满意 | 合计 |
|---|---|---|---|---|---|---|
| 喀什棉区 | 0.30 | 1.60 | 9.80 | 10.30 | 4.30 | 26.20 |
| 阿克苏棉区 | 0.50 | 1.20 | 10.10 | 8.10 | 3.00 | 22.80 |
| 塔城棉区 | 2.40 | 1.70 | 5.80 | 3.00 | 1.40 | 14.20 |
| 巴州棉区 | 0.30 | 1.00 | 7.00 | 6.60 | 2.40 | 17.30 |
| 昌吉棉区 | 0.60 | 2.60 | 12.70 | 3.00 | 0.50 | 19.40 |
| 合计 | 3.90 | 8.10 | 45.40 | 30.90 | 11.70 | 100.00 |

数据来源:由实际调研的新疆棉区 1726 户农户的数据整理所得。

（1）北疆地区农户对农业社会化服务的满意度差异。

北疆棉区以昌吉棉区和塔城棉区为主,其中北疆地区农户所占比例为33.6%。昌吉和塔城地区作为北疆棉花主产区,棉花产业发展速度较快。总体上北疆棉区农户对社会化服务的评价以"基本满意"为主,其所占比重为55%,评价为"不满意"的农户占比为8.6%,农户评价为"很满意"的所占比重为5.9%,人数占比均相对较少,表明农户虽对社会化服务持"基本满意"的态度,但仍然存在"不满意"的农户,"很满意"的农户相对较少,因而北疆棉区的社会化服务水平仍需不断提高。

同时塔城棉区与昌吉棉区虽都是北疆的主要棉区,但这两个棉区的农户对农业社会化服务的满意程度也存在差异,昌吉棉区的农户对其评价为"基本满意"的农户比塔城棉区的农户多20.6%,态度为"不满意"的农户人数比塔城棉区的农户占比少4.8%,具体内容见表6-3,这可能是因为昌吉棉区作为北疆的主要棉区之一,当地的经济和社会发展水平相对较高,服务水平会较好,所以农户的评价较高。

表 6-3　北疆棉区棉农对农业社会化服务的评价　　　单位:%

| 项目 | 不满意 | 不太满意 | 基本满意 | 满意 | 很满意 | 合计 |
|---|---|---|---|---|---|---|
| 塔城棉区 | 6.70 | 5.00 | 17.20 | 9.00 | 4.30 | 42.20 |
| 昌吉棉区 | 1.90 | 7.60 | 37.80 | 9.00 | 1.60 | 57.80 |
| 合计 | 8.60 | 12.60 | 55.00 | 17.90 | 5.90 | 100.00 |

数据来源:由实际调研的新疆棉区 1726 户农户的数据整理所得。

（2）南疆地区农户对农业社会化服务的满意度差异。

南疆位于天山以南，其光、热资源丰富，昼夜温差大，优越的气候资源及土壤环境为南疆地区棉花的生长提供了良好的种植环境。南疆的棉区以喀什、阿克苏和巴州三大棉区为主，其中南疆农户所占比例为66.4%。由于喀什、阿克苏及巴州地区的政治、经济等环境的差异，使得当地的农业社会化服务状况具有差异。

总体上，南疆棉区对其评价为"基本满意"的农户和评价为"满意"的农户所占比重之和为78%，持"不满意"态度的农户仅占1.6%，表明当地农户对社会化服务的评价相对较好，服务部门、机构能为农户提供较好的服务，保障农业生产的进行。同时南疆棉区的农户对农业社会化服务的评价情况大体趋于一致，但具体就某个棉区而言农户对其的评价具有差别。其中在评价为"基本满意"的农户中阿克苏棉区农户所占比例较大，农户的态度为"不满意"的所占比重较小，仅占0.7%；而在"很满意"的农户中，喀什棉区农户所占的比例相对较大，占6.5%，具体内容见表6-4。

表6-4　南疆棉区棉农对农业社会化服务的评价　　　　　　单位:%

| 项目 | 不满意 | 不太满意 | 基本满意 | 满意 | 很满意 | 合计 |
|---|---|---|---|---|---|---|
| 喀什棉区 | 0.40 | 2.40 | 14.80 | 15.50 | 6.50 | 39.50 |
| 阿克苏棉区 | 0.70 | 1.80 | 15.20 | 12.10 | 4.50 | 34.40 |
| 巴州棉区 | 0.40 | 1.60 | 10.60 | 9.90 | 3.70 | 26.10 |
| 合计 | 1.60 | 5.80 | 40.50 | 37.50 | 14.70 | 100.00 |

数据来源：由实际调研的新疆棉区1726户农户的数据整理所得。

#### 6.1.2.2　不同种植规模农户对农业社会化服务的评价

通过阅读相关文献发现：部分学者根据种植面积将农户分为小户（0，5］亩，一般户（5，10］亩，大户（10，50］亩。本章结合棉区农户的实际情况，根据农户在农业活动中种植棉花的规模，将种植规模处于（0，20］亩的农户界定为小规模农户，种植规模处于（20，40］亩的农户界定为中等规模农户，种植规模为41亩及以上的农户界定为大规模农户。

总体上，小规模、中等规模和大规模3类农户的评价较好，且呈"倒V形"分布，同时评价"基本满意"的农户占45.4%，"不满意"的农户仅占3.9%；不同种植规模农户对农业社会化服务的评价不同，中等规模和大规模农户评价

"基本满意"的居多,0.6%的小规模农户评价"不满意"。由调查统计可知,小规模棉农的评价较好,其评价为"满意"和"基本满意"的农户占28.4%;大规模和中等规模农户"基本满意"的居多,分别占12.5%和18.8%,见图6-2。农户种植规模的差异使其对农业社会化服务的评价不同,这可能是由于农户种植规模的变化导致其需求不同,大规模农户的需求较强烈要求较高,而小规模农户需求程度较小评价可能较好。

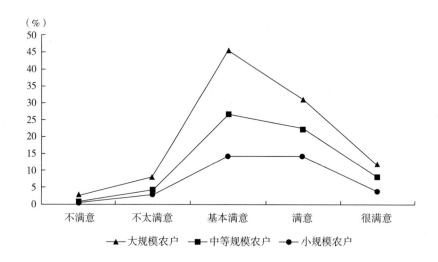

**图6-2　棉区不同规模棉农对农业社会化服务的效果评价**

数据来源:由实际调研的新疆棉区1726户农户的数据整理所得。

#### 6.1.2.3　风险偏好异质性农户对农业社会化服务的评价

农业是风险型产业,农业生产会受到气候状况、技术水平、市场情况等诸多因素影响。棉农在开展农业活动时会面对复杂多样的风险。农户在种植棉花的过程中风险喜好不同,结合实际调研并根据棉农在从事农业生产的过程中的投资偏好差异性,将农户的偏好为高投资高收益的农户称为"风险追求型农户",将农户的偏好为中等投资中等收益和时而偏好高投资高收益,时而偏好低投资低收益的农户称为"风险中立型农户",将农户的偏好为低投资低收益的农户称为"风险回避型农户"。农户的风险偏好与其评价社会化服务有一定关系,农户的风险偏好对棉农评价该服务影响显著,卡方检验中 Pearson 值为16.759(P=0.033 < 0.05),可见不同风险偏好的农户与农户评价农业社会化服务之间有较强的关联。

由表6-5可知,不同风险偏好的农户对该服务的评价不同。总体上看,风险中立型农户所占比重较大，具体的占比为 51.2%。同时评价为"基本满意"的农户居多，具体占比为 45.4%，这与大多数学者的研究一致，通常大部分农户对风险的追求是一种中立状态，同时农户对其的评价为"基本满意"，表明棉区社会化服务的服务质量相对较好。从横向看，风险回避型农户、风险中立型农户和风险追求型农户对农业社会化服务的评价均以"基本满意"态度居多，棉农持"不满意"态度的人数相对较少，持"基本满意""不满意"态度的棉农具体各个分布比例也存在差异，可见棉区不同风险偏好的棉农对社会化服务的满意度较好，同时也可看出，其在棉区能够为棉农提供相对好的服务以利于农户从事农业生产。另外从横向看风险中立型的棉农占总体比重的 51.2%，风险回避型农户所占比重仅 18.4%，可见大部分棉农在种植过程中可以接受的风险是高投资或中等投资。棉农从事农业生产虽具有一定风险但仍能够积极面对出现的各类情况，棉区社会化服务体系的广泛建立为降低种植风险提供了便利。

表 6 - 5　棉区风险异质性棉农对农业社会化服务的评价　　　　单位：%

| 项目 | 不满意 | 不太满意 | 基本满意 | 满意 | 很满意 | 合计 |
|---|---|---|---|---|---|---|
| 风险回避 | 0.80 | 1.00 | 9.20 | 6.00 | 1.40 | 18.40 |
| 风险中立 | 1.70 | 4.50 | 23.40 | 15.90 | 5.70 | 51.20 |
| 风险追求 | 1.40 | 2.60 | 12.80 | 9.00 | 4.60 | 30.40 |
| 合计 | 3.90 | 8.10 | 45.40 | 30.90 | 11.70 | 100.00 |

数据来源：由实际调研的新疆棉区 1726 户农户的数据整理所得。

#### 6.1.2.4　年龄异质性农户对农业社会化服务的评价

农户年龄差异使得其对农业社会化服务的认知不同，因而随着棉区农户年龄差异，不同年龄层的农户对其的评价具有差异。根据实际调研并结合数据分析，可知农户的年龄对棉农评价农业社会化服务有显著影响，卡方检验中 Pearson 值为 29.683（P = 0.02 < 0.05），可见不同年龄层的农户与农户评价农业社会化服务之间相关性较强。

由表 6 - 6 可知，总体上棉区农户以 41~50 岁的中年农户居多，占总体比例的 37.7%。25 岁及以下和 61 岁及以上的棉农所占比例较少分别占 3% 和 9%，年龄段处于 26~40 岁的棉农占 30.7%，同时各个年龄段的农户对社会化服务的评价为"基本满意"的棉农和持"满意"态度的棉农所占比重之和为 76.3%，所占比例相对较高，表明棉区农业社会化服务水平较好，总体上各年龄段农户对其相对满意。从横向看，随着农户满意程度的增加，棉农对各项服务的评价呈现满意度先上升后下降的趋势，25 岁及以下农户对农业社会化服务各项评价所占比例均较低；年龄段处于 26～40 岁的农户对社会化服务的评价为"基本满意"的占比为 13.1%，然而棉农的态度为"不满意"的人数相对较少；处于 41～50 岁的农户中 17.3% 的棉农持"基本满意"态度，1.7% 的棉农持"不满意"态度，持"很满意"态度的棉农占 4.2%；51～60 岁的棉农所占比例为 19.7%，棉农比例有所降低，而年龄段位于 61 岁及以上的农户持"不满意"态度的棉农所占比例与 25 岁及以下棉农所占比例一致，均为 0.1%。综上所述，棉农对社会化服务的评价随棉农年龄的差异而不同，不同年龄阶段的农户其评价不同，总体上棉农对社会化服务的评价较好，棉农对其持"基本满意"态度，但棉区社会化服务水平仍需提高，为农户提供更便利的服务以利于农业生产。

表 6-6　棉区年龄异质性棉农对农业社会化服务的评价　　　　单位:%

| 类别 | 不满意 | 不太满意 | 基本满意 | 满意 | 很满意 | 合计 |
|---|---|---|---|---|---|---|
| 25 岁及以下 | 0.10 | 0.10 | 1.30 | 0.90 | 0.60 | 3.00 |
| 26～40 岁 | 1.30 | 1.90 | 13.10 | 10.80 | 3.50 | 30.70 |
| 41～50 岁 | 1.70 | 3.80 | 17.30 | 10.60 | 4.20 | 37.70 |
| 51～60 岁 | 0.70 | 1.60 | 10.00 | 5.20 | 2.20 | 19.70 |
| 61 岁及以上 | 0.10 | 0.60 | 3.60 | 3.50 | 1.20 | 9.00 |
| 合计 | 3.90 | 8.10 | 45.40 | 30.90 | 11.70 | 100.00 |

数据来源：由实际调研的新疆棉区 1726 户农户的数据整理所得。

### 6.1.2.5　受教育程度异质性农户对农业社会化服务的评价

现阶段，居住于农村地区的大部分新疆农户学历水平较低，文化差异性较大，由于农户文化程度的差别，所以棉农对社会化服务的了解不同，一般而言，文化程度较高的农户对国家政策的关注度及了解程度相对较高，而文化水平较低的农户，受自身条件的限制，其对国家政策、地方政策法规等虽有一定关注，但其了解程度并不高，而棉区农户亦是如此，其了解农业社会化服务具有一定局限性。可见棉农的受教育程度对农户评价农业社会化服务具有一定的相关性，由实际调研并结合数据分析可知，农户的受教育水平对棉农评价该服务有显著的影响，卡方检验中 Pearson 值是 39.597（$P = 0.001 < 0.05$），可见棉农的受教育水平与其评价农业社会化服务之间相关性较强。

根据实际调研并对调研数据进行统计分析，可将农户的受教育程度划分为5个层次，分别将没有接受教育的农户设为文盲，将接受小学教育的农户其学历水平定为小学，依次类推分别设定为初中、高中或中专、高职和大专及以上。从表6-7可以看出，总体上50.9%的农户其受教育水平为初中，占被调查农户的一半，同时农户的评价为"基本满意"的占45.4%。从横向分析，受到较少教育的农户和受到较多教育的农户所占比例均较低，棉区农户的受教育水平为中等学历的居多，因而农户评价满意度的人数也相对较少，农户的学历水平为初中的棉农所占比例较高，农户评价满意度的人数相对上升。其中受教育水平为文盲和大专及以上的农户对农业社会化服务的评价为"基本满意"态度的分别占1.2%和0.3%，评价为"很满意"的农户所占比重分别为0.1%和0.3%；学历为初中的棉农对农业社会化服务的评价为"基本满意"的人数占21.7%，农户的态度为"不满意"的所占比重仅2.8%，棉农的态度为"很满意"的人数占5.5%，可见各个学历层次的棉农随着其对农业社会化服务评价的提高，农户的满意度变化呈现先增加，到基本满意状态其人数达到最大值，随着满意度逐渐上升接着农户所占比例相应下降。从纵向看，持"基本满意"态度的棉农所占比例由大到小依次排列，分别是学历为初中水平的农户、学历为小学水平的农户、学历为初中或中专、高中水平的农户，最后是大专及以上水平的农户，其所占比例是从受教育程度为初中的农户依次向较高学历和较低学历递减变化。而大专及以上学历的农户在此阶段并未有"不满意"的农户，这与棉区农户的受教育水平人数有关，可知高学历的农户在棉区人数相对较少，因而棉区农户的受教育程度相应较低，可见我们需加强对农户的教育培训次数，以提高棉农的种植水平。

表6-7　棉区受教育程度异质性棉农对农业社会化服务的评价　　　　单位:%

| | 不满意 | 不太满意 | 基本满意 | 满意 | 很满意 | 合计 |
|---|---|---|---|---|---|---|
| 文盲 | 0.20 | 0.30 | 1.20 | 0.60 | 0.10 | 2.30 |
| 小学 | 0.30 | 2.40 | 16.80 | 10.10 | 4.20 | 33.80 |
| 初中 | 2.80 | 4.40 | 21.70 | 16.40 | 5.50 | 50.90 |
| 高中或中专、高职 | 0.60 | 0.90 | 5.40 | 3.20 | 1.60 | 11.70 |
| 大专及以上 | 0.00 | 0.00 | 0.30 | 0.60 | 0.30 | 1.30 |
| 合计 | 3.90 | 8.10 | 45.40 | 30.9 | 11.70 | 100.00 |

数据来源：由实际调研的新疆棉区1726户农户的数据整理所得。

## 6.2 新疆棉区农户对农业社会化服务
## 具体内容的评价

### 6.2.1 农户对各项具体服务内容的评价

现将社会化服务中的各项服务所包含内容定义为：农业社会化服务中的技术服务所包含的产前、产中、产后技术服务；各类型金融服务；信息服务具体内容。各项服务中具体服务的情况集中体现了各项服务内容的状况，同时共同构成了社会化服务体系。

6.2.1.1 农户对产前、产中、产后技术服务的满意度

技术服务作为农业社会化服务的构成部分，技术质量的优劣对于棉农来说影响深远，它对棉农开展棉花生产之前、生产过程及生产后期均有影响。

棉农种植棉花的过程中会涉及相应种植技术等，因而农业社会化服务机构需要向农户提供相应技术支持，棉区技术服务在农业生产中会涉及产前、产中、产后3个阶段。同时为更好地分析数据，将产前的新品种技术和播种技术定义为 A 和 B；将产中的地膜覆盖、田间栽培、病虫害防治、科学施肥、节水灌溉和农药安全使用技术分别定义为 C、D、E、F、G、H；将产后的机械采收技术、秸秆粉碎技术、地膜回收技术分别定义为 I、J、K，见图 6 - 3。

随着技术服务的不断深入，农户对产前、产中、产后服务的评价具有一定差异。总体而言，棉农对这三个阶段技术服务持"不满意"态度的农户所占比重较小，对产前、产中、产后技术服务持"很满意"态度的农户多于持"不满意"态度的棉农；棉农的态度为"基本满意"的农户所占比例为 25% ~ 35%，农户的态度变化趋势相对平缓；棉农的态度变化相对较大的是"不太满意"和"满意"这两种态度。棉农对产前播种技术的满意度变化相对较大，而对其他的产前、产中和产后技术服务的满意度评价趋势相对平缓，表明棉农对产前、产中、产后技术服务的评价与棉农的需求相关，棉农对播种技术的需求相对较大，因而对其要求也较高，其评价也具有一定差异。

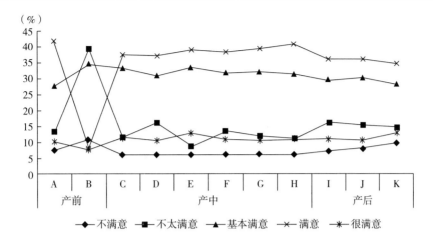

**图 6 - 3　棉区农户对产前、产中、产后技术服务的评价**

数据来源：由实际调研的新疆棉区 1726 户农户的数据整理所得。

#### 6.2.1.2　农户对各类型金融服务的满意度

金融支持推动了农业产业的进步。我国已逐步形成较完备的促进中小企业金融服务发展的财政政策支持体系。棉农种植棉花的过程离不开金融的支持，国家加大了农村金融机构的支持。自 2003 年以来，我国给予农信社的扶持资金可达 2690 亿元，同时运用央行专项票据和专项借款支持农信社的金额达到了 1902 亿元，在财政上累计减免的所得税和营业税可达 700 亿元，下发的保值贴补息额可达到 88 亿元，所有的补贴资金均是用来支持我国农业的发展。

棉农从事农业生产的过程中离不开金融服务的支持，棉农在购买棉种等生产资料、购买农业保险、从事农业生产等均需要一定的资金支持，这部分资金来源广泛：农户的自身积累、亲朋的援助、农信社及银行的贷款等。农户对金融服务中具体各项服务的评价可作为农户评价金融服务效果的依据，农户对各项服务满意度较高则对金融服务的评价相对较好。总体上，棉区农户对金融服务各项具体服务的评价相对较好，棉农的评价为"不满意"的人数所占比例在 8% 以下，其中棉农对金融机构组织贷款和提供信用评级证明这两项服务的评价较好，评价"满意"的农户分别占 46.1% 和 45.7%，对其他各项服务评价为"满意"的均在 39.5% 以上，具体内容见表 6 - 8。由此可知，棉农对金融服务各项服务的评价相对较好，评价不满意的农户较少，表明棉区金融服务的服务质量相对较高，但仍需不断提高。

表6-8　棉区农户对金融服务各项具体服务的评价　　　单位:%

| 项目 | 不满意 | 不太满意 | 基本满意 | 满意 | 很满意 |
|---|---|---|---|---|---|
| 组织贷款 | 5.60 | 7.90 | 30.60 | 46.10 | 9.80 |
| 专业组织提供资金 | 7.60 | 10.70 | 32.80 | 40.20 | 8.70 |
| 贷款的担保 | 7.60 | 8.30 | 30.20 | 43.00 | 10.90 |
| 组织帮助购买农业保险 | 6.80 | 8.60 | 30.90 | 42.50 | 11.20 |
| 提供信用评级证明 | 6.10 | 7.50 | 30.40 | 45.70 | 10.30 |
| 介绍贷款渠道 | 5.30 | 10.10 | 32.90 | 39.60 | 12.10 |
| 组织农户集体贷款 | 6.60 | 10.10 | 27.40 | 43.60 | 12.30 |

数据来源:由实际调研的新疆棉区1726户农户的数据整理所得。

### 6.2.1.3　农户对信息服务具体内容的满意度

农户能否获得正确及时有效的信息在一定程度上可减少经济主体的决策风险和失误,从而提高预期收益。信息服务体系的完善对于棉农及时、有效地获取信息提供了保障。本次调研涉及的信息服务具体内容包括:价格、供求、行情预测和政策、法规信息等。农户能否获得科学的技术对农户种植棉花影响较大,农户是否能及时获得棉花价格和棉花供求信息对棉农销售棉花产生较大影响,棉农是否获得行情预测信息对农户未来是否继续种植棉花提供了决策依据,同时农户是否及时获得与棉花相关的政策和法规的信息是棉农合法维护自身权益的保证,总之棉农获取信息的状况对棉农种植棉花有重要的影响,棉区农业信息服务体系的建立对其获得有效信息提供了条件。

棉区农户对信息服务的评价可以体现农业信息服务体系是否完善。总体上,在不同满意程度下,棉农对各项信息服务的评价波动较小,对各类信息服务的态度为"基本满意"和"满意"的农户所占比重与其他态度相比较高,农户的态度为"基本满意"和农户的态度为"满意"的所占比重处于25%~40%,态度为"不太满意"和态度为"很满意"的棉农所占比重均相对较低,棉农对各项农业信息服务持"不满意"态度的比重处于10%~25%,具体内容见图6-4。由此可知,棉区农户对信息服务的满意度较好,其服务质量的提高能满足棉农的基本需求,但同时持"不满意"态度的农户仍占相应比重,仍需提高棉区的农业信息服务水平。

### 6.2.1.4　农户对各环节农资购买服务的满意度

农资购买服务也是农业社会化服务的重要构成,农资购买服务涉及农业生产的各个环节,棉农种植棉花的过程中需要购买各类农资,具体涉及优良棉种的选购、适宜农药的购买及化肥的购买等。在种植棉花的过程中，需要使用棉花种子、棉农所需化肥及农药等农资，农户在选购农资的过程中会遇到许多问题，因而农资购买服务的服务状况对棉农来说意义重大。由调查可知，新疆棉区农户对农资购买服务具体内容的评价具有差异，总体上，农户对农资购买服务评价为"基本满意"的农户所占比例较大，农户的评价为"很满意"的所占比重相对较少。

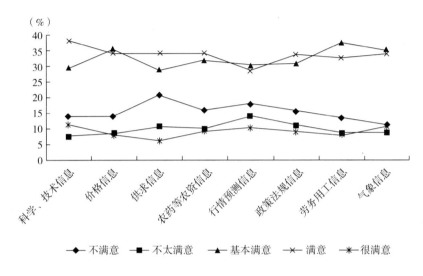

**图 6-4　棉区棉农对农业信息各项服务的评价**

数据来源：由实际调研的新疆棉区 1726 户农户的数据整理所得。

从横向看，棉农对优良品种的购买过程中的农资购买服务持"基本满意"态度的农户占比最高，为 47.3%；持"不满意"态度的农户仅占 9.7%；在购买农药的过程中，对农资购买服务的评价为"很满意"的农户仅占 2.8% 评价为"不满意"和"满意"的农户所占比例均较少，均为 9% 左右；在购买和使用化肥的过程中，农户对农资购买服务的评价为"基本满意"的农户所占比重较大，为 48.8%，农户的态度为"满意"和"很满意"的比重相对较少，两者之和仅占 11.4%。从纵向看，农户对购买良种、农药及化肥的满意评价为"不满意"的农户中，对化肥的购买及使用的农户不满意的农户相对较多，占 11.0%；在对农资购买服务具体服务"很满意"的农户中，对优良品种的购买与服务所占比重较大，为 4.2%；对农资购买服务持"基本满意"态度的农户中，农户在购买农药和使用农药的过程中满意度相对较高，评价比例占 49.1%，见表 6-9。

表6-9 棉区棉农对农资购买服务具体内容的满意度　　　　单位:%

| 项目 | 不满意 | 不太满意 | 基本满意 | 满意 | 很满意 |
|---|---|---|---|---|---|
| 优良品种的购买与服务 | 9.70 | 29.80 | 47.30 | 9.00 | 4.20 |
| 农药的购买与使用 | 9.30 | 29.20 | 49.10 | 9.60 | 2.80 |
| 化肥的购买与使用 | 11.00 | 28.80 | 48.80 | 8.40 | 3.00 |

数据来源:由实际调研的新疆棉区1726户农户的数据整理所得。

### 6.2.2 农户对农业社会化服务主体的评价

农业社会化服务主体是指在农业生产中可为农户提供社会化服务的个人或者组织机构等。本书中的社会化服务主体涉及为农户提供技术服务的农技推广部门、合作组织、提供农资的农资销售企业、提供棉花加工服务的棉花加工企业、提供基本其他服务的村集体及亲戚邻里等。农户对该服务主体的评价状况可以体现出该体系的服务情况。如图6-5所示,棉农对农业社会化服务各个主体持"满意"的态度,对农业社会化服务各个主体持"很满意""不满意""不太满意"态度的棉农评价较低,同时棉农对合作社、农资销售企业及棉花加工企业的评价比例基本相同,均有40%左右的农户对这3类服务主体评价为"满意",由此可知:棉农对各类服务主体的评价相对较好,棉农对新疆棉区的农业社会化服务主体的服务质量评价较高。

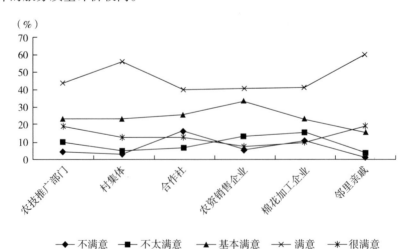

图6-5 棉区棉农对农业社会化服务主体的评价

数据来源:由实际调研的新疆棉区1726户农户的数据整理所得。

# 6.3　影响新疆棉区农户对农业社会化服务评价的因素分析

农业社会化服务是为农户供应各类服务的机构，政府积极建立社会化服务体系并给予积极的财政政策和相应行政推动。该体系在新疆的广泛建立为棉农提供了服务保障，其状况如何，农户对该体系是否满意，影响农户评价的因素有哪些，为此本章以新疆棉区的调研数据为依托，基于棉农满意度视角，运用多元有序 Logistic 模型探寻影响农户评价农业社会化服务的因素。

## 6.3.1　模型设定与变量选取

### 6.3.1.1　多元 Logistic 模型的选取

新疆棉区农户对农业社会化服务的评价是有序多分类变量，因而采用李克特量表将棉农对其效果划分为五个层次：不满意、不太满意、基本满意、满意、很满意。本书选用多元有序 Logistic 模型评价各项农业社会化服务效果，以期得到影响农业社会化服务效果的主要因素。

Logistic 模型的各个变量不要求满足正态分布或等方差，因此采用 Logistic 函数：

$$p(y = j / x_i) = \frac{1}{1 + e^{-(\alpha + \beta x_i)}} \qquad (6-1)$$

其中，$x_i$ 表示第 i 个指标，y 表示农户对各项社会化服务评价的某一等级（不满意、不太满意、基本满意、满意、很满意）的概率。建立累计 Logistic 模型：

$$\text{Logit}(p_i) = \ln[p(y \leqslant j) / p(y \geqslant j + 1)] = \alpha_j + \beta x \qquad (6-2)$$

其中，$p_j = p(y = j)$，j = 1, 2, 3, 4, 5，x 表示影响农户评价的指标，$\alpha_j$ 表示模型的截距，$\beta$ 表示一组与 x 相对应的回归系数。

### 6.3.1.2　变量选取及说明

（1）因变量的选取。

棉农对农业社会化服务的满意度受一定因素影响，因此本章从影响因素入手分析使得农户评价社会化服务和各项服务出现差异的因素，综合相关文献选取棉农对农业社会化服务及各项服务的效果评价作为因变量。

（2）自变量的选取。

影响棉农评价该服务的因素较多，笔者主要从五个方面入手分析影响农户评价的因素，共选择了22个可能会对农业社会化服务效果产生影响的因素，具体变量定义、统计性描述见表6-10。

这五个方面具体包括，关键解释变量（农户的种植规模X）：其中将小规模定义为$X_{11}$，中等规模定义为$X_{12}$，大规模定义为$X_{13}$。

农户个人特征：其中将性别定义为$X_2$，年龄定义为$X_3$，受教育程度定义为$X_4$，户主是否务农定义为$X_5$，本人经历定义为$X_6$。

农户家庭与生产特征：其中将家庭规模定义为$X_7$，劳动力人口数定义为$X_8$，有无电视定义为$X_9$，棉花种植年限定义为$X_{10}$，棉花收入占比定义为$X_{11}$，家庭社会关系定义为$X_{12}$，是否参加合作组织定义为$X_{13}$，风险偏好定义为$X_{14}$。

村庄情况：其中将到火车站的距离定义为$X_{15}$，是否有合作社定义为$X_{16}$，是否有专职技术人员定义为$X_{17}$，是否有信息协会定义为$X_{18}$。

农户获得农业社会化服务状况：其中将棉花销售情况定义为$X_{19}$，是否有借贷定义为$X_{10}$，是否购买棉花保险定义为$X_{21}$，是否及时获取信息定义为$X_{22}$。

1）种植规模作为关键解释变量会影响农户的评价。大规模农户对各类服务的需求较强烈，因而农户对其的要求也相对较高，农户的评价因此可能较低；小规模和中等规模农户对各类服务的需求相对较小，农户的要求也有所下降，因而其评价会较好。同时各类服务具有差异性，不同种植规模农户的评价大不相同。

2）农户个人特征。农户作为该服务的受益者，其自身特征会影响对其质量的评价。一般农村家庭户主为男性，男性对农业社会化服务的关注度较高，同时能够较为理性地选择并对其进行有效评价；年龄也是影响农户评价的因素，一般处于青壮期的农户的评价较好；学历较高的农户能正确的感知该服务；户主是否务农及个人生活经历的差异使其对各项服务的评价不同。

3）农户家庭与生产特征差异对农户评价的影响。农户家庭规模和劳动力人口数越多，其开展农业生产活动会相对轻松，因而其满意度会较高，农户的评价较好；种植棉花年限的差异使其对各项服务的需求程度不同，种植时间较长的农户，种植经验丰富，需求较少，满意度较高。棉花收入所占比例较大的农户，获得各类服务的情况可能较好，其满意度较高；家庭社会关系网的复杂程度决定着农户获得和接收信息的状况，有家庭社会关系网的农户可获得较多较好的服务，因而能够正确评价各项服务；参加合作社的农户可从合作社获得相应技术指导、资金支持等利于生产，因而农户的评价相对较好；风险偏好差异使农户对各项服务评价不同。

4）村庄情况。农户所在地区的交通状况会影响各项服务的实施，所在村庄交通越便利越利于各类服务的广泛传播，农户所在村庄到火车站的距离越近，农业社会化服务的质量越高，其评价会较好。同时农户所在村庄是否有专业合作社、专职技术人员和信息服务协会对农户评价农业社会化服务有一定的依据。专职技术人员可为农户提供较好的生产技术；合作社为农户提供便利条件，其满意度会有所上升；所在地区信息服务协会是否提供服务也是影响其评价的因素。

5）农户获得农业社会化服务状况。农户棉花销售情况、是否有借贷、是否购买棉花保险、是否及时获得信息等经济活动，体现了农户参与政府组织活动的积极性及对农业社会化服务的了解程度。农户参与农业社会化服务的行为是农户评价农业社会化服务的直接体现。农户能否及时获取农业信息和农户销售棉花的状况会影响农业生产，进而影响农户的评价。

表6-10　变量说明和统计代码

| 变量名称 | | 变量代码 | 变量定义 | 均值 | 标准差 |
|---|---|---|---|---|---|
| 农户对农业社会化服务的效果评价 | | Y | 1＝不满意，2＝不太满意，3＝基本满意，4＝满意，5＝很满意 | 3.38 | 0.93 |
| 自变量 | | | | | |
| 关键解释变量 | 种植规模 | $X_1$ | 1＝小规模，0＝其他规模 | 0.71 | 0.45 |
| | | | 1＝中等规模，0＝其他规模 | 0.18 | 0.39 |
| | | | 1＝大规模，0＝其他规模 | 0.11 | 0.31 |
| 农户个人特征 | 性别 | $X_2$ | 1＝男，0＝女 | 0.89 | 0.31 |
| | 年龄 | $X_3$ | 1＝25岁及以下，2＝26~40岁，3＝41~50岁，4＝51~60岁，5＝61岁及以上 | 3.01 | 0.99 |
| | 受教育程度 | $X_4$ | 1＝文盲，2＝小学，3＝初中，4＝高中或中专、高职，5＝大专及以上 | 2.44 | 0.91 |
| | 户主是否务农 | $X_5$ | 1＝是，0＝否 | 0.93 | 0.26 |
| | 本人经历 | $X_6$ | 1＝有特殊经历，0＝无特殊经历 | 0.30 | 0.46 |

续表

| 变量名称 | | 变量代码 | 变量定义 | 均值 | 标准差 |
|---|---|---|---|---|---|
| 农户家庭与生产特征 | 家庭规模 | $X_7$ | 1 = 1 ~ 2 人，2 = 3 ~ 4 人，3 = 5 ~ 6 人，4 = 7 人以上 | 2.54 | 0.73 |
| | 劳动力人口数 | $X_8$ | 1 = 1 ~ 2 人，2 = 3 ~ 4 人，3 = 5 ~ 6 人，4 = 7 人以上 | 1.43 | 0.63 |
| | 有无电视 | $X_9$ | 1 = 有，0 = 没有 | 0.89 | 0.32 |
| | 棉花种植年限 | $X_{10}$ | 1 = 5 年及以下，2 = 6 ~ 10 年，3 = 11 ~ 15 年，4 = 16 年以上 | 3.51 | 0.86 |
| | 棉花收入占比 | $X_{11}$ | 1 = 50% 以下，0 = 51% 以上 | 0.27 | 0.44 |
| | 家庭社会关系 | $X_{12}$ | 1 = 有社会化服务社会关系，0 = 无社会化服务社会关系 | 0.32 | 0.47 |
| | 是否参加合作组织 | $X_{13}$ | 1 = 是，0 = 否 | 0.23 | 0.42 |
| | 风险偏好 | $X_{14}$ | 1 = 风险回避，2 = 风险中立，3 = 风险追求 | 2.12 | 0.69 |
| 村庄情况 | 到火车站的距离 | $X_{15}$ | 1 = 10 公里以下，2 = 11 ~ 40 公里，3 = 41 ~ 70 公里，4 = 71 公里以上 | 2.32 | 0.95 |
| | 是否有合作社 | $X_{16}$ | 1 = 是，0 = 否 | 0.41 | 0.49 |
| | 是否有专职技术人员 | $X_{17}$ | 1 = 是，0 = 否 | 0.56 | 0.50 |
| | 是否有信息协会 | $X_{18}$ | 1 = 是，0 = 否 | 0.51 | 0.50 |
| 农户获得农业社会化服务状况 | 棉花销售情况 | $X_{19}$ | 1 = 困难大，2 = 困难小，3 = 没有困难 | 1.76 | 0.80 |
| | 是否有借贷 | $X_{20}$ | 1 = 是，0 = 否 | 0.66 | 0.47 |
| | 是否购买棉花保险 | $X_{21}$ | 1 = 是，0 = 否 | 0.64 | 0.48 |
| | 是否及时获取信息 | $X_{22}$ | 1 = 是，0 = 否 | 0.49 | 0.50 |

数据来源：由实际调研的新疆棉区 1726 户农户的数据整理所得。

## 6.3.2 模型的分析过程及回归结果

### 6.3.2.1 模型自变量的相关性分析

在统计学中，制定相关图或相关表可以更为直接地判断各个现象之间大体上呈现的是何种关系。计算变量间的相关系数可以精确地描述变量之间的相关关系。为了进一步研究新疆棉区农户对社会化服务评价的影响因素，本书中一共选择了 22 个解释变量，本章运用 SPSS21.0 软件对 22 个自变量之间关于是否存在相关性进行了相关性分析，具体内容见表 6 – 11。根据分析研究可知：所选取的 22

表6-11 自变量间的相关性

| | $X_{11}$ | $X_{12}$ | $X_{13}$ | $X_2$ | $X_3$ | $X_4$ | $X_5$ | $X_6$ | $X_7$ | $X_8$ | $X_9$ | $X_{10}$ | $X_{11}$ | $X_{12}$ | $X_{13}$ | $X_{14}$ | $X_{15}$ | $X_{16}$ | $X_{17}$ | $X_{18}$ | $X_{19}$ | $X_{20}$ | $X_{21}$ | $X_{22}$ |
|---|---|---|---|---|---|---|---|---|---|---|---|---|---|---|---|---|---|---|---|---|---|---|---|---|
| $X_{11}$ | 1 | | | | | | | | | | | | | | | | | | | | | | | |
| $X_{12}$ | -0.736 | 1 | | | | | | | | | | | | | | | | | | | | | | |
| $X_{13}$ | -0.546 | -0.166 | 1 | | | | | | | | | | | | | | | | | | | | | |
| $X_2$ | 0.030 | -0.005 | -0.037 | 1 | | | | | | | | | | | | | | | | | | | | |
| $X_3$ | 0.019 | 0.021 | -0.055 | 0.049 | 1 | | | | | | | | | | | | | | | | | | | |
| $X_4$ | -0.188 | 0.092 | 0.160 | -0.043 | -0.267 | 1 | | | | | | | | | | | | | | | | | | |
| $X_5$ | -0.057 | 0.015 | 0.064 | -0.016 | 0.012 | -0.039 | 1 | | | | | | | | | | | | | | | | | |
| $X_6$ | -0.095 | 0.053 | 0.072 | -0.009 | -0.022 | 0.245 | -0.058 | 1 | | | | | | | | | | | | | | | | |
| $X_7$ | 0.126 | -0.076 | -0.090 | 0.099 | 0.051 | -0.160 | -0.039 | -0.035 | 1 | | | | | | | | | | | | | | | |
| $X_8$ | 0.150 | -0.075 | -0.125 | 0.074 | 0.167 | -0.209 | -0.030 | -0.068 | 0.498 | 1 | | | | | | | | | | | | | | |
| $X_9$ | 0.012 | -0.026 | 0.014 | 0.049 | 0.054 | -0.023 | 0.017 | -0.032 | 0.021 | 0.026 | 1 | | | | | | | | | | | | | |
| $X_{10}$ | -0.047 | 0.014 | 0.051 | 0.050 | 0.200 | -0.036 | 0.011 | -0.041 | 0.038 | 0.093 | 0.016 | 1 | | | | | | | | | | | | |
| $X_{11}$ | 0.061 | -0.071 | 0.000 | -0.040 | -0.073 | 0.028 | -0.065 | 0.090 | 0.030 | -0.030 | 0.022 | -0.006 | 1 | | | | | | | | | | | |
| $X_{12}$ | -0.018 | 0.039 | -0.022 | -0.05 | -0.010 | 0.015 | -0.036 | -0.003 | -0.005 | 0.028 | -0.049 | -0.026 | 0.042 | 1 | | | | | | | | | | |
| $X_{13}$ | -0.164 | 0.110 | 0.103 | -0.074 | -0.054 | 0.100 | -0.004 | 0.096 | -0.075 | -0.025 | 0.014 | -0.021 | -0.008 | 0.147 | 1 | | | | | | | | | |
| $X_{14}$ | -0.044 | 0.009 | 0.052 | -0.003 | -0.026 | 0.079 | 0.027 | 0.089 | -0.040 | -0.032 | -0.031 | -0.035 | 0.012 | -0.013 | 0.05 | 1 | | | | | | | | |
| $X_{15}$ | 0.116 | -0.107 | -0.036 | 0.103 | -0.009 | -0.066 | -0.020 | -0.095 | 0.076 | 0.087 | 0.061 | 0.101 | -0.053 | -0.042 | -0.104 | -0.029 | 1 | | | | | | | |
| $X_{16}$ | -0.228 | 0.152 | 0.145 | -0.053 | -0.017 | 0.099 | 0.019 | 0.055 | -0.127 | -0.065 | -0.013 | -0.030 | -0.003 | 0.100 | 0.602 | 0.049 | -0.153 | 1 | | | | | | |
| $X_{17}$ | 0.085 | -0.039 | -0.075 | -0.029 | 0.045 | -0.051 | 0.055 | -0.004 | 0.005 | 0.054 | -0.009 | -0.069 | 0.066 | 0.056 | 0.127 | 0.076 | 0.035 | 0.145 | 1 | | | | | |
| $X_{18}$ | 0.064 | -0.054 | -0.026 | -0.044 | -0.048 | 0.074 | -0.008 | 0.029 | -0.020 | -0.016 | 0.015 | 0.006 | -0.005 | 0.059 | 0.111 | 0.015 | -0.009 | 0.192 | 0.086 | 1 | | | | |
| $X_{19}$ | 0.105 | -0.078 | -0.056 | 0.048 | 0.063 | -0.029 | 0.043 | -0.026 | 0.057 | 0.017 | 0.046 | -0.012 | 0.036 | -0.052 | -0.062 | 0.141 | 0.135 | -0.079 | 0.056 | -0.177 | 1 | | | |
| $X_{20}$ | -0.113 | 0.024 | 0.134 | -0.020 | -0.078 | 0.180 | -0.007 | 0.070 | -0.039 | -0.142 | -0.013 | 0.067 | -0.014 | -0.088 | -0.015 | 0.045 | 0.015 | -0.015 | -0.086 | 0.051 | 0.034 | 1 | | |
| $X_{21}$ | -0.024 | 0.010 | 0.023 | -0.026 | -0.088 | 0.117 | -0.052 | 0.053 | 0.005 | -0.067 | 0.023 | 0.088 | 0.019 | -0.066 | 0.042 | 0.037 | 0.144 | 0.049 | 0.015 | 0.183 | -0.033 | 0.232 | 1 | |
| $X_{22}$ | 0.052 | -0.030 | -0.039 | -0.040 | -0.060 | 0.053 | -0.035 | 0.010 | -0.020 | 0.042 | 0.012 | -0.013 | 0.050 | 0.093 | 0.066 | 0.048 | 0.058 | 0.071 | 0.061 | 0.209 | -0.121 | -0.010 | 0.083 | 1 |

个解释变量之间相关系数的绝对值小于 0.8，可大致判断出这 22 个自变量之间的相关性问题并不严重，由此可进行进一步的 Logistic 回归分析。

### 6.3.2.2 模型自变量的共线性分析

为了进一步规避自变量之间是否存在多重共线性问题，本书中运用 SPSS21.0 软件对 22 个自变量之间关于是否存在共线性问题进行了共线性检验，具体内容见表 6 - 12。由研究分析可知，所选取的 22 个自变量，其中小规模农户与其他自变量之间存在共线性问题，而其他自变量的容差均大于 0.1，VIF 值均小于 10，其他变量之间不存在共线性问题，因而在下文中将忽略小规模农户对农业社会化服务的影响。

表 6 - 12　农户对农业社会化服务及各项服务的满意度模型共线性检验

| 项目 | 农业社会化服务 | | 技术服务 | | 金融服务 | | 保险服务 | | 信息服务 | | 农资购买服务 | |
|---|---|---|---|---|---|---|---|---|---|---|---|---|
| | 容差 | VIF | 容差 | VIF | 容差 | VIF | 容差 | VIF | 容差 | VIF | 容差 | VIF |
| $X_{12}$ | 0.875 | 1.142 | 0.877 | 1.141 | 0.876 | 1.142 | 0.875 | 1.142 | 0.875 | 1.143 | 0.874 | 1.144 |
| $X_{13}$ | 0.857 | 1.167 | 0.857 | 1.166 | 0.857 | 1.167 | 0.857 | 1.167 | 0.857 | 1.167 | 0.859 | 1.164 |
| $X_2$ | 0.963 | 1.039 | 0.963 | 1.039 | 0.963 | 1.039 | 0.962 | 1.040 | 0.963 | 1.039 | 0.962 | 1.039 |
| $X_3$ | 0.846 | 1.181 | 0.846 | 1.182 | 0.846 | 1.182 | 0.846 | 1.182 | 0.846 | 1.181 | 0.846 | 1.182 |
| $X_4$ | 0.787 | 1.271 | 0.785 | 1.274 | 0.787 | 1.271 | 0.787 | 1.271 | 0.787 | 1.271 | 0.788 | 1.269 |
| $X_5$ | 0.970 | 1.031 | 0.970 | 1.031 | 0.970 | 1.031 | 0.970 | 1.030 | 0.970 | 1.030 | 0.970 | 1.030 |
| $X_6$ | 0.898 | 1.114 | 0.897 | 1.115 | 0.897 | 1.114 | 0.898 | 1.114 | 0.897 | 1.114 | 0.897 | 1.114 |
| $X_7$ | 0.715 | 1.399 | 0.714 | 1.400 | 0.715 | 1.399 | 0.715 | 1.399 | 0.715 | 1.399 | 0.716 | 1.397 |
| $X_8$ | 0.681 | 1.468 | 0.679 | 1.472 | 0.680 | 1.470 | 0.681 | 1.468 | 0.681 | 1.469 | 0.681 | 1.467 |
| $X_9$ | 0.977 | 1.024 | 0.978 | 1.023 | 0.977 | 1.024 | 0.977 | 1.024 | 0.977 | 1.024 | 0.977 | 1.023 |
| $X_{10}$ | 0.912 | 1.096 | 0.912 | 1.097 | 0.912 | 1.096 | 0.912 | 1.097 | 0.912 | 1.096 | 0.912 | 1.097 |
| $X_{11}$ | 0.955 | 1.048 | 0.956 | 1.047 | 0.955 | 1.047 | 0.955 | 1.047 | 0.955 | 1.047 | 0.955 | 1.047 |
| $X_{12}$ | 0.949 | 1.053 | 0.950 | 1.052 | 0.949 | 1.054 | 0.949 | 1.054 | 0.949 | 1.054 | 0.948 | 1.054 |
| $X_{13}$ | 0.606 | 1.650 | 0.607 | 1.647 | 0.604 | 1.656 | 0.605 | 1.653 | 0.606 | 1.650 | 0.604 | 1.655 |
| $X_{14}$ | 0.947 | 1.056 | 0.947 | 1.056 | 0.947 | 1.056 | 0.946 | 1.057 | 0.946 | 1.057 | 0.947 | 1.056 |
| $X_{15}$ | 0.885 | 1.130 | 0.886 | 1.129 | 0.884 | 1.131 | 0.885 | 1.130 | 0.885 | 1.130 | 0.885 | 1.130 |
| $X_{16}$ | 0.572 | 1.749 | 0.572 | 1.748 | 0.570 | 1.754 | 0.571 | 1.751 | 0.572 | 1.749 | 0.569 | 1.757 |
| $X_{17}$ | 0.922 | 1.085 | 0.922 | 1.085 | 0.922 | 1.085 | 0.922 | 1.085 | 0.921 | 1.085 | 0.922 | 1.085 |
| $X_{18}$ | 0.841 | 1.189 | 0.840 | 1.191 | 0.841 | 1.189 | 0.841 | 1.190 | 0.841 | 1.189 | 0.841 | 1.189 |

续表

| 项目 | 农业社会化服务 | | 技术服务 | | 金融服务 | | 保险服务 | | 信息服务 | | 农资购买服务 | |
|---|---|---|---|---|---|---|---|---|---|---|---|---|
| | 容差 | VIF | 容差 | VIF | 容差 | VIF | 容差 | VIF | 容差 | VIF | 容差 | VIF |
| $X_{19}$ | 0.889 | 1.124 | 0.889 | 1.125 | 0.890 | 1.124 | 0.889 | 1.125 | 0.889 | 1.125 | 0.889 | 1.125 |
| $X_{20}$ | 0.882 | 1.134 | 0.883 | 1.132 | 0.882 | 1.134 | 0.882 | 1.134 | 0.882 | 1.134 | 0.882 | 1.134 |
| $X_{21}$ | 0.861 | 1.161 | 0.863 | 1.159 | 0.862 | 1.160 | 0.862 | 1.161 | 0.862 | 1.161 | 0.861 | 1.161 |
| $X_{22}$ | 0.913 | 1.096 | 0.912 | 1.097 | 0.913 | 1.095 | 0.913 | 1.096 | 0.913 | 1.095 | 0.912 | 1.096 |

### 6.3.2.3　模型回归结果

本书运用SPSS21.0统计软件，对农业社会化各项服务进行多元有序Logistic回归分析，模型的统计检验结果见表6-13至表6-24。

（1）模型的统计检验结果。

通过输出的对数似然值等模型拟合信息，可知6组模型的结果较好。

一是农业社会化服务评价模型检验结果。

表6-13　农业社会化服务评价模型拟合信息

| 模型 | 模型拟合标准 | 似然比检验 | | |
|---|---|---|---|---|
| | -2倍对数似然值 | 卡方 | df | 显著水平 |
| 零 | 2180.641 | | | |
| 最终 | 928.194 | 1252.447 | 28 | 0.000 |

表6-14　农业社会化服务评价拟合优度检验

| | 卡方 | df | 显著水平 |
|---|---|---|---|
| Pearson | 1409.008 | 1521 | 0.981 |
| 偏差 | 928.194 | 1521 | 1.000 |

从表6-13的模型拟合信息来看，农业社会化服务评价的最终模型的-2倍对数似然值是928.194，卡方值为1252.447，卡方检验的显著水平为0.000小于0.01，表明在农业社会化服务评价的最终模型要优于只含截距的模型，即最终模型显著性成立。从表6-14的拟合优度检验结果看，Pearson统计量（Sig. = 0.981）和偏差统计量（Sig. =1.000）的Sig.都大于0.1，因而可判断模型对数

据的拟合程度较好。

二是技术服务评价模型检验结果。

从表6-15的模型拟合信息来看，技术服务评价的最终模型的-2倍对数似然值是949.294，卡方值为1225.802，卡方检验的显著水平为0.000小于0.01，说明在技术服务评价的最终模型要优于只含截距的模型，即最终模型显著性成立。从表6-16的拟合优度检验结果来看，Pearson统计量（Sig.=1.000）和偏差统计量（Sig.=1.000）的Sig.都大于0.1，因而可以判断模型对数据的拟合程度较好。

表6-15　技术服务评价模型拟合信息

| 模型 | 模型拟合标准 | 似然比检验 | | |
|---|---|---|---|---|
| | -2倍对数似然值 | 卡方 | df | 显著水平 |
| 零 | 2175.096 | | | |
| 最终 | 949.294 | 1225.802 | 28 | 0.000 |

表6-16　技术服务评价拟合优度检验

| | 卡方 | df | 显著水平 |
|---|---|---|---|
| Pearson | 1278.748 | 1518 | 1.000 |
| 偏差 | 949.294 | 1518 | 1.000 |

三是金融服务评价模型检验结果。

从表6-17的模型拟合信息来看，金融服务评价的最终模型的-2倍对数似然值是964.434，卡方值为1213.434，卡方检验的显著水平为0.000小于0.01，说明在金融服务评价的最终模型要优于只含截距的模型，即最终模型显著性成立。从表6-18的拟合优度检验结果来看，Pearson统计量（Sig.=0.998）和偏差统计量（Sig.=1.000）的Sig.都大于0.1，因而可以判断模型对数据的拟合程度较好。

表6-17　金融服务评价模型拟合信息

| 模型 | 模型拟合标准 | 似然比检验 | | |
|---|---|---|---|---|
| | -2倍对数似然值 | 卡方 | df | 显著水平 |
| 零 | 2177.868 | | | |
| 最终 | 964.434 | 1213.434 | 28 | 0.000 |

表 6 – 18　金融服务评价拟合优度检验

|  | 卡方 | df | 显著水平 |
|---|---|---|---|
| Pearson | 1367.358 | 1518 | 0.998 |
| 偏差 | 964.434 | 1518 | 1.000 |

四是保险服务评价模型检验结果。

从表 6 – 19 的模型拟合信息来看，保险服务评价的最终模型的 – 2 倍对数似然值是 919.414，卡方值为 1261.227，卡方检验的显著水平为 0.000 小于 0.01，说明在保险服务评价的最终模型要优于只含截距的模型，即最终模型显著性成立。从表 6 – 20 的拟合优度检验结果来看，Pearson 统计量（Sig. = 0.664）和偏差统计量（Sig. = 1.000）的 Sig. 都大于 0.1，因而可以判断模型对数据的拟合程度较好。

表 6 – 19　保险服务评价模型拟合信息

| 模型 | 模型拟合标准 | 似然比检验 | | |
|---|---|---|---|---|
|  | – 2 倍对数似然值 | 卡方 | df | 显著水平 |
| 零 | 2180.641 | | | |
| 最终 | 919.414 | 1261.227 | 28 | 0.000 |

表 6 – 20　保险服务评价拟合优度检验

|  | 卡方 | df | 显著水平 |
|---|---|---|---|
| Pearson | 1493.201 | 1517 | 0.664 |
| 偏差 | 919.414 | 1517 | 1.000 |

五是信息服务评价模型检验结果。

从表 6 – 21 的模型拟合信息来看，信息服务评价的最终模型的 – 2 倍对数似然值是 961.562，卡方值为 1220.466，卡方检验的显著水平为 0.000 小于 0.01，说明在信息服务评价的最终模型要优于只含截距的模型，即最终模型显著性成立。从表 6 – 22 的拟合优度检验结果来看，Pearson 统计量（Sig. = 0.997）和偏差统计量（Sig. = 1.000）的 Sig. 都大于 0.1，因而可以判断模型对数据的拟合程度较好。

表 6 - 21　信息服务评价模型拟合信息

| 模型 | 模型拟合标准 | 似然比检验 | | |
|---|---|---|---|---|
| | - 2 倍对数似然值 | 卡方 | df | 显著水平 |
| 零 | 2182.027 | | | |
| 最终 | 961.562 | 1220.466 | 28 | 0.000 |

表 6 - 22　信息服务评价拟合优度检验

| | 卡方 | df | 显著水平 |
|---|---|---|---|
| Pearson | 1372.722 | 1519 | 0.997 |
| 偏差 | 961.562 | 1519 | 1.000 |

六是农资购买服务评价模型检验结果。

从表 6 - 23 的模型拟合信息来看，农资购买服务评价的最终模型的 - 2 倍对数似然值是 932.539，卡方值为 1243.943，卡方检验的显著水平为 0.000 小于 0.01，说明在农资购买服务评价的最终模型要优于只含截距的模型，即最终模型显著性成立。从表 6 - 24 的拟合优度检验结果来看，Pearson 统计量（Sig. = 1.000）和偏差统计量（Sig. = 1.000）的 Sig. 都大于 0.1，因而可判断模型对数据的拟合程度较好。

表 6 - 23　农资购买服务评价模型拟合信息

| 模型 | 模型拟合标准 | 似然比检验 | | |
|---|---|---|---|---|
| | - 2 倍对数似然值 | 卡方 | df | 显著水平 |
| 零 | 2176.482 | | | |
| 最终 | 932.539 | 1243.943 | 28 | 0.000 |

表 6 - 24　农资购买服务评价拟合优度检验

| | 卡方 | df | 显著水平 |
|---|---|---|---|
| Pearson | 1306.988 | 1515 | 1.000 |
| 偏差 | 932.539 | 1515 | 1.000 |

（2）模型估计结果。

由 5 组模型的综合检验结果可判定 5 组模型均可有效地拟合数据。农户对农业社会化服务评价影响因素的 Logistic 模型估计结果如表 6 - 25 所示。

表 6 - 25　农户对农业社会化服务及各项服务的满意度及影响因素分析

| 项目 | 农业社会化服务 | | 技术服务 | | 金融服务 | | 保险服务 | | 信息服务 | | 农资购买服务 | |
|---|---|---|---|---|---|---|---|---|---|---|---|---|
| | 系数 | 显著性 | 系数 | 显著性 | 系数 | 显著性 | 系数 | 显著性 | 系数 | 显著性 | 系数 | 显著性 |
| $X_{11}$ | - 2.455 *** | 0.009 | - 2.956 *** | 0.001 | - 2.457 *** | 0.009 | - 2.676 *** | 0.004 | - 2.478 *** | 0.008 | - 1.942 ** | 0.037 |
| $X_{12}$ | - 4.915 *** | 0.000 | - 5.359 *** | 0.000 | - 4.908 *** | 0.000 | - 5.264 *** | 0.000 | - 5.013 *** | 0.000 | - 4.252 *** | 0.000 |
| $X_{13}$ | - 5.223 *** | 0.000 | - 5.869 *** | 0.000 | - 5.267 *** | 0.000 | - 5.578 *** | 0.000 | - 5.265 *** | 0.000 | - 4.820 *** | 0.000 |
| $X_2$ | 0.859 *** | 0.001 | 0.753 *** | 0.003 | 0.820 *** | 0.001 | 0.953 *** | 0.000 | 0.796 *** | 0.001 | 0.764 *** | 0.002 |
| $X_3$ | - 0.126 | 0.187 | - 0.087 | 0.354 | - 0.075 | 0.427 | - 0.111 | 0.250 | - 0.083 | 0.377 | - 0.150 | 0.121 |
| $X_4$ | - 0.414 *** | 0.002 | - 0.453 *** | 0.000 | - 0.399 *** | 0.002 | - 0.415 *** | 0.002 | - 0.444 *** | 0.001 | - 0.408 *** | 0.002 |
| $X_5$ | - 0.823 ** | 0.024 | - 0.701 ** | 0.048 | - 0.669 ** | 0.056 | - 0.813 ** | 0.031 | - 0.656 * | 0.068 | - 0.689 ** | 0.050 |
| $X_6$ | 0.588 *** | 0.003 | 0.687 *** | 0.000 | 0.702 *** | 0.000 | 0.662 *** | 0.001 | 0.714 *** | 0.000 | 0.789 *** | 0.000 |
| $X_7$ | 0.662 *** | 0.000 | 0.611 *** | 0.000 | 0.583 *** | 0.000 | 0.668 *** | 0.000 | 0.627 *** | 0.000 | 0.666 *** | 0.000 |
| $X_8$ | 0.546 *** | 0.003 | 0.476 *** | 0.007 | 0.503 *** | 0.005 | 0.487 *** | 0.008 | 0.428 ** | 0.015 | 0.433 ** | 0.018 |
| $X_9$ | 0.535 ** | 0.045 | 0.463 ** | 0.075 | 0.388 | 0.138 | 0.504 * | 0.065 | 0.437 * | 0.099 | 0.344 | 0.199 |
| $X_{10}$ | - 0.131 | 0.188 | - 0.184 * | 0.070 | - 0.179 * | 0.072 | - 0.130 | 0.200 | - 0.178 * | 0.074 | - 0.136 | 0.180 |
| $X_{11}$ | - 0.222 | 0.252 | - 0.118 | 0.530 | - 0.279 | 0.138 | - 0.321 * | 0.099 | - 0.196 | 0.302 | - 0.332 * | 0.086 |
| $X_{12}$ | - 0.014 | 0.943 | - 0.037 | 0.843 | 0.055 | 0.766 | - 0.047 | 0.807 | 0.052 | 0.779 | 0.079 | 0.674 |
| $X_{13}$ | - 0.357 | 0.132 | - 0.352 | 0.126 | - 0.343 | 0.140 | - 0.247 | 0.302 | - 0.284 | 0.217 | - 0.146 | 0.536 |
| $X_{14}$ | - 0.196 | 0.131 | - 0.145 | 0.255 | - 0.120 | 0.344 | - 0.113 | 0.385 | - 0.176 | 0.166 | - 0.119 | 0.361 |
| $X_{15}$ | 1.572 *** | 0.000 | 1.686 *** | 0.000 | 1.586 *** | 0.000 | 1.547 *** | 0.000 | 1.580 *** | 0.000 | 1.616 *** | 0.000 |
| $X_{16}$ | - 1.452 *** | 0.000 | - 1.576 *** | 0.000 | - 1.496 *** | 0.000 | - 1.58 *** | 0.000 | - 1.557 *** | 0.000 | - 1.513 *** | 0.000 |
| $X_{17}$ | 1.039 *** | 0.000 | 0.905 *** | 0.000 | 1.059 *** | 0.000 | 1.014 *** | 0.000 | 0.996 *** | 0.000 | 1.137 *** | 0.000 |
| $X_{18}$ | 0.573 *** | 0.002 | 0.542 *** | 0.004 | 0.499 *** | 0.007 | 0.479 ** | 0.012 | 0.517 *** | 0.006 | 0.453 ** | 0.017 |
| $X_{19}$ | 0.604 *** | 0.000 | 0.568 *** | 0.000 | 0.556 *** | 0.000 | 0.611 *** | 0.000 | 0.613 *** | 0.000 | 0.561 *** | 0.000 |
| $X_{20}$ | - 0.163 | 0.402 | - 0.018 | 0.926 | - 0.285 | 0.145 | - 0.032 | 0.870 | - 0.029 | 0.881 | - 0.037 | 0.850 |
| $X_{21}$ | 0.598 *** | 0.001 | 0.705 *** | 0.000 | 0.644 *** | 0.000 | 0.322 * | 0.087 | 0.711 *** | 0.000 | 0.644 *** | 0.001 |
| $X_{22}$ | 0.259 | 0.146 | 0.277 | 0.116 | 0.322 * | 0.064 | 0.292 | 0.107 | 0.251 | 0.156 | 0.048 | 0.797 |

注：*、**和***分别表示在10%、5%和1%水平上显著。

## 6.3.3　结果分析

根据表 6 - 25 的模型估计，可知农户的种植规模、性别、受教育程度、户主是否务农、本人经历、家庭规模、劳动力人口数、到火车站的距离、是否有合作社、是否有专职技术人员、是否有信息服务协会、棉花销售情况、是否购买棉花保险变量对农户评价该服务及各项服务均具有重要影响，有无电视、棉花种植年限、是否有借贷和是否及时获取信息变量对农户评价部分服务有一定显著影响，其他变量同时对各项服务的影响不显著。

6.3.3.1　关键解释变量对棉农评价农业社会化服务的影响

不同种植规模农户对各类服务的评价具有差异，除小规模农户对农资购买服务的评价通过5%的显著性检验外，中等规模和大规模农户对农业社会化服务及各类服务均通过了1%的显著性检验，且6组模型的系数均为负值。

第一，小规模农户。由于小规模农户在之前的共线性检验中被剔除，因而本书中暂时不考虑其对农业社会化服务及各项服务的影响。

第二，中等规模农户。中等规模农户对6组模型均通过了1%的显著性检验且符号为负，说明除中等规模以外的其他规模的农户对该服务及各项服务的评价较好。从回归系数大小来看，中等规模农户变量在技术服务的回归模型中，系数值为-5.359，系数值较大，这说明中等规模农户同样对技术服务的评价有影响。

第三，大规模农户。大规模农户在6组模型中均通过了1%的显著性检验且符号为负，说明除大规模以外的其他规模的农户对该服务及各项服务的评价较好。从回归系数大小来看，大规模农户变量在技术服务的回归模型中，系数值较大，为-5.869，表明大规模农户对技术服务的评价有相对较大的影响。

6.3.3.2　农户个人特征对棉农评价农业社会化服务的影响

从整体来看，农户个人特征变量通过了显著性检验，性别、受教育程度、户主是否务农、本人经历是影响农户评价的主要因素，年龄在5组模型中不显著。

第一，性别变量对农户的评价影响显著。从农户对农业社会化服务及各项服务的评价结果看，性别在6组模型中通过了显著性检验且符号为正，这说明男性作为农业生产活动的主力对各项服务的需求和满意度会高于女性。从6组模型的回归系数值的大小看，该变量在保险服务模型中的回归系数值最大，为0.953，说明在棉农中户主的性别对农户评价保险服务的影响较大。

第二，年龄变量对农户的评价影响不显著。户主年龄在这6组模型中并未通过显著性检验，表明户主年龄不是影响农户评价农业社会化服务及各项服务的主要因素。

第三，受教育程度变量对农户的评价影响较大。以往研究表明，受教育程度对农户评价某一事物有影响，然而在本书中农户的受教育程度变量在这 6 组模型中均通过了 1% 的显著性检验，并且 6 组模型的回归系数值均为负值，说明农户的受教育程度与农户评价农业社会化服务及各项服务呈显著的负相关性，随着农户受教育水平的上升，其对该服务及各项服务的评价相对下降。从 6 组模型的回归系数看，受教育程度变量在技术服务模型中的系数值为 − 0.453，小于其他 5 组模型的回归系数，说明农户对技术服务的评价影响相对较大。同时高学历农户对各项服务的认知深刻且拥有先进的农业知识，倾向于大规模种植，对农业社会化服务的要求高而评价相对较低；低学历农户对各项服务的认识不足且相对保守，倾向于种植小规模农作物，各项服务能满足自身需求，因而其评价较好。

第四，户主是否务农变量对农户的评价有显著的负向影响。户主是否务农变量在本书中的 6 组模型里均通过了 10% 的显著性检验。这说明户主并未务农的农户对社会化服务及各项服务的评价相对较好，一般户主务农的农户能较为真实地感受到农业社会化服务的服务情况对其了解程度较高，因而其要求较高，满意度有所降低。从回归系数的大小来看，户主是否务农变量在农业社会化服务模型和保险服务模型的系数值相对较大，系数值分别是 − 0.823 和 − 0.813，表明户主是否务农对农户评价农业社会化服务和保险服务的影响程度。

第五，本人经历变量对农户的评价有显著正向影响。农户个人经历的差异影响着农户的评价，农户的个人经历变量在这 6 组模型中均通过了 1% 的显著性检验且其系数值为正，表明有特殊经历的农户对该服务及各项服务较满意，有特殊经历的农户其社会经历较丰富，农户敢于大胆尝试，能更好地运用各项服务从事生产活动，农户满意度较高。

### 6.3.3.3 农户家庭与生产特征对棉农评价农业社会化服务的影响

在农户的家庭与生产特征中家庭规模、劳动力人口数变量对农户评价农业社会化服务及各项服务均有显著的影响，有无电视、棉花种植年限、棉花收入占比变量对部分服务有显著影响，家庭社会关系、是否参加合作组织和风险偏好对农户的评价影响不显著。

第一，家庭规模变量对农户的评价有显著正向影响。家庭规模在农业社会化服务及其各项服务评价的模型中均通过了 1% 的显著性检验，且系数为正，表明在其他条件不变的情况下，随着家庭人口数增加，棉农的评价相应上升，这可能是因为随着家庭规模扩大，从事农业生产活动相对轻松，农户种植规模不断扩大，同时随着农业社会化服务及各项服务的推广，农业生产更加便利、农户收入增加，其评价也相应提高。

第二，劳动力人口数变量对各项服务的影响具有差异。劳动力人口数变量在农业社会化服务模型、技术服务模型、金融服务模型和保险服务模型中都通过了1%的显著性检验，在信息服务和农资购买服务模型中均通过了5%的显著性检验，且都与因变量之间存在正向关系。这说明农户的劳动力人口数越多，农户对该服务及各项服务的满意度相对较高，从模型的回归系数看，这6组模型的系数值均较小，说明劳动力人口数对农户评价农业社会化服务及各项服务的影响较小。

劳动力人口数在6组模型中均通过了显著性检验，且存在正相关关系，原因可能是务农劳动比例在一定程度上反映了农户的家庭生产结构，劳动力人口比例越大，农户对农业生产的依赖性相对较大，农户会采用农业社会化服务及各项服务的驱动力较大，因此对其的评价更能反映农户的真实情况。

第三，有无电视变量对各项服务的影响不同。有无电视变量除对农户评价金融服务和农资购买服务无显著影响外，对农业社会化服务及其他各项服务具有显著影响，且都存在正向关系。原因可能是农户获得资金等金融服务和农户购买农资等无须直接从电视中获取信息，因而有无电视对农户来说对其评价金融服务和农资购买服务的影响较小。而有无电视变量对农户评价农业社会化服务、技术服务、保险服务、信息服务有显著的影响，从这4组模型的回归系数看，该模型的回归系数值均超过0.6，因而该变量对农户的评价影响较小。

第四，棉花种植年限变量对部分服务具有显著影响。棉花种植年限变量对技术服务模型、金融服务模型和信息服务模型的影响显著，且具有负向影响，均通过了10%的显著性检验，然而对农业社会化服务模型和其他模型无显著影响，表明棉区农户对技术服务、金融服务、信息服务的评价受棉花种植年限的影响较大。随着棉农种植年限的增加，其对技术服务、金融服务、信息服务的满意度随之下降。这可能是因为随着时间的增加，棉农已经掌握了熟练的种植棉花技术，而对技术服务的需求相对减少；同时种植棉花所需的资金也有一定程度的积累，对农业信息的需求下降，因而农户对这3项服务的满意度有所下降。

第五，棉花收入占比变量仅对农资购买服务具有显著影响。棉花收入占比变量仅对棉农评价农资购买服务有负向影响，且通过了1%的显著性检验，这可能是因为随着棉花收入占比的增加，农户对各项服务的需求增大、要求提高，而农户的评价降低。棉花收入占比对除农资购买服务模型以外的其他模型无显著影响。

第六，家庭社会关系、是否参加合作组织和风险偏好变量对农户评价无影响。

家庭社会关系变量、是否参加合作组织变量及风险偏好变量对农业社会化服务及各项服务的影响不显著。这表明家庭社会关系、是否参加合作组织和风险偏好不是影响农户评价社会化服务的关键因素。

#### 6.3.3.4　村庄情况对棉农评价农业社会化服务的影响

村庄情况变量中除了是否有信息服务协会变量对农户评价保险服务和农资购买服务的影响不显著，其他变量对各项服务均有显著影响。随着农村经济体制的不断深化与改革，农村中出现了由许多专业大户及"技术人员"或"信息人员"等带头组成的农村专业合作组织、信息协会等，为农户提供了便利。

第一，村庄到火车站的距离变量对农户的评价具有正向影响。在 6 组模型中，村庄到火车站的距离变量均通过了 1% 的显著性检验，且符号为正，这表明交通便利的地区各类服务的情况较好，农户对其的要求较高，其满意度反而有所降低。从回归系数的大小看，在 6 组模型中，回归系数均大于 1，其中技术服务模型中的回归系数最大且为 1.686，系数值较大，说明村庄到火车站的距离对农户评价该服务及各项服务的影响显著。

第二，村庄中是否有合作社变量对农户的评价有负向影响。村庄中是否有合作社对棉农评价农业社会化服务及各项服务有负向影响并通过了 1% 的显著性检验，表明随着合作社在农村的广泛推广，农户倾向于种植中等或大规模农作物，合作社作为各项服务的纽带为农户提供了先进的生产技术、资金支持、信息服务等条件利于农业生产，其满意度通常应当有所提高，随着农户对合作社的需求增加，农户对其的要求相应增大，农户的满意度有所降低。

另外，从模型的回归系数看，农业社会化服务模型、技术服务模型、金融服务模型、保险服务模型、信息服务模型及农资购买服务模型的回归系数值分别为 -1.452、-1.576、-1.496、-1.580、-1.557、-1.513，系数值均较大，说明村庄中是否有合作社对农业社会化服务及各项服务的影响较大。

第三，村庄中是否有专职技术人变量对农户的评价具有正向影响。村庄中是否有专职技术人员对棉农评价农业社会化服务及各项服务有正向影响，且通过了 1% 的显著性检验，表明农户逐渐意识到注重专职技术人员的作用，专职技术人员为各类农户提供了先进的生产技术，因而农户的满意度不断上升。从模型回归系数来看，在6组模型中，其中农资购买服务模型的回归系数值为1.137，说明村庄中是否有专职技术人员对农资购买服务的影响相对较大。

第四，村庄中是否有信息协会变量对农户的评价显著性具有差异。村庄中是否有信息服务协会变量对社会化服务有显著的正向影响，且6组模型均通过了5%的显著性检验，这可能是因为村庄中的信息服务协会可为棉农提供大量有用的信息，利于农业生产。从模型回归系数的大小看，6组模型的系数处于0.4～0.6，系数值较小，表明村庄是否有信息协会对农户评价影响较小。

6.3.3.5　农户获得农业社会化服务状况对棉农评价农业社会化服务的影响

在农户获得农业社会化服务状况中，棉花销售情况对各项服务的评价影响显著，是否有借贷变量对各项服务的影响不显著。

第一，农户棉花销售情况变量对农户的评价有正向影响。棉花销售情况对农户评价农业社会化服务及各项服务有显著的正向影响，且通过了1%的显著性检验，表明随着农户销售棉花的困难程度降低，农户对各项服务的满意度逐渐上升，种植棉花面积较大的农户，棉花产量较高，"如何销售，销售给谁"等问题是困扰农户的重要问题，销售问题得到解决使得其满意度逐渐上升。从回归模型的系数大小看，6组模型的回归系数均未超过1，可见农户棉花销售情况对棉农评价农业社会化服务及各项服务有影响但影响较小。

第二，农户是否有借贷变量对农户的评价无影响。棉区农户是否有借贷变量对社会化服务无显著的影响，表明该变量不是影响农户评价社会化服务的主要因素。

第三，农户是否购买棉花保险变量对农户的评价有正向影响。农户是否购买棉花保险对其评价农业社会化服务及各项服务均有显著的正向影响，且通过了1%的显著性检验，这表明随着保险服务在农村的推广，农户对保险服务的认知能力得到提升，逐渐认识到保险服务对农户从事农业生产的重要性，因而其对社会化服务的评价相对较高。从6组模型的回归系数大小看，它们的回归系数值都没有超过1，回归系数值都比较小，表明农户是否购买棉花保险对农户的评价影响较小。

第四，农户是否及时获得信息变量仅对金融服务影响显著。是否及时获取信息变量仅对金融服务影响显著，并且在该模型中通过了10%的显著性检验，表明农村金融机构在农村中的服务较好，农户可获得较多有利信息，因而农户对其的评价较好。

# 6.4　本章小结

本章通过运用课题组对棉区社会化服务状况的调研数据，分析新疆棉区农户对农业社会化服务的评价概况、不同棉区农户对其的满意度差异（具体以南疆和北疆棉区农户对其的满意度差异为主）及不同种植规模农户，风险偏好异质性农户，年龄异质性农户，受教育程度异质性农户等对农业社会化服务的评价差异。由具体分析可知，农户对农业社会化服务总体评价较好且呈"倒 V 形"分布。首先，不同地域棉农对其的评价不同。棉农对农业社会化服务的评价除喀什棉区的农户对其评价为"满意"之外，其他 4 大棉区农户的评价均以"基本满意"为主，农户对农业社会化服务的态度为"不满意"以及"不太满意"的农户均较少。总体上，北疆棉区的农户对该服务是"基本满意"的态度，棉农的态度为"不满意"和态度为"很满意"的人数所占比重均较少，而南疆棉区的大部分棉农对农业社会化服务的评价为"基本满意"的人数和态度为"满意"的人数居多。其次，不同种植规模农户对农业社会化服务的评价不同，中等规模和大规模农户评价"基本满意"的居多，0.6% 的小规模农户评价"不满意"。再次，总体上风险中立型农户占多数，占 51.2%，评价为"基本满意"的农户居多，占 45.4%，这与大多数学者的研究一致，通常大部分农户对风险的追求是一种中立状态，同时农户对其的评价为"基本满意"。又次，总体上棉区农户以 41~50 岁的中年农户居多，占总体比例的 37.7%。25 岁及以下和 61 岁及以上的棉农所占比例较少，分别占 3% 和 9%，年龄段处于 26~40 岁的棉农占 30.7%，各个年龄段的农户对社会化服务的评价持"基本满意"态度的棉农和态度为"满意"的棉农所占比例较高，占 76.3%。最后，从总体上看，农户中有 50.9% 的农户，他们的受教育水平是初中，同时他们在本次调查中的比重占被调查农户的 1/2，45.4% 的农户评价为"基本满意"。并运用多元有序 Logistic 回归模型分析了棉区被调查的 1726 户农户对农业社会化服务的评价，同时找出了影响棉区农户评价的因素，根据分析可知，棉农的种植规模、性别、受教育水平、户主是否务农、本人经历、家庭规模、劳动力人口数、到火车站的距离、是否有合作社、是否有专职技术人员、是否有信息协会、棉花销售情况、是否购买棉花保险变量对农户评价农业社会化服务及各项服务均有重要影响，有无电视、棉花种植年限、是否有借贷和是否及时获取信息变量对农户评价部分服务有显著影响，其他变量同时对各项服务的影响不显著。

# 第7章 新疆棉区农业社会化服务结构性失衡研究

## 7.1 当前新疆棉区农业社会化服务供求现状分析

### 7.1.1 农业社会化服务需求异质性凸显

新疆棉区社会化服务存在需求异质性特征，从图7-1可以看出，整体上农户对社会化各项服务的需求呈"凸状"不均衡分布，对技术、金融、保险及信息服务表现出需求状态，棉农对各项社会化服务的需求程度由"不需要—一般需要—需要"递增，至棉农"需要"社会化服务达最大值，接着从"需要—很需要—强烈需要"依次递减，不需要和强烈需要的棉农均占较小比重，二者之和不超过20%，50%以上的棉农表示需求各项服务。具体分析可知，棉农对保险服务的需求程度高于其他各项服务，后半段则呈低于其他各项服务的状态；棉农最需要的是金融服务，其中不需要金融服务的农户仅1%，强烈需要金融服务的棉农达19%，可见棉农对资金的需要强烈于其他服务，农户需要金融服务与其他服务间也存在不均衡；另外棉农很需要的社会化服务也有差异，22%的棉农很需要技术服务，很需要保险服务的棉农较少，这可能是因为棉农对保险服务的认知水平有限。最后若将棉农对农业社会化服务的需求层次归纳为两类，其中将一般需要、需要、很需要、强烈需要归为"需要农业社会化服务"，不需要即"不需要农业社会化服务"，看出棉农对农业社会化服务的需求较大且77%以上的棉农对其均有需求，服务需求排序依次为技术服务＞金融服务＞信息服务＞保险服务，技术服务是最需要的服务，需求棉农达90%。由此可知，棉农对农业社会化服务是需求的，棉农对农业技术的需求较大，也反映出现实中农业技术服务供给并没有完全满足棉农的需求，使得棉农对技术服务的需求显著提升。

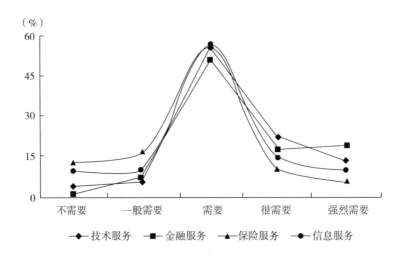

图 7 - 1　棉农对农业社会化服务的需求程度

数据来源：由实际调研的新疆棉区 1726 户农户的数据整理所得。

### 7.1.2　农业社会化服务内容结构性失衡显著

本书从棉农对社会化服务需求的视角探析新疆农业社会化服务结构性失衡（不考虑不需求农业社会化服务的棉农），界定：若棉农对某一社会化服务内容有需求，但相应服务机构并未提供该服务，棉农并未获得该项服务，那么社会化服务内容存在结构性失衡；若棉农对某一社会化服务有需求，但并未有服务渠道能够提供所需服务，棉农未获取该服务，则社会化服务渠道存在结构性失衡。新疆棉区农业社会化服务在服务内容上存在结构性失衡（见表 7 - 1）。首先，从农户满意程度上分析棉农对当前新疆农业社会化服务的评价，整体上棉农对农业社会化服务持基本满意态度，持不满意和不太满意态度的农户占比较小仅 12.9%。棉农对保险服务持不满意态度的占比最高，达 26.3%；仅 14.7% 的农户对金融服务不满意，金融服务基本能满足棉农所需，对农业技术、农资购买、农业信息及销售服务不满意的农户占比分别为 15.2%、21.1%、18.7% 和 21.3%，表明农业社会化服务有较大发展空间，棉农期望改善农业社会化各项服务以促进农业生产。

表7-1　新疆棉区农户获得农业社会化服务相关内容获得情况　　单位:%

| 项目 | 服务内容 | 未获得占比 | 获得占比 | 项目 | 服务内容 | 未获得占比 | 获得占比 |
|---|---|---|---|---|---|---|---|
| 金融服务 | 组织贷款 | 29 | 71 | 技术服务 | 新品种技术 | 28 | 72 |
| | 专业组织提供资金 | 42 | 58 | | 播种技术 | 21 | 79 |
| | 贷款的担保 | 25 | 75 | | 地膜覆盖技术 | 24 | 76 |
| | 组织帮助购买农业保险 | 32 | 68 | | 田间栽培管理 | 33 | 67 |
| | 提供信用评级证明 | 33 | 67 | | 病虫害防治 | 22 | 78 |
| | 介绍贷款渠道 | 36 | 64 | | 科学施肥 | 31 | 69 |
| | 组织农户集体贷款 | 33 | 67 | | 节水灌溉技术 | 26 | 74 |
| 信息服务 | 科学、技术信息 | 32 | 68 | | 农药安全使用技术 | 24 | 76 |
| | 价格信息 | 28 | 72 | | 机械采收技术 | 38 | 62 |
| | 供求信息 | 45 | 55 | | 秸秆粉碎技术 | 35 | 65 |
| | 农药等农资信息 | 34 | 66 | | 地膜回收技术 | 34 | 66 |
| | 行情预测信息 | 45 | 55 | 农资购买服务 | 优良品种购买服务 | 20 | 80 |
| | 政策、法规信息 | 32 | 68 | | 农药的购买与使用 | 14 | 86 |
| | 劳务用工信息 | 34 | 66 | | 化肥的购买与使用 | 14 | 86 |
| | 气象信息 | 23 | 77 | | | | |

数据来源：由实际调研的新疆棉区1726户农户的数据整理所得。

　　棉农实际取得的社会化服务及期望获得的服务与社会化服务主体提供的服务有差异是农业社会化服务供给结构性失衡的重要原因。从内容上看，农业技术服务存在供需结构性失衡问题。棉农获得的技术服务种类较多，涵盖新品种与播种、地膜覆盖与田间管理、病虫防治与科学施肥、节水灌溉与农药使用、机械采收与秸秆粉碎及地膜回收技术等。部分农户并未获得相应技术服务，20%~40%的棉农并未获得相关农业技术，强烈需求技术服务的棉农占较大比重，44.6%的棉农最需要新品种技术，17.7%的棉农需要播种技术，棉农对秸秆粉碎技术的需求仅占1%。

　　棉农获得的金融服务随农村金融体系发展而增多，仍存在不少棉农未获得相应服务，其中未获得各项金融服务的农户占20%~45%，42.1%的棉农并未获得专业组织提供的组织信贷资金服务。棉农对农村金融机构提供的贷款服务需求强烈，但由于服务内容及范围限制，棉农获得的服务存在地域供给差异。农户获得信息服务的及时性很大程度上影响棉农种植。由实际调研得知，棉农对信息服务的需求程度高，但农户实际获得的农业信息相对贫乏，45％的棉农不能获得棉花市场行情及供求信息，77％的棉农可获得气象信息，67％的棉农获得科学、技术及政策、法规信息，棉农可获得大部分有效信息但依旧不能获取部分关键信息，使得棉农信息获取与运用间不匹配，影响农户从事农业生产。近几年，随着保险行业的拓展，保险逐渐服务农业并为棉农承担相应风险，但保险机构为棉农提供的保险业务尚不完善，地区间保险服务水平参差不齐，棉农实际获取的保险服务与所需存在结构性失衡。农资购买服务受区域经济差异、交通及农资公司等的影响，农民切实享受的农资购买服务质量不同，棉农实际的需求更偏向农资的获取渠道、农资类型及能否提供所需农资等，农资公司也许受部分特殊原因影响未提供部分服务，使棉农所需的化肥、种子、农药等农资得不到及时供应，制约农业生产。

### 7.1.3 农业社会化服务内容及渠道结构性失衡显著

农业社会化服务的供应渠道存在结构性失衡，农业社会化服务方式及内容差异致使棉农获得技术、信息、金融、农资购买及销售服务的渠道不同。受自然条件、社会经济因素、政府支持及各服务主体服务质量的影响，农业社会化服务渠道存在结构性失衡。棉农获得的技术服务渠道有技术示范、观摩，互联网，手机平台，书刊报纸以及科教录像光盘和讲座等。棉农获得的金融服务来自金融机构、民间借贷组织等。从保险公司获取保险服务。获得的信息技术来自信息服务中心，服务站以及互联网平台、电视、广播等渠道。由农资公司、合作社等组织提供农资服务。棉花销售大多依赖政府，由政府联系销售渠道或销售协会及专业合作组织提供服务。各组织为棉农提供服务，但由于服务渠道偏少，未及时将其传递给农户，影响棉农从事农业生产，可见解决农业社会化服务渠道结构性失衡问题对其从事农业生产意义重大。

由表7-2可知，技术、信息及农资购买服务的各服务渠道存在较大的结构性失衡，棉农实际获得的各项服务渠道与其期望获得的渠道间有较大差异且失衡比重均达50％以上，表明棉农不能及时获取农业社会化服务，各项服务的服务渠道亟待拓宽，须根据棉农实际需求开展服务，以便达到因需所供的目的。

表7-2　新疆棉区农业社会化各服务渠道结构性失衡　　　　单位:%

| 项目 | 服务内容 | 失衡占比 | 未失衡占比 | 项目 | 服务内容 | 失衡占比 | 未失衡占比 |
|---|---|---|---|---|---|---|---|
| 技术服务 | 新品种技术 | 55 | 45 | 信息服务 | 科学、技术信息 | 52 | 48 |
| | 播种技术 | 58 | 42 | | 价格信息 | 56 | 44 |
| | 地膜覆盖技术 | 57 | 43 | | 供求信息 | 58 | 42 |
| | 田间栽培管理 | 59 | 41 | | 农药等农资信息 | 61 | 39 |
| | 病虫害防治 | 59 | 41 | | 行情预测信息 | 56 | 44 |
| | 科学施肥 | 60 | 40 | | 政策、法规信息 | 55 | 45 |
| | 节水灌溉技术 | 61 | 39 | | 劳务用工信息 | 58 | 42 |
| | 农药安全使用技术 | 58 | 42 | | 气象信息 | 57 | 43 |
| | 机械采收技术 | 60 | 40 | 农资购买服务 | 优良品种的购买与服务 | 66 | 34 |
| | 秸秆粉碎技术 | 60 | 40 | | 农药的购买与使用 | 64 | 36 |
| | 地膜回收技术 | 59 | 41 | | 化肥的购买与使用 | 63 | 37 |

数据来源:由实际调研的新疆棉区1726户农户的数据整理所得。

### 7.1.4　区域农业社会化服务布局不均衡

新疆棉区农业社会化服务的服务人员包括农业技术人员、推广人员、信息服务人员、保险服务人员、金融机构服务人员、农资销售服务人员、合作社组织机构服务人员等,服务机构涵盖农业技术推广站、农业信息协会、合作社组织、龙头及乡镇企业、村集体等,本书中依调研情况以其中部分服务人员及机构为例展开深入分析。由调研可知,除棉区有技术服务人员的比重高于没有技术服务人员的比重外,棉区没有信息服务人员、合作组织及信息服务协会的比重均较高,且各项服务的服务人员及机构数目有一定差异,棉区各项社会化服务人员、机构数目及有无实质是一种不均衡的体现。具体见图7-2。

另外,新疆棉区农业社会化服务存在区域分布不均衡的现象,五大棉区各项服务人员及机构占比均存在不均衡现象,见表7-3。从横向上分析各大棉区的情况可知,巴州棉区的技术服务人员及信息服务人员相对较多,占比达到60%以上,拥有合作社及信息服务协会等机构相应较少;阿克苏棉区及喀什棉区除技术人员占比过半以外,信息服务人员、合作组织机构及信息服务协会均未过半,可见阿克苏棉区作为南疆的大棉区之一,喀什棉区作为南疆特困少数民族地区经济发展的源泉,社会化服务人员数目有待增加,服务机构个数及质量有待提高、

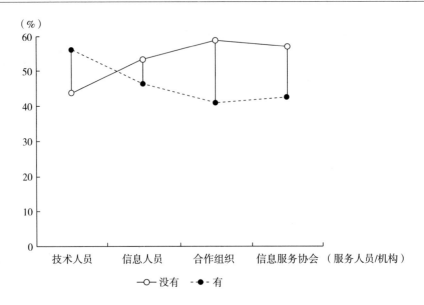

**图 7 - 2  新疆棉区社会化服务人员/机构情况**

数据来源：由实际调研的新疆棉区 1726 户农户的数据整理所得。

**表 7 - 3  新疆不同棉区社会化服务人员/机构情况**　　　　　单位：%

| | | 技术人员占比 | 信息人员占比 | 合作组织占比 | 信息服务协会占比 |
|---|---|---|---|---|---|
| 巴州棉区 | 没有 | 18 | 37 | 72 | 52 |
| | 有 | 82 | 63 | 28 | 48 |
| 阿克苏棉区 | 没有 | 45 | 57 | 63 | 62 |
| | 有 | 55 | 43 | 37 | 38 |
| 喀什棉区 | 没有 | 48 | 67 | 75 | 56 |
| | 有 | 52 | 32 | 25 | 44 |
| 塔城棉区 | 没有 | 75 | 60 | 41 | 56 |
| | 有 | 25 | 40 | 58 | 44 |
| 昌吉棉区 | 没有 | 36 | 40 | 34 | 58 |
| | 有 | 64 | 60 | 66 | 42 |

数据来源：由实际调研的新疆棉区 1726 户农户的数据整理所得。

塔城棉区的合作组织占比达 50% 以上，其他服务人员及机构数目均未过半，这与塔城棉区的自身发展有关，沙湾县及乌苏市是塔城棉区的重要构成，沙湾县的合作社组织数目较多且服务质量较好，但该区域技术人员及信息服务方面仍需提高；昌吉棉区作为北疆棉区的重要构成，包含呼图壁县、玛纳斯县等棉花大县，总体上各社会化服务人员及组织机构发展较好，信息服务协会占比较小，而拥有信息服务协会达40%左右。从纵向分析，各棉区拥有技术人员的占比除塔城棉区外，其他均达到52%以上；巴州棉区及昌吉棉区的信息服务人员占比高于其他棉区，表明该棉区信息服务相应较好；就合作组织占比，北疆棉区整体上合作组织占比均高于南疆棉区，南疆棉区合作组织占比不足35%；从全疆信息服务协会占比看，各棉区信息服务协会均不足50%，全疆信息服务机构建设需要不断完善，信息服务水平亟待提高。

## 7.2 新疆棉区农业社会化服务结构性失衡统计描述

借鉴于雅雯（2016）对农业信息服务结构性失衡的定义，界定农业社会化服务结构性失衡是指若棉农对某项具体社会化服务有需求，但未有服务机构供给服务，棉农实际也未获得，那么社会化服务存在结构性失衡。同时将农业社会化服务的有供有需定义为农业社会化服务均衡；将农业社会化服务的有供无需和无供有需定义为农业社会化服务的结构性失衡。实际调查结果显示可以用各项服务内容、供给主体和服务渠道的结构性失衡表征新疆棉区社会化服务结构性失衡现象。

### 7.2.1 农业社会化服务供给主体结构性失衡

本书中将农业社会化服务主体结构性失衡概括为若棉农对农业社会化服务有需求，但服务供给主体与棉农实际期望供给主体不同，则服务供给主体存在结构性失衡。新疆棉区农业社会化服务供给主体结构性失衡表现在农业社会化服务供给主体与农户理想需求主体间的不均衡。新疆棉区金融、信息和技术服务的供给主体呈现多元化趋势，金融服务供给主体除银行等金融机构外，还涉及农业合作经济组织、企业、村集体等；信息服务供给主体除信息服务协会外，涵盖合作社、学校/科研单位、村集体/村组织、互联网平台等新兴媒介；技术服务的供给主体包含农业技术推广部门、基层技术服务组织、农民专业技术协会、村集体、科研院所等。由图 7-3 可知棉区金融服务供给主体结构性失衡比重与均衡比重相差较小，金融服务各项具体服务的供给主体结构性失衡程度不明显，失衡比重均在 45% ~50%；信息和技术服务供给主体的结构性失衡现象较为突出，服务失衡占比均大于服务均衡占比。其中各项信息服务供给主体结构性失衡最为突出的是农资信息服务，失衡比重达到 67%，其次是供求信息和行情预测信息，表明当前棉区农资服务供给主体不足，部分服务并未满足棉农的实际需求，因此可从增设农资服务供给主体入手提高农资服务水平；各项技术服务的供给主体失衡现象凸显，其中失衡最为突出的是科学施肥与机械采收技术，比重分别达 62.75%和 62.28%，说明科学施肥与机械采收技术的供给主体不足以满足棉农的需求，二者供给主体服务系统有待完善，服务水平亟待提高。

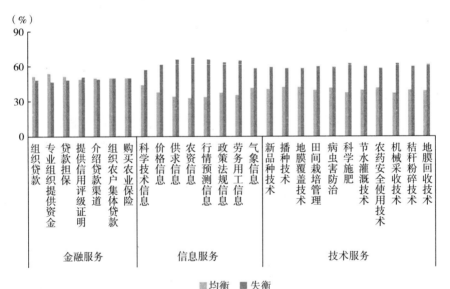

**图 7-3　新疆棉区农业社会化服务主体结构性失衡统计**

数据来源：由实际调研的新疆棉区 1726 户农户的数据整理所得。

## 7.2.2　农业社会化服务内容结构性失衡

农业社会化服务内容结构性失衡是指当前棉区供给的各项农业社会化服务内容与棉农实际需求的社会化服务内容之间的不均衡现象。由调研结果可知，新疆棉区农业社会化服务的各项服务内容供给基本能够满足棉农的实际需求，整体上服务内容结构性失衡比重不高，但棉区依旧存在服务内容的结构性失衡现象。金融、信息、技术和农资各项服务内容的均衡比重均大于失衡比重，但仍然不能忽略棉区农业社会化服务内容的结构性失衡现状，需在保持各项服务内容供给的同时由棉农的真实所需提供更充裕的服务内容，从而降低服务内容结构性失衡的比重，促进植棉业的发展。从图7-4可知，从各项服务的失衡比重看，金融服务中专业组织提供专项资金的失衡占比最大，达41.71%；信息服务中行情预测信息的失衡比重达到48.67%，是失衡最为严重的信息服务；地膜回收技术是技术服务中失衡占比最大的服务内容；优良品种的购买与服务是农资服务中失衡占比较大的服务内容，其占比达27.06%，表明专业组织提供专项资金服务、行情预测信息服务、地膜回收技术服务及优良品种的购买与服务是和棉农的植棉生产息息相关的服务内容，而棉农实际获取也相对较难，其结构性失衡比重增加，因此可从增设专业组织提供专项资金服务、强化农业信息服务协会对棉花行情的信息预测功能、广泛推广残膜回收技术、加大对农资服务的监管为棉农提供优良品种的购买与服务等方面降低农业社会化服务结构性失衡的比重。

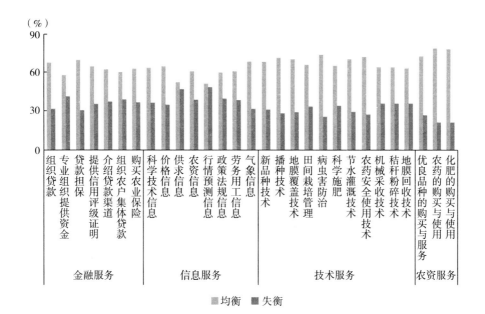

**图7-4 新疆棉区农业社会化服务内容结构性失衡统计**

数据来源：由实际调研的新疆棉区1726户农户的数据整理所得。

### 7.2.3 农业社会化服务渠道结构性失衡

农业社会化服务渠道结构性失衡指棉农对农业社会化服务有需求，但未有渠道提供该服务且棉农未获取该服务，则服务渠道存在结构性失衡。总体上，新疆棉区农业社会化服务渠道结构性失衡较严重，由图7-5可知，各项服务的失衡比重均已达50%以上，尤其农资服务各项服务内容的服务渠道结构性失衡占比均达到60%以上，说明棉区农资服务供给的渠道需要一定改善，虽然有提供充足的农资供应，但由于地区经济、服务水平的差别，棉农实际获得的农资服务渠道与实际供给渠道之间存在较大的偏差，因而拓宽农资服务渠道对于缓解棉农获取困难，提高农资服务水平影响深远。技术服务和信息服务渠道的结构性失衡现象较为突出，各区域的农业社会化服务在长期的发展过程中，已形成较为固定的体系，棉农实际获得的技术和信息服务渠道也相对稳定，但由于科技的革新、植棉业的发展，一系列新兴技术、新的服务信息的出现使得传统的技术及信息服务渠道已不能满足棉农的实际需求，因此技术和信息服务渠道的拓宽及改善对于新常态下植棉业的发展意义非凡。

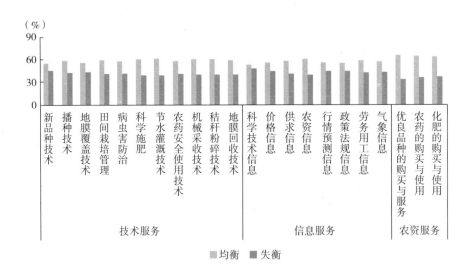

**图7-5 新疆棉区农业社会化服务渠道结构性失衡统计**

数据来源：由实际调研的新疆棉区1726户农户的数据整理所得。

# 7.3 新疆棉区农业社会化服务结构性失衡的实证研究

## 7.3.1 研究假设和模型建立

本书提出了影响新疆棉区农业社会化服务结构性失衡因素的假说模型（见图7-6）。假说模型中用农业社会化服务主体、内容及渠道结构性失衡来表征农业社会化服务结构性失衡，并将其作为潜在因变量，以农户禀赋、村庄特征、社会交往活动、需求程度和供给评价作为潜在自变量。其中农户禀赋涵盖性别、族别、年龄、所在棉区、家庭规模、家庭劳动力数量、家中有无电视、植棉规模和植棉风险偏好；村庄特征包括是否有合作组织、是否有专职技术人员、是否有信息服务人员；社会交往活动涉及县域社会网络关系、与其他农户的关系、农业生产交流频率和是否参与合作组织；需求程度包括技术、金融、信息和农资服务的需求程度；供给评价涵盖整体评价、技术、金融、信息、农资服务评价。综合相关文献、理论基础以及本书的主要内容，提出了如下5个研究假设：

H1：农户禀赋对农业社会化服务结构性失衡有正向影响。

H2：村庄特征对农业社会化服务结构性失衡有负向影响。

H3：社会交往活动对农业社会化服务结构性失衡有负向影响。

H4：需求程度对农业社会化服务结构性失衡有正向影响。

H5：供给评价与农业社会化服务结构性失衡具有负相关性。

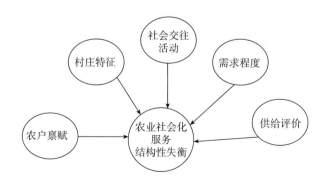

图7-6 农业社会化服务结构性失衡影响因素的假说模型

### 7.3.2 研究方法与变量的选取

#### 7.3.2.1 研究方法

通常学者选用 Logistic 回归或者 Probit 模型等探究影响因素的问题，但二者并不能反映潜变量之间的关系。为此依据研究内容并结合实际调研，本书选用因子分析和结构方程模型，测度影响棉区社会化服务结构性失衡的主要因素。

（1）因子分析。

因子分析是一种数据简化的技术，其目的是从多个原始变量中归纳出潜在"类别"，相关性强的指标归为一类，不同类间变量的相关性相对较低，每一类变量代表了一个"共同因子"。因子分析包括探索性因子分析和验证性因子分析，通过信效度检验后的量表，利用探索性数据分析清除冗余信息，达到优化量表的目的（韩剑萍、李秀萍，2018）。而验证性因子分析是对社会调查数据进行的一种统计分析，用来检查预设因子模型与实际数据间是否达成一致，也是假设得到检验的过程。因此本书参考李伟等的相关研究，运用因子分析找出影响农业社会化服务结构性失衡的主要因子，假设有 k 个原始变量，表示为 $X_1$，$X_2$，$\cdots$，$X_k$，而 k 个变量可由 n 个因子 $H_1$，$H_2$，$\cdots$，$H_k$ 表示为线性组合。其基本公式为：

$$X_1 = a_{11}H_1 + a_{12}H_2 + \cdots + a_{1n}F_n + \varepsilon_1$$
$$X_2 = a_{12}H_1 + a_{22}H_2 + \cdots + a_{2n}F_n + \varepsilon_2$$
$$\cdots\cdots$$
$$X_k = a_{k1}H_1 + a_{k2}H_2 + \cdots + a_{kn}F_n + \varepsilon_k \tag{7-1}$$

其中，X 为可观测的 k 维度变量矢量；H 为因子变量矢量，每一分量表示 1 个因子，即公因子；矩阵 A 为因子载荷矩阵，元素 $a_{ij}$ 为因子载荷，$\varepsilon$ 为原始变量中不能用因子解释的部分。

（2）结构方程。

结构方程模型，简称 SEM，也叫协方差结构模型或者因果模型，是基于变量的协方差矩阵来分析变量间关系的统计方法。通常传统的统计模型中存在缺陷，如线性回归模型中允许因变量存在误差，假设中自变量不含有误差，而实际自变量可能存在误差；另外多变量之间的关系比较复杂，有时并不能用几个变量解释因变量；因子分析中要求潜在因子相互独立，实际问题中，有些潜在因子间存在一定关联或依存关系，因此本书研究中选用结构方程模型进行深入探究。借鉴吴林海和刘胜林等（2011）的相关研究，结构方程模型包括测量模型和结构模型，结构模型用来反映潜变量结构之间的关系，测量模型可以反映可测变量与潜变量间的关系，SEM 通常由以下 3 个矩阵方程式代表：

$$Y = \Lambda_y \eta + \varepsilon \tag{7-2}$$

$$X = \Lambda_x \xi + \sigma \tag{7-3}$$

$$\eta = B\eta + \Gamma\xi + \zeta \tag{7-4}$$

式(7-1)和式(7-2)为测量模型，X 为外生潜变量的可测变量，Y 为内生潜变量的可测变量，$\Lambda_x$ 和 $\Lambda_y$ 为因子载荷矩阵，分别表示外生潜变量与其可测变量的关联系数矩阵和内生潜变量与其可测变量的关联系数矩阵，$\varepsilon$ 和 $\sigma$ 为误差项。式(7-3)为结构模型，方案 $\eta$ 为内生潜变量，$\xi$ 为外生潜变量，$\eta$ 通过 B 和 $\Gamma$ 系数矩阵和误差向量 $\zeta$ 将内生潜变量和外生潜变量联系起来。而潜变量可以通过测量模型中的可测变量来反映。

#### 7.3.2.2  变量的选取

结合文献及实际调研地区棉农的基本特征，针对棉区农业社会化服务结构性失衡结构方程模型中的基本假设进行变量设置，并将其转化为调研中的具体问题。整体上，问卷主要涵盖农户的基本特征、家庭特征、村庄特征、农业社会化服务的供给及农户的需求现状、农户对农业社会化服务的评价等内容，关于农户的需求程度/满意度的设计，本书采用李克特 5 级量表进行表述，1~5 依次表示"不满意/不需要，不太满意/无所谓，基本满意/需要，满意/很需要，很满意/强烈需要"。依据研究假设拟选取的变量见表 7-4。

### 7.3.3  实证分析

#### 7.3.3.1  信度、效度检验及探索性因子分析

信度又称为可靠性，是指问卷的可靠程度，主要表现为检测结果的一贯性、一致性、再现性、稳定性。关于信度的检验，学术界一致认为 Cronbach's alpha 系数和折半信度系数作为测量指标可以检验问卷的信度，通常信度系数为 0~1，若量表的信度系数在 0.9 以上表示量表的信度很好；若量表的信度系数为 0.5~0.9 表示量表的信度可以接受；若量表的信度系数为 0.5~0.7 表示量表有些项目需要修订；若量表的信度系数在 0.5 以下表示有些项目需要抛弃（吴林海，2011）。

表 7-4　新疆棉区农业社会化服务结构性失衡变量选取

| 潜变量 | 可测变量 | 变量代码 | 潜变量 | 可测变量 | 变量代码 |
|---|---|---|---|---|---|
| 潜在因变量 | | | | | |
| 农业社会化服务结构性失衡 | 主体结构性失衡 | | | $Y_1$ | |
| | 内容结构性失衡 | | | $Y_2$ | |
| | 渠道结构性失衡 | | | $Y_3$ | |
| 潜在自变量 | | | | | |
| 农户禀赋 | 性别 | $X_1$ | 村庄特征 | 是否有合作组织 | $X_{14}$ |
| | 族别 | $X_2$ | | 是否有专职技术人员 | $X_{15}$ |
| | 年龄 | $X_3$ | | 是否有信息服务人员 | $X_{16}$ |
| | 所在棉区 | $X_4$ | 供给评价 | 整体评价 | $X_{17}$ |
| | 家庭规模 | $X_5$ | | 技术服务评价 | $X_{18}$ |
| | 家庭劳动力数量 | $X_6$ | | 金融服务评价 | $X_{19}$ |
| | 家中有无电视 | $X_7$ | | 信息服务评价 | $X_{20}$ |
| | 植棉规模 | $X_8$ | | 农资服务评价 | $X_{21}$ |
| | 植棉风险偏好 | $X_9$ | 需求程度 | 技术服务需求程度 | $X_{22}$ |
| 社会交往活动 | 县域社会网络关系 | $X_{10}$ | | 金融服务需求程度 | $X_{23}$ |
| | 与其他农户的关系 | $X_{11}$ | | 信息服务需求程度 | $X_{24}$ |
| | 农业生产交流频率 | $X_{12}$ | | 农资服务需求程度 | $X_{25}$ |
| | 是否参与合作组织 | $X_{13}$ | | | |

　　研究中调查数据的 Cronbach's alpha 系数为 0.715，信度已达到要求，表明数据是可以接受的。因子分析时需对观测变量做 Bartlett 球形检验，本书中数据检验的 KMO 值为 0.71，KMO 值的显著水平为 0.00，适合进行因子分析。为探索各观测值与潜变量间的关系，研究中使用 SPSS21.0 统计软件对选取的 25 个影响棉区农业社会化服务结构性失衡的变量进行相关性检验，依据 Pearson 相关性检验的结果，剔除相关系数的绝对值小于 0.3 的性别、年龄、家中有无电视、植棉风险偏好、县域社会网络关系和农资服务评价 6 个变量，并采用主成分分析法对剩余 19 个自变量进行探索性因子分析。主成分分析法是一种因子提取的方法，以特征值大于 1 为依据提取公因子，一个主成分就是一个因子（刘胜林，2015），本书运用方差最大正交旋转法对因子载荷矩阵进行旋转，得到了最终探索性因子分析结果及经旋转后的因子载荷矩阵，见表 7-5。

表 7-5　探索性因子分析结构及因子载荷

| 因子项 | 因子载荷 | | | | | | | 特征值 | 方差解释比例（%） |
|---|---|---|---|---|---|---|---|---|---|
| | 1 | 2 | 3 | 4 | 5 | 6 | 7 | | |
| 因子1：需求程度 | | | | | | | | 1.937 | 10.196 |
| 信息服务（$X_{24}$） | 0.704 | | | | | | | | |
| 金融服务（$X_{23}$） | 0.697 | | | | | | | | |
| 农资服务（$X_{25}$） | 0.663 | | | | | | | | |
| 技术服务（$X_{22}$） | 0.589 | | | | | | | | |
| 因子2：供给评价 | | | | | | | | 1.895 | 9.972 |
| 信息服务（$X_{20}$） | | 0.710 | | | | | | | |
| 总体评价（$X_{17}$） | | 0.708 | | | | | | | |
| 金融服务（$X_{19}$） | | 0.642 | | | | | | | |
| 技术服务（$X_{18}$） | | 0.569 | | | | | | | |
| 因子3：农户禀赋 | | | | | | | | 1.784 | 9.388 |
| 农户族别（$X_2$） | | | -0.775 | | | | | | |
| 所在棉区（$X_4$） | | | 0.731 | | | | | | |
| 植棉规模（$X_8$） | | | 0.702 | | | | | | |
| 因子4：组织化程度 | | | | | | | | 1.620 | 8.525 |
| 是否参与合作组织（$X_{13}$） | | | | 0.888 | | | | | |
| 是否有合作组织（$X_{14}$） | | | | 0.869 | | | | | |
| 因子5：供给水平 | | | | | | | | 1.597 | 8.403 |
| 是否有专职技术人员（$X_{15}$） | | | | | 0.841 | | | | |
| 是否有信息服务人员（$X_{16}$） | | | | | 0.837 | | | | |
| 因子6：劳动力状况 | | | | | | | | 1.558 | 8.198 |
| 家庭劳动力数量（$X_6$） | | | | | | 0.850 | | | |
| 家庭规模（$X_5$） | | | | | | 0.831 | | | |
| 因子7：社会交往活动 | | | | | | | | 1.205 | 6.340 |
| 与其他农户的关系（$X_{11}$） | | | | | | | 0.738 | | |
| 农业生产交流频率（$X_{12}$） | | | | | | | 0.716 | | |
| 总方差解释比例 | | | | | | | | | 61.023 |
| KMO 值 | | | | | | | | | 0.679 |
| Bartlett 球形检验 | Approx，Chi-square | | | | | | | | 5191.496 |
| | Sig. | | | | | | | | 0.00 |
| | df | | | | | | | | 171 |

由表7-5可知，这7个因子的总方差解释率为61.023%，各因子的特征值均大于1，且所有因子载荷值均大于0.55，表明选取的各变量是符合要求的，能够科学准确地解释棉区农业社会化服务结构性失衡现象。经探索性因子分析，筛选出了7个影响新疆棉区农业社会化服务结构性失衡的关键因子，其中因子1为需求程度、因子2为供给评价、因子3为农户禀赋、因子4为组织化程度、因子5为供给水平、因子6为劳动力状况、因子7为社会交往活动，由此可知影响棉区农业社会化服务结构性失衡的因素可由7个维度构成，与上文研究假设存在差异，因此为深入探析影响棉区农业社会化服务结构性失衡的因素，构建了结构方程假设模型，见图7-7。

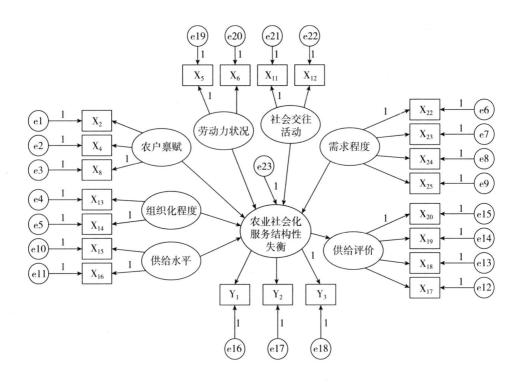

图7-7 新疆棉区农业社会化服务结构性失衡的假设模型

结合调研数据，借助AMOS21.0软件对结构方程模型进行拟合，发现组织化程度、供给水平、劳动力状况、社会交往活动因素对农业社会化服务结构性失衡因素的系数不显著，由现实情况可知，组织化程度及供给水平是宏观因素，仅通过微观农户视角选取变量体现宏观现象较为不合理，而劳动力状况和社会交往活动因素仅体现了棉农的生产力及社交情况，对农业社会化服务的供求影响不大，路径不明显，因而将这 4 个因素到社会化服务结构性失衡的路径删除，并对选取的指标进行修正，构成了新的结构方程指标体系（见表 7-6）。

表 7-6 指标体系及解释

| 潜变量 | 观测变量 | 变量代码 | 观测变量解释 | 均值 | 标准差 |
|---|---|---|---|---|---|
| 潜在因变量 | | | | | |
| 农业社会化服务结构性失衡 | 主体结构性失衡 | $Y_1$ | 1 = 失衡，0 = 均衡 | 0.34 | 0.47 |
| | 内容结构性失衡 | $Y_2$ | 1 = 失衡，0 = 均衡 | 0.53 | 0.50 |
| | 渠道结构性失衡 | $Y_3$ | 1 = 失衡，0 = 均衡 | 0.48 | 0.50 |
| 潜在自变量 | | | | | |
| 农户禀赋 | 族别 | $X_2$ | | 1.72 | 0.57 |
| | 所在棉区 | $X_4$ | 1 = 喀什棉区，2 = 阿克苏棉区，3 = 塔城棉区，4 = 巴州棉区，5 = 昌吉棉区 | 2.81 | 1.48 |
| | 植棉规模 | $X_8$ | 1 = 0 ~ 50 亩，2 = 51 ~ 100 亩，3 = 101 亩及以上 | 1.40 | 0.68 |
| 供给评价 | 整体评价 | $X_{17}$ | 1 = 很满意，2 = 满意，3 = 基本满意，4 = 不太满意，5 = 不满意 | 3.38 | 0.93 |
| | 技术服务评价 | $X_{18}$ | 1 = 很满意，2 = 满意，3 = 基本满意，4 = 不太满意，5 = 不满意 | 3.49 | 1.02 |
| | 金融服务评价 | $X_{19}$ | 1 = 很满意，2 = 满意，3 = 基本满意，4 = 不太满意，5 = 不满意 | 3.41 | 0.96 |
| | 信息服务评价 | $X_{20}$ | 1 = 很满意，2 = 满意，3 = 基本满意，4 = 不太满意，5 = 不满意 | 3.29 | 1.03 |
| 需求程度 | 技术服务需求程度 | $X_{22}$ | 1 = 不需要，2 = 无所谓，3 = 需要，4 = 很需要，5 = 强烈需要 | 3.36 | 0.90 |

续表

| 潜变量 | 观测变量 | 变量代码 | 观测变量解释 | 均值 | 标准差 |
|---|---|---|---|---|---|
| 需求程度 | 金融服务需求程度 | $X_{23}$ | 1 = 不需要，2 = 无所谓，3 = 需要，4 = 很需要，5 = 强烈需要 | 3.36 | 1.05 |
| | 信息服务需求程度 | $X_{24}$ | 1 = 不需要，2 = 无所谓，3 = 需要，4 = 很需要，5 = 强烈需要 | 3.25 | 0.94 |
| | 农资服务需求程度 | $X_{25}$ | 1 = 不需要，2 = 无所谓，3 = 需要，4 = 很需要，5 = 强烈需要 | 3.27 | 1.07 |

#### 7.3.3.2 验证性因子分析

为验证新疆棉区农业社会化服务结构性失衡影响因素路径模型的合理性，本书对棉区农业社会化服务结构性失衡影响因素的调研数据进行了验证性因子分析（Confirmatory Factor Analysis，CFA），并依据实际情况结合上文中新结构方程指标体系，构建了最终结构方程模型，见图 7 - 8，且保留了 H1、H4 和 H5 三个研究假设。

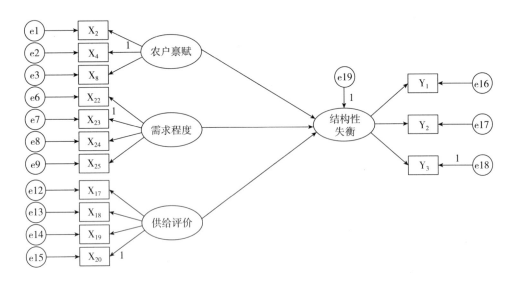

图 7 - 8 最终新疆棉区农业社会化服务结构性失衡的假设模型

依据表 7-7 的研究结果可知，新疆棉区农业社会化服务结构性失衡影响因素的可观测变量临界比（Critical Ratio，C. R.），除农业社会化服务渠道结构性失衡对农业社会化服务结构性失衡路径的临界比率值较小，检验结果不显著外，其他可观测变量的临界比率均大于 1. 96，说明新疆棉区农业社会化服务结构性失衡影响因素的可观测变量与各个潜变量之间的拟合度较好。

表 7-7 SEM 模型的路径、载荷系数估计结果

| 潜变量/可观测变量 | 路径 | 潜变量 | 参数估计值 | S. E. | C. R 值 | P |
|---|---|---|---|---|---|---|
| 结构性失衡 | <— | 农户禀赋 | 0.065 | 0.014 | 4.542 | *** |
| 结构性失衡 | <— | 农户需求 | 0.059 | 0.029 | 2.057 | 0.040 |
| 结构性失衡 | <— | 农户评价 | 0.199 | 0.036 | 5.587 | *** |
| 植棉规模 | <— | 农户禀赋 | 0.309 | 0.019 | 16.566 | *** |
| 所在棉区 | <— | 农户禀赋 | 1 | — | — | — |
| 农户族别 | <— | 农户禀赋 | 0.5 | 0.027 | 18.674 | *** |
| 农资服务需求程度 | <— | 需求程度 | 0.844 | 0.067 | 12.696 | *** |
| 信息服务需求程度 | <— | 需求程度 | 0.84 | 0.062 | 13.592 | *** |
| 金融服务需求程度 | <— | 需求程度 | 1 | — | — | — |
| 技术服务需求程度 | <— | 需求程度 | 0.835 | 0.061 | 13.783 | *** |
| 信息服务评价 | <— | 供给评价 | 1 | — | — | — |
| 金融服务评价 | <— | 供给评价 | 0.765 | 0.057 | 13.405 | *** |
| 技术服务评价 | <— | 供给评价 | 0.836 | 0.061 | 13.652 | *** |
| 整体评价 | <— | 供给评价 | 0.833 | 0.058 | 14.263 | *** |
| 主体结构性失衡 | <— | 结构性失衡 | 0.525 | 0.166 | 3.163 | 0.002 |
| 内容结构性失衡 | <— | 结构性失衡 | 1 | — | — | — |
| 渠道结构性失衡 | <— | 结构性失衡 | -0.086 | 0.126 | -0.681 | 0.496 |

注：***、**、*分别在1%、5%、10%水平上显著。"—"表示以其作为结构方程模型进行参数估计的基准。C. R 值大于 1. 96 则参数估计达到5%的显著水平，C. R 值大于临界值 2. 58 表示参数估计达到1%的显著水平。

### 7.3.3.3 结构方程模型检验结果

本书选取判定结构方程模型拟合度的指标如绝对适配度指数、增值适配度指数和简约适配度指数来检测模型是否拟合。由于样本数据经科学性检验后的结果显示问卷的信度很好，因而潜变量的可测变量不需进行修改，仅需通过观察协方

差修整指数 MI 的大小对新构建的模型进行适当修正，研究进行了 5 次修正，前三次分别是增加了农户禀赋与需求程度、供给评价的路径，第四次是 $e_9$ 与 $e_{12}$ 的 MI 值较大，于是增加了 $X_{25}$ 与 $X_{17}$ 残差的路径，模型拟合的卡方值相应减小，第五次修正是 $e_{16}$ 与 $e_{18}$ 的 MI 值均较大，增加了 $Y_1$ 与 $Y_3$ 残差的路径，卡方值降低为 316.88，判断模型拟合的其他观测值的结果也较为理想，因此确定了最终修正后的结构方程模型，见图 7-9，农业社会化服务结构性失衡影响因素的结构方程模型整体适配度的评价指标体系及拟合结果如表 7-8 所示。由表 7-8 可知，模型的整体拟合度较好，可见本书提出的因果关系模型与实际调研数据的契合度较高，图 7-9 的路径分析假说得到了支持。

表 7-8  结构方程模型整体适配度的评价指标体系及拟合结果

| 指标名称 | | 评价标准 | 实际拟合值 | 结果 |
|---|---|---|---|---|
| 绝对适配度指数 | GFI | GFI≥0.85，且越大越好 | 0.974 | 理想 |
| | RMR | RMR<0.05 | 0.035 | 理想 |
| | RMSEA | RMSEA<0.05，且越小越好 | 0.046 | 理想 |
| 增值适配度指数 | NFI | 越接近 1，模型适合度越好 | 0.897 | 理想 |
| | TLI | TLI>0.9，且越大越好 | 0.891 | 接近 |
| | IFI | IFI>0.9，且越大越好 | 0.918 | 理想 |
| | CFI | CFI>0.9，且越大越好 | 0.917 | 理想 |
| 简约适配度指数 | PNFI | PNFI>0.5 | 0.680 | 理想 |
| | PCFI | PCFI>0.5 | 0.695 | 理想 |
| | $\chi^2/df$ | 越小越好 | 4.592 | 接近 |
| | AIC | 越小模型越优 | 388.88 | 理想 |

### 7.3.3.4  结构方程模型路径分析与结果分析

由 SEM 的结果显示供给评价、农户禀赋和需求程度对棉区农业社会化服务的结构性失衡影响显著，其中农户禀赋差异越大、需求越强烈、评价越低，农业社会化服务结构性失衡越突出，这 3 个潜变量对农业社会化服务结构性失衡的路径系数分别是 0.64、0.38、0.19，均通过 1% 的显著性检验，与社会化服务的结构性失衡显著正相关，并与 H1、H4 保持一致，与 H5 相反。为保持整个模型的有效性，上文中删除了组织化程度、供给水平、劳动力状况、社会交往活动至农业社会化服务结构性失衡的路径，因此后续研究中将不含有其对农业社会化服务的影响分析，包含上述内容的 H2 和 H3 也将不再具体分析。

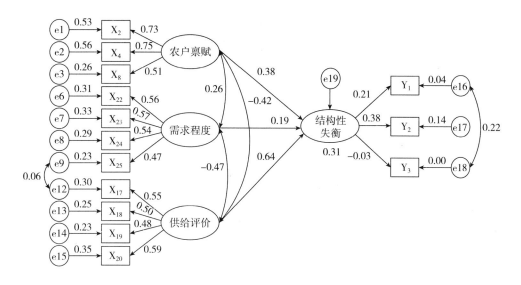

图 7-9　最终结构方程模型及路径系数

测量模型可反映各个可观测指标与潜变量间的关系。根据表 7-7，可以将各可测指标与潜变量的关系归纳为：①在反映农户禀赋的 3 个可观测指标中，农户所在棉区、族别和植棉规模都对农业社会化服务结构性失衡影响显著，这些指标与农业社会化服务结构性失衡之间的标准化路径系数依次减小，分别是 0.75、0.73、0.51。表明棉农所在棉区、棉农族别及植棉规模均对新疆棉区农业社会化服务结构性失衡程度影响较大。②在反映农户需求程度的 4 个可观测指标中，对农业社会化服务结构性失衡程度影响由大到小的变量分别是金融服务需求程度、技术服务需求程度、信息服务需求程度、农资服务需求程度，各指标的标准化路径系数分别为 0.57、0.56、0.54、0.47。③在反映农户评价的 4 个可观测指标中，信息服务评价、整体评价、技术服务评价、金融服务评价对农业社会化服务结构性失衡的影响程度依次减弱，各指标的标准化路径系数分别为 0.59、0.55、0.50、0.48。④在反映农业社会化服务结构性失衡的 3 个可观测变量中，内容和主体结构性失衡对农业社会化服务结构性失衡影响程度逐渐降低，其中各指标的标准化路径系数分别为 0.38、0.21，而渠道结构性失衡在本书中对农业社会化服务结构性失衡的影响不显著。

依据最终结构方程模型及路径系数图，结合模型的路径分析，对研究结论进行如下分析：

（1）农户禀赋正向影响农业社会化服务的结构性供需失衡。农户禀赋对农业社会化服务的影响突出表现在棉农对其的认知和接受情况等。结果表明棉农禀赋优势越突出，农业社会化服务结构性失衡差异越明显，且与 H1 保持一致。位于昌吉、塔城等主要棉花产区的棉农对社会化服务的需求较大，目前现有的服务供给并不能完全满足棉农所需，该地区农户的社会化服务需求大于供给，服务的结构性失衡性概率较高。棉农族别差异影响其对社会化服务的认知，汉族棉农的服务结构性失衡比重相对较低，其他棉农的服务结构性失衡较突出。同时由于棉花种植经验相对匮乏，其汲取各类服务信息的数量与获得社会化服务的能力较差，对各项服务的接受度不高且需求较少，主动获取农业社会化服务的人数不多，实际供给的服务较充足，因此存在服务供给大于需求的不均衡状况。从农业生产规模化的角度看，植棉规模较大的棉农社会化服务失衡程度较低，大规模农户由于长期规模化生产，植棉机械化水平较高及管理方式科学，接受社会化服务的服务供给较早，现有的服务供给基本能够满足实际所需，其结构性失衡概率不高；而小规模棉农，自家劳动力、种植经验和现有的基本社会化服务供给已能够满足农户的植棉需求，故对社会化服务的需求程度较低，但实际有充足的服务供给，其结构性失衡概率较小。

（2）需求程度正向影响农业社会化服务的结构性供需失衡。研究结果显示，棉农对农业技术、金融、信息和农资服务的需求越强烈，农业社会化服务结构性失衡程度越明显，这与 H4 保持一致。从需求理论看，棉农对各项服务的期望越大其需求越强烈，而在农业社会化服务供给不足的情况下，其结构性失衡现象越突出。实地调研结果发现棉区农户对影响其植棉生产的农业技术、资金、信息和化肥农药种子等农资的需要较大，实际上棉区的农业技术、金融、农资及农业信息服务中部分服务内容供给并未及时满足棉区农户的实际所需，其供需结构性失衡现象较明显。因此实现农业社会化服务的供求均衡，需以农民的实际所需为核心，开展各项服务供给。

（3）供给评价对农业社会化服务的结构性失衡有较为显著的正向影响。棉农对棉区供给农业社会化服务的整体评价、对信息、技术和金融服务的评价正向影响社会化服务的结构性失衡，这与 H5 相反。农户对各项服务的评价越好说明当地社会化服务结构性失衡程度较低，供求基本平衡，上文假设农户评价与服务的结构性失衡呈负相关与研究结果相反。棉农的满意度越高说明其所获得的服务正好满足需求，此时社会化服务是有供有需，但并未体现当前农户所在区域的社会化服务供给情况，但若区域服务供给过剩也可满足农户需求，此时供大于求，社会化服务处于不均衡状态，其结构性失衡概率降低，因此研究中出现了与研究假设相反的结论。

（4）农业社会化服务的结构性供需失衡表现在服务内容、供给主体的失衡。依据最终结构方程模型的路径系数图，可知农业社会化服务内容、主体和渠道结构性失衡虽作为衡量农业社会化服务结构性失衡的指标，但渠道的结构性失衡对其影响不显著，原因可能是服务渠道指标在结构方程模型中对农业社会化服务结构性失衡的影响较其他 2 个指标影响小，即服务内容与供给主体的结构性失衡对棉农影响较大，表明棉区农业社会化服务内容与供给主体的服务供给不均衡尤为突出亟待解决，需从拓宽社会化服务内容及增加供给主体等出发完善社会化服务。

# 7.4　本章小结

本章首先探析了棉区社会化服务需求异质性凸显、社会化服务内容及渠道失衡、区域服务布局的结构性失衡现状，其次基于新疆棉区 13 个县市的实地调查，运用描述性统计分析棉区农业社会化服务结构性失衡现状，通过因子分析和结构方程模型探索影响棉区社会化服务结构性失衡的关键因素。研究结果表明，棉区农业社会化服务存在供给主体、服务内容及渠道结构性失衡，渠道结构性失衡在结构方程模型中不显著；提取的 7 个主要因子中组织化程度、供给水平、劳动力状况、社会交往活动难以测度，而供给评价对农业社会化服务结构性失衡的影响最大，其次是农户禀赋和需求程度；11 个可观测变量中对社会化服务结构性失衡影响较大的有所在区域、族别和农资服务需求程度等。因此，转变农户的植棉生产经营方式形成规模化生产，推行全程机械化，建立新型农业社会化服务供求网络体系，完善社会化服务体系，对缓解农业社会化服务结构性失衡具有重要作用。

# 第8章 新疆棉区农户借贷行为及影响因素分析

## 8.1 新疆棉农借贷行为分析

### 8.1.1 农户借贷需求强烈，借贷额度低

分析得知，农户对资金的需求程度较高。其中，有 65.9% 的农户获得了借款，占绝大多数，没有借贷的农户比例为 34.1%。在实地调研中发现，农户进行生产经营的资金大部分是通过借贷所得。其中，激进型农户发生借贷行为的比例最高，为 70.3%。其次是保守型农户的 65.5%，中立型农户比例最低，为 63.4%。由于激进型农户农业生产的规模较大，所需要的生产资金较多，所以对借贷的需求程度高，发生借贷行为的比例大（见表 8-1）。

表 8-1 农户借贷行为　　　　　　　　　　　　　　　　　　　单位:%

| 借贷行为 | 保守型农户 | 激进型农户 | 中立型农户 | 总体 |
|---|---|---|---|---|
| 有 | 65.50 | 70.30 | 63.40 | 65.90 |
| 没有 | 34.50 | 29.70 | 36.60 | 34.10 |

数据来源: 由实际调研的新疆棉区 1726 户农户的数据整理所得。

由于不同投资偏好农户的差异导致其借贷额度不同。其中保守型农户借贷额度在 1 万元以下、1 万~5 万元和 5 万元以上的比例分别为 20%、58.6% 和 21.4%。激进型农户分别为 12.4%、53.8% 和 33.8%。中立型农户分别为

16.7%、53.1%和30.2%。可以看出激进型农户借贷额度高于其他类型农户，其次为中立型农户，保守型农户借贷额度最低（见表8-2）。

表8-2 农户借贷额度 单位:%

| 借贷额度 | 保守型农户 | 激进型农户 | 中立型农户 | 总体 |
|---|---|---|---|---|
| 1万元以下 | 20.00 | 12.40 | 16.70 | 16.00 |
| 1万~5万元 | 58.60 | 53.80 | 53.10 | 54.30 |
| 5万元以上 | 21.40 | 33.80 | 30.20 | 29.70 |

数据来源：由实际调研的新疆棉区1726户农户的数据整理所得。

### 8.1.2 农户借贷期限短、借贷利率高

借贷期限方面，1年以下期限的农户占绝大多数，比例为82.6%，与我国农业生产周期规律较为一致，也和农村信用社提供的联保贷款的期限相同。其中，1~2年、2年以上期限的比重分别为4.2%和13.2%。其中，保守型农户选择1年以下期限的比例为83.2%，激进型农户为82.2%，中立型农户为82.6%。而三个类型农户在2年以上期限也占有一部分比例，比例分别为13%、12.5%和13.8%（见表8-3）。

表8-3 农户借贷期限 单位:%

| 借贷期限 | 保守型农户 | 激进型农户 | 中立型农户 | 总体 |
|---|---|---|---|---|
| 1年及以下 | 83.20 | 82.20 | 82.60 | 82.60 |
| 1~2年 | 3.80 | 5.30 | 3.60 | 4.20 |
| 2年以上 | 13.00 | 12.50 | 13.80 | 13.20 |

数据来源：由实际调研的新疆棉区1726户农户的数据整理所得。

借贷利率方面，农户借贷利率在5%~10%的比例达到了90%，占绝大多数。其次是5%以下的6.2%，最后是10%以上的3.8%。三种类型农户借贷利率比例分别为87.3%、90.4%和90.8%，而保守型农户在5%以下利率所占比例有所上升，比例为9.5%，大多为亲朋邻居之间的无息或者低息贷款（见表8-4）。

表 8 - 4    农户借贷利率 单位:%

| 借贷利率 | 保守型农户 | 激进型农户 | 中立型农户 | 总体 |
| --- | --- | --- | --- | --- |
| 5% 以下 | 9.50 | 5.50 | 5.40 | 6.20 |
| 5% ~ 10% | 87.30 | 90.40 | 90.80 | 90.00 |
| 10% 以上 | 3.20 | 4.10 | 3.80 | 3.80 |

数据来源:由实际调研的新疆棉区 1726 户农户的数据整理所得。

### 8.1.3    农户大多偏好正规的借贷渠道

农户偏好从正规金融机构获得贷款,且农村信用社(72.9%)和银行(22.9%)为农户的首选借贷机构。而农户从农资企业、放债者和亲朋好友处获得资金的比例不高,分别为 0.6%、0.2% 和 3.3%。在农户的思想观念当中,正规金融机构是安全可靠的借贷渠道,既能够满足他们的资金需求,又不会欠亲戚朋友的人情债,因此农村信用社、银行是农户最为青睐的渠道。一些农户表示,正规金融机构办理贷款的手续过于繁琐,且贷款的条件过高。所以他们一般在遇到资金短缺的情况时,会向亲戚朋友寻求贷款,这样比较方便快捷,而且利息较低或者无息。选择农资企业作为借贷渠道的农户表示,与其在金融市场上借款,不如直接获取种子、化肥等生产资料,这样既避免了繁琐的借款手续和交易成本,又省去了购买农资的麻烦。农户只有在遇到突发状况,或者向任何渠道借款未果的情况下,才会向放债者借高利贷,以此来获取急救资金(见表 8 - 5)。

表 8 - 5    农户借贷渠道 单位:%

| 借贷渠道 | 保守型农户 | 激进型农户 | 中立型农户 | 总体 |
| --- | --- | --- | --- | --- |
| 银行 | 20.70 | 12.60 | 30.10 | 22.90 |
| 农村信用社 | 77.10 | 83.10 | 65.10 | 72.90 |
| 农资企业 | 1.10 | 1.30 | 0.00 | 0.60 |
| 放债者 | 0.00 | 0.00 | 0.40 | 0.20 |
| 亲戚朋友 | 1.10 | 3.00 | 4.40 | 3.30 |

数据来源:由实际调研的新疆棉区 1726 户农户的数据整理所得。

其中,激进型农户从农村信用社取得贷款比例最高,为 83.1%,由于激进型农户贷款数额较大,只有农村信用社提供的大额贷款才能满足他们的需求。而保守型和中立型农户借贷主要渠道虽然也是农村信用社,但是比例有所下降,分别为 77.1% 和 65.1%。而从银行取得贷款比例最高的为中立型农户的 30.1%，其次是保守型农户的 20.7%。

### 8.1.4　农户未获得借款的原因是以需求型为主

没有得到借款的农户主要是需求型原因，比例为 69.13%。在需求型原因当中，位列前三的原因分别是"不需要，自己有钱""不喜欢借钱，怕有压力"和"没有投资机会，缺乏资金用场"，比例分别为 23.04%、21.12% 和 10.04%。这表明在没有获得借款的农户当中，一些农户由于在农业生产经营活动中能够达到自给自足的水平，所以对资金的需求不强烈。而另一些农户对关于借贷对农业生产经营重要性的认知不够。另一部分没有获得贷款的农户是由供给型原因造成的，比例为 30.87%。在供给型原因当中，位列前三的原因分别是"利率太高""手续麻烦，申请时间长"和"家庭收入低，金融机构不愿意提供贷款"，比例分别为 8.42%、8.27% 和 7.39%。由于正规金融机构对农业贷款所需的申请条件较高，并且申请步骤繁琐，时间成本过高。同时，贷款的利率整体偏高，贷款期限死板不灵活。相对于农户而言，这些现状都制约了他们的借贷行为，因为农户能给金融机构提供的抵押和担保较少，而联保机制所需手续繁琐、时间长。因此，部分农户不得不从正规渠道转向非正规渠道进行借款（见表 8 - 6）。

表 8 - 6　农户未获得贷款的原因

| | 原因 | 比例（%） | |
| --- | --- | --- | --- |
| 需求型 | 不喜欢借钱，怕有压力 | 21.12 | 69.13 |
| | 不需要，自己有钱 | 23.04 | |
| | 还有未还完的贷款 | 5.47 | |
| | 没有投资机会，缺乏资金用场 | 10.04 | |
| | 有其他融资途径 | 9.45 | |
| 供给型 | 手续麻烦，申请时间长 | 8.27 | 30.87 |
| | 利率太高 | 8.42 | |
| | 缺乏抵押品 | 1.77 | |
| | 找不到符合要求的担保人 | 0.59 | |
| | 贷款期限太死 | 4.43 | |
| | 家庭收入低，金融机构不愿意提供贷款 | 7.39 | |

数据来源：由实际调研的新疆棉区 1726 户农户的数据整理所得。

### 8.1.5　农户对金融机构借贷服务满意度

总体来看，农户对金融机构借贷服务较为满意，"满意"比例为42.6%。其中，保守型农户满意度前三的是"满意""基本满意"和"不太满意"，比例分别为48.1%、22.3%和13.2%。激进型农户满意度前三的是"满意""基本满意"和"很满意"，比例分别为36.2%、30.7%和16.2%。中立型农户满意度前三的是"满意""基本满意"和"很满意"，比例分别为44.3%、27.3%和16.4%。总体来看，满意程度排在首位的是中立型农户，其次是激进型农户，最后是保守型农户（见表8-7）。

表8-7　农户对金融机构借贷服务满意度　　　　　　单位:%

| 满意程度 | 保守型农户 | 激进型农户 | 中立型农户 | 总体 |
|---|---|---|---|---|
| 很满意 | 12.00 | 16.20 | 16.40 | 15.50 |
| 满意 | 48.10 | 36.20 | 44.30 | 42.60 |
| 基本满意 | 22.30 | 30.70 | 27.30 | 27.40 |
| 不太满意 | 13.20 | 11.60 | 9.40 | 10.70 |
| 不满意 | 4.40 | 5.30 | 2.60 | 3.80 |

数据来源：由实际调研的新疆棉区1726户农户的数据整理所得。

在被问及不满意金融机构信贷服务的原因时，农户普遍认为"贷款申请困难""不能解决实际困难"和"办事效率低"是不满意的主要原因，比例分别为43.1%、23.6%和19.9%。由于农户自身缺乏担保、抵押物少等原因，同时金融机构为了规避风险，所以导致金融机构"惜贷"。其次，大多数农户认为，金融机构提供的贷款额度太少，满足不了农业生产经营的需求。此外，金融机构的贷款申请起来程序较为繁琐，农户不愿意花费较高的时间成本，因此满意度较低。其中，部分激进型农户认为金融机构办事不及时，面对投资较大的农业生产方式亟须及时的资金支持（见表8-8）。

表8-8　农户对借贷服务不满意的原因　　　　　　单位:%

| 原因 | 保守型农户 | 激进型农户 | 中立型农户 | 总体 |
|---|---|---|---|---|
| 办事效率低 | 23.90 | 17.80 | 19.60 | 19.90 |

续表

| 原因 | 保守型农户 | 激进型农户 | 中立型农户 | 总体 |
|---|---|---|---|---|
| 贷款申请困难 | 40.70 | 41.20 | 45.30 | 43.10 |
| 不能解决实际困难 | 22.10 | 24.40 | 23.60 | 23.60 |
| 不及时 | 5.30 | 12.20 | 4.00 | 6.80 |
| 其他 | 8.00 | 4.40 | 7.50 | 6.60 |

数据来源：由实际调研的新疆棉区 1726 户农户的数据整理所得。

## 8.2 新疆棉农借贷行为影响因素分析

### 8.2.1 理论分析

#### 8.2.1.1 农户户主特征

户主在家庭中占有主要地位，其观念和思想可以在很大程度上影响家庭其他成员，因此往往具有管理权和决策权。所以户主特征会对家庭在农业生产方式、日常消费支出以及其他重大事项的决策中具有重大影响，包括户主年龄、性别、文化程度等因素。

户主年龄影响着农户借贷行为。根据统计分析可知，户主年龄在 25 岁及以下年龄段时，农户发生借贷行为较少，这是由于年轻的户主对借贷重要性的认知程度存在欠缺，并且自身资产积累较少，难以达到金融机构的贷款要求。农户在 26～60 岁年龄段时，发生借贷行为的比例较高，这是因为中年农户具有较强的农业生产和投资能力，并且中年农户由于其年龄的特殊性，绝大部分都在进行农业生产经营活动，所以对借贷较为需求，借贷行为较多。农户在 61 岁及以上年龄段时，其对资金借贷持不需要或无所谓态度的占绝大多数，或者虽然发生借贷行为但借贷额度较少。这一年龄段的农户自身积累财富较多，社会资本较多，对生产资金的需求不强烈，因此不是金融机构主要放贷对象。经分析可知，户主年龄和农户借贷行为表现为"倒 U 形"关系。此外，以往研究表明，户主文化水平显著正向影响农户对借贷行为重要性的认知程度，即文化水平较高的农户在对借贷重要性的理解上更为透彻，所以高文化程度的农户有着较为强烈的资金借贷需求，并且农村金融机构也愿意将贷款提供给他们。

#### 8.2.1.2 农户家庭特征

农户家庭特征主要由家庭人口数、家庭劳动力人数、年收入水平等因素组成。正常情况下，农户家庭人口数会显著正向影响农户借贷需求。这是由于家庭人口数较多的农户，其在日常消费、教育、医疗等方面的开销较大，因此对资金借贷的需求强烈。但家庭人口数多的农户往往拥有较多的劳动力人数，因此可投入到农业生产的人数增加，从而提升家庭农业生产收入水平。收入水平的提升可以使农户在日常消费和农业经营方面有更为宽裕的资金，因此会降低自身的借贷需求。所以，以往关于家庭人口数与农户借贷行为之间的研究结果常常存在差异。

关于收入与农户借贷需求间的研究也具有差异性。正常情况下，农业生产规模较小的农户其经营农业的积极性较低，所以对于资金的需求较低。但当农户自身出现重大突发事件时，会因此具有强烈的借贷需求。收入水平处于中等水平的农户基本能够满足农业生产和生活用资金，中等收入水平的农户在农业生产和日常生活的资金基本能够得到满足，但只有农户需要扩大农业生产规模时，才会提升借贷需求。收入水平高的农户生活性资金一般不需要通过借贷来获得，其农业生产规模较大，为了提高农业生产的效率，其资金借贷需求会更加强烈。

#### 8.2.1.3 农户生产经营特征

农户是经营农业的主体，只有通过增加耕地面积，或者增加劳动力的投入，才能提高农户的农业生产效率。而农户分配在农业生产和非农业生产的不同劳动力，会导致其借贷需求和需求额度受到影响。正常情况下，农户耕地面积显著正向影响其借贷行为。耕地面积越大的农户，其一般具有较大的农业生产规模。同时也是间接衡量农户收入水平的指标之一，拥有较多耕地面积的农户对资金的需求程度较高，以此来满足农业经营的需求，从而导致农户发生借贷行为的频率较高。

### 8.2.2 模型构建与变量选择

一般来说，农户借贷行为的发生情况有两种：借贷或者不借贷。本书将农户发生借贷行为与否设置为因变量 Y，如果农户有过借贷行为，设置 Y＝1；如果农户没有借贷行为，设置 Y＝0。在模型选择方面，本章借助秦建群等（秦建群、吕忠伟，2011）利用二元 Logistic 模型的研究方法，由于农户在做出是否借贷的决策中只有两种选择：借款和不借款。而二元 Logistic 模型是将因变量分为两种情况，从而进行不同选取的模型。所以正好符合研究农户借贷行为问题的特点，二元 Logistic 模型为：

$$P = (Y = 1/X_1, \ X_2, \ \cdots, \ X_n) = \frac{e^{\beta_0 + \beta_1 X_1 + \cdots + \beta_n X_n}}{1 + e^{\beta_0 + \beta_1 X_1 + \cdots + \beta_n X_n}} \tag{8-1}$$

经对数变换，得到：

$$\ln\left(\frac{P}{1-P}\right) = \beta_0 + \sum_{i=1}^{n} \beta_i X_i \tag{8-2}$$

其中，P 表示农户发生借贷行为的概率；Y 表示的是因变量，Y = 1 时表明农户发生借贷行为，Y = 0 时表明农户没有发生借贷行为。X 表示影响农户借贷行为的因素。$\beta_0$ 表示截距（常量），$\beta_i$ 表示回归系数。该模型使用泊松回归，估计方法使用最大似然估计。

在自变量方面，本书选择了三种类别的变量。包括农户户主特征、农户家庭特征和农业生产特征。其中，农户户主特征变量又包括性别（$X_1$）、民族（$X_2$）、年龄（$X_3$）、文化程度（$X_4$）、社会经历（$X_5$）、投资偏好（$X_6$）和是否务农（$X_7$）7 个指标。农户家庭特征变量包括家庭人口数（$X_8$）、家庭劳动力人数（$X_9$）和家庭社会关系（$X_{10}$）3 个指标。农业生产特征变量包括棉花年收入占比（$X_{11}$）、种植规模（$X_{12}$）和种植年限（$X_{13}$）3 个指标。各个自变量的赋值如表8-9所示。

在各个自变量对因变量的预期影响方向方面，性别变量预期方向为正，男性户主发生的借贷行为多于女性户主。民族变量预期方向不确定。由于此前分析发现年龄与农户借贷行为呈"倒 U 形"关系，所以年龄变量预期方向不确定。文化程度变量预期方向为正，文化水平越高的农户越容易发生借贷行为。社会经历变量预期方向为正，有社会经历的农户借贷行为多于没有社会经历的农户。投资偏好变量预期方向为正，投资越高的农户借贷行为越多。是否务农变量预期方向不确定，这是因为无法确定农户借贷需求是用于农业生产还是日常消费。家庭人口数变量预期方向不确定，家庭人口数多的农户能够提供较多的劳动力，但日常消费水平较高，无法判断对资金的需求。家庭劳动力人数变量预期方向为负，家庭劳动力人数多的农户能够减少在雇用劳动力方面的花费，因此减少借贷行为。家庭社会关系变量预期方向为负，拥有社会关系多的农户在获取资金方面的渠道较多，因此借贷行为减少。棉花年收入占比变量预期方向为正，从事农业生产行为越多的农户对生产资金的需求程度越高，因此可能增加借贷行为（见表8-9）。

表 8 - 9  变量的定义及赋值

| 变量名称 | 变量赋值 | 预期方向 |
|---|---|---|
| 因变量 Y | 1 = 有借贷，0 = 没有借贷 | |
| 自变量 X | | |
| 性别 $X_1$ | 1 = 男，0 = 女 | + |
| 民族 $X_2$ | 1 = 汉族，0 = 少数民族 | 不确定 |
| 年龄 $X_3$ | 1 = 25 岁及以下，2 = 26 ~ 40 岁，3 = 41 ~ 50 岁，4 = 51 ~ 60 岁，5 = 61 岁及以上 | 不确定 |
| 文化程度 $X_4$ | 1 = 文盲，2 = 小学，3 = 初中，4 = 高中或中专，5 = 大专及以上 | + |
| 社会经历 $X_5$ | 1 = 有社会经历，0 = 无社会经历 | + |
| 投资偏好 $X_6$ | 1 = 低投资，2 = 中投资，3 = 高投资 | + |
| 是否务农 $X_7$ | 1 = 务农，0 = 不务农 | 不确定 |
| 家庭人口数 $X_8$ | 1 = 1 ~ 2 人，2 = 3 ~ 4 人，3 = 5 ~ 6 人，4 = 7 人及以上 | 不确定 |
| 家庭劳动力人数 $X_9$ | 1 = 1 ~ 2 人，2 = 3 ~ 4 人，3 = 5 ~ 6 人，4 = 7 人及以上 | − |
| 家庭社会关系 $X_{10}$ | 1 = 有关系，0 = 没有关系 | − |
| 棉花年收入占比 $X_{11}$ | 1 = 50% 及以下，2 = 50% 以上 | + |
| 种植规模 $X_{12}$ | 1 = 0 ~ 20 亩，2 = 21 ~ 40 亩，3 = 40 亩以上 | + |
| 种植年限 $X_{13}$ | 1 = 5 年及以下，2 = 6 ~ 10 年，3 = 11 ~ 15 年，4 = 15 年以上 | 不确定 |

## 8.2.3  模型检验

### 8.2.3.1  显著性检验

本章将所有变量引入方程，进行显著性检验，检验结果表明回归方程的 Block、Step 和 Model 对应的检验卡方值均为 75. 505，且概率 P 值为 0. 000。因此，显著性水平 α = 0. 05 大于检验的概率 P 值，所以该检验方程拒绝零假设。另外，各个自变量在回归方程当中的系统不同时等于 0，而且 Logit P 和所有的自变量之间存在着显著的线性关系，因此选用该模型较为符合研究需求。

### 8.2.3.2  拟合优度检验

对本章中的模型采用拟合优度检验法，检验结果显示，Cox & Snell $R^2$、− 2 倍的对数似然函数值和 Nagelkerke $R^2$ 的指标值分别为 0. 092、931. 158 和 0. 127，所以样本与模型拟合程度较好。通过分析检验模型的错判矩阵发现，有 589 户农户没有发生借贷行为，检验模型正确地证实了 135 人，模型正确正式率为

22.9%；错误地证实了454人，错误率为77.1%。同时，有1137户农户发生了借贷行为，检验模型正确地证实了1040人，模型正确率为91.5%；错误地证实了97人，错误率为8.5%。总体来看，总的预测准确率达到了67.7%，预测情况较为理想。

### 8.2.3.3 适用性检验

根据Hosmer和Lemeshow检验方法可知，模型拒绝原假设的条件为P值小于0.05，表明在模型当中，预测值与观测值之间存在明显的差距，模型和数据的符合情况不理想。模型接受原假设的条件是P值大于0.05，表明在模型当中，预测值与观测值之间差距较小，模型拟合数据情况较好。通过分析模型适应性检验结果可知，P值和Chi-square分别为0.16和11.815。通过实地调研获取的数据和模型之间拟合得较好，所以本书的模型通过了适应性检验。

## 8.2.4 模型结果及解释

本章借助IBM SPSS统计软件，采取二元Logistic模型，对调研获得的1726份农户数据进行分析。借助于对模型各个变量的显著性检验结果，对模型当中的变量进行区分，去除不显著的变量。再利用去除剩余的变量进行显著性检验和调整，直至模型当中各个变量的系数均通过检验为止。

根据模型回归结果可知，三类变量中均有指标对农户的借贷行为产生影响。农户户主变量方面，性别、文化程度和是否务农等变量均对农户借贷行为显著正向影响，民族、年龄、社会经历和投资偏好变量对农户借贷行为影响程度不显著。农户家庭变量方面，家庭劳动力人数和家庭社会关系变量均对农户借贷行为显著负向影响，家庭人口数与棉花年收入占比变量对农户借贷行为影响程度不显著。农业生产变量方面，种植年限变量对农户借贷行为显著正向影响，种植规模变量对农户借贷行为影响程度不显著。影响因素程度由大到小排序为：家庭社会关系（$X_{10}$）>性别（$X_1$）>种植年限（$X_{13}$）>文化程度（$X_4$）>家庭劳动力人数（$X_9$）>是否务农（$X_7$）。分析结果与预期影响分析较为一致。

性别变量在5%水平上对农户借贷行为显著正向影响，表示相比于女性户主，男性户主更易发生借贷行为。这也间接说明男性对融资重要性的认识较好，在进行家庭投资决策时比女性户主更为果断。因此男性户主的农户借贷需求高，且借贷行为发生率较高。

文化程度变量在1%水平上对农户借贷行为显著正向影响。这说明文化水平越高的农户，越倾向于贷款。文化水平代表了一个人的思想与眼界，文化水平高的农户对借贷行为较为认可，同时对金融机构的资金产品理解较为透彻。认为农业生产当中的资金是十分重要的一个环节，所以参与借贷的情况较多。

是否务农变量在10%水平上显著正向影响农户借贷行为。这说明自身从事农业种植、生产的农户，参与资金借贷的概率比不从事农业生产活动的农户大。由于农业生产需要大量资金，而农户积累资金速度较慢，因此只能趋向于贷款来解决资金供应问题。而从事非农业活动的农户所需的生产成本较低，因此发生的借贷行为较少。

家庭劳动力人数变量在5%水平上显著负向影响农户借贷行为。这说明家庭劳动力人数越多的农户，对资金的需求程度越低。农户若自身具有较多的劳动力，其需要雇用的劳动力数量就会下降，就可以节省一笔不小的费用，因此就会减少资金压力，所以借贷行为就会减少。

家庭社会关系变量在1%水平上显著负向影响农户借贷行为。这说明家庭社会关系越多的农户，对借贷服务的需求就越低。拥有越多社会关系的农户，越能够得到亲戚朋友的帮助，获取资金的渠道就越广泛。所以在面对资金短缺的情况下，首先寻求的是亲戚朋友借贷，对正规金融机构的借贷需求程度下降，因此发生借贷行为减少。

种植年限变量在1%水平上显著正向影响农户借贷行为。这说明种植棉花时间越久的农户，对资金的需求程度越高。随着种植时间的增加，农户种植棉花过程当中积累了一定的投资经验，获益较高。高收益使得农户对于棉花种植前景更为看好，因此会增加农业生产的投入，所以发生借贷行为的比例增加（见表8-10）。

表8-10　农户借贷行为模型估计结果

| 变量 | 模型一 | | 模型二 | |
| --- | --- | --- | --- | --- |
| | B | Sig. | B | Sig. |
| 常量 C | -1.0427 | 0.0381 | -1.0057 | 0.0062 |
| 性别（$X_1$） | 0.3603** | 0.0264 | 0.3312** | 0.0380 |
| 民族（$X_2$） | 0.1639 | 0.2236 | | |
| 年龄（$X_3$） | -0.0509 | 0.3562 | | |
| 文化程度（$X_4$） | 0.1893** | 0.0142 | 0.2564*** | 0.0003 |
| 社会经历（$X_5$） | 0.1651 | 0.1591 | | |

续表

| 变量 | 模型一 | | 模型二 | |
|---|---|---|---|---|
| | B | Sig. | B | Sig. |
| 投资偏好（$X_6$） | 0.0659 | 0.3787 | | |
| 是否务农（$X_7$） | 0.1464 * | 0.0867 | 0.1480 * | 0.0834 |
| 家庭人口数（$X_8$） | 0.0832 | 0.3188 | | |
| 家庭劳动力人数（$X_9$） | − 0.2215 ** | 0.0218 | − 0.2047 ** | 0.0120 |
| 家庭社会关系（$X_{10}$） | − 0.5118 *** | 0.0000 | − 0.5425 *** | 0.000. |
| 棉花年收入占比（$X_{11}$） | − 0.1194 | 0.3532 | | |
| 种植规模（$X_{12}$） | 0.0449 | 0.5307 | | |
| 种植年限（$X_{13}$） | 0.2883 *** | 0.0000 | 0.2818 *** | 0.0000 |

注：*、**和***分别表示在10%、5%和1%水平上显著。

## 8.3 不同投资偏好棉农借贷行为分析

### 8.3.1 变量的设置及基本情况

由于不同投资偏好的农户对于种植棉花的投入不同，会间接产生不同的借贷行为，并且影响因素多、程度较为复杂。所以本章在研究农户投资偏好对其借贷行为的影响时，选择了较多的自变量，以此希望能够将影响因素分析得更为全面、透彻。本章设置了五类自变量，第一类是农户户主变量，包括户主性别、年龄、文化程度、社会经历和是否务农等变量。第二类是农户家庭特征变量，包括家庭人口数、家庭劳动力人数、家庭社会关系、棉花年收入占比等变量。第三类是农户农业生产特征变量，包括种植规模和棉花种植年限等变量。第四类是地区变量，以反映农户所在区域与其借贷行为之间的关系。此外，还有是否购买棉花种植保险、对政策的认知程度、是否加入农业合作社、家到火车站的距离、村里是否有专职技术人员和村里是否有信息员等变量，见表8 - 11。

表8-11　变量定义及取值说明

| 变量 | 定义 | 取值说明 |
|---|---|---|
| Y | 是否借贷 | 1 = 有借贷，0 = 没有借贷 |
| $X_1$ | 性别 | 1 = 男，0 = 女 |
| $X_2$ | 年龄 | 1 = 25 岁及以下，2 = 26 ~ 40 岁，3 = 41 ~ 50 岁，4 = 51 ~ 60 岁，5 = 61 岁及以上 |
| $X_3$ | 文化程度 | 1 = 文盲，2 = 小学，3 = 初中，4 = 高中或中专，5 = 大专及以上 |
| $X_4$ | 社会经历 | 1 = 有特殊经历，0 = 无特殊经历 |
| $X_5$ | 是否务农 | 1 = 务农，0 = 不务农 |
| $X_6$ | 家庭人口数 | 1 = 1 ~ 2 人，2 = 3 ~ 4 人，3 = 5 ~ 6 人，4 = 7 人及以上 |
| $X_7$ | 家庭劳动力人数 | 1 = 1 ~ 2 人，2 = 3 ~ 4 人，3 = 5 ~ 6 人，4 = 7 人及以上 |
| $X_8$ | 家庭社会关系 | 1 = 有关系，0 = 没有关系 |
| $X_9$ | 棉花年收入占比 | 1 = 50% 及以下，2 = 50% 以上 |
| $X_{10}$ | 种植规模 | 1 = 0 ~ 20 亩，2 = 21 ~ 40 亩，3 = 40 亩以上 |
| $X_{11}$ | 棉花种植年限 | 1 = 5 年及以下，2 = 6 ~ 10 年，3 = 11 ~ 15 年，4 = 15 年以上 |
| $X_{12}$ | 地区 | 1 = 北疆地区，0 = 南疆地区 |
| $X_{13}$ | 是否购买棉花种植保险 | 1 = 购买，0 = 未购买 |
| $X_{14}$ | 对政策的认知程度 | 1 = 不了解，2 = 听说，3 = 比较了解 |
| $X_{15}$ | 是否加入农业合作社 | 1 = 加入，0 = 未加入 |
| $X_{16}$ | 家到火车站的距离 | 1 = 10 公里及以下，2 = 11 ~ 40 公里，3 = 41 ~ 70 公里，4 = 70 公里以上 |
| $X_{17}$ | 村里是否有专职技术人员 | 1 = 有，0 = 没有 |
| $X_{18}$ | 村里是否有信息员 | 1 = 有，0 = 没有 |

首先，进行变量数据的平均数分析，结果见表8-12。因变量，在是否借贷变量平均数方面，激进型农户明显高于其他两个类型的农户，表明大部分激进型农户取得了借贷，而中立型农户取得借贷的比例最低。在户主社会经历变量平均数方面，保守型农户为0.21，明显低于总体水平的0.3，这表明保守型农户户主社会经历较少。而在种植规模变量平均数和是否购买棉花种植保险变量平均数方面，激进型农户为2.1和0.68，相比其他两个类型农户高一些，这表明激进型农户种植面积较大，且购买保险比例较高。其次，保守型农户在是否加入农业合作社变量平均数、是否有专职技术人员变量平均数和是否有信息员变量平均数比例

低于其他两个类型农户，表明保守型农户所能够获取的农村信用社服务、信息服务、技术服务较少。

表 8-12 样本变量描述性统计

| 变量 | 变量平均数 | | | |
|---|---|---|---|---|
| | 保守型 | 激进型 | 中立型 | 总体 |
| 是否借贷 Y | 0.66 | 0.7 | 0.63 | 0.66 |
| 性别 $X_1$ | 0.89 | 0.89 | 0.89 | 0.89 |
| 年龄 $X_2$ | 3.1 | 3.01 | 2.99 | 3.01 |
| 文化程度 $X_3$ | 2.62 | 2.81 | 2.73 | 2.74 |
| 社会经历 $X_4$ | 0.21 | 0.34 | 0.31 | 0.3 |
| 是否务农 $X_5$ | 0.93 | 0.96 | 0.93 | 0.93 |
| 家庭人口数 $X_6$ | 2.55 | 2.48 | 2.56 | 2.54 |
| 家庭劳动力人数 $X_7$ | 1.44 | 1.39 | 1.46 | 1.43 |
| 家庭社会关系 $X_8$ | 0.67 | 0.69 | 0.7 | 0.69 |
| 棉花年收入占比 $X_9$ | 1.75 | 1.73 | 1.73 | 1.73 |
| 种植规模 $X_{10}$ | 1.83 | 2.1 | 2.04 | 2.02 |
| 棉花种植年限 $X_{11}$ | 3.57 | 3.48 | 3.52 | 3.51 |
| 地区 $X_{12}$ | 0.31 | 0.36 | 0.33 | 0.34 |
| 是否购买棉花种植保险 $X_{13}$ | 0.64 | 0.68 | 0.61 | 0.64 |
| 对政策的认知程度 $X_{14}$ | 1.98 | 2.04 | 2.06 | 2.04 |
| 是否加入农业合作社 $X_{15}$ | 0.17 | 0.24 | 0.24 | 0.23 |
| 家到火车站的距离 $X_{16}$ | 2.36 | 2.29 | 2.33 | 2.32 |
| 村里是否有专职技术人员 $X_{17}$ | 0.49 | 0.61 | 0.56 | 0.56 |
| 村里是否有信息员 $X_{18}$ | 0.37 | 0.56 | 0.46 | 0.47 |

## 8.3.2 模型分析及结果解释

采取 SPSS 计量软件进行 Logistic 模型分析，根据结果可以看出，不同投资偏好农户的借贷行为影响因素，既有一致性又有差异性。一致性主要体现在种植规模和是否购买棉花种植保险两个变量方面。种植规模变量对农户借贷行为显著正向影响，种植规模越大，所需投入生产资料、人工越多，导致农户资金压力大，从而迫使农户借贷。是否购买棉花种植保险变量与农户借贷行为显著正相关。由于农业生产风险相对较高，而购买保险为保证农业收益起到了关键作用，使农户在农业生产上没有后顾之忧。

差异性体现在多方面。保守型和中立型农户的文化程度变量，均与其借贷行为显著正相关。文化程度在侧面表示农户对金融功能、产品的认识程度，文化程度高的农户对资金供应较为重视，借贷行为较多。户主社会经历与激进型农户借贷行为显著正相关。在激进型农户高投资的背景下，户主丰富的社会阅历会使其对农业生产前景有一定的认知，当其认为前景较好时会增加投入，所以借贷较多。家庭人口数与保守型农户借贷行为显著正相关。当农户家庭中人口较多时，其各种消费开销大，农户家庭资金储备较为薄弱，若要保证家庭生活、农业生产的正常进行，农户必须借贷。家庭劳动力人数与中立型农户借贷行为显著负相关。随着农户家庭劳动力人数的增加，其在雇用其他劳动力上的花费就会相应地减少，因此资金压力就会减少，从而减少借贷行为。家庭社会关系与激进型农户和中立型农户借贷行为显著相关。农户拥有越多的亲戚和朋友，社会关系越广泛。其获取贷款的渠道就会越多，所以借贷行为增加。

棉花年收入占比与激进型农户借贷行为显著正相关。棉花收入占家庭年收入比例越多，表示生产方式越单一，而单一的农业生产方式是农户获得收入的唯一来源，为了获取更大利益，农户会增加投入，所以促进借贷。棉花种植年限与中立型农户借贷行为显著正相关。随着种植棉花时间的增加，农户在此过程中积累了相应的种植经验，对于规避风险、谋求更大利益有了一定心得，因此增加投入，促进借贷。地区变量与保守型农户借贷行为显著正相关，与中立型农户借贷行为显著负相关。这表明在保守型农户当中，处于北疆的农户比处于南疆的农户更倾向于借贷，而中立型农户则恰恰相反，这可能是由于思想观念、生活方式、农业生产方式的差异所造成的。对政策的认知程度与保守型农户和激进型农户借贷行为显著正相关。农户在了解相应的棉花补贴政策后，会预知棉花生产前景，由此促进借贷。

是否加入农业合作社与激进型农户借贷行为显著负相关。由于激进型农户加入农业合作社的比例较高，在加入农业合作社后，激进型农户在各方面受到帮助较多，会减少借贷需求，所以借贷行为就会减少。家到火车站的距离与中立型农户借贷行为显著负相关。调查过程中，农户表示在交通不方便的条件下，销售棉花存在困难，所以会相应地减少棉花种植面积，从而减少借贷。村里是否有专职技术人员与激进型农户和中立型农户借贷行为显著负相关。农户在获取专业技术人员指导后，在节约生产资料、节约能源、规避风险上获益，由此节约资金，减少借贷。村里是否有信息员对保守型农户借贷行为显著正向影响。信息员会及时地帮助农户获取天气、市场交易、人工费用、政策等有效信息，农户在了解信息后对农业生产帮助较大，农业生产更加高效，从而增加借贷（见表8-13）。

表8-13　Logistic 模型回归结果

| 变量 | 保守型农户 | | 激进型农户 | | 中立型农户 | |
|---|---|---|---|---|---|---|
| | B | Sig. | B | Sig. | B | Sig. |
| 性别 $X_1$ | -0.610 | 0.280 | -0.127 | 0.742 | 0.340 | 0.194 |
| 年龄 $X_2$ | 0.132 | 0.415 | -0.206 | 0.104 | -0.018 | 0.845 |
| 文化程度 $X_3$ | 0.498 ** | 0.027 | 0.184 | 0.310 | 0.432 *** | 0.001 |
| 社会经历 $X_4$ | -0.201 | 0.594 | 0.780 *** | 0.005 | -0.077 | 0.677 |
| 是否务农 $X_5$ | -0.123 | 0.839 | 0.520 | 0.373 | 0.366 | 0.189 |
| 家庭人口数 $X_6$ | 0.439 * | 0.066 | 0.163 | 0.427 | -0.075 | 0.570 |
| 家庭劳动力人数 $X_7$ | -0.362 | 0.151 | -0.197 | 0.384 | -0.458 *** | 0.003 |
| 家庭社会关系 $X_8$ | 0.122 | 0.716 | -0.644 ** | 0.025 | -0.739 *** | 0.000 |
| 棉花年收入占比 $X_9$ | 0.082 | 0.813 | 0.686 ** | 0.010 | -0.050 | 0.787 |
| 种植规模 $X_{10}$ | 0.425 ** | 0.044 | 0.278 * | 0.094 | 0.261 ** | 0.028 |
| 棉花种植年限 $X_{11}$ | 0.158 | 0.359 | 0.117 | 0.414 | 0.186 * | 0.053 |
| 地区 $X_{12}$ | 1.021 ** | 0.022 | 0.434 | 0.239 | -0.728 *** | 0.004 |
| 是否购买棉花种植保险 $X_{13}$ | 1.000 *** | 0.001 | 1.326 *** | 0.000 | 0.665 *** | 0.000 |
| 对政策的认知程度 $X_{14}$ | 0.804 *** | 0.000 | 0.388 ** | 0.019 | 0.094 | 0.400 |
| 是否加入农业合作社 $X_{15}$ | -0.564 | 0.165 | -0.681 ** | 0.023 | 0.281 | 0.160 |
| 家到火车站的距离 $X_{16}$ | 0.242 | 0.194 | 0.247 | 0.100 | -0.235 ** | 0.014 |
| 村里是否有专职技术人员 $X_{17}$ | -0.015 | 0.963 | -0.555 * | 0.082 | -0.404 ** | 0.032 |
| 村里是否有信息员 $X_{18}$ | 0.800 ** | 0.025 | -0.052 | 0.862 | -0.082 | 0.649 |
| 常量 C | -5.597 | 0.001 | -3.147 | 0.023 | -0.483 | 0.564 |

注：*、** 和 *** 分别表示在10%、5%和1%水平上显著。

# 8.4　本章小结

　　结合调研数据得出农户借贷需求较强烈，而且借款表现出利率高、期限短、额度低等特征。农户偏好正规借贷渠道，尤其偏好农村信用社，农村信用社是农村金融市场上借贷服务的主力军，但这种有限的服务仍不能满足农户的借贷需求。在对不同投资偏好农户的分析中，激进型农户对资金需求较为强烈且取得贷款的比例较高，保守型和中立型农户以中小额贷款为主且从正规金融机构取得贷款的比例略低，金融机构的服务仍存在弊端。结合不同投资偏好农户借贷行为，对影响因素进行对比分析，结果表明，三个类型农户在借贷行为影响因素方面，既有一致性也有差异性。其中，种植规模和是否购买棉花种植保险变量，与三个类型农户借贷行为均显著正相关。此外，地区等五个变量与保守型农户借贷行为显著正相关。社会经历等三个变量对激进型农户借贷行为显著正向影响，是否加入农业合作社等三个变量对激进型农户借贷行为显著负向影响。文化程度等两个变量与中立型农户借贷行为显著正相关，家庭社会关系等五个变量与中立型农户借贷行为显著负相关。

# 第9章　新疆棉区农户参保决策行为分析

## 9.1　研究假设

基于对已有文献的整理，在分析现今农户购买农业保险状况的基础上，为深入考察农户客观禀赋条件与主观风险态度对农户参保决策行为的作用机制，总结、借鉴国内外已有的关于影响农户参与农业保险因素的研究成果，结合针对南北疆地区棉农的实际调查情况和本书研究的具体需要，提出以下几点研究假设：

H1：农户参保决策行为受农户禀赋特征因素影响。

农户禀赋指一定时期内，农户自身及其家庭其他成员在内的整个家庭所具有的先天持有和后天获取的资源与能力（孔祥智等，2004），主要包括年龄、性别、文化程度等个人禀赋特征，家庭收入、耕地规模、从事农业经验的家庭禀赋特征，及获取劳动力资源、信息资源的能力和家庭所处环境在内的资源禀赋特征，其共同决定农户的参保行为。根据已有研究提出如下假设：农户越年轻、文化程度越高、家庭经济条件越优越、家庭资源越丰富，其参与农业保险的热情越高；关于耕地规模对农户参保决策行为的影响，Bruce J. Derrick（2004）和宁满秀（2005）认为其显著正向影响农户的参保决策行为，于海朋（2013）认为耕地规模对农户参保决策行为的影响不明显，研究中假设耕地规模对其参保决策行为有正效应；农户加入农业合作社、多渠道获取农业生产信息使得其轻易获得保险最新信息，及时了解惠民政策，合理规避风险，假定农户加入农业合作组织、信息获取途径越多对农户参保决策行为越有积极影响；其认知度受所居住的地理位置和周围环境影响，假定城乡之间距离越近，农户的参与率越高。

H2：农户的风险偏好对农户参保决策行为存在显著影响。

农户的风险偏好影响着农户的农业生产经营决策（Olarinde Luke O.，2010），但伴随着农业生产过程中农业风险的不可预期性，性格迥异的农户对其农业风险的喜好程度会迥然不同，即农户的风险偏好类型呈现出多样性特征，而此种特征将会导致农户在参与农业保险这一决策行为上的差异。张淑霞（2015）研究表明，农户参保决策行为往往受到其自身风险偏好的显著影响，即农户对农业风险的偏好程度越高，越不愿意参保。因此，本章假设农户对其风险偏好程度越强，对农业保险的参与度越低。

H3：农业生产中的自然灾害作用对农户参保决策行为产生正效应。

由于我国地形复杂，自然灾害发生较为频繁，农户对各生产环节中自然灾害和病虫害等农业风险的承受能力十分有限，农业抵抗天灾的力量明显不足。因此，农户可能会因各种自然灾害的影响而改变对风险的认知，即对风险预测与防范更加偏好，从而致使其加大对风险的规避力度，进而激励农户通过参与农业保险这一有效途径，让农业风险得到分散与转移，消除农户在农业生产过程中源自自然灾害而导致经济受损的顾虑，从而稳定农户的农业产出预期，使其安心参与农业生产活动。本章采用近5年来农户遭受自然灾害的经济损失情况来考察自然灾害对农业生产活动产生的效应，同时假定自然灾害对农业生产引发的影响力度越大，农户越愿意积极参与农业保险。

## 9.2 描述性统计分析

### 9.2.1 农户禀赋概况

#### 9.2.1.1 个人禀赋特征

表9-1数据显示，被调查样本农户中男性为1535人，占总样本的88.93%，而女性有191人，仅占调查总样本的11.07%；女性人数远远小于男性人数，这是我国农村社会的普遍现象，"男主外，女主内"的传统观念是男性成为家庭主要劳动力的主要原因。根据调研数据整理，发现绝大多数被调查农户都是户主，对家庭基本情况了解较为清楚，有助于确保调研数据的准确性。

表 9 - 1　样本农户个人禀赋特征统计　　　　单位：户，%

| 项目 | 分类 | 户数 | 比例 |
|---|---|---|---|
| 性别 | 男 | 1535 | 88.93 |
| | 女 | 191 | 11.07 |
| 年龄 | 1 = 30 岁以下 | 169 | 9.79 |
| | 2 = 30 ~ 40 岁 | 410 | 23.75 |
| | 3 = 41 ~ 50 岁 | 651 | 37.71 |
| | 4 = 51 ~ 60 岁 | 292 | 16.91 |
| | 5 = 61 岁及以上 | 205 | 11.85 |
| 文化水平 | 1 = 小学及以下 | 625 | 36.21 |
| | 2 = 初中 | 878 | 50.87 |
| | 3 = 高中或中专、高职 | 201 | 11.65 |
| | 4 = 大专及以上 | 22 | 1.27 |
| 耕种年限 | 1 = 5 年及以下 | 98 | 5.68 |
| | 2 = 6 ~ 10 年 | 13 | 7.59 |
| | 3 = 11 ~ 15 年 | 280 | 16.22 |
| | 4 = 15 年以上 | 1217 | 70.51 |

数据来源：根据调研数据整理得出。

在被调查者中，样本农户的年龄多数分布在 30 ~ 50 岁，共计有 1061 人，占样本总体的 61.46%，说明棉花耕种的主要劳作者多数为中年人士；这跟南疆鼓励青壮年外出学习和务工有关，在询问农户家庭成员数和从事生产劳作人数两个指标时发现，每家都有在外务工人员是被调查区域内的一种普遍现象，这与 30 岁以下农户占比为 9.79% 相一致。50 岁以上的棉花耕种农户有 497 人，占比为 28.76%，说明随着年龄的增长，身体机能有所下降，所能承担的农业劳作比重也会相应减少，只能担负起协助家庭其他劳动力的任务来进行生产劳作。同时，绝大多数农户的文化水平均集中在小学及以下和初中两个阶段，所占样本总体的比重分别为 36.21% 和 50.87%，文化水平处于高中或中专高职和大专及以上的被调查农户较少，仅占总人数的 11.65% 和 1.27%。纵观整体，植棉农户的文化水平都比较低，相应地对于农业保险的认知能力有待提高，只有通过专业人员的大力宣讲和解读，才能使农户全面了解农业保险，进而表现出对农业保险的购买欲望。

从耕种年限的角度来看，有86.73%的被调查农户都具有十年以上的棉花耕种年限。随着务农时间的增长，农户在农业生产过程中积累了丰富的生产经验和了解应对自然风险的措施，对自身所面临的农业风险能够有较为清晰的判断能力。

9.2.1.2 家庭禀赋特征

通过对调研样本数据的统计分析可以看出，家庭劳动力人数多为1～2人，所占比重为63.67%。在走访调查中了解到平常只有夫妻二人专职务农，其子女多是在外求学以及单位任职，只有在农忙时节，外出人员才会回家播种秋收，此时家庭劳动力才会达到3～4人，进一步说明大多数农户家庭出现兼业化。由表9－2可知，植棉农户的耕种规模较为集中。在所有调查的农户中有703户植棉农户耕种规模在20亩以下，所占比例为40.73%，耕种规模在20亩及以上的农户达到1023户，占样本总数的比重达59.27%，这说明新疆较多农户拥有相对大的耕种规模，被调查样本主要从事农业生产活动。从收入结构的角度来看，农业收入所占比例较重。由表9－2可知，农业收入占比在90%以上的样本农户数最多，有694户；其次是农业收入占比在61%～90%的植棉农户，有561户；另外有少部分农户的家庭农业收入比重处于30%～60%和30%以下这两个区间，分别占样本总数的21.21%和6.08%。以上统计数据显示，农业收入占总收入的比例较高，农户的经济收入主要来源于从事农业经营所得，因此植棉农户对农业保险存在较大的潜在需求。

表9－2 样本农户家庭禀赋特征统计　　　　　　　　单位：户,%

| 项目 | 分类 | 户数 | 比例 |
|---|---|---|---|
| 劳动力人口数 | 1＝1～2人 | 1099 | 63.67 |
| | 2＝3～4人 | 519 | 30.07 |
| | 3＝5～6人 | 95 | 5.51 |
| | 4＝7人及以上 | 13 | 0.75 |
| 耕种规模 | 1＝20亩以下 | 703 | 40.73 |
| | 2＝20～30亩 | 251 | 14.54 |
| | 3＝31～40亩 | 149 | 8.63 |
| | 4＝40亩以上 | 623 | 36.10 |
| 农业收入占比 | 1＝30%以下 | 105 | 6.08 |
| | 2＝30%～60% | 366 | 21.21 |
| | 3＝61%～90% | 561 | 32.5 |
| | 4＝90%以上 | 694 | 40.21 |

续表

| 项目 | 分类 | 户数 | 比例 |
|---|---|---|---|
| 是否有借贷 | 1 = 有 | 1134 | 65.7 |
| | 2 = 没有 | 592 | 34.3 |
| 家庭资源（县域内社会关系数） | 1 = 1 个及以下 | 434 | 25.15 |
| | 2 = 2 ~ 3 个 | 1079 | 62.51 |
| | 3 = 4 ~ 5 个 | 205 | 11.88 |
| | 4 = 5 个以上 | 8 | 0.46 |

数据来源：根据调研数据整理得出。

通过样本农户对"您家是否有借贷？"这一问题的回答，可以了解到农户的家庭经济状况。在所有被调查样本农户中，其中有 1134 户受访者声称目前家庭有向金融机构贷款或亲朋好友借款负债的情况，占样本总数的 65.70%；仅有 592 户表示家中没有借贷，占比为 34.30%，直观地反映出大多数家庭经济状况不佳。本书将受访农户家庭在县域内社会关系的数量作为其家庭资源。家庭资源越丰富，农户获得的农业生产信息相应越灵通；另外，县域内亲朋好友数量越多，可提供借款的概率越高。由表 9 - 2 数据看出，受访样本农户在县域内的社会关系数主要集中在 2 ~ 3 个，占样本比重为 62.51%；1 个及以下占比 25.15%，4 个及以上仅占样本总数的 12.34%，进一步表明农户与外界沟通较少，获取农业信息的渠道闭塞。

### 9.2.1.3　资源禀赋特征

受访农户中，有 220 位植棉农户表示自己有担任或曾担任村干部的社会经验，仅占样本总体的 12.75%；剩余的 1506 位农户均未有担任村干部的经历，所占比重为 87.25%。村干部往往获得农业信息的速度要快于其他农户，相应地，对农业保险的了解认知程度要高于未担任村干部的农户，进一步说明有担任村干部社会经验的农户比其他农户在掌握农业信息方面占有一定的优势。根据表 9 - 3 统计数据可以看出，被调查农户加入和未加入农业合作社的分别有 391 户和 1335 户，分别占样本整体比重的 22.65% 和 77.35%。可以看出，多数农户未加入农业合作社，其组织程度不深。

从农户家庭拥有的信息资源来看，拥有农业信息渠道集中在 2 ~ 3 个的农户最多，有 681 户，占样本总体的 39.46%；其次是在 1 个及以下的被调查农户，有 646 户，占比为 37.43%；另外也有少部分农户拥有较多的信息渠道，处于

4~5个和5个以上，分别占样本总数的13.78%和9.33%。表明农户获得农业信息渠道不多，主要集中在3个及以下。信息资源的稀缺，说明农户对于农业保险认知水平还有待提高。从表9-3可以清楚地看到，有738户家庭所处地理位置到附近的乡镇距离较近，在5公里以内，占样本比重为42.76%；其次，到乡镇距离在5~10公里的农户有631户，所占比例为36.56%；而距离在11~15公里和15公里以上的农户分别有163户和194户，分别占样本总体的9.44%和11.24%。统计数据反映出，绝大多数受访农户家庭所处村落到乡镇距离不远，其地理环境相差不大。

表9-3　样本农户家庭禀赋特征统计　　　　　单位：户,%

| 项目 | 分类 | 户数 | 比例 |
|---|---|---|---|
| 社会经验 | 1 = 担任或曾担任村干部 | 220 | 12.75 |
| | 0 = 未担任村干部 | 1506 | 87.25 |
| 组织程度 | 1 = 加入农业合作社 | 391 | 22.65 |
| | 0 = 未加入农业合作社 | 1335 | 77.35 |
| 信息资源（获得农业信息渠道） | 1 = 1 个及以下 | 646 | 37.43 |
| | 2 = 2~3 个 | 681 | 39.46 |
| | 3 = 4~5 个 | 238 | 13.78 |
| | 4 = 5 个以上 | 161 | 9.33 |
| 乡镇距离 | 1 = 5 公里以内 | 738 | 42.76 |
| | 2 = 5~10 公里 | 631 | 36.56 |
| | 3 = 11~15 公里 | 163 | 9.44 |
| | 4 = 15 公里以上 | 194 | 11.24 |

数据来源：根据调研数据整理得出。

### 9.2.2　农户风险偏好测度

#### 9.2.2.1　农业风险认知

对农户对棉花种植风险认知情况进行研究，认为棉花种植风险很大的农户有1047户，认为种植风险中等水平的有559户，有120户的农户认为棉花种植风险很小，所占比例分别为60.66%、32.39%、6.95%；通过调研走访了解到，绝大多数农户认为棉花种植风险大是由于近两年棉花价格波动剧烈、生产资料成本上涨过快和干旱、病虫害等自然灾害的发生，对稳定的棉花收益带来较大威胁。

表9-4　样本农户风险认知情况统计　　　　单位：户，%

| 项目 | 分类 | 户数 | 比例 |
|---|---|---|---|
| 棉花种植风险 | 1 = 大 | 1047 | 60.66 |
| | 2 = 中 | 559 | 32.39 |
| | 3 = 小 | 120 | 6.95 |
| 近五年家中是否受灾 | 1 = 是 | 1374 | 79.61 |
| | 2 = 否 | 352 | 20.39 |
| 灾害程度 | 1 = 非常大 | 1137 | 65.87 |
| | 2 = 比较大 | 407 | 23.58 |
| | 3 = 不太大 | 122 | 7.07 |
| | 4 = 比较小 | 60 | 3.48 |
| 防范灾害种类 | 1 = 1 ~ 2 种 | 1359 | 78.74 |
| | 2 = 3 ~ 4 种 | 339 | 19.64 |
| | 3 = 5 种及以上 | 28 | 1.62 |

数据来源：根据调研数据整理得出。

近年来新疆自然灾害频发，许多农户农业生产活动都受到影响。有79.61%的样本农户认为农业生产中自然灾害是其面临的最大灾害，近五年来家中频繁遭受自然灾害的侵袭，只有20.39%的农户表示未受到自然灾害的威胁。从表9-4可以看到，有1137户受访者表示棉花种植风险中自然灾害作用非常大，占总样本的65.87%；认为不太大和比较小的农户共计182户，分别占样本总体的7.07%和3.48%；这就表明农业自然灾害频繁发生是威胁新疆农户农业生产的首要因素，但这也在一定程度上加深了农户对农业保险的诉求，使农户成为农业保险市场上的潜在需求者。在问及农户预防风险措施的种类时，有1~2种预防风险措施的农户有1359户，占到调查样本总数的78.74%；有3~4种防范风险措施的农户数量为339户，占到样本总数的19.64%；有5种及以上防范措施的农户仅有28户，所占比例为1.62%。说明农户在农业生产活动过程中面对自然灾害的侵袭，预防措施种类过于单一，抵抗天灾的能力明显不足，政府应当采取相应的有效措施来帮扶农户分散、转移农业生产，为农户提高农业产出、稳定经济收入提供有效保障。

9.2.2.2　风险偏好测度

鉴于被调查样本农户整体文化水平低，为避免农户对受访问题的难以理解和确保信息真实性，在借鉴胡宜挺、陆文聪等学者对风险偏好类型的划分标准，结合调查问卷内容，进而对农户风险偏好进行测度。

针对农户基于"您在农业活动中种植或养殖行为偏好"这一问题的回答，将被调查者分为三类，其中选项"高投资—高收益"代表风险喜好型农户，"中投资—中收益"和"有时高投资—高收益，有时低投资—低收益"代表风险中立型农户，"低投资—低收益"代表风险厌恶型农户。风险中立型农户占比最高，占样本总体的48.84%，其次是风险喜好型农户，所占比例为32.45%，风险厌恶型农户占比最低，仅占样本总体的18.71%（见图9-1）。

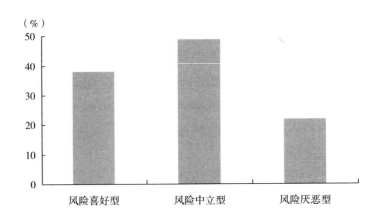

图9-1　样本农户风险偏好类型占比

数据来源：根据调研数据整理得出。

## 9.2.3　农户参保决策行为分析

9.2.3.1　保险认知程度

目前，伴随着自然灾害的不可预期性和农户抗灾能力的局限性，农业保险作为化解农业风险的有效途径理应被农户所熟知，但根据调研访谈发现，被调查样本农户的农业保险知识较为欠缺，对农业保险非常了解的仅有286户，占样本总体的比例为16.57%。

一般了解的占到被调查总数的65.41%，这部分农户对农业保险的了解也只仅限于听说过，对农业保险作用认识不清，含义理解模糊；还有 18.02% 的农户表示完全不了解，这说明保险主体和政府在对农业保险的开展中宣传不到位，不利于农业保险的发展。

当问及被调查样本农户是否需要农业保险时，表 9 - 5 显示出，有 505 户农户认为不需要农业保险，占样本总体的 29.26%，这部分农户很多时候对保险公司都持有怀疑态度，以至于对农业保险产品产生抵触心理；而对于农业保险持认可态度的农户有 1221 户，所占比例为 70.74%。其中，表示需要的农户占比为 55.04%，很需要和强烈需要的农户占比分别为 10.37% 和 5.33%。由此可见，保险机构的公信度和农险产品的普及度是决定农户参保需求的重要因素，因此保险经营机构和地方政府应该把握好努力方向，致力于提升农户保险需求。

表 9 - 5　样本农户农业保险认知情况统计　　　　　单位：户,%

| 项目 | 分类 | 户数 | 比例 |
|---|---|---|---|
| 保险了解程度 | 1 = 非常了解 | 286 | 16.57 |
| | 2 = 一般了解 | 1129 | 65.41 |
| | 3 = 不了解 | 311 | 18.02 |
| 保险需求程度 | 1 = 不需要 | 505 | 29.26 |
| | 2 = 需要 | 950 | 55.04 |
| | 3 = 很需要 | 179 | 10.37 |
| | 4 = 强烈需要 | 92 | 5.33 |

数据来源：根据调研数据整理得出。

### 9.2.3.2　参保决策行为

农户参保决策行为的调查统计结果如表 9 - 6 所示。有 70.68% 的样本农户"愿意"购买农业保险，愿意购买的原因主要是农业保险可以化解风险、受周围购买氛围影响和受灾损失严重；"不愿意"购买的农户只有 29.32%。这部分受访者不愿意购买农业保险的原因是不了解或不相信保险、认为受灾发生概率较小其投保行为不划算；另外保险公司险种单一，可供农户选择的险种有限，也会导致农户选择其他风险管理的方式而放弃农业保险。因此，目前他们更愿意持观望的态度，一旦看到身边有许多人投保并且对农业生产带来益处的话，他们也会心动进而考虑购买。

表 9 - 6 数据表明，共计有 620 位被调查农户从未参与农业保险，占样本整

体的35.92%；有1106位受访农户表示已购买或曾购买过农业保险，所占比重为64.08%。走访调查过程中进一步了解到，农户购买农业保险的主要方式是保险营销员推销、亲戚朋友推荐以及村干部或农业合作社要求购买。同时，参与农业保险的大多数农户反映受灾后按合同得到补偿，但保险机构理赔程序过于繁琐复杂，获得经济赔偿的时间跨度长。

**表9-6 样本农户参保决策行为统计**　　　　　　　　单位：户，%

| 项目 | 分类 | 户数 | 比例（%） |
|------|------|------|-----------|
| 参保意愿 | 1 = 愿意 | 1220 | 70.68 |
|          | 0 = 不愿意 | 506 | 29.32 |
| 参保行为 | 1 = 参与 | 1106 | 64.08 |
|          | 0 = 从未参与 | 620 | 35.92 |

数据来源：根据调研数据整理得出。

## 9.3　棉农参保决策行为的实证分析

农户农业保险的参保决策行为受多个因素影响，除进行统计描述性分析外，有必要应用统计学和经济计量学方法对各个变量的统计结果进行计量分析，从而考察各个影响因素对农户参保决策行为的作用大小及方向，并比较各个影响因素对参保意愿与参保行为的作用是否存在差异。

### 9.3.1　变量定义

通过理论分析和描述性分析得出的多个影响因素，对农户购买农业保险的购买意愿和购买行为进行回归分析。但在进行回归分析前，需要先对各个变量进行定义。根据第二章的理论模型，我们需要对农户参保决策行为进行逻辑回归分析。

基于本章研究假设，充分考虑新疆棉区调研实情，分别从农户禀赋、风险偏好以及自然灾害作用大小三个方面出发，选取农户年龄、文化程度、家庭资源、社会经验、城乡距离、风险偏好及灾害程度等具有代表性的12个指标作为影响农户参保决策行为的因素，变量选取与赋值见表9-7。

表9-7 农户参保决策行为模型变量定义及赋值

| 变量类型 | 指标 | 变量赋值 |
|---|---|---|
| 因变量 | 参保意愿 | 1 = 愿意购买，0 = 不愿意购买 |
| | 参保行为 | 1 = 已购买，0 = 未购买 |
| 个人禀赋 | 农户年龄 | 1 = 30 岁以下，2 = 31～40 岁，3 = 41～50 岁，4 = 51～60 岁，5 = 61 岁及以上 |
| | 文化水平 | 1 = 小学及以下，2 = 初中，3 = 高中及中专，4 = 大专及以上 |
| | 耕种年限 | 1 = 3 年及以下，2 = 4～10 年，3 = 11～15 年，4 = 15 年以上 |
| 家庭禀赋 | 收入结构 | 农业收入占比：1 = 30% 以下，2 = 30%～60%，3 = 61%～90%，4 = 90% 以上 |
| | 家庭资源 | 县域内社会关系数：1 = 0～1 个，2 = 2～3 个，3 = 4～5 个，4 = 5 个以上 |
| | 耕地规模 | 1 = 20 亩以下，2 = 20～30 亩，3 = 31～40 亩，4 = 41 亩及以上 |
| 资源禀赋 | 社会经验 | 是否担任或曾村干部：1 = 是，0 = 否 |
| | 组织程度 | 1 = 加入农业合作社，2 = 未加入农业合作社 |
| | 信息资源 | 获得农业信息渠道：1 = 0～1 个，2 = 2～3 个，3 = 4～5 个，4 = 5 个以上 |
| | 城乡距离 | 1 = 5 公里以内，2 = 5～10 公里，3 = 11～15 公里，4 = 15 公里以上 |
| 风险态度 | 风险偏好 | 1 = 风险厌恶型，2 = 风险中立型，3 = 风险偏好型 |
| 灾害大小 | 灾害程度 | 1 = 较小，2 = 一般，3 = 较大，4 = 非常大 |

## 9.3.2 模型选择

因为参保意愿和参保行为属于名义级变量，所以本书选择 Logistic 回归模型对农户农业保险参保意愿和参保行为进行数量分析。Logistic 回归分析是对定性变量的回归分析，根据变量取值的不同可以分为二元回归（Binary Logistic Regression）和多元回归（Multinomial Logistic Regression）。二元 Logistic 回归模型中因变量只能取两个值1和0（拟因变量），当因变量本身 Y 只取0、1两个离散值时，不适合直接作为回归模型中的因变量。

为了详尽了解农户的参保决策行为，本书将农户农业保险参保意愿和参保行为作为因变量，根据农户针对调查问卷中"您是否愿意购买农业保险？"和"您是否购买了农业保险？"两个问题的回答，将被调查样本农户分为两类，利用二元 Logstic 模型从农户参保意愿和参保行为分别进行回归分析，探寻影响农户参保决策行为的关键因素，解析样本农户参保决策行为的差异。

令"Y = 1"表示农户愿意购买农业保险、已经购买农业保险，"Y = 0"表示农户不愿意购买农业保险和未购买农业保险。设 P 为因变量发生的概率，X 为自变量，建立影响新疆棉区农户参保决策行为的计量模型：

$$P = \frac{\exp(\partial_0 + \partial_1 X_1 + \partial_2 X_2 + \cdots + \partial_i X_i)}{1 + \exp(\partial_0 + \partial_1 X_1 + \partial_2 X_2 + \cdots + \partial_i X_i)} \qquad (9-1)$$

从数学角度来看，P 对 X 的变动在 0 或 1 附近是不灵敏的、迟缓的，于是对式(9-1)做 Logit 转换，建立累计比 Logstic 模型：

$$\ln\left(\frac{P}{1-P}\right) = \partial_0 + \partial_1 X_1 + \partial_2 X_2 + \cdots + \partial_i X_i \qquad (9-2)$$

其中，P 为因变量愿意购买和已经购买的发生概率；$X_i(i = 1, 2, \cdots, 12)$ 为自变量，表示影响农户参保决策行为的第 i 个影响因素，分别为农户年龄、文化程度、家庭资源、社会经验、城乡距离、风险偏好及灾害程度等变量。

### 9.3.3 农户参保决策行为回归分析

#### 9.3.3.1 非参数检验

为了进一步检验参保意愿和参保行为中分组样本的差异，需对模型中的各变量进行检验。非参数检验方法不需要预先假设总体的分布特征，可直接从样本计算所需要的统计量进而对原假设进行检验，因此本书采用非参数检验方法中的 Mann – Whitney U 检验来比较分组样本的分布差异。利用 SPSS 21.0 软件对变量进行非参数检验，结果见表9-8。

**表9-8　各变量非参数 Mann – Whitney U 检验结果**

| 变量 | 参保意愿 | | | 参保行为 | | |
|---|---|---|---|---|---|---|
| | Mann – Whitney U | Z 值 | 渐近显著性（双侧） | Mann – Whitney U | Z 值 | 渐近显著性（双侧） |
| 农户年龄 | 286298 | − 2.473 | 0.013 ** | 300256 | − 4.471 | 0.000 *** |
| 文化程度 | 274594 | − 3.993 | 0.000 *** | 299259 | − 4.850 | 0.000 *** |
| 种植年限 | 287062 | − 2.859 | 0.004 *** | 308330 | − 4.337 | 0.000 *** |
| 收入结构 | 307810 | − 0.096 | 0.924 | 342610 | − 0.027 | 0.979 |

续表

| 变量 | 参保意愿 | | | 参保行为 | | |
|---|---|---|---|---|---|---|
| | Mann – Whitney U | Z 值 | 渐近显著性（双侧） | Mann – Whitney U | Z 值 | 渐近显著性（双侧） |
| 家庭资源 | 272652 | – 4.447 | 0.000 *** | 300009 | – 5.021 | 0.000 *** |
| 耕地规模 | 305232 | – 0.387 | 0.699 | 336121 | – 0.722 | 0.470 |
| 社会经验 | 286657 | – 4.041 | 0.000 *** | 319536 | – 4.065 | 0.000 *** |
| 组织程度 | 299489 | – 1.342 | 0.180 | 330388 | – 1.732 | 0.083 * |
| 信息资源 | 287826 | – 2.349 | 0.019 ** | 340321 | – 0.272 | 0.786 |
| 城乡距离 | 279944 | – 3.264 | 0.001 *** | 282602 | – 6.499 | 0.000 *** |
| 风险偏好 | 304990 | – 0.424 | 0.071 * | 341616 | – 0.136 | 0.082 * |
| 灾害程度 | 270311 | – 4.861 | 0.000 *** | 321152 | – 2.611 | 0.009 *** |

注：①分组变量：是否愿意购买农业保险、是否已购买农业保险。

②＊、＊＊、＊＊＊分别表示在 10%、5%、1% 水平上显著。

由表 9 - 8 的渐近显著性水平可知，在农户参保意愿分组样本中，文化程度、种植年限、家庭资源、社会经验、城乡距离和灾害程度变量的显著性水平均小于 0.01，差异统计显著性表现为"极其显著"；农户年龄、信息资源和风险偏好的差异统计分别在 5% 和 10% 水平上显著；而收入结构、耕地规模和组织程度的差异统计未通过显著性检验，表现为不显著，说明愿意参与和不愿意参与农业保险的农户在年龄、信息资源和组织程度方面的差异较小。

在农户参保行为分组样本中，农户年龄、文化程度、种植年限、家庭资源、社会经验、城乡距离和灾害程度变量的差异统计在 1% 水平上极其显著，这与农户参保意愿中变量基本保持一致；组织程度与风险偏好的差异统计在 10% 水平上显著；而收入结构、耕地规模两变量除了在农户参保意愿的差异统计不显著外，在农户参保行为的差异统计中也不显著，另外信息资源变量的差异统计不显著。

综上所述，按照愿意购买和不愿意购买农业保险、已购买和未购买农业保险分组的样本农户之间在文化程度、种植年限、家庭资源、社会经验、城乡距离、灾害程度等方面具有非常显著的差异，这些变量可以在一定程度上解释农户的参保决策行为。

9.3.3.2　共线性检验

在以往的研究中，农户禀赋、认知以及偏好等变量间往往存在较强的相关性。为确保模型估计结果的有效性，首先对自变量间的多重共线性进行检验。由表9-9可以看出，容差远大于0.1，方差膨胀因子（VIF）均小于2，说明各自变量之间不存在多重共线性。

表9-9　各变量多重共线性统计量分析

| 变量 | 容差 | VIF | 变量 | 容差 | VIF |
|---|---|---|---|---|---|
| 年龄 | 0.864 | 1.157 | 社会经验 | 0.939 | 1.065 |
| 文化程度 | 0.845 | 1.183 | 组织程度 | 0.961 | 1.04 |
| 种植年限 | 0.936 | 1.069 | 信息资源 | 0.954 | 1.049 |
| 收入结构 | 0.877 | 1.141 | 城乡距离 | 0.981 | 1.02 |
| 家庭资源 | 0.974 | 1.027 | 风险偏好 | 0.963 | 1.039 |
| 种植规模 | 0.799 | 1.251 | 灾害程度 | 0.932 | 1.073 |

### 9.3.3.3　模型回归分析

基于新疆棉花种植农户的实地调查数据，借助SPSS21.0计量工具对模型进行回归和检验。表9-10模型分析结果显示，Hosmer-Lemeshow统计量的卡方观测值2.820和9.715均小于临界值15.507，概率P值0.945和0.286均大于显著水平0.05，统计指标不显著，拒绝原假设，表明该模型通过检验，可以较好地拟合数据。回归结果显示，农户参保决策行为受到诸多因素的显著影响，但其影响农户参保意愿和参保行为的因素大同小异。

表9-10　新疆棉区农户参保决策行为模型估计

| 变量 | 参保意愿 | | | 参保行为 | | |
|---|---|---|---|---|---|---|
| | B | S.E. | Sig. | B | S.E. | Sig. |
| 农户年龄 | -0.131 | 0.056 | 0.018** | -0.25 | 0.054 | 0.000*** |
| 文化程度 | 0.221 | 0.087 | 0.011** | 0.273 | 0.084 | 0.001*** |
| 种植年限 | -0.202 | 0.069 | 0.003*** | -0.341 | 0.067 | 0.000*** |
| 收入结构 | 0.036 | 0.064 | 0.577 | 0.006 | 0.062 | 0.920 |
| 家庭资源 | 0.445 | 0.093 | 0.000*** | 0.502 | 0.090 | 0.000*** |
| 土地规模 | -0.03 | 0.046 | 0.518 | -0.059 | 0.044 | 0.181 |
| 社会经验 | 0.655 | 0.193 | 0.001*** | 0.631 | 0.178 | 0.000*** |
| 组织程度 | 0.134 | 0.136 | 0.325 | 0.154 | 0.131 | 0.041** |

续表

| 变量 | 参保意愿 | | | 参保行为 | | |
|---|---|---|---|---|---|---|
| | B | S. E. | Sig. | B | S. E. | Sig. |
| 信息资源 | 0. 107 | 0. 058 | 0. 067 * | 0. 034 | 0. 057 | 0. 556 |
| 城乡距离 | − 0. 268 | 0. 055 | 0. 000 *** | − 0. 412 | 0. 054 | 0. 000 *** |
| 风险偏好 | − 0. 059 | 0. 079 | 0. 029 ** | − 0. 011 | 0. 077 | 0. 083 * |
| 灾害程度 | 0. 307 | 0. 070 | 0. 000 *** | 0. 071 | 0. 070 | 0. 315 |
| 常量 | 0. 501 | 0. 495 | 0. 312 | 0. 418 | 0. 479 | 0. 383 |
| 卡方值 | 2. 82 | | | 9. 715 | | |
| P 值 | 0. 945 | | | 0. 286 | | |

注：①在使用 HL（Hosmer – Lemeshow）指标检验 Logstic 模型拟合优度时，HL 统计量的原假设是预测值和观测值之间无显著差异，因此指标的 P 值越大，越不能拒绝原假设，即说明模型很好地拟合了数据；反之则相反。② *、* *、* * * 分别表示在 10%、5%、1% 水平上显著。

（1）农户禀赋对其参保决策行为的影响。

农户个人禀赋对其参保决策行为均有影响。农户年龄、文化程度及种植年限对农户的参保意愿和参保行为均有显著影响且作用方向一致，与前文假设一致。年龄变量系数为 − 0. 131 和 − 0. 25，在 5% 和 1% 水平上显著，与农户参保决策行为呈负相关关系，在其他变量保持不变的情况下，农户年龄每增加 1%，农户参保意愿和参保行为相应地减少 13. 1% 和 25%；说明随着农村劳动力老龄化的加深，农户参保决策行为受到抑制；这是因为随着年龄的增长，农户喜欢墨守成规、循规蹈矩的生活方式，因此不肯尝试新鲜事物，表现出对农业保险的排斥性，妨碍了参保行为的发生，对农业保险的发展产生消极影响。另外，年长者通过自身实践积累了较为丰富的种植经验，能合理地规避、分散农业风险，所以对于农业保险的诉求不强烈，没有实际的参保行为；同时，农户种植年限系数为负，在 1% 水平上显著相对应，随着种植年限的增长，农户积累了一定抗灾自救能力。例如，种植年限较长的农户能够根据近期的气候变化特征，来判断未来几天的天气，提前做好预防措施，在一定程度上可以减少不必要的经济损失。文化程度变量系数为 0. 221 和 0. 273，分别在 5% 和 1% 水平上通过显著性检验，与农户参保决策行为呈正相关关系；表明随着农户接受教育程度的加深，对农业保险的理论认知能力越强，越清楚农业保险在农业生产过程中所扮演的重要角色，因此参与农业保险的意愿越强烈，参保行为表现越积极。

农户家庭禀赋对其参保决策行为作用方向一致。家庭资源变量系数为0.445和0.502，与农户的参保意愿和参保行为呈正相关关系，在其他变量保持不变的情况下，家庭资源每增加1%，农户参保意愿和参保行为相应地提升44.5%和50.2%，进一步表明农户家庭资源是影响农户参保决策行为的关键因素。通常情况下农户在县域内拥有亲朋好友掌握农业最新咨讯和惠农政策的速度要快于在乡镇务农的专职农户，往往农户家庭在县域拥有的社会关系资源越多，与外界的沟通交流越频繁，得到的农业信息越准、越快，越能方便农户及时了解到当下最热门的农业保险带来的好处，因此更加愿意参与农业保险，进而积极参与农业保险。农户土地规模对农户的参保意愿和参保行为的影响均不显著，这与于海鹏（2013）的观点保持一致；可能的原因是新疆位于西北边界，经济发展缓慢，生产力落后，绝大多数农户仍处于粗犷的耕种模式，农户间耕地规模差异不大，导致土地规模对农户参保决策行为作用不显著；收入结构的系数较小，分别为0.036和0.006，且对农户参保意愿和参保行为的影响均未通过显著性检验，这说明收入结构对农户参保决策行为影响力度较小。根据前文分析，虽然多数家庭出现兼职的情况，但其农业收入仍是家庭经济的主要来源，被调查农户家庭间农业收入占比相差较小，因此收入结构变量不显著。

农户资源禀赋对其参保决策行为影响效应基本保持一致。社会经验、城乡距离均在1%水平下对农户的参保意愿和参保行为影响极其显著，即社会经验越丰富、城乡距离越近，对农户的参保意愿和参保行为越有利；一方面农户社会经验越丰富，对于农业保险认知和优惠政策的了解程度比普通农户更加深入，在对比优劣之后，有过村干部任职等经历的农户更愿意参与农业保险；另一方面，农户家庭位置到城市距离越远，农户与外界沟通越闭塞，得到有效信息的渠道就越少，因此对农业保险的了解相对匮乏，势必造成农户对农业保险的排斥性。组织程度对农户参保意愿无显著影响，但与参保行为在5%水平上呈显著的正相关，原因可能在于农户在加入农业合作社后，合作社提供服务工作过程中一定程度上促成了不愿意参加者的参与行为；信息资源在10%水平上通过显著性检验，系数为正，与农户参保意愿呈正相关，但对参保行为未产生显著影响。这可能的原因是农户多渠道获得的农业信息，加深了对农业保险的认知，促进了农户参保意愿，但由于保费约束以及家庭经济水平的限制，致使有参与意愿的农户没有实际的参保行为。

（2）农户风险偏好对其参保决策行为的影响。

农户风险偏好与农户参保决策行为存在显著影响，与预期保持一致。风险偏好对农户参保意愿和参保行为的作用程度分别为 −0.059 和 −0.011，在 5% 和 10% 水平上通过显著性检验，与农户参保决策行为呈负相关；在其他变量保持不变的情况下，农户风险偏好每增加 1% 单位，农户参保意愿和参保行为相应地下降 5.90% 和 1.10%，即随着农户风险喜好程度的加深，其参保意愿越弱，参保率越低。由于风险偏好型农户在追逐利益的过程中，自认为农业风险的发生概率很小，他们面对这种小概率事件总是不以为然，抱有侥幸逃脱的想法，往往为使利益最大化，甘愿冒险将利益放在首位，因此对保险需求意愿较弱，在参保行为上表现出消极性。与风险偏好型农户相比，风险中立型和风险厌恶型农户往往在"求稳"的心理驱使下，宁愿舍弃冒险带来的最大化利益而选择风险最小带来的稳定收入，而风险厌恶型农户更愿意通过购买农业保险的方式规避风险，以达到分散风险，维持收入稳定的目的，在参保行为上往往要比其他两类农户更积极。

（3）灾害程度对其参保决策行为的影响。

灾害程度变量在参保意愿模型中系数为 0.307，在 1% 水平上与农户参保意愿呈正相关，即随着农户遭受自然灾害程度的增加，其参保决策意愿越积极。从回归系数来看，灾害程度每增加 1% 个单位，农户参保意愿相应地增加 30.7%，说明自然灾害的作用大小是影响农户的参保意愿的主导因素。农户近年遭遇灾害损失越严重，规避农业风险的愿望越迫切，因而表现出更强烈的参保意愿。在农户参保行为模型中，灾害程度这一变量未通过检验。农户积极参保意愿在参保行为中并未得到体现，主要是由于保险机构未提供合适的险种以及繁琐复杂的理赔程序等原因导致农户没有实际的参与行为，出现农户参保意愿与参保行为相背离的现象。

# 9.4 参保决策行为差异性分析

通过前文分析不难发现，农户对农业保险的积极参与意愿与实际参与行为是两码事，并不代表其最终的决策是必定会参与农业保险。在现实的农业生产过程中农业保险参与意向选择与实际参与决策行为往往还有一段"距离"，两者之间并不完全存在一致性。下面主要探讨在农户参保决策过程中农户的最初参保意愿和实际参保行为的交互分析以及进一步揭示农户参保决策行为出现相背离的原因。

### 9.4.1 参保意愿与参保行为之间存在差异

表9-11显著性检验数据显示，棉花种植农户参保意愿与参保行为之间存在显著相关性（P=0.000），即农户参保意愿越强烈，其实际参与的程度就越高。表9-11显示，对参加农业保险持积极态度的被调查农户，有实际积极参与行为的比率为76.885%，消极参与行为比率仅占23.115%；而对农业保险持消极态度的被调查者中仅33.202%的农户产生了积极参与行为，实际消极行为占到了66.798%。可见，被调查农户的最初参保意愿与实际参保行为之间是保持高度一致的。但值得注意的是，在持积极参保意愿的被调查农户中，仍然发生了消极抵触的参保行为；在消极参保意愿的被调查农户中，仍出现了实际积极参保行为，这是不符合一般逻辑的。

表9-11　参保行为与参保意愿的交互　　　　　　　　单位:%

| | | 参保意愿 | | 合计 |
| --- | --- | --- | --- | --- |
| | | 愿意 | 不愿意 | |
| 参保行为 | 参与 | 76.885 | 33.202 | 64.079 |
| | 未参与 | 23.115 | 66.798 | 35.921 |
| 合计 | | 100 | 100 | 100 |
| 户数 | | 1220 | 506 | 1726 |
| 显著性检验 | | $\chi^2 = 296.512$　df = 1　P = 0.000 | | |

数据来源：根据调研数据整理得出。

#### 9.4.1.1 积极意愿与消极行为

如表9-12所示，在愿意参与农业保险的1220户农户中，有938户积极主动地购买了农业保险，发生了实际的参保行为，占持有积极意愿农户的76.89%；但有282户农户虽有积极的参与意愿，却在实际的参与行为中选择了不购买。

然而，在分析未参与农业保险的这282户农户对农业保险服务的满意程度时，发现这部分农户自己或周围邻居、亲朋等熟人曾有参与农业保险的经历。他们之所以未参与农业保险，是因为曾有购买经历的农户认为农业保险机构提供的服务存在一定的问题，表示对此有许多不满。表9-13数据表明，有150户受访农户对保险服务的表示"不太满意"和"不满意",分别占有积极意愿消极参保行为受访农户的比例为 36.17% 和 17.02%,说明农户对保险服务的不满是导致有积极意愿农户没有实际参保行为的主要因素,农业保险经营主体在开展农业保险业务时,应多注重提高其服务质量。有 82 户受访农户对农业保险服务表示"基本满意",占比为 29.08%,但追究其未发生参保行为的原因时,他们给出的理由是保险机构没有自己需要的农业保险险种。其余的 50 户农户对农业保险服务持"很满意"和"满意"的态度,由于家庭经济水平不高,无法承担除农业生产支出之外的其他经济开销,因此未发生实际的参保行为。

表 9 – 12　积极参保意愿与实际参保行为　　　　　单位:户,%

| | 参与 | 未参与 | 合计 |
| --- | --- | --- | --- |
| 愿意 | 938 | 282 | 1220 |
| 比例 | 76.89 | 23.11 | 100 |

数据来源:根据调研数据整理得出。

表 9 – 13　积极意愿消极行为农户农业保险满意度　　　单位:户,%

| | 很满意 | 满意 | 基本满意 | 不太满意 | 不满意 |
| --- | --- | --- | --- | --- | --- |
| 户数 | 13 | 37 | 82 | 102 | 48 |
| 比例 | 4.61 | 13.12 | 29.08 | 36.17 | 17.02 |

数据来源:根据调研数据整理得出。

#### 9.4.1.2　消极意愿与积极行为

表 9 – 14 统计数据显示,在不愿意参与农业保险的 1220 户农户中,有 338 户农户在实际行动中未参与农业保险,占持有消极意愿农户的 66.8%,说明这部分农户最初参保意愿与实际参保行为保持一致;但仍有 168 户农户选择购买了农业保险,实际行动中发生了参保行为。在与几位"消极参保意愿"却实际参与农业保险的农户交谈后发现,他们属于"被动型"参与农业保险。由于他们本身对参与农业保险的态度是消极的,因此很少会有人去关注农业保险信息,所以无从谈起根据个人理性判断参与农业保险。

表 9 - 14　消极意愿与实际参保行为　　　　　　单位：户，%

| 项目 | 参与 | 不参与 | 合计 |
| --- | --- | --- | --- |
| 不愿意 | 168 | 338 | 506 |
| 比例 | 33.2 | 66.8 | 100 |

数据来源：根据调研数据整理得出。

基于此，对于这部分农户的参保行为我们很容易理解，因为本身对参与农业保险的态度是冷漠消极的，在这样的心态下当然就没有了参与农业保险的兴趣和热情，也不会出于理性的选择来选择自己的参保决策行为，只是遵照组织要求或村干部动员等因素，被动地进行参保。因此，这种参保行为并不意味着农户对农业保险具有高度的参与热情，这部分农户的参保行为是由于多种被动因素造成的。

### 9.4.2　参保意愿与参保行为差异化原因

综上所述，在被调查样本农户中其参保意愿与参保行为之间并不存在一一对应的关系，也就是说持有积极参保意愿的农户，未必在实际的决策行为中会去选择参与农业保险。为什么会出现最初参保意愿和实际参保行为上的相背离呢？经过深入的走访调研分析，发现原因如下。

#### 9.4.2.1　积极意愿与消极行为

第一，保险购买程序及保险条款相对繁琐和理赔过程过于麻烦是影响有积极意愿的农户产生消极行为的原因之一。保险公司在签单承保时需提供农业保险合同，告知投保农户详细的购买流程和保险条款，使参保农户尽可能地理解自身办理的农业保险业务的具体内容。而在实际的调查走访中发现，27.25%的被调查农户认为自身文化程度有限，对于当前较为繁琐的合同条款，难以理解，对于如何选择险种才能合理地规避农业风险，减少经济损失感到迷茫，因此不敢贸然行事参与其中。而且理赔程序过于麻烦，有23.67%的农户认为理赔程序和环节较多，导致农作物受损后不能及时得到经济赔偿。所以在面临是否参与农业保险这一问题时农户持观望态度，并未参与。

第二，对保险机构的不信任在一定程度上造成了有积极意愿的农户没有实际的积极行为。由于勘察过程投入人力物力成本较高、定损难度较大，保险机构一方面在以盈利为目的的限制前提下，勘察定损的结果很大程度上依赖于村干部或乡镇专员统计上报，这就导致勘察不合理，定损面积与农户实际申报受灾面积不一致等问题；另一方面理赔程序和环节的繁琐，再加上部分农户获得的损失赔偿低于预期时，他们往往会认为"投保容易，赔偿困难"，难免对保险机构产生误解。总之，由于勘察规定、理赔程序和部分农户的误解等原因导致有积极参保意愿的被调查农户没有实际的积极参保行为（见图9-2）。

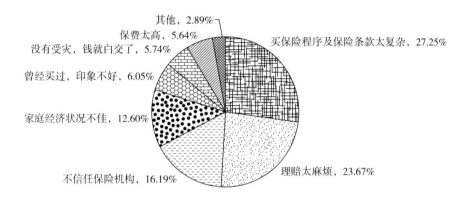

**图9-2 农户积极参保意愿与消极参保行为的主要原因**

数据来源：根据调研数据整理得出。

第三，家庭经济状况不佳在一定程度上影响了有积极参保意愿的农户出现消极的参保行为。图9-2显示，在持积极参保意愿但没有积极参保行为的被调查农户中，12.6%的被调查农户出现消极抵触参保行为的原因是家庭经济状况不佳。可见家庭经济条件是影响他们参与农业保险的一个重要因素。对于经济水平较差的农户来说，他们会首先选择购买所需农业生产资料，来维持这一周期的农业生产经营活动，而不会去考虑参与农业保险规避长远的还未发生的农业风险。

9.4.2.2 消极意愿与积极行为

第一，从众行为，即周围人的参与氛围一定程度上促成了持消极意愿农户的积极参保行为。在走访调研中发现，样本农户对于农业保险政策的认知度普遍不高，部分农户由于对农业保险的相关内容缺乏深入的了解，在选择是否参与农业保险时也显得比较迷茫，难以做出理性的思考。在这种情况下，身边周围的亲朋好友及邻居的行为成为他们的重要参考因素，一旦身边熟悉的亲邻都主动参与农业保险，则受其影响也会跟随大众选择参与农业保险，发生积极参保行为。

第二，基层干部工作的开展，在一定程度上促成了持消极意愿农户的积极参保行为。在有积极参保行为的农户中，部分农户参加的原因与村基层组织在实施农业保险过程中的工作方式有关。其中，有的表示参加的原因是"村干部反复动员做工作，无法推辞，无奈参加"，有的表示参加的原因是"经受不住组织上强制参加的压力"。可见，部分被调查农户积极参保行为的发生并不是完全出于自愿，而是被动型参与农业保险。可见，基层组织干部在推广实施农业保险的手段与方式对他们的参保行为也有显著的影响。

第三，农业合作组织的捆绑销售，在一定程度上促成了持消极意愿农户的积极参保行为。农业合作组织是以家庭经营为主的农业生产者在自愿互助和平等互利的基础上，联合从事特定经济活动所组成的企业组织形式，因其代表了农户自身组织性，往往得到政府的支持。农业合作组织与农业科研、技术推广部门和农业保险经营机构有着广泛的联系和合作关系，可以解决生产资料购买、信息技术等方面的问题。根据受访农户的反映了解到，参与农业保险是加入当地农业合作组织的前提条件，部分农户为了维护和改善自身的生产及生活条件，不得不参与农业保险，因此在持有消极意愿的情况下发生了积极的参保行为。

## 9.5 本章小结

本章首先对农户农业保险的参保意愿与参保行为的相关信息进行了描述性分析。统计结果表明：被调查农户受教育水平不高，多以中年夫妻二人在家专职务农为主，农业收入占家庭总收入的比重较高。由于其家庭地理位置、所处环境等因素影响，导致农户获得农业信息渠道较少。自然灾害是目前影响新疆农户正常农业生产活动的主要威胁，近80%的家庭都曾遭受过自然灾害，而且近年来新疆自然灾害发生频繁。在风险认知方面，大部分农户认为棉花种植风险很大，当自然灾害发生时，会给农业生产带来很大的影响；另外有7.07%的农户认为自然灾害的发生概率较低，作用程度微乎其微，其自身利益不会受到太大威胁；较少农户认为不会产生任何影响。同时，在对被调查农户风险偏好进行测度时，风险偏好型农户和风险中立型农户占比居多，风险厌恶型农户占比最低。在农业保险认知方面，非常了解的比例较少，大部分皆是处于不太清楚和从未听说过的模糊或封闭状态。在农户参保意愿和参保行为方面，大部分农户对购买农业保险比较具有倾向性，以此来确保自身经济收益的稳定性；但有29.32%的农户放弃购买。

同时基于前文理论部分所提出的研究假设，对农户参保决策行为进行了实证分析。主要针对农户参保意愿和参保行为分别进行模型回归，基本与前文提出的研究假设与预期相符。模型回归结果显示，农户年龄、文化程度、种植年限、家庭资源、社会经验和城乡距离这些代表农户禀赋的变量都显著影响农户参保意愿和参保行为；组织程度对农户的参保行为作用显著，信息资源和灾害程度对农户参保意愿作用显著；而农户风险偏好变量虽对农户参保意愿和参保行为均有影响，但其对农户参保意愿的影响力度要高于农户参保行为。综上所述，可以看出农户禀赋、风险偏好是影响农户参保决策行为的关键因素，并且影响农户参保意愿和参保行为的因素大同小异且作用方向保持一致。

最后基于农户最初参保意愿与实际参保行为之间出现偏差这一现象，对农户参保决策行为的差异进行了深入的考察分析，解析导致农户参保决策行为差异的关键因素。结果表明：在持积极参保意愿的样本农户中，有23.11%的农户仍然发生了消极抵触的参保行为；这是因为保险购买程序及保险条款相对繁琐和理赔过程过于麻烦、对保险机构的不信任和家庭经济状况不佳等原因导致了农户在积极参保意愿的情况下，产生了消极的参保行为。在消极参保意愿的农户中，仍有33.20%的农户出现了实际积极参保行为。而从众行为、基层干部开展推广工作的方式和农业合作组织的捆绑销售是导致消极参保意愿产生积极参保行为的主要原因。

# 第10章 新疆棉区农户棉花销售渠道选择

## 10.1 农户对棉花销售渠道的满意度情况

根据李克特量表并结合棉区实际情况，把农户对棉花销售渠道满意度评价等级由高到低分为"很满意""满意""基本满意""不太满意""不满意"5个层次，从农户的选择层次可以看出棉花销售服务的服务效果。

### 10.1.1 农户对棉花销售渠道的总体评价

农户对棉花销售渠道总体评价较好，农户对棉花销售渠道的满意度可以作为其对该服务质量的评价。其中9%的农户对销售渠道"很满意"，农户的评价为"满意"的占32.2%，"基本满意"的占37.4%，农户的评价态度为"不太满意"的占11.9%，9.4%的农户对销售渠道"不满意"，表明农户对棉花销售渠道的评价总体上较好。

### 10.1.2 农户对销售服务中各销售渠道的评价

棉区农户对各种销售渠道，包括企业收购、合同销售、合作组织收购、社会关系销售、商贩（中介）上门收购的满意度的评价，可以直接反映农户获得的棉花销售服务效果。总体上看农户对各项销售渠道的评价为"满意"和"基本满意"，其中对合同销售、社会关系销售、商贩（中介）上门收购满意度最高分别占52.1%、46.4%、43.7%。对企业收购和合作组织收购评价持"基本满意"的农户数较多。

从图 10 – 1 中可以看出，新疆棉区农户对棉花销售渠道评价中"不太满意"和"不满意"所占比重较低，而"满意""基本满意"所占的比重比较高，说明从总体上来看农户对销售服务的质量还是比较满意的。具体表现在：农户对企业收购和合作组织收购的评价"不太满意"和"不满意"的比重比较高，具体比重分别为 16.4%、12.0%、10.3%、11.1%，表明农户对这两种销售渠道评价上有一定的偏见，出现这种现象的原因可能在于二者是以盈利为目的，在收购过程中片面追求利润，而压低价格，出现"压级压价"的现象。调查结果显示：棉区农户对合同销售持"满意"的态度比重较高，其具体比重为 52.1%，表明随着棉区新的销售模式的出现，合同销售在建立企业和农户之间的关系方面发挥着越来越重要的作用。这种形式，一方面对企业来说可以保证原材料的供给，另一方面还可以解决农户销售的问题。棉区农户对社会关系销售的态度为"满意"比重较高，所占比为 46.4%，其中持"不满意"比重的农户仅占 4.0%，表明社会关系销售在新疆棉区农户中占据主要地位，农户往往通过亲朋好友这一社会关系来获得更多的棉花销售信息，以保证棉花的销售。调查结果表明，棉区农户对商贩（中介）上门收购的满意度比较高，占 43.7%，表明这一销售方式方便了农户，降低了农户的运输成本，节约了农户的生产销售时间。

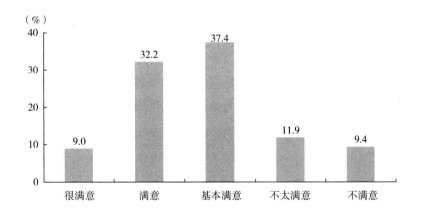

**图 10 – 1　新疆棉区农户对棉花销售渠道满意度评价**

数据来源：由实际调研的新疆棉区 1726 户农户的数据整理所得。

表 10 - 1　新疆棉区农户对棉花销售服务中各销售渠道的效果评价　单位:%

| 项目 | 很满意 | 满意 | 基本满意 | 不太满意 | 不满意 |
|---|---|---|---|---|---|
| 企业收购 | 7.10 | 18.00 | 46.40 | 16.40 | 12.00 |
| 合同销售 | 13.70 | 52.10 | 15.10 | 11.00 | 8.20 |
| 合作组织收购 | 12.80 | 20.50 | 45.30 | 10.30 | 11.10 |
| 社会关系销售 | 6.20 | 46.40 | 37.40 | 5.90 | 4.00 |
| 商贩（中介）上门收购 | 12.20 | 43.70 | 26.40 | 9.10 | 8.60 |

数据来源：由实际调研的新疆棉区 1726 户农户的数据整理所得。

# 10.2　农户对棉花销售渠道需求强烈程度情况

在对调研数据进行分析时发现，总体上农户对棉花销售渠道需求程度比较高，具体表现在：农户对棉花销售渠道需求程度由高到低分别是强烈需求、很需要、需要，占比为 19.5%、17.1%、48.8%，表明棉区农户迫切需要棉花销售渠道，原因在于棉区信息闭塞，交通不畅，棉农无法获得棉花的销售信息以至于棉花销售不畅，对于农户来说把棉花销售出去才能获得收益。所以农户迫切需要棉花销售服务。农户对棉花销售渠道中仅有 6.4% 的户主不需要棉花销售渠道，原因可能在于农户之前和企业已签订订单销售合同，无销售难的问题。所以不需要选择其他的销售渠道（见表 10 - 2）。

表 10 - 2　新疆棉区农户对棉花销售服务需求强烈程度　单位：n,%

| 需求程度 | 频数 | 百分比 |
|---|---|---|
| 强烈需要 | 337 | 19.50 |
| 很需要 | 296 | 17.10 |
| 需要 | 843 | 48.80 |
| 无所谓 | 140 | 8.10 |
| 不需要 | 110 | 6.40 |

数据来源：由实际调研的新疆棉区 1726 户农户的数据整理所得。

## 10.3 异质性农户对棉花销售渠道需求强烈程度情况

### 10.3.1 不同地域农户对棉花销售渠道的需求强烈程度比较

新疆拥有得天独厚的地理条件和优越的光热自然条件，再加上政府的政策支持，新疆棉花产业蓬勃发展。在南疆和北疆地区已形成相应的棉花产区，由于南疆地区和北疆地区的自然条件、政治、经济、社会文化方面的影响，使得南北疆棉区农户棉花销售服务的水平具有很大的差异性。因而农户对不同地域棉花销售渠道的需求强烈程度也有所不同。不同的棉花产区其经济发展水平不一样，其服务状况具有一定的差异性，因而导致棉区农户对棉花销售渠道的需求程度不同。棉区农户对棉花销售渠道的需求程度中，喀什棉区最高，其他棉区农户对棉花销售渠道的需求强烈程度以"需要"为主，而对棉花销售渠道需求程度持"无所谓"态度的占11.4%，其态度为"不需要"的占5.0%，表明总体上不同区域棉区农户对棉花销售渠道需求强烈（见表10-3）。

表 10-3  不同棉区农户对棉花销售服务需求强烈的程度  单位:%

| 项目 | 强烈需要 | 很需要 | 需要 | 无所谓 | 不需要 | 合计 |
|---|---|---|---|---|---|---|
| 喀什棉区 | 6.30 | 4.60 | 11.20 | 2.90 | 1.20 | 26.20 |
| 阿克苏棉区 | 6.30 | 4.10 | 8.80 | 2.50 | 1.10 | 22.80 |
| 塔城棉区 | 2.80 | 3.80 | 5.10 | 1.70 | 0.90 | 14.30 |
| 巴州棉区 | 4.50 | 3.80 | 5.90 | 2.10 | 0.90 | 17.30 |
| 昌吉棉区 | 6.00 | 4.00 | 7.00 | 2.00 | 1.00 | 19.00 |
| 合计 | 25.50 | 20.20 | 37.90 | 11.40 | 5.00 | 100.00 |

数据来源：由实际调研的新疆棉区1726户农户的数据整理所得。

由于不同棉区经济发展水平存在差异，所以农户对棉花销售渠道的需求程度不同，在调查过程中发现五大主要棉花产区也是如此。具体表现在：喀什棉区农户对棉花销售渠道持"需要"的比重最大，占比11.2%，农户持"不需要"态度的仅占1.2%，由此可见喀什棉区农户对棉花销售渠道的需求程度大。阿克苏棉区农户对销售渠道需求持"需要""很需要""强烈需要"的态度所占比例之和为 19.2% ；塔城棉区对棉花销售渠道持"无所谓"和"不需要"的农户比重之和最小，为 2.6% ；巴州棉区农户对棉花销售渠道需求持"不需要"的比重最小，为 0.9% ；昌吉棉区农户对棉花销售渠道需求强烈程度持"强烈需要""很需要""需要"态度的比重之和为 17.0% ，位居五大棉花产区第三。

### 10.3.2 不同种植规模农户对棉花销售渠道的选择

本书结合棉花种植的实际情况，依据棉区农户的棉花种植规模将农户划分为小规模农户、中等规模农户和大规模农户。其中棉农的种植规模在 0～20 亩的农户被界定为小规模农户，种植规模在 21～40 亩的界定为中等规模农户，在 41 亩以上的被界定为大规模农户。

从总体上看，新疆棉区不同种植规模的农户对棉花销售渠道的选择具有一定的偏向性。具体来说，小规模农户更倾向于选择企业收购，占比 27.3% ，其次是商贩（中介）上门收购和社会关系销售，分别占比 17.7% 和 15.1% ，而对其他销售方式选择较少；在调查过程中发现由于中等种植规模农户产量相比小规模农户要多，在选择销售渠道的过程中具有一定的主动权，但是企业收购仍是其首要选择，占比 9.4% ，其他销售渠道选择的比重基本变化不大；而大规模农户选择合作组织收购的占比最小，占比 0.4% ，通过实际调研发现该种植规模一般是通过与企业进行合作的方式展开，棉农采收后的棉花，农户会将其棉花直接销售给企业，农户很少选择其他销售渠道，这种销售方式使得发生棉农销售棉花较为困难的情况的概率较小（见表 10 - 4）。

表 10 - 4　不同种植规模农户对棉花销售渠道的选择分析　　　单位:%

| 项目 | 商贩（中介）上门收购 | 企业收购 | 合作组织收购 | 社会关系销售 | 合同销售 | 合计 |
|---|---|---|---|---|---|---|
| 小规模农户 | 17.70 | 27.30 | 5.10 | 15.10 | 5.60 | 70.80 |
| 中等规模农户 | 3.40 | 9.40 | 1.30 | 2.50 | 1.60 | 18.30 |
| 大规模农户 | 1.70 | 6.70 | 0.40 | 1.00 | 1.20 | 11.00 |
| 合计 | 22.80 | 43.30 | 6.80 | 18.60 | 8.50 | 100.00 |

数据来源：由实际调研的新疆棉区 1726 户农户的数据整理所得。

### 10.3.3　不同年龄农户对棉花销售渠道的需求程度

根据对调研数据进行分析可以发现，不同年龄农户对棉花销售渠道需求程度不同，总体上看，棉区农户的年龄多分布在 26～50 岁，占比为 68.4%，25 岁及以下和 61 岁及以上的农户比例小，占比分别为 2.8%、9.0%。不同年龄农户对棉花销售渠道的需求程度具体表现在：各个年龄段农户对棉花销售渠道持"需要"和"很需要"的所占比重之和为 62.5%，表明新疆棉区农户急切需要棉花销售渠道。年龄在 25 岁及以下的农户对销售渠道态度持"不需要"的比例小，占比 0.2%，说明年龄越小，农户掌握的销售信息相对较少，越希望可以获得更多的棉花销售渠道。年龄段在 41～50 岁的农户对棉花销售渠道持"需要"的比重最高，占比为 19.1%，说明随着农户年龄的增长，中年人劳动能力逐渐下降，因此他们更需要选择合适的棉花销售渠道，来弥补劳动力不足的缺陷。棉区农户年龄段在 26～40 岁持有"需要"态度的比重位于所在年龄中第二位，占比为 14.9%，农户持"不需要"态度的比重仅占 1.3%。51～60 岁的农户所占比例为 19.7%，由表 10-5 可以看出该比例在逐渐降低。而 61 岁及以上的棉区农户对棉花销售渠道的态度持"不需要"的比例仅有 0.4%，表明农户对棉花销售渠道需求的迫切性，只有获得棉花销售渠道，农户才能把棉花销售出去，从而获得收益。综上所述，不同年龄阶段的农户对棉花销售服务需求程度有差异，但是从总体上看农户还是偏向于希望获得棉花销售渠道，同时中间也有部分农户不需要棉花销售渠道或持中立态度，可见获得棉花销售渠道对这些农户没有影响（见表 10-5）。

表 10-5　不同年龄农户对棉花销售渠道的需求程度　　　　单位:%

| 项目 | 强烈需要 | 很需要 | 需要 | 无所谓 | 不需要 | 合计 |
|---|---|---|---|---|---|---|
| 25 岁及以下 | 0.90 | 0.70 | 1.10 | 0.00 | 0.20 | 2.80 |
| 26～40 岁 | 6.30 | 4.70 | 14.90 | 3.50 | 1.30 | 30.70 |
| 41～50 岁 | 7.20 | 5.60 | 19.10 | 4.30 | 1.60 | 37.70 |
| 51～60 岁 | 5.90 | 3.90 | 6.90 | 2.10 | 0.90 | 19.70 |
| 61 岁及以上 | 1.90 | 1.50 | 4.10 | 1.10 | 0.40 | 9.00 |
| 合计 | 22.10 | 16.40 | 46.10 | 11.10 | 4.30 | 100.00 |

数据来源：由实际调研的新疆棉区 1726 户农户的数据整理所得。

### 10.3.4  不同文化水平农户对棉花销售渠道的需求程度

新疆棉区大部分农户，其受教育水平偏低，文化差异性比较大，农户文化水平的不同，使得棉农对棉花销售渠道的了解程度也有所差异。一般情况下文化程度高的农户，获取信息的能力强，倾向于对棉花销售渠道多样性的需求。文化水平低的农户受到自身条件的限制，往往对棉花销售渠道了解甚少，由此可见，棉区农户的受教育程度对棉花销售渠道的需求也有一定程度的影响。

根据实地调研情况并对调研数据进行整理分析，分别将农户的文化水平划分为5个层次，文盲、小学、初中、高中或中专、大专及以上。从表10-6可以看出，总体上农户是初中水平，占比50.9%，占被调查农户总数的一半以上。拥有小学文化水平的农户占33.8%，高中或中专文化水平的农户占被调查总数的11.6%，而文盲和大专及以上学历的农户占比最少，分别为2.4%和1.3%。

从总体所占比例情况可以看出：棉区农户的文化水平主要以小学和初中水平为主，文化水平总体上较低。新疆棉区农户的文化水平为文盲和大专及以上对棉花销售渠道持"不需要"的态度占比相同，占比为0.2%，农户文化水平为初中对棉花销售渠道持"需要"态度的比例最高，为24.3%，文化水平为小学持"需要"态度的占比为16.6%。从纵向上看新疆棉区农户对棉花销售渠道持"需要"态度占比为46.5%，持"不需要"态度农户仅占5.7%，农户受教育水平的高低对棉花销售服务持"不需要"态度的比例逐渐降低，这一现象与农户文化水平有关，高学历的农户在棉区的比例相对较少，因此我们需要加强对棉区农户知识技能的培训，开展多种形式的技能培训，以此提高棉区农户的文化素质及棉花种植水平。

表 10-6  不同文化水平农户对棉花销售渠道的需求程度　　　　　单位:%

| 项目 | 强烈需要 | 很需要 | 需要 | 无所谓 | 不需要 | 合计 |
|---|---|---|---|---|---|---|
| 文盲 | 0.80 | 0.60 | 0.80 | 0.00 | 0.20 | 2.40 |
| 小学 | 6.70 | 5.20 | 16.60 | 3.90 | 1.40 | 33.80 |
| 初中 | 9.70 | 8.10 | 24.30 | 5.70 | 3.10 | 50.90 |
| 高中或中专 | 2.40 | 2.40 | 4.50 | 1.60 | 0.80 | 11.60 |
| 大专及以上 | 0.50 | 0.30 | 0.30 | 0.00 | 0.20 | 1.30 |
| 合计 | 20.10 | 16.60 | 46.50 | 11.20 | 5.70 | 100.00 |

数据来源：由实际调研的新疆棉区1726户农户的数据整理所得。

# 10.4　新疆棉区农户对销售渠道选择分析

## 10.4.1　研究假设与模型设定

### 10.4.1.1　研究假设

本书中探讨的棉花种植户的销售渠道特指棉花直接或间接地通过中间商向企业和消费者转移所要经过的环节，主要包括商贩（中介）上门收购、企业收购、合作组织收购、社会关系销售、合同销售。

通过对已有相关农产品销售渠道的选择进行分析研究，发现影响农产品销售渠道选择的因素主要有以下五个方面：

第一，农户户主特征。包括户主年龄、性别、民族、文化程度和当前是否务农。一般情况下，户主年龄越大越偏向于选择便捷的销售方式，如商贩（中介）上门收购；性别上，男性在销售渠道上选择一般比较理性，往往倾向于选择经济实力比较雄厚的企业；少数民族随意性比较强，选择销售渠道不太固定；受教育程度越高，获取信息的能力越强，往往偏向于选择其他的销售方式，如企业收购、合作组织收购等，从而获得更好的收益；当前是否务农决定着农户是不是把农业作为第一产业，直接影响着销售渠道的选择，如果农户务农，其将根据自己的实际需求选择有利于增加收益的销售渠道，像企业收购和社会关系销售。

第二，农户家庭特征。包括家庭人口数和劳动力人数，家庭人口数越多，拥有土地面积越多，种植规模就越大，往往选择企业收购；劳动力人数越多，农户的种植规模会随之变大，总产量也相应增加，为了获得一定数量的价格优势，农户倾向于选择合同销售。

第三，棉花种植特征。包括种植规模和种植年限，农户的种植规模越大，其对政府价格政策相应了解越多，能够及时获取棉花相关信息，在适当的时间和合适的价格下出售棉花，一般会选择企业收购、商贩（中介）上门收购。通过签订合同的方式，来规避市场风险，获取利益最大化；种植年限越长，对棉花市场行情越了解，往往倾向于选择社会关系销售、商贩（中介）上门收购。

第四，市场环境。包括到乡政府的距离、到火车站的距离、是否有专职信息员和是否及时获取信息。到乡政府的距离越近，农户可以更早地掌握市场行情，倾向于选择企业收购；同样到火车站的距离越近，农户的出行越方便，因而更容易了解市场价格行情，会选择比较方便的商贩（中介）上门收购；有专职信息员，农户可以更直接地了解棉花市场，包括价格、产量、品质等；农户会选择价格相对较高的企业收购。是否及时获取信息，农户在市场多变的情况，及时获取价格信息，有利于选择最佳的销售渠道。

第五，农户认知度。即满意度，农户对销售渠道的满意程度，对某种销售渠道满意度越高，越会偏向于选择此种销售渠道。

### 10.4.1.2　模型设定

本章是在对棉农销售渠道选择状况进行描述统计分析，棉花销售渠道主要有五种方式：商贩（中介）上门收购、企业收购、合作组织收购、社会关系销售、合同销售。在实证分析中，本书采用多元 Logistic 模型，被解释变量为农户对棉花销售渠道的选择，分为商贩（中介）上门收购、企业收购、合作组织收购、社会关系销售、合同销售五种渠道，商贩（中介）上门收购为1、企业收购为2、合作组织收购为3、社会关系销售为4、合同销售为5。对于任意选择 j = 1，2，3，…，J，多元模型表示为：

$$\ln\left[\frac{P(y = j \mid x)}{P(y = J \mid x)}\right] = \alpha_j + \sum_{k=1}^{k} \beta_{jk} x_k \tag{10-1}$$

其中，$P(y_i = j)$ 表示农民对第 j 种销售渠道选择的概率，$x_k$ 表示第 k 个影响农户选择棉花销售渠道的自变量，$\beta_{jk}$ 表示自变量的回归系数向量。以 J 表示参照类型，农户选择其他类型销售渠道的概率与选择 J 类销售渠道的概率的比值 $\frac{P(y = j \mid x)}{P(y = J \mid x)}$ 为事件发生比，简称 odds。本书以合同销售为参照，建立模型如下：

$$模型 Ⅰ：\ln\left(\frac{p_1}{p_5}\right) = \alpha_1 + \sum_{k=1}^{k} \beta_{1k} x_k \tag{10-2}$$

$$模型 Ⅱ：\ln\left(\frac{p_2}{p_5}\right) = \alpha_2 + \sum_{k=1}^{k} \beta_{2k} x_k \tag{10-3}$$

$$模型 Ⅲ：\ln\left(\frac{p_3}{p_5}\right) = \alpha_3 + \sum_{k=1}^{k} \beta_{3k} x_k \tag{10-4}$$

$$模型 Ⅳ：\ln\left(\frac{p_4}{p_5}\right) = \alpha_4 + \sum_{k=1}^{k} \beta_{4k} x_k \tag{10-5}$$

其中，$p_1$、$p_2$、$p_3$、$p_4$、$p_5$ 分别表示选择商贩（中介）上门收购、企业收购、合作组织收购、社会关系销售、合同销售的概率。本书运用 SPSS21.0 统计软件，进行多元 Logistic 回归分析。

## 10.4.2　变量选取及说明

### 10.4.2.1　因变量的选取

基于第 4 章的描述，发现棉区农户对销售渠道的选择受到一定因素的影响，因此本章从影响因素入手分析哪些因素影响农户对棉花销售渠道的选择。综合相关参考文献选取商贩（中介）上门收购、企业收购、合作组织收购、社会关系销售、合同销售作为因变量。

### 10.4.2.2　自变量的选取

影响农户对棉花销售渠道的选择的因素很多，本章主要从 5 个方面来分析影响农户对棉花销售渠道的选择的因素，一共选择了 14 个可能会对销售渠道产生影响的变量，具体变量名称及描述性统计见表 10 - 7。

表 10 - 7　变量名称及描述性统计

| 变量 | 符号 | 说明 | 均值 | 标准差 |
|---|---|---|---|---|
| 因变量 | | | 2.47 | 1.26 |
| 销售渠道 | Y | 1 = 商贩（中介）上门收购, 2 = 企业收购, 3 = 合作组织收购, 4 = 社会关系销售, 5 = 合同销售 | | |
| 解释变量 | | | | |
| 户主特征 | | | | |
| 性别 | $X_1$ | 1 = 男, 0 = 女 | 0.89 | 0.32 |
| 民族 | $X_2$ | 1 = 汉, 0 = 少数民族 | 0.33 | 0.47 |
| 年龄 | $X_3$ | 1 = 25 岁及以下, 2 = 26 ~ 40 岁, 3 = 41 ~ 50 岁, 4 = 51 ~ 60 岁, 5 = 61 岁及以上 | 3.01 | 0.99 |
| 文化程度 | $X_4$ | 1 = 文盲, 2 = 小学, 3 = 初中, 4 = 高中或中专, 5 = 大专及以上 | 2.76 | 0.75 |
| 当前是否务农 | $X_5$ | 1 = 是, 0 = 否 | 0.93 | 0.28 |
| 家庭特征 | | | | |
| 家庭人口数 | $X_6$ | 1 = 1 ~ 2 人, 2 = 3 ~ 4 人, 3 = 5 ~ 6 人, 4 = 7 人及以上 | 2.54 | 0.73 |

| 变量 | 符号 | 说明 | 均值 | 标准差 |
|------|------|------|------|--------|
| 劳动力人口数 | $X_7$ | 1 = 1~2 人，2 = 3~4 人，3 = 5~6 人，4 = 7 人及以上 | 1.43 | 0.63 |
| 棉花种植特征 | | | | |
| 种植年限 | $X_8$ | 1 = 5 年及以下，2 = 6~10 年，3 = 11~15 年，4 = 15 年以上 | 2.87 | 0.69 |
| 种植规模 | $X_9$ | 1 = 0~20 亩，2 = 21~40 亩，3 = 40 亩以上 | 1.40 | 0.68 |
| 市场环境 | | | | |
| 到乡政府的距离 | $X_{10}$ | 1 = 10 公里及以下，2 = 11~40 公里，3 = 41~70 公里，4 = 70 公里以上 | 1.22 | 0.45 |
| 到火车站的距离 | $X_{11}$ | 1 = 10 公里及以下，2 = 11~40 公里，3 = 41~70 公里，4 = 70 公里以上 | 2.32 | 0.95 |
| 是否有专职信息员 | $X_{12}$ | 1 = 是，0 = 否 | 0.47 | 0.50 |
| 是否及时获取信息 | $X_{13}$ | 1 = 是，0 = 否 | 0.72 | 0.45 |
| 农户认知度 | | | | |
| 满意度 | $X_{14}$ | 1 = 很满意，2 = 满意，3 = 基本满意，4 = 不太满意，5 = 不满意 | 2.80 | 1.07 |

具体包括户主特征：其中将性别定义为 $X_1$，民族定义为 $X_2$，年龄定义为 $X_3$，文化程度定义为 $X_4$，当前是否务农定义为 $X_5$。家庭特征：家庭人口数定义为 $X_6$，劳动力人口数定义为 $X_7$。棉花种植特征：种植年限定义为 $X_8$，种植规模定义为 $X_9$。市场环境：到乡政府的距离定义为 $X_{10}$，到火车站的距离定义为 $X_{11}$，是否有专职信息员定义为 $X_{12}$，是否及时获取信息定义为 $X_{13}$，农户认知度：满意度定义为 $X_{14}$。

第一，户主特征。选择合适的销售渠道对于农户来说是有利的，其自身特征会影响对棉花销售渠道的选择。一般家庭户主以男性为主，男性在农业生产中占主导地位，男性一般偏向于去收集相关销售方面的信息，从而理性地选择出最佳的销售渠道。年龄也是影响农户棉花销售渠道选择的因素，一般年龄偏大的农户思想比较保守，往往会选择一些比较传统的销售渠道。文化程度越高的农户，思想比较超前，接受新事物越快，获得相关信息的能力越强，从而更容易获得理想的销售渠道。当前是否务农影响棉花销售渠道的选择，务农时间的长短影响农户的决策。

第二，家庭特征。一般来说农户家庭人口数越多劳动力越充足，在从事农业生产过程中越会感到轻松，对棉花销售渠道选择有一定影响。实际劳动力人口数的多少决定着农户选择销售渠道的远近，人数越多劳动能力越强，可以选择较远的销售渠道。

第三，棉花种植特征。种植年限的长短影响着农户对棉花销售渠道的选择，种植年限越长，农户往往形成一种固定的销售模式。种植规模的大小同样影响农户销售渠道的选择，种植规模大的农户会选择企业进行销售而不会选择商贩（中介）销售，原因在于选择企业不仅可以获得价格优势，还可以获得一个稳定的销售渠道。

第四，市场环境。到乡政府的距离对农户选择棉花销售渠道有一定影响，到乡政府的距离越近，农户越可以获得相关的销售信息，便于其选择销售渠道。是否有专职信息员对农户选择棉花销售渠道也有影响，在棉区有专职的信息员可以为农户传递有关棉花市场信息，及时掌握市场动态，使农户准确选择销售渠道，获取最高价格收益。到火车站的距离越近，农户走出去越方便，从而可以去了解市场行情获得更多的棉花生产销售方面的信息，为在适当的时候选择最佳的销售渠道做准备。是否及时获取信息对农户选择棉花销售渠道有一定影响，随着市场经济的快速发展，信息越来越重要，同样对于棉区农户也是一样，在棉花市场行情不稳定的情况下，能否及时获取棉花销售方面的相关信息至关重要。对于农户来说及时掌握销售信息有利于选择出理想中的销售渠道，从而在价格方面获得一定的优势，实现个人利益最大化。

第五，农户认知度。满意度是评价销售渠道的一个重要指标，直接影响棉花销售渠道的选择，通过对往年销售渠道进行评价，农户根据评分最高的作为参考依据，选择出当年最适合销售的渠道从而获得销售收益。

10.4.2.3　自变量描述性统计分析

从调查数据来看农户选择的销售渠道主要有企业收购、合作组织收购、商贩（中介）上门收购、社会关系销售、合同销售。其中企业收购、商贩（中介）上门收购、社会关系销售是最主要的销售方式，企业收购占43.3%，主要是因为在激烈的市场竞争环境中，企业不仅为了获得足够数量的棉花，来保证企业正常运行，而且要获得更高质量的棉花满足客户的需求。通常，企业会给予农户更多的政策。比如免费技术指导、信用贷款、提供农资等，甚至在收购的时候略高于市场价格。因而对于选择企业收购的棉农，在种植过程中企业给予一定帮助，降低农民种植过程中的风险，在销售过程中，为让棉农了解市场信息，获得一定的价格优势，提高棉农的种植积极性，获得更多收益。其次，是商贩（中介）上门收购占22.8%。22.8%的农户选择商贩（中介）上门收购，原因是大部分棉农种植面积较少，产量低，到乡镇政府的距离较远，再加上劳动力不足，农户为节约运输成本则选择这一销售方式。社会关系销售占18.6%，在国家目标价格改革政策实施这一背景下，合作组织收购占6.8%，合作组织一般自己占有大量土地，往往出租一部分给农民种植。等到棉花收获后，进行统一收购。棉农本身就和合作组织有着一种契约关系，因此，为了方便直接把棉花卖给了合作组织。

### 10.4.3 实证结果及其分析

#### 10.4.3.1 模型自变量的相关分析

为了检验自变量的选择是否合理，计算变量间的相关系数可以精确地描述变量之间的相关关系。本章选择了14个自变量，通过运用SPSS21.0统计软件，来进行自变量的相关性分析。结果表明，所选自变量相关系数的绝对值小于0.8，在合理范围之内，由此可以进行Logistic回归分析。具体结果见表10-8。

表10-8 自变量中的相关性

| 项目 | $X_1$ | $X_2$ | $X_3$ | $X_4$ | $X_5$ | $X_6$ | $X_7$ | $X_8$ | $X_9$ | $X_{10}$ | $X_{11}$ | $X_{12}$ | $X_{13}$ | $X_{14}$ |
|---|---|---|---|---|---|---|---|---|---|---|---|---|---|---|
| $X_1$ | 1 | | | | | | | | | | | | | |
| $X_2$ | -0.120 | 1 | | | | | | | | | | | | |
| $X_3$ | 0.052 | 0.022 | 1 | | | | | | | | | | | |
| $X_4$ | -0.042 | 0.222 | -0.266 | 1 | | | | | | | | | | |
| $X_5$ | -0.012 | 0.096 | 0.006 | -0.040 | 1 | | | | | | | | | |
| $X_6$ | 0.099 | -0.261 | 0.048 | -0.159 | -0.031 | 1 | | | | | | | | |
| $X_7$ | 0.075 | -0.230 | 0.175 | -0.207 | -0.032 | 0.502 | 1 | | | | | | | |
| $X_8$ | 0.017 | 0.199 | 0.168 | 0.001 | 0.032 | -0.035 | 0.032 | 1 | | | | | | |
| $X_9$ | -0.035 | 0.520 | -0.039 | 0.202 | 0.064 | -0.126 | -0.158 | 0.105 | 1 | | | | | |
| $X_{10}$ | 0.029 | -0.079 | -0.032 | 0.020 | 0.050 | -0.018 | -0.019 | -0.037 | 0.030 | 1 | | | | |
| $X_{11}$ | 0.102 | -0.292 | -0.012 | -0.065 | -0.030 | 0.075 | 0.087 | -0.1707 | -0.094 | 0.088 | 1 | | | |
| $X_{12}$ | -0.057 | 0.005 | 0.037 | 0.034 | 0.088 | -0.094 | -0.057 | 0.089 | 0.018 | -0.052 | 0.014 | 1 | | |
| $X_{13}$ | 0.022 | 0.011 | -0.042 | 0.017 | 0.005 | -0.018 | 0.008 | 0.080 | -0.006 | 0.048 | 0.046 | 0.110 | 1 | |
| $X_{14}$ | -0.041 | 0.330 | -0.025 | 0.103 | 0.095 | -0.054 | -0.107 | 0.093 | 0.228 | -0.052 | -0.142 | 0.015 | -0.066 | 1 |

10.4.3.2 模型回归结果

本章运用 SPSS21.0 统计软件,通过建立多元 Logistic 回归模型对棉花销售渠道选择及影响因素进行实证分析,具体结果见表 10 - 9。

表 10 - 9 多元 Logistic 回归模型估计结果

| 变量 | 模型 I | | 模型 II | | 模型 III | | 模型 IV | |
|---|---|---|---|---|---|---|---|---|
| | 系数 | 显著性 | 系数 | 显著性 | 系数 | 显著性 | 系数 | 显著性 |
| $X_1$ | 0.762 ** | 0.02 | − 0.038 | 0.891 | 0.246 | 0.553 | 0.025 | 0.936 |
| $X_2$ | − 0.377 | 0.188 | − 0.022 | 0.934 | − 0.649 * | 0.091 | − 0.236 | 0.424 |
| $X_3$ | 0.208 ** | 0.038 | 0.08 | 0.400 | 0.100 | 0.431 | 0.048 | 0.642 |
| $X_4$ | 0.266 ** | 0.04 | 0.324 *** | 0.008 | 0.070 | 0.669 | 0.385 *** | 0.003 |
| $X_5$ | 0.294 | 0.412 | 0.204 | 0.545 | − 0.356 | 0.39 | 0.172 | 0.634 |
| $X_6$ | 0.183 | 0.24 | 0.194 | 0.188 | 0.212 | 0.275 | 0.134 | 0.403 |
| $X_7$ | − 0.14 | 0.442 | − 0.308 * | 0.078 | − 0.132 | 0.565 | 0.047 | 0.799 |
| $X_8$ | − 0.046 | 0.745 | 0.015 | 0.913 | − 0.320 * | 0.072 | 0.156 | 0.291 |
| $X_9$ | − 0.4 ** | 0.019 | − 0.19 | 0.215 | − 0.248 | 0.282 | − 0.604 *** | 0.001 |
| $X_{10}$ | 0.478 ** | 0.033 | 0.39 * | 0.069 | − 0.386 | 0.234 | 0.030 | 0.899 |
| $X_{11}$ | − 0.487 *** | 0.000 | − 0.239 ** | 0.013 | − 0.041 | 0.751 | − 0.266 ** | 0.012 |
| $X_{12}$ | − 0.374 ** | 0.067 | − 0.401 ** | 0.037 | − 0.653 ** | 0.013 | − 0.561 *** | 0.008 |
| $X_{13}$ | − 0.631 ** | 0.011 | − 0.838 *** | 0.000 | − 0.093 | 0.770 | − 0.127 | 0.628 |
| $X_{14}$ | 0.185 ** | 0.081 | 0.542 *** | 0.000 | 0.526 *** | 0.000 | 0.175 | 0.107 |

注: *、* * 和 * * * 分别表示在 10%、5% 和 1% 水平上显著;模型估计默认参考模式 Y = 5。

## 10.4.4 结果分析

研究结果表明,在户主特征中性别、民族、年龄、文化程度对棉农销售渠道选择具有显著的影响;家庭特征中劳动力人口数对棉农销售渠道选择具有显著的影响;棉花种植特征中种植年限和种植规模对棉农销售渠道选择具有显著的影响;市场环境中到乡政府的距离、到火车站的距离、是否有专职信息员、是否及时获取信息对棉农销售渠道选择有显著的影响;农户认知度中满意度对棉花销售渠道选择有显著影响;其他变量对棉花销售渠道选择影响不显著。由此可见,农户棉花销售渠道选择受多种因素共同影响。

##### 10.4.4.1　户主特征对棉农销售渠道选择的影响

当前是否务农对其销售渠道选择影响不显著，而对影响棉农销售渠道选择的因素中性别、民族、年龄、文化程度影响显著。具体而言，性别在模型Ⅰ中通过了5%统计水平的显著性检验，且其系数为正。表明在其他条件不变的情况下，户主性别为男性的家庭偏向于选择商贩（中介）上门收购。在调研过程中不难发现，男性占88.9%，女性占11.1%，男性在销售渠道选择上有一定的话语权。在模型Ⅲ中民族通过了10%统计水平的显著性检验，且系数为负。表明民族不同，对销售渠道的选择有差异性。年龄在模型Ⅰ中通过了5%统计水平的显著性检验，且系数为正。表明农户年龄越大，劳动能力越弱，为了方便销售，偏向于选择商贩（中介）上门收购。在模型Ⅰ、模型Ⅱ和模型Ⅳ中文化程度分别通过了5%、1%、1%统计水平的显著性检验，且系数为正。表明和合同销售相比，文化程度高的农户选择商贩（中介）上门收购、合作组织收购、社会关系销售的概率更大。原因在于文化程度越高人际关系越丰富，获取市场信息的能力越强，有助于农户在第一时间掌握市场行情，选择最佳的销售渠道获得相对高的销售利润。

##### 10.4.4.2　家庭特征对棉花销售渠道选择的影响

劳动力人口数对棉农销售渠道选择具有显著的影响，而家庭人口数对其销售渠道选择影响不显著。具体来讲，在模型Ⅱ中劳动力人口数通过了10%统计水平的显著性检验，且系数为负。说明劳动力人口数越多的农户，选择企业收购的概率越低。在调研过程中发现，随着机械化水平的不断提高，劳动力人口数多的农户把剩余劳动力转移到其他产业。而实际进行棉花种植的人口数有限，因此，农户实际劳动力不足只能偏向于选择其他销售渠道。

##### 10.4.4.3　棉花种植特征对棉花销售渠道选择的影响

种植年限和种植规模对棉农销售渠道选择具有显著的影响，具体来讲，在模型Ⅲ中种植年限通过了10%统计水平的显著性检验，且系数为负。表明种植年限越长，选择合作组织收购的概率越小。原因在于种植时间较长的农户，倾向于建立自己的销售渠道，确保棉花销售的稳定性。种植规模在模型Ⅰ和模型Ⅳ中分别通过了5%、1%统计水平的显著性检验，且系数为负。表明种植规模越大，选择商贩（中介）上门收购和社会关系销售的概率越小。因为销售规模大的农户销售风险比较大，为了获得销售的稳定性，往往选择企业收购或合作组织收购。

#### 10.4.4.4 市场环境对棉花销售渠道选择的影响

到乡政府的距离、到火车站的距离、是否有专职信息员、是否及时获取信息对棉农销售渠道选择有显著的影响，具体来讲，到乡政府的距离在模型Ⅰ和模型Ⅱ中分别通过了5%、10%统计水平的显著性检验，且系数为正。表明到乡政府的距离越远，农户越偏向于选择商贩（中介）上门收购和企业收购。到火车站的距离在模型Ⅰ、模型Ⅱ和模型Ⅳ中分别通过了1%、5%、5%统计水平的显著性检验，且系数为负。表明到火车站的距离远近和选择商贩（中介）上门收购、企业收购、社会关系销售有负相关关系，即到火车站的距离越远，选择这三种销售渠道的概率越小。是否有专职信息员在模型Ⅰ、模型Ⅱ、模型Ⅲ、模型Ⅳ中分别通过了5%、5%、5%、1%统计水平的显著性检验，且系数为负。表明拥有专职信息员的农户在选择销售渠道的时候，更偏向于选择合同销售。因为在农户当中拥有专职信息员，往往可以获得比较及时有效的市场信息，而合同销售可以更好地规避市场风险。是否及时获取信息在模型Ⅰ和模型Ⅱ中分别通过了5%和1%统计水平的显著性检验，且系数为负。说明农户越能及时地获取价格信息，选择商贩（中介）上门收购和企业收购的可能性越小。

#### 10.4.4.5 农户认知度对棉花销售渠道选择的影响

满意度对棉花销售渠道选择有显著的影响，具体来讲，在模型Ⅰ、模型Ⅱ和模型Ⅲ中分别通过了5%、5%和1%统计水平的显著性检验，且系数为正。表明随着满意度的提高，农户更愿意选择商贩（中介）上门收购、企业收购和合作组织收购。

# 10.5 本章小结

本章通过运用对新疆棉区社会化服务状况的调研数据，分析了棉区农户对棉花销售服务的评价概况、不同棉区农户对销售渠道的需求程度及年龄异质性农户，受教育程度异质性农户等对棉花销售渠道的需求差异。具体分析可知总体上农户对棉花销售服务总体评价较好，首先，不同地域的棉区农户对棉花销售渠道需求程度有差异。棉区农户对棉花销售渠道的需求程度中喀什棉区最高，其他棉区农户对棉花销售服务的需求强烈程度以"需要"为主。其次，农户不同年龄段对棉花销售渠道需求不同。各个年龄段农户对棉花销售渠道持"需要"和"很需要"所占的比重之和为 62.5%，表明棉区农户急切需要棉花销售渠道。年龄在 25 岁及以下的农户对销售服务态度持"不需要"的比例最小，占比 0.2%，说明年龄越小，掌握的销售信息越少，越希望获得棉花销售渠道。41～50 岁的农户对棉花销售渠道持"需要"的比重最高，占比为 19.1%，农户年龄段在 26～40 岁持有"需要"态度的比重位于所在年龄中第二位，占比 14.9%，"不需要"的比重仅占 1.3%。51～60 岁的农户所占比例为 19.7%，而且比例在降低。61 岁及以上的农户对棉花销售渠道的态度持"不需要"的比例仅有 0.4%。最后，总体上农户是初中水平的占比 50.9%，占被调查农户总数的一半以上。拥有小学文化水平的农户占 33.8%，高中或中专文化水平的占被调查总数的 11.6%，而文盲和大专及以上占比最少，分别为 2.4%，1.3%，棉区农户文化水平为文盲和大专及以上对棉花销售渠道持"不需要"的态度占比相同，占比 0.2%，农户文化水平为初中对棉花销售渠道持"需要"态度的比例最高，占比 24.3%，文化水平为小学的占比 16.6%。

此外通过建立多元 Logistic 模型，实证分析了农户棉花销售渠道选择及影响因素。研究结果表明，在户主特征中性别、民族、年龄、文化程度对棉花销售渠道选择具有显著的影响；家庭特征中劳动力人口数对棉花销售渠道选择具有显著的影响；棉花种植特征中种植年限和种植规模对棉花销售渠道选择具有显著的影响；市场环境中到乡政府的距离、到火车站的距离、是否有专职信息员、是否及时获取信息对棉花销售渠道选择有显著的影响；农户认知度中满意度对棉花销售渠道选择有显著的影响；家庭人口数和当前是否务农对棉花销售渠道选择影响不显著。

# 第 11 章　新疆棉区农户参与期货合作社意愿与组织模式

本章在分析新疆棉花合作社发展现状及存在问题的基础上，从棉农角度入手，探析棉农参与期货合作社的意愿，并尝试构建新疆棉花期货合作社。以 1726 份棉农问卷调查为数据基础，针对棉农市场风险认知情况、规避方式等进行分析，运用 Logistics 回归模型从户主的个人因素、生产经营因素、认知与偏好因素和生产与销售环节因素四个方面对影响棉农参与意愿的因素进行实证分析。

## 11.1　新疆棉花合作社发展现状与问题

### 11.1.1　棉花合作社发展现状与问题

作为面积最大、农产品丰富的农业大省，农民专业合作社的规范稳健的发展对新疆有极其特殊的意义。自《合作社法》颁布以来，新疆农民专业合作社的数量迅速扩大，在服务"三农"方面较有成效，已经成为农户增产增收的主要推动力。

从合作社的数量来看，截至 2017 年，全疆的合作社数量达到 24111 个；合作社成员数量达到 527087 个，农民牵头创办合作社达到 22568 个，占合作社总数的 93.60%。但值得注意的是，2014～2017 年，村干部、企业及其他主体创办的合作社数量在逐渐增多，表明合作社的创办主体趋于多元化，社会各方对合作社的关注也逐渐增加。在全疆专业合作社中，由农民牵头发起成立的合作社占总数量比重达 92%；由企业发起成立的有 160 家，比重达 0.96%；由农技人员发起的以农技服务为纽带，联结周边农民的有 66 家（见表 11-1 至表 11-3）。

表 11 - 1　2017 年农民专业合作社组建形式统计数据　　　单位：个，%

| 合作社牵头人 | 合作社形式 | 数量 | 比例 |
|---|---|---|---|
| 农民 | 市场 + 大户 + 合作经济组织 | 22568 | 93.60 |
|  | 其中：村干部 | 1199 | — |
| 由农业龙头企业带动 | 龙头企业 + 合作经济组织 + 农户 | 146 | 0.61 |
| 基层农机服务组织 | 实业单位 + 合作经济组织 + 农户 | 73 | 0.30 |
| 其他 | 其他 | 1324 | 5.49 |
| 合计 | — | 24111 | 100 |

数据来源：新疆维吾尔自治区农经局。

表 11 - 2　2017 年农民专业合作社经营服务内容划分统计数据

单位：个，%

| 社经营服务内容 | 数量 | 比例 |
|---|---|---|
| 产加销一体化服务 | 8471 | 35.13 |
| 生产服务为主 | 6490 | 26.92 |
| 购买服务为主 | 3384 | 14.04 |
| 仓储服务为主 | 241 | 1.00 |
| 运销服务为主 | 462 | 1.92 |
| 加工服务为主 | 910 | 3.77 |
| 其他 | 4153 | 17.22 |
| 合计 | 24111 | 100.00 |

数据来源：新疆维吾尔自治区农经局。

表 11 - 3　2017 年农民专业合作社按行业划分统计数据　　　单位：个，%

| 行业划分 | 数量 | 比例 |
|---|---|---|
| 1. 种植业 | 6156 | 25.50 |
| 　其中：（1）粮食产业 | 1368 | 5.70 |
| 　　　　（2）蔬菜产业 | 1220 | 5.10 |
| 2. 林业 | 2569 | 10.70 |
| 3. 畜牧业 | 10479 | 43.50 |
| 　其中：（1）生猪产业 | 279 | 1.20 |
| 　　　　（2）奶业 | 545 | 2.30 |
| 　　　　（3）肉牛羊产业 | 5333 | 22.10 |

续表

| 行业划分 | 数量 | 比例 |
|---|---|---|
| （4）肉鸡产业 | 142 | 0.60 |
| （5）蛋鸡产业 | 58 | 0.20 |
| 4. 渔业 | 127 | 0.50 |
| 5. 服务业 | 2116 | 8.80 |
| 其中：（1）农机服务 | 915 | 3.80 |
| （2）植保服务 | 57 | 0.20 |
| （3）土肥服务 | 62 | 0.30 |
| （4）金融保险服务 | 3 | — |
| 6. 其他 | 2664 | 11.00 |
| 合　计 | 24111 | 100.00 |

数据来源：新疆维吾尔自治区农经局。

对于不同地区的特点，专业合作社由不同的创办主体创建。根据 2017 年新疆农经局的数据显示，大部分地区都是由农户组建。相对来看，在塔城地区、昌吉州、巴州和阿克苏地区以龙头企业牵头创办的相对较多，而在伊犁州、塔城地区和阿克苏地区，基层农机服务组织作为牵头人组建的合作社相对较多（见表 11 - 4）。

对于棉花专业合作社提供的经营服务内容，根据调研问卷的整理数据（问卷介绍详见后文），新疆棉花合作社提供给棉农的服务有生产资料统一采购、生产销售信息服务、提供技术指导、病虫害防治、机械作业等服务、提供销售、运输服务等，棉花专业合作社提供的服务主要集中在"生产销售信息服务"和"提供技术指导、病虫害防治，机械作业等服务"，分别占总样本数的 24.05% 和 23.73%；其次，从合作社获得"生产资料统一采购"和"提供销售服务"的农户分别有 393 户和 380 户；"运输服务"和"其他服务"相对较少。从整体看，现有的新疆棉花合作社在提供生产销售信息服务和预防病虫害等技术服务方面较为成熟，而在生产资料统一采购、提供稳定的销售渠道和运输服务方面相对较为薄弱，这应该作为未来棉花专业合作社的发展方向。另外，新疆农民的可持续性增收主要来自家庭经营性收入，这部分收入更多需要通过农民专业合作社来实现（见表 11 - 5）。

表 11-4　2017 年农民专业合作社按牵头人身份划分分类情况　单位：个

| 地区 | | 农民 | 其中：村组干部 | 企业 | 基层农技服务组织 | 其他 |
|---|---|---|---|---|---|---|
| 北疆 | 乌鲁木齐 | 874 | 56 | 9 | — | 69 |
| | 克拉玛依 | 27 | 2 | 1 | — | 17 |
| | 石河子 | 18 | 2 | — | — | — |
| | 吐鲁番地区 | 1749 | 9 | 6 | — | 39 |
| | 哈密地区 | 1418 | 41 | 3 | — | 33 |
| | 昌吉州 | 1423 | 188 | 5 | 6 | 89 |
| | 伊犁州 | 1778 | 132 | 6 | 10 | 60 |
| | 塔城地区 | 3303 | 242 | 17 | 14 | 96 |
| | 阿勒泰地区 | 1048 | 12 | — | — | 40 |
| | 博州 | 910 | 42 | | — | 56 |
| | 小计 | 12548 | 726 | 47 | 30 | 499 |
| 南疆 | 巴州 | 2991 | 187 | 36 | 8 | 276 |
| | 阿克苏地区 | 2363 | 184 | 27 | 24 | 284 |
| | 克州 | 934 | | | 3 | 11 |
| | 喀什地区 | 2993 | 82 | 36 | 8 | 134 |
| | 和田地区 | 829 | 20 | | 2 | 28 |
| | 小计 | 10110 | 473 | 99 | 45 | 733 |
| 合计 | | 22658 | 1199 | 146 | 75 | 1232 |

数据来源：新疆农经局。

表 11-5　新疆棉花专业合作社提供的服务分布（本题为多选）单位：户，%

| 合作社提供的服务 | 生产资料统一采购 | 生产销售信息服务 | 技术指导服务 | 销售服务 | 运输服务 | 其他服务 |
|---|---|---|---|---|---|---|
| 户数 | 393 | 524 | 517 | 380 | 188 | 177 |
| 比例 | 18.04 | 24.05 | 23.73 | 17.44 | 8.63 | 8.12 |

数据来源：根据实地调研数据整理所得。

　　因此，组织棉农更多地参与到中间流通环节，使其具有更强的谈判能力和市场交易地位，从而有效地解决销售问题，将是合作社实现农民增收的关键，也是新疆棉花合作社发展的主要方向。

**11.1.1.1　创办目的不明确导致没有真正为农户服务**

目前，国家大力支持发展农业，为此颁布了许多优惠政策、政府补助和项目扶持基金，因此导致部分合作社牵头人为了获取以上利益而创办合作社，目的不明确。加之，合作社创办手续简洁方便，无需费用，促使牵头人为此目的组建合作社，无法真正地服务有需求的农户，合作社实际上成为涉农企业的一个经营部门，而不是按照合作社的运营机制。或者仅仅为了完成特定指标而创办合作社，农户与合作社之间没有形成合作关系，形成"空壳合作社"，无法提供足够有效的服务，使农户受益。

这些"空壳社"的产生在一定程度上提高了合作社相关统计数据，同时又造成农户对合作社有功能缺失以及效率低下的印象，农户参与意愿不积极，对合作社信任度减少，从长远来看势必会影响合作社的发展壮大。

**11.1.1.2　集体销售和规避风险等功能缺失**

参加合作社的棉农表示从合作社获益最大的方面分别是减少了购买生产资料的费用、获得了较多的技术服务、集体销售提高销售价格、抵抗市场及外在的风险、资金借贷和获得的信息更丰富、准确。其中"获得的信息更丰富、准确"占比50%，其次是"减少了购买生产资料的费用""获得了较多的技术服务"，分别占总数的23.45%和15.32%；对于"集体销售提高销售价格""抵抗市场及外在的风险"和"资金借贷"占比相对较低，分别为4.59%、3.85%和2.79%。可以看出现有的棉花专业合作社对于提高售价、规避风险和提供资金借贷方面的功能还较为欠缺（见表11 - 6）。

表 11 - 6　棉农参与合作社获益最大的服务分布（本题为多选）单位：人,%

| 获益最大的服务 | 减少了购买生产资料的费用 | 获得了较多的技术服务 | 集体销售提高销售价格 | 抵抗市场及外在的风险 | 资金借贷 | 获得的信息更丰富、准确 |
|---|---|---|---|---|---|---|
| 人数 | 378 | 247 | 74 | 62 | 45 | 806 |
| 比例 | 23.45 | 15.32 | 4.59 | 3.85 | 2.79 | 50.00 |

数据来源：根据实地调研数据整理所得。

**11.1.1.3　提供服务与农户需求存在错位**

根据问卷统计，棉农最希望合作社提供的服务为生产资料供应、产品销售、资金借贷服务、技术指导、信息服务。其中"生产资料供应"需要程度最强烈，占比31.44%，"产品销售"和"资金借贷服务"紧排其后，分别占比为

23.70%和20.86%；而棉农对"技术指导"和"信息服务"的需求程度相对较弱。

农户最希望合作社提供的服务与现有合作社提供的服务中，仅有"生产资料供应"相符合，合作社提供的排名第一、第二位的服务"提供生产销售信息服务"和"技术指导"在农户需求程度排名上为最后两种服务；而农户需求程度排名第二、第三位的"产品销售"和"资金借贷服务"并非合作社提供的主要服务。由此可以看出，目前合作社提供的服务与农户的需求存在错位，无法满足农户的需求（见表11-7）。

表11-7  棉农最希望合作社提供的服务分布 单位：人,%

| 最希望获得的服务 | 生产资料供应 | 产品销售 | 资金借贷服务 | 技术指导 | 信息服务 |
|---|---|---|---|---|---|
| 人数 | 520 | 392 | 345 | 275 | 110 |
| 比例 | 31.44 | 23.70 | 20.86 | 16.63 | 6.65 |

数据来源：根据实地调研数据整理所得。

### 11.1.2  国外利用农产品期货市场的实践现状

在芝加哥期货交易所中，玉米、小麦和大豆等农产品的期货价格在国际贸易上具有一定权威的地位。而美国农户通过直接或间接的方式参与期货市场，将其功能进一步发挥，规避了农户在生产中的市场风险和自然风险。例如，在2012年美国遭遇罕见旱灾时，玉米产量显著低于预计产量，降低了13.4%，美国农户通过进行期货交易锁定利润，使得当时美国虽然面临大幅减产，但农户收入提高近30%。由此能够看出，期货市场不仅可以帮助农户规避生产种植中的价格波动风险，还能对自然风险起到一定规避作用。

目前，农户通过专业合作社在农产品期货市场中常用的套期保值方式有三种，分别是延迟定价合同、最低卖价合同和远期交易。其中，延迟定价方式是指农民在销售期将农产品运至专业合作社后，在所签合同的最后期限内，自由选择市场价格最有利于自己的任意一天卖出农产品。最低价格定价方式是指农民可以锁定有利于自己的市场价格，将其作为销售最低价格，在农产品销售期通过合作社买入看涨期权，这种做法不仅可以保证最低利润，在农产品价格上涨时也不会损失应有的获益。而远期定价方式是指在农作物收割前与合作社签订在未来某个时期销售合同，锁定利润，同时合作社卖出套期保值规避风险。

美国的农民专业合作社在向农户提供销售服务的方式上通常有两种主要做法：一是直接代表农户销售农产品；二是先从农户手中购买农产品，再自行转售给涉农企业。这样农户销售农产品过程中承担的市场风险可以转移给合作社，合作社通过在期货市场上建立头寸为农产品进行套期保值。专业合作组织秉持着为农民服务的原则，能够将在期货市场中套期保值的收益扣除交易成本的可分配盈余按照 60% 的比例返还给农户，此比例完全按照国际合作社联盟所要求的惠顾比例实施，以满足成员经济参与原则的具体要求。因此这也是农民专业合作组织成为农户间接参与期货市场的主要途径的原因。除了一些有能力和专业知识直接参与期货和期权交易的生产种植大户，大部分农户作为弱势群体，不具备直接参与期货市场的能力，但他们能够意识到期货市场管理和规避风险的功能。因此，大部分农户可以通过积极参与合作社，间接获得期货市场的价格发现和套期保值带来的益处。农民合作组织通常作为农户参与期货市场的主要桥梁，签订远期合约同时套期保值，实现农户与期货市场的间接对接。这也是美国等发达国家在农产品市场上普遍使用的规避风险和增加收入的风险管理工具。

### 11.1.3 国内专业合作社对接期货市场的组织模式分析

目前，国内黑龙江、吉林及湖北等地区在实践中采取"公司 + 合作社 + 农户""订单 + 期货""订单 + 期货 + 场外期权"和"粮信社"等不同类型模式，通过与农产品期货市场的对接以及协同发展，为农户提供规避市场风险的新方式、稳定销售渠道、增加收入，因而受到农户的广泛欢迎。虽然各模式的操作方式、参与方和操作流程等稍有不同，但主要理念都是利用期货市场中的价格信息和套期保值功能，可看作"期货合作社"的不同模式。

11.1.3.1 白银棉业"公司 + 合作社 + 农户""订单 + 期货"合作模式

由龙头企业牵头成立于 2009 年的白银棉花专业合作社在实践中尝试探索"公司 + 合作社 + 农户""订单 + 期货"模式。白银棉业作为牵头龙头企业凭借专业的金融知识和多年套期保值的经验，紧跟"期货农业"这一趋势，提出"籽棉期货"，通过与农户签订合约，收取一定比例的保证金，为农户稳定销售渠道，转移市场风险，并取得较好的效果。

对于白银棉花专业合作社提出的"籽棉期货"实际上是经过整合订单农业的不足，从期货农业演变而来的。传统农业和订单农业在收获或播种前与农户签订合约，确定销售价格，一方面为农户稳定销售渠道，另一方面为涉棉企业稳定货源。然而在最后履行合约时，农户有可能面临价格上涨损失收益的风险，企业可能面临价格下降承担损失的风险。而白银棉花专业合作社可以通过进入期货市场卖出套期保值的方式，将企业面临的价格下降的风险转移到期货市场中，对冲风险。

在"公司＋合作社＋农户""订单＋期货"模式中，企业面临的市场风险能够得到转移，较为有效地解决了企业违约风险。但当价格上涨时，农户仍然有可能放弃履约，选择直接在市场上以高价格卖出农产品，如果此时企业无法及时地买入相应的套期保值对冲风险，将会面临敞口风险，对企业未来的经营产生影响。

11.1.3.2　云天化农业专业合作社"订单＋期货＋场外期权"合作模式

"订单＋期货＋场外期权"模式是在 2014 年由大连商品交易所、永安期货公司和云天化专业合作社提出并在实践中加以应用的创新模式。在此模式中，农户能够享受价格上涨带来的好处，期货公司风险管理的功能得到发挥和利用，企业通过对冲转移市场风险，各参与主体都能从该模式中获得益处，因此在期货公司发展较为成熟和龙头企业具有一定影响力的地区具有推广价值。

云天化合作社由龙头企业云天化农业发展有限公司牵头设立，并向合作社提供农资服务、生产物资采购、运输储藏和资金支持等服务。"订单＋期货＋场外期权"模式的具体操作流程为，云天化合作社与永安期货公司签订场外看跌期权，即合作社购入玉米看跌期权，在交割期当现货价格低于执行价格时，合作社依然有权以执行价格向永安期货公司出售玉米，当现货价格高于执行价格时，合作社可以选择放弃执行期权，在现货市场以高价格卖出玉米。永安期货公司再进入期货市场进行对冲操作，即在期货市场买入相同执行价格，相同数量品级的玉米看跌期权，对冲风险。在期权到期日，玉米现货价格由 2200 元/吨上涨到 2260元/吨，在现货市场卖出玉米获利 60000 元，云天化合作社选择放弃行权，损失期权费 27090 元，总共盈利 32910 元。从永安期货公司的角度，期权费收入27090 元，在期货市场对冲亏损 15320 元，加上交易手续费 180 元，总共盈利11590 元，场外期权的期权费超过期货市场对冲成本，从而发挥了期货公司管理风险的能力。

"订单＋期货＋场外期权"模式充分利用期货市场和场外期权市场，成为期货农业的一个具有推广价值的模式，但是永安期货公司表示，场外期权市场因为不具有完善的交易和监管制度，仍使参与者面临一定程度的违约风险。作为期货市场的补充，在提供灵活性和更多策略组合的同时，仍有较大的发展空间。另外，对与场外期权交易中的期权费和对价无法全面地征收税费，导致场外期权税务制度不健全。永安期货公司表示建立场外交易结算中心有助于提高场外市场透明度，促进场外市场健康发展。

### 11.1.3.3　黑龙江省农产品合作社利用期货市场的实践经验

黑龙江省作为粮食生产大省，水稻、玉米、大豆等农产品在全国占有重要地位，在产量增加的同时，寻求稳定的销售渠道成为迫切需要解决的问题之一。不仅依靠国家政策，还应该主动利用市场机制，尤其是利用期货市场解决农业生产和农产品流通问题，调整农业生产结构，成为现代农业的助推器。大连商品交易所和省农业委员会通过组织期货培训，提高相关专业组织对期货的认知，鼓励农户和合作组织积极参与期货市场，目前已颇有成效。

虽然在黑龙江省农户和农民合作组织并未探索利用期货市场的创新模式，但在实际的生产经营中，已经具有利用期货市场的意识，并有一定的实践经验。例如金秋大豆种植合作社的负责人受益于大连商品交易所组织的"千村万户服务工程"，经过培训了解期货基本知识，组织农户根据期货价格卖现货使农户收入提高；另外，与当地企业九三油脂签订延期点价销售合约，在签订合约时，九三油脂预付20%的定金给农户，即签订合约时不规定具体成交价格，而是在规定日期前的任意一天，由农户根据期货市场价格决定成交价格，与九三油脂履行合约。另外，民星大豆专业合作社也运用"农户＋合作社＋期货＋企业"的经营模式，在实际生产中，进入期货市场规避风险，稳定销售渠道。

经过近几年的探索，在实际生产中农户作为弱势群体，很难直接进入期货市场，只有通过专业合作社，将农户组织起来，了解期货市场的功能和对生产种植的指导作用，才能突破传统农业生产规模小，品级参差不齐，达到规模化生产，深化农业生产流通机制，充分发挥"期货农业"先找市场后生产的特点，避免了农户盲目生产，调节农业种植结构，达到增产又增收的目的。

因此可以看出，在农产品的销售过程中，具有参与期货市场意识的合作社负责人，已经能够利用期货市场进行点价销售，为合作社的农户提供稳定的销售渠道，锁定利润，避险增收。

### 11.1.3.4　"粮信社"与期货市场对接的实践经验

吉林省四平市梨树县由农户牵头组建的"粮信社"利用期货市场的价格信息优势提高在市场交易中的议价能力。"粮信社"是为农户提供仓储服务和销售服务的粮食信托合作社，农户将粮食送至粮信社统一存放，并能够获得粮信社开的粮食存单。凭借此存单，农户可以到农村金融机构获得贷款等资金支持。同样，河南省也成立了存储粮食、利用期货价格择机销售的农产品专业合作社。

"粮信社 + 农户 + 期货市场 + 农村金融"这种与期货市场对接的方式，不仅能够有效地规避价格波动的市场风险，帮助农户锁定利润，使农户种粮收入得到保证，还能减少农村信贷的坏账率，满足农户、专业合作社和农村金融的需求，实现多赢的效果。

# 11.2 新疆棉农参与期货合作社的意愿分析

在上一节阐述新疆棉花期货合作社发展条件的前提下，本节通过实地调研数据，从棉农对期货市场和合作社的参与意愿方面入手，调查棉农对市场风险的感知、规避市场风险的方式、对期货市场的认知以及参与期货合作社的意愿，对以上方面进行描述性统计分析。

## 11.2.1 棉农对风险的感知及规避方式

### 11.2.1.1 棉农对市场风险的感知

第一，棉农对棉花种植风险的认知。在棉花的种植经营过程中，有 60.68% 的受访棉农认为风险较大，32.37% 的棉农认为风险适中，仅有 6.95% 的棉农认为风险较小。

第二，影响棉农棉花种植经营的首要风险因素。由表 11-8 可知，选择"棉花价格波动太剧烈"作为首要风险因素的棉农最多，其次是"生产资料（种子、化肥、农药、地膜等）上涨过快"和"大风、冰雹、干旱等灾害"；棉农认为"拾花费用上升""病虫害危害""销售渠道不稳定"在生产经营中的风险较小。可以看出，相比于自然风险，棉农认为农业经营中的市场风险是对经营性收入影响最大的首要风险。

### 11.2.1.2 棉农规避市场风险的方式

第一，棉农规避市场风险的方式。当棉花出现收成不好，或价格下跌时，棉农选择用不同的方式来规避风险。选择"种植一些其他的农作物"来规避风险

表 11 - 8　影响棉农棉花种植经营的首要风险因素　　　　单位:%

| 选项 | 比例 |
|---|---|
| 棉花价格波动太剧烈 | 52.76 |
| 生产资料（种子、化肥、农药、地膜等）上涨过快 | 23.98 |
| 拾花费用上升 | 6.47 |
| 大风、冰雹、干旱等灾害 | 13.71 |
| 病虫害危害 | 2.73 |
| 销售渠道不稳定 | 0.36 |

数据来源：根据调研数据整理所得。

的棉农占一半以上，其次是"种植棉花时就与收购企业商定价格签署协议"，这部分棉农选择在种植阶段规避风险；选择"多外出打工，少种地"和"加入合作社，利用合作社卖出棉花"的棉农几乎同样多。新疆棉农缺乏主动规避市场风险的意识和能力（见表 11 - 9）。

表 11 - 9　棉农规避市场风险的方式　　　　单位:%

| 选项 | 比例 |
|---|---|
| 种植一些其他的农作物 | 52.77 |
| 种植棉花时就与收购企业商定价格签署协议 | 21.35 |
| 多出外打工，少种地 | 13.61 |
| 加入合作社，利用合作社卖出棉花 | 12.26 |

数据来源：根据调研数据整理所得。

第二，棉农接受市场风险管理培训的情况。针对"您是否参加过如何应对价格变动的培训"这个问题，有 73.56% 的棉农表示"未参加过"；在其余参加过培训的棉农中，有 12.92% 的棉农表示培训的次数很少。因此，在指导棉农的生产种植时，相比于田间栽培管理、病虫害防治和机械采收等技术服务，政府提供应对价格变动等规避市场风险的服务和培训较少。

第三，棉农购买棉花保险情况。规避棉花生产中的风险有多种选择，64.14% 的棉农选择运用棉花保险来规避种植中的市场风险和自然风险；在 35.86% 没有购买保险的原因中，"不了解保险"，"不相信保险"和"觉得没必要"几乎一样多，还有一些是因为"购买农业保险，没有发生风险感觉不合算"，"知道农业保险，但不知道如何投保"（见表 11 - 10）。

表 11 - 10　棉农未购买农业保险的原因　　　　　　单位:%

| 选项 | 比例 |
| --- | --- |
| 不了解保险 | 38.90 |
| 不相信保险 | 15.18 |
| 觉得没必要 | 23.60 |
| 保险机构没有这种险种 | 6.76 |
| 知道农业保险，但不知道如何投保 | 6.89 |
| 购买农业保险，没有发生风险感觉不合算 | 8.67 |

数据来源：根据调研数据整理所得。

11.2.1.3　棉农对农产品期货的认知及其应用

第一，棉农对农产品期货的认知。对于期货的认识，只有14.84%的棉农表示"了解一点知识"；其余85.16%的棉农表示"仅仅听说过而已"或"从未听说过"。相对于国内学者对国内5省棉农期货认知的调查结果，表示"听说过"的棉农仅有15.2%（魏君英等，2008）。

第二，棉农的卖棉方式。对于棉农卖棉的四种方式中，大部分棉农选择"随行就市，按周围棉农卖价而定"；还有少部分棉农会"与棉花加工厂及买方商议而定"；"年初和加工厂签订订单"的棉农较少（见表11 - 11）。

表 11 - 11　棉农的卖棉方式　　　　　　单位:%

| 选项 | 比例 |
| --- | --- |
| 随行就市，按周围棉农卖价而定 | 60.64 |
| 与棉花加工厂及买方商议而定 | 31.46 |
| 年初和加工厂签订订单 | 7.90 |

数据来源：根据调研数据整理所得。

## 11.2.2　棉农参与期货合作社意愿的描述性统计分析

在回答"如果有依托期货价格以棉花加工厂为主导设立的期货合作社，年初种植时可以有计划确定种植品种，可以选择销售时机，您是否愿意参加？"时，表示"愿意"的棉农有1400人，占81.11%，其余18.89%的棉农表示"不愿意"。这表明，通过合理引导和讲解，绝大多数棉农将愿意参加期货合作社。

**11.2.2.1 不同年龄的农户参与期货合作社的意愿**

根据年龄分布，将棉农的年龄分为 5 个分段，再在各个分段统计棉农的参与意愿，其中年龄分布在 30 岁及以下的户主有 160 人表示愿意参与期货合作社，占比 94.67%；年龄在 31~40 岁意愿参与棉农中有 334 人表示，占比 81.46%；年龄在 41~50 岁的棉农中有 538 人表示意愿参与，数量为各年龄分段中最多的分段，占该分段总人数的 82.77%；其中年龄为 51~60 岁的棉农中有 275 人表示意愿参与，占比 80.88%；年龄为 61 岁及以上的棉农中有 120 人愿意参与期货合作社，占总人数的比例最低，为 76.43%。整体来看，年龄在 30 岁及以下的棉农参与意愿最强烈，为 5 个年龄分段中占比最高的分段，而 61 岁及以上的棉农参与意愿最弱；当年龄超过 40 岁时，随着年龄的增大，表示参与意愿的棉农比例有下降趋势（见表 11 – 12）。

表 11 – 12 不同年龄的棉农参与意愿分布 单位：人，%

| 年龄 | 30 岁及以下 | | 31~40 岁 | | 41~50 岁 | | 51~60 岁 | | 61 岁及以上 | |
|---|---|---|---|---|---|---|---|---|---|---|
| 意愿 | 愿意 | 不愿意 | 愿意 | 不愿意 | 愿意 | 不愿意 | 愿意 | 不愿意 | 愿意 | 不愿意 |
| 人数 | ·160 | 9 | 334 | 76 | 538 | 112 | 275 | 65 | 120 | 37 |
| 比例 | 94.67 | 5.33 | 81.46 | 18.54 | 82.77 | 17.23 | 80.88 | 19.12 | 76.43 | 23.57 |

数据来源：根据实地调研数据整理所得。

**11.2.2.2 不同种植规模的农户参与期货合作社的意愿**

根据棉农的家庭种植规模，将棉农分为 6 个分段，其中种植面积在 10 亩及以下的农户中有 183 人愿意参与期货合作社，占比 78.21%；种植面积为 11~20 亩和 21~30 亩的农户参与意愿相当，均为 80% 左右，其中种植面积为 11~20 亩的农户愿意参与的人数稍多，为 305 人；种植面积为 31~50 亩的农户参与意愿稍有下降，为 79.62%；超过 50 亩时，农户的参与意愿逐渐增强，主要表现为种植面积为 51~100 亩和 101 亩及以上的棉农参与意愿分别为 83.17% 和 86.67%。整体来看，种植规模较小的农户的参与意愿低于种植规模大的农户的参与意愿；种植规模为 101 亩及以上的棉农参与意愿最强（见表 11 – 13）。

**11.2.2.3 不同受教育程度的农户参与期货合作社的意愿**

受教育程度不同的农户参与期货合作社的意愿有所差别。将 1726 个户主按照受教育程度分为文盲、小学、初中、高中及中专、大专及以上 5 个程度；其中受教育程度为文盲的棉农参与意愿为 75.61%，人数为 31 人；受教育程度为小学的农户有 465 人表示愿意参与期货合作社, 占比 79.62%; 文化程度为初中、高中及中专的分组中, 参与意愿的差异不大, 均在82% 左右, 其中文化程度为初中的农户最多, 人数为 720 人; 受教育程度为大专及以上的农户最少, 但参与意愿最强, 占本分组的86.36%。可以看出, 农户参与期货合作社的意愿随受教育程度提高而增加 (见表11-14)。

表 11-13　不同种植规模的农户参与意愿分布　　　　单位: 人,%

| 种植规模<br>(亩) | 参与意愿 | | | |
| --- | --- | --- | --- | --- |
| | 愿意 | | 不愿意 | |
| | 人数 | 比例 | 人数 | 比例 |
| 10 及以下 | 183 | 78.21 | 51 | 21.79 |
| 11~20 | 305 | 80.26 | 75 | 19.74 |
| 21~30 | 231 | 80.21 | 57 | 19.79 |
| 31~50 | 250 | 79.62 | 64 | 20.38 |
| 51~100 | 262 | 83.17 | 53 | 16.83 |
| 101 及以上 | 169 | 86.67 | 26 | 13.33 |

数据来源: 根据实地调研数据整理所得。

表 11-14　不同受教育程度的农户参与意愿分布　　　　单位: 人,%

| 受教育程度 | 参与意愿 | | | |
| --- | --- | --- | --- | --- |
| | 愿意 | | 不愿意 | |
| | 人数 | 比例 | 人数 | 比例 |
| 文盲 | 31 | 75.61 | 10 | 24.39 |
| 小学 | 465 | 79.62 | 119 | 20.38 |
| 初中 | 720 | 82.00 | 158 | 18.00 |
| 高中及中专 | 165 | 82.09 | 36 | 17.91 |
| 大专及以上 | 19 | 86.36 | 3 | 13.64 |

数据来源: 根据实地调研数据整理所得。

11.2.2.4　对市场风险认知不同的农户参与期货合作社的意愿

在棉花的种植经营过程中, 农户对市场风险的感知能力不同, 也会影响其参与意愿, 因此将农户对市场风险的认知分为, 风险较大、风险适中和风险较小,其中认为风险较大的农户参与意愿最强烈，人数 876 人为分组中最多，占比 83.59%；认为种植棉花风险适中的农户参与意愿稍有下降，为 81.54%；认为种植棉花风险较小的农户参与意愿为 57.50%，共有 69 人。可以看出，认为种植棉花风险越高，参与期货合作社寻求规避风险的意愿越强烈（见图 11 – 1）。

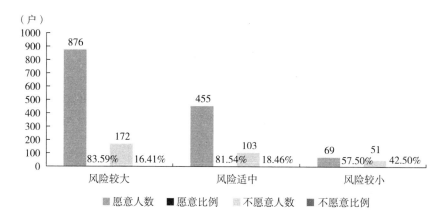

**图 11 – 1　不同市场风险认知的农户参与意愿分布**

数据来源：根据调研数据整理所得。

11. 2. 2. 5　对期货认知不同的农户参与期货合作社的意愿

同上文描述棉农对期货的认知，将农户分为"了解基本知识"和"不了解或未听说"。了解基本知识的棉农参与合作社的意愿为 81.43%，高于不了解期货或从未听说过期货的农户（见图 11 – 2）。

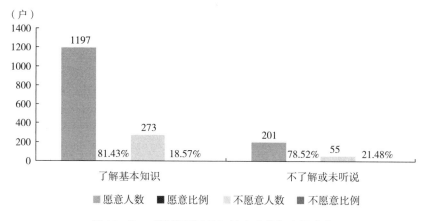

**图 11 – 2　对期货不同认知的农户参与意愿分布**

数据来源：根据调研数据整理所得。

# 11.3 棉农参与期货合作社意愿影响因素的计量分析

## 11.3.1 农户参与期货合作社的影响因素

期货合作社合理地将期货市场与专业合作组织相结合，既具有期货市场的价格发现和套期保值功能，又能给棉农提供销售渠道和信息服务，在此方面也有美国"遭遇旱灾却增收"的先例，那么国内棉农是否有意愿参与到这样一个增收助销的期货合作社中呢？结合国内外学者的研究成果，本章首先尝试从理论上分析影响棉农参与期货合作社的各方面因素，将其分为以下几个方面。

### 11.3.1.1 棉农个人特征因素

棉农对合作社的需求与个体本身的选择有很大关系，普遍认为，年龄能够在一定程度上代表棉农学习和接受新鲜事物的能力，对促进棉农参与期货合作社的意愿应该具有正向影响（张琦，2013）。也有学者通过调查研究证明棉农的个人特征对其是否参与合作组织无显著影响（孙亚范等，2012）。但若调查样本的棉农年龄过于集中，则可能无法得出其对棉农是否参与期货合作社有显著关系（张琦，2013），因此本书在调查过程中将尽量避免此问题的发生，保证年龄的分布广泛。

受教育程度高可以代表棉农拥有较高的素质，能够促进棉农加入新的合作组织（张红云，2009；杨伊侬，2012；贺梅英、庄丽娟，2012）；但另外，年龄小种植经验不足，文化程度低这类弱势棉农更需要进入专业合作社来实现避险增收（马彦丽等，2012；黄胜忠等，2013）。

### 11.3.1.2 棉农生产经营因素

种植规模与棉农生产经营过程中承担的风险成正比，可以认为，种植面积越大，棉农寻求规避风险的途径越强烈，更有可能参加合作社（Musser Wesley N. et al.，1996）。另外从实践上讲，种植规模大的棉农对资金、信息等需求较多，生产种植中的问题较多，因而更倾向于参与专业合作社（李敏等，2015）。但也存在由于种植作物保质期长、价格差别小等特性，种植规模越大的棉农依赖合作社的倾向越小，偏好自由出售农产品（王克亚等，2009）。国外种植大户资金实力雄厚，且能够及时获得市场信息，棉农会选择直接参与期货市场（郭凌等，2012）。

棉花收入占总收入的比重可以说明棉农依赖农业种植的程度，棉花收入占比越大的棉农兼业化程度越低，棉农投入农业种植的精力越多，参与合作社带来的收益比兼业化程度高的棉农越多（郭红东等，2010）。然而农产品收入比重高的棉农普遍为专业大户，其可能已经拥有稳定的销售渠道和议价能力，因此对合作社的需求相对较弱（贺梅英等，2012）。

棉农是否参与期货合作社也会受到周围的其他村民影响，根据仿生学理论，经常交流的人互相影响对方的思维，进而决策也常常倾向一致，即从众行为，例如部分地区的农民通过专业合作组织参与利用期货市场的行为决策存在显著的"羊群效应"（杨印生，2012）。棉农在日常生活中关于生产经营的交流能够加快信息传播，有利于棉农对期货和期货合作社等的认知，进而促进棉农参与期货合作社。

### 11.3.1.3　个人认知与偏好因素

在种植销售过程中，只有认识到所面临的风险并且能够清楚地了解到其他被动规避风险的方式无法真正通过现货市场解决，棉农寻找其他规避风险途径的动力就越强。从理论来看，期货合作社能够降低市场风险，因此，对市场风险感知强烈的棉农更倾向于参与专业合作社以实现风险规避（孙亚范，2014）。

另外，期货合作社的概念中涉及期货，普遍来讲，期货通常被当作极其复杂和高风险的金融产品，尤其是对于棉农，这会在一定程度上影响棉农参与期货合作社。因此，对期货市场的功能和其与现货市场相互作用的关系越了解，越有助于棉农利用期货（Shapiro B. I. and Brorsen B. W., 1988），或者参与期货合作社。

在农作物种植过程中，对种植风险的不同认知以及棉农个体对风险的偏好将会影响棉农是否参与期货合作组织。因此，有必要考察风险偏好在棉农参与合作社决策时的影响情况。同理棉农是否继续从事农作物种植，即生产种植偏好也应作为考察因素。

### 11.3.1.4　生产与销售环节的因素

期货属于金融领域的一部分，尚未达到普及状态，因此棉农对现有的金融服务的满意度会影响其对期货以及期货合作社的判断，进而影响其参与决策。金融服务主要包括组织贷款、专业组织提供资金、贷款担保、购买农业保险、提供信用评级证明等。

同样，现有合作社的满意程度也会影响棉农决策行为。棉农可能会因为现有合作组织已经满足了种植经营的需求而降低参与意愿，也可能会因为目前的合作组织增收效益不明显而影响其决策（孙芳等，2013）。

在销售环节，期货合作社具有专业合作组织的功能，能够为棉农提供销售渠道和信息服务。棉农加入合作社的目的是农产品的销售能够顺利、销路广泛，并且能够以较高的销售价格出售，同时也为了获取合作社提供的信息服务（张启文等，2013）。在销售过程中遇到困难的棉农更期望通过合作社来实现统一销售，解决难卖问题（郭红东等，2013）；对销售渠道需求程度越强，参与合作社的意愿越强（杨伊侬等，2012）。因此，考察棉农销售过程中难易程度和对销售渠道的需求程度，检验棉农是否越需要这类服务，越有可能参加合作社实现统一销售和获取信息。

一般认为，农产品价格波动越大，棉农参与合作社的愿望也就越强烈（倪细云等，2014）。因此，价格波动对棉花种植的影响是影响棉农参与期货合作社的重要考察因素。另外，国内许多学者也提出利用期货市场提前销售对棉农管理价格风险具有现实意义（杨印生等，2012）。期货市场集中大量有价值的供求信息，能够影响棉农的种植意愿、种植面积、加工销售、农产品贸易等全部信息。另外，期货市场的功能就是先于现货市场反映价格的预期走势，能够提供行情预测等信息。

在目标价格政策全面实施的背景下，棉农种植棉花多了一层保障在于政府会根据平均价格对售价低于均价的棉农进行补贴，政府补贴有利于农民以后年度继续进行农业生产经营，规避风险的保障变高，从而收入将增加。因此，对待目标价格政策下政府补贴对增收效果的态度不同，棉农决策结果不同，认为政府补贴将促进增收的棉农更倾向于参与合作社（孙芳等，2013）。

### 11.3.2 Logistic 模型设定

本书的因变量为棉农是否愿意参与期货合作社，属于定性二分变量。因此，本章采用分析离散的非连续变量最常用的 Logistics 模型，也是分析个体决策行为较为适宜的模型。其模型形式为：

$$P_i = F(\alpha + \sum_{j=1}^{n} \beta_j X_{ij}) = 1 / \{1 + \exp[-(\alpha + \sum_{j=1}^{n} \beta_j X_{ij})]\} \qquad (11-1)$$

对式（11-1）取对数，得到二元 Logistics 模型的线性表达式为：

$$\ln\left(\frac{P_i}{1-P_i}\right) = \alpha + \sum_{j=1}^{m} \beta_m X_{im} + \varepsilon \qquad (11-2)$$

其中，$P_i$ 表示事件发生的概率，在本书中，指棉农愿意参加期货合作社的概率，即愿意参与 =1 的概率，$X_j$ 表示协变量，$\beta_m$ 表示待估参数，通过最大似然估计求得。

### 11.3.3 解释变量的选取与说明

#### 11.3.3.1 因变量的选取

本章对新疆棉农参与期货合作社的意愿进行实证研究，因此设因变量 Y 为农户参与期货合作社的意愿（以下称"参与意愿"）。若农户愿意参与期货合作社，则因变量 Y 取值 1，反之，则取值 0。

#### 11.3.3.2 自变量的选取与说明

从前文以及国内学者的研究结论来看，本章主要从户主基本情况、生产经营情况、认知情况、生产环节影响因素和销售环节影响因素 5 个方面考察其对棉农参与期货合作社意愿决策的影响。计量模型的自变量包括年龄 $X_1$、文化程度 $X_2$、种植规模 $X_3$、棉花收入占总收入比例 $X_4$、与村里其他棉农对棉花生产的交流情况 $X_5$、对棉花种植风险认知 $X_6$、对期货认知 $X_7$、生产种植偏好 $X_8$、对现有金融服务满意程度 $X_9$、是否购买棉花保险 $X_{10}$、是否参加合作社 $X_{11}$、是否能获得行情预测信息 $X_{12}$、对行情预测信息的需求程度 $X_{13}$、是否参加过价格培训 $X_{14}$、价格波动对棉花生产的影响程度 $X_{15}$、棉花销售的困难程度 $X_{16}$、对销售渠道需求强烈程度 $X_{17}$、政府补贴的态度 $X_{18}$，见表 11-15，在此将其归纳为以下函数形式：

参与意愿 = F（户主基本情况、生产经营情况、认知情况、生产环节影响因素、销售环节影响因素）＋常数项

**表 11-15 模型解释变量选取与描述性统计分析**

| 所属类别 | 解释变量名称 | 赋值及变量定义 | 均值 | 标准差 | 预期变动方向 |
|---|---|---|---|---|---|
| 户主基本情况 | $X_1$：年龄 | 以实际年龄赋值 | 45.5354 | 10.9212 | +/- |
| | $X_2$：文化程度 | 0 = 文盲，6 = 小学，9 = 初中，12 = 高中和中专，16 = 大专及以上 | 8.2097 | 2.4538 | + |

续表

| 所属<br>类别 | 解释变量名称 | 赋值及变量定义 | 均值 | 标准差 | 预期变<br>动方向 |
|---|---|---|---|---|---|
| 生产经<br>营情况 | $X_3$：种植规模 | 以实际种植面积赋值 | 53.5329 | 91.4736 | + |
| | $X_4$：棉花收入占总收入<br>比例 | 以实际占比赋值 | 0.7686 | 0.2620 | + |
| | $X_5$：与村里其他棉农对<br>棉花生产的交流情况 | 1=没有，2=较少，3=偶尔，4=经常 | 3.6289 | 0.6619 | + |
| 认知<br>情况 | $X_6$：对棉花种植风险<br>认知 | 1=风险小，2=风险中，3=风险大 | 2.7219 | 7.6910 | + |
| | $X_7$：对期货认知 | 1=了解一点知识，0=仅仅听说或从未<br>听说 | 0.1485 | 0.3557 | + |
| | $X_8$：生产种植偏好 | 1=继续种植棉花，0=不愿意继续种植<br>棉花 | 0.7972 | 0.4022 | + |
| 生产环<br>节影响<br>因素 | $X_9$：对现有金融服务满<br>意程度 | 1=不满意，2=不太满意，3=基本满<br>意，4=满意，5=很满意 | 3.4127 | 0.9632 | +/- |
| | $X_{10}$：是否购买棉花<br>保险 | 1=是，0=否 | 0.6419 | 0.4808 | - |
| | $X_{11}$：是否参加合作社 | 1=是，0=否 | 0.2265 | 0.4187 | +/- |
| 销售环<br>节影响<br>因素 | $X_{12}$：是否能获得行情<br>预测信息 | 1=是，0=否 | 0.5475 | 0.4979 | +/- |
| | $X_{13}$：对行情预测信息<br>的需求程度 | 1=不需要，2=无所谓，3=需要，4=<br>很需要，5=强烈需要 | 3.1345 | 0.9780 | + |
| | $X_{14}$：是否参加过价格<br>培训 | 1=是，0=否 | 0.8648 | 0.3420 | +/- |
| | $X_{15}$：价格波动对棉花<br>生产的影响程度 | 1=很小，2=一般，3=很大 | 2.7523 | 0.4642 | + |

| 所属<br>类别 | 解释变量名称 | 赋值及变量定义 | 均值 | 标准差 | 预期变<br>动方向 |
|---|---|---|---|---|---|
| 销售环<br>节的影<br>响因素 | $X_{16}$：棉花销售的困难<br>程度 | 1＝困难大，2＝困难小，3＝没有困难 | 2.2364 | 0.7991 | - |
| | $X_{17}$：对销售渠道需求<br>强烈程度 | 1＝不需要，2＝无所谓，3＝需要，4＝<br>很需要，5＝强烈需要 | 3.2700 | 1.0806 | + |
| | $X_{18}$：政府补贴的态度 | 1＝满意，2＝一般，3＝不满意，进一<br>步提高补贴标准 | 1.9623 | 0.7924 | +／- |

注：文化程度赋值依据为接受教育的年限。

数据来源：根据调研数据整理所得。

### 11.3.4　影响农民参与期货合作社意愿的 Logistic 回归模型分析

11.3.4.1　模型自变量的相关性分析

在进行回归模型分析前，应对自变量之间的相关关系进行检验。在相关分析中，常用的相关系数主要有 Pearson 相关系数、Spearman 等级相关系数和 Kendall 秩相关系数和偏相关系数。本章运用 SPSS17.0 软件对 18 个自变量之间是否存在多重共线性进行了相关性分析。由相关矩阵分析可知，所有解释变量之间的相关系数的绝对值小于 0.3，因此可以大致判断出自变量之间不存在多重共线性，因此可进行进一步的 Logistics 回归分析。

11.3.4.2　棉农参与期货合作社意愿的实证分析

运用 SPSS17.0 软件对调查的 1726 个棉农的样本数据进行 Logistics 回归模型分析。根据对自变量之间的相关性分析结果可知，自变量之间不存在多重共线性，因此在选择线性回归中变量的进入和提出方法过程中可以选择进入。

模型系数的综合检验见表 11-16，模型似然比检验结果 851.257，大于临界值，表明拒绝无效假设，从整体上看适合做 Logistic 回归分析，Sig. 值几乎为 0，因此说明模型拟合结果显著，方程成立。

表 11-16　模型系数的综合检验

| 步骤 | | $\chi^2$ | df | Sig. |
|---|---|---|---|---|
| 1 | 步骤 | 851.257 | 18 | 0.000 |
| | 块 | 851.257 | 18 | 0.000 |
| | 模型 | 851.257 | 18 | 0.000 |

注：负卡方值表示卡方值已从上一步中减小。

数据来源：根据 SPSS 软件结果整理所得。

对方程的准确度预测，通常有伪决定系数 Cox & Snell $R^2$、Nagelkerke $R^2$ 和预测准确率。这两个指标从不同角度反映了当前模型中自变量解释了因变量的变异占因变量总变异的比例，取值 0~1，此模型 Cox & Snell $R^2$ 为 0.394，Nagelkerke $R^2$ 为 0.525，表明变量被解释的程度较高，模型预测准确性较高。根据观察的解释变量，计算相应的预测概率，并以 0.5 为分界值，正确者占总数的百分比为 81.8%（见表 11 – 17 至表 11 – 21）。

表 11 – 17　Cox & Snell $R^2$ 和 Nagelkerke $R^2$ 检验

| 步骤 | – 2 对数似然值 | Cox & Snell $R^2$ | Nagelkerke $R^2$ |
|---|---|---|---|
| 1 | 1505.443a | 0.394 | 0.525 |

数据来源：根据 SPSS 软件结果整理所得。

表 11 – 18　模型预测准确率

| 步骤 | 已观测 | | YY | | 百分比 |
|---|---|---|---|---|---|
| | | | 0.00 | 1.00 | 校正 |
| 1 | YY | 0.00 | 23 | 299 | 7.1 |
| | | 1.00 | 11 | 1367 | 99.2 |
| | 总计百分比 | | | | 81.8 |

注：切割值为 500。

数据来源：根据 SPSS 软件结果整理所得。

从表 11 – 19 中可以看出，卡方统计量为 9.987，而临界值为：CHINV（0.05，8）= 15.507，卡方统计量小于临界值，而 Sig. 值 0.266 大于临界值 0.05，说明模型能够很好地拟合整体，不存在显著差异。模型估计结果见表 11 – 21。

表 11 – 19　Hosmer 和 Lemeshow 检验

| 步骤 | $\chi^2$ | df | Sig. |
|---|---|---|---|
| 1 | 9.987 | 8 | 0.266 |

数据来源：根据 SPSS 软件结果整理所得。

表 11 - 20　自变量的相关性分析

| 变量 | $X_1$ | $X_2$ | $X_3$ | $X_4$ | $X_5$ | $X_6$ | $X_7$ | $X_8$ | $X_9$ | $X_{10}$ | $X_{11}$ | $X_{12}$ | $X_{13}$ | $X_{14}$ | $X_{15}$ | $X_{16}$ | $X_{17}$ | $X_{18}$ |
|---|---|---|---|---|---|---|---|---|---|---|---|---|---|---|---|---|---|---|
| $X_1$ | 1 | — | — | — | — | — | — | — | — | — | — | — | — | — | — | — | — | — |
| $X_2$ | 0.191 | 1 | — | — | — | — | — | — | — | — | — | — | — | — | — | — | — | — |
| $X_3$ | 0.060 | -0.085 | 1 | — | — | — | — | — | — | — | — | — | — | — | — | — | — | — |
| $X_4$ | -0.146 | -0.020 | -0.151 | 1 | — | — | — | — | — | — | — | — | — | — | — | — | — | — |
| $X_5$ | -0.161 | -0.167 | 0.065 | 0.034 | 1 | — | — | — | — | — | — | — | — | — | — | — | — | — |
| $X_6$ | -0.106 | -0.144 | -0.085 | -0.134 | -0.126 | 1 | — | — | — | — | — | — | — | — | — | — | — | — |
| $X_7$ | 0.038 | 0.008 | 0.007 | -0.057 | 0.026 | 0.061 | 1 | — | — | — | — | — | — | — | — | — | — | — |
| $X_8$ | -0.072 | -0.055 | 0.038 | -0.033 | -0.106 | 0.010 | -0.066 | 1 | — | — | — | — | — | — | — | — | — | — |
| $X_9$ | -0.207 | -0.131 | 0.100 | -0.053 | -0.155 | -0.071 | -0.016 | -0.127 | 1 | — | — | — | — | — | — | — | — | — |
| $X_{10}$ | 0.005 | -0.119 | -0.014 | 0.001 | -0.138 | -0.033 | -0.173 | -0.009 | -0.130 | 1 | — | — | — | — | — | — | — | — |
| $X_{11}$ | 0.056 | -0.025 | -0.110 | 0.018 | -0.041 | 0.055 | -0.017 | -0.016 | -0.033 | -0.026 | 1 | — | — | — | — | — | — | — |
| $X_{12}$ | -0.054 | -0.050 | 0.000 | -0.006 | -0.048 | 0.024 | -0.041 | -0.027 | -0.106 | -0.048 | -0.041 | 1 | — | — | — | — | — | — |
| $X_{13}$ | -0.072 | -0.083 | -0.04 | -0.005 | -0.154 | -0.039 | 0.049 | -0.043 | -0.020 | 0.015 | -0.060 | 0.056 | 1 | — | — | — | — | — |
| $X_{14}$ | -0.172 | -0.052 | -0.042 | 0.050 | -0.013 | -0.028 | 0.018 | -0.019 | -0.042 | 0.069 | -0.078 | 0.085 | -0.069 | 1 | — | — | — | — |
| $X_{15}$ | -0.185 | -0.213 | -0.036 | -0.178 | -0.219 | -0.133 | 0.005 | -0.072 | -0.044 | 0.012 | 0.030 | 0.025 | -0.068 | -0.134 | 1 | — | — | — |
| $X_{16}$ | -0.030 | -0.036 | -0.005 | -0.023 | -0.191 | -0.059 | -0.063 | -0.061 | -0.076 | -0.009 | -0.037 | -0.097 | -0.035 | 0.091 | -0.089 | 1 | — | — |
| $X_{17}$ | -0.039 | -0.024 | 0.003 | -0.057 | -0.04 | -0.06 | -0.088 | -0.037 | -0.007 | -0.030 | -0.014 | -0.041 | -0.236 | -0.153 | -0.112 | -0.070 | 1 | — |
| $X_{18}$ | -0.105 | -0.060 | -0.074 | -0.123 | -0.002 | -0.177 | -0.041 | 0.153 | 0.019 | 0.077 | -0.015 | 0.011 | -0.100 | -0.091 | -0.057 | -0.125 | -0.057 | 1 |

表 11 – 21　模型估计结果

| 解释变量 | B | S. E. | Wals | Sig. | EXP（B） | EXP（B）的 95% C. I. | |
|---|---|---|---|---|---|---|---|
| | | | | | | 下限 | 上限 |
| $X_1$：年龄 | – 0.018 | 0.006 | 10.998 | 0.001 | 0.982 | 0.971 | 0.993 |
| $X_2$：文化程度 | – 0.061 | 0.027 | 4.984 | 0.026 | 0.941 | 0.892 | 0.993 |
| $X_3$：种植规模 | 0.001 | 0.001 | 0.560 | 0.454 | 1.001 | 0.999 | 1.003 |
| $X_4$：棉花收入占总收入比例 | 0.485 | 0.246 | 3.885 | 0.049 | 1.624 | 1.003 | 2.630 |
| $X_5$：与村里其他棉农对棉花生产的交流情况 | 0.237 | 0.091 | 6.721 | 0.010 | 1.268 | 1.060 | 1.516 |
| $X_6$：对棉花种植风险认知 | 0.216 | 0.103 | 4.356 | 0.037 | 1.241 | 1.013 | 1.520 |
| $X_7$：对期货认知 | – 0.134 | 0.179 | 0.565 | 0.452 | 0.874 | 0.616 | 1.241 |
| $X_8$：生产种植偏好 | – 0.008 | .165 | 0.003 | 0.960 | 0.992 | 0.717 | 1.371 |
| $X_9$：对现有金融服务满意程度 | – 0.256 | .066 | 15.183 | 0.000 | 0.774 | 0.681 | 0.881 |
| $X_{10}$：是否购买棉花保险 | – 0.253 | 0.144 | 3.083 | 0.079 | 0.776 | 0.585 | 1.030 |
| $X_{11}$：是否参加合作社 | 0.005 | 0.161 | 0.001 | 0.974 | 1.005 | 0.734 | 1.378 |
| $X_{12}$：是否能获得行情预测信息 | 0.575 | 0.133 | 18.653 | 0.000 | 1.777 | 1.369 | 2.306 |
| $X_{13}$：对行情预测信息的需求程度 | 0.112 | 0.070 | 2.551 | 0.110 | 1.118 | 0.975 | 1.283 |
| $X_{14}$：是否参加过价格培训 | 0.327 | 0.183 | 3.192 | 0.074 | 1.387 | 0.969 | 1.986 |
| $X_{15}$：价格波动对棉花生产的影响程度 | 0.622 | 0.127 | 23.977 | 0.000 | 1.862 | 1.452 | 2.388 |
| $X_{16}$：棉花销售的困难程度 | – 0.158 | 0.085 | 3.450 | 0.063 | 0.854 | 0.723 | 1.009 |
| $X_{17}$：对销售渠道需求强烈程度 | 0.107 | 0.065 | 2.726 | 0.099 | 1.113 | 0.980 | 1.264 |
| $X_{18}$：政府补贴的态度 | – 0.230 | 0.087 | 7.071 | 0.008 | 0.794 | 0.670 | 0.941 |

数据来源：根据 SPSS 软件结果整理所得。

## 11.3.5　模型结果分析

第一，在户主的基本情况中，年龄和文化程度对参与期货合作社的影响通过显著性检验。年龄变量的回归系数为负，这表明随着年龄的增长，棉农参与期货合作社的意愿减弱。文化程度回归系数为负，表明文化程度越高，参与意愿越不强烈。分析其可能的原因，一是棉农文化程度越高，越有可能从事非农经营活动或未来种植棉花意愿偏低；二是本次调查对象的文化程度较为集中，大多为初中及以下，高中及以上仅占 12.92%。

种植规模未通过显著性水平检验，原因可能是一方面小规模经营生产的棉农更需要规避风险；另一方面随着种植面积增加，规模经济效应的发挥，种植大户拥有更强的规避风险能力和销售价格谈判能力。

第二，棉农的生产经营特征中，棉花收入占总收入比重通过显著性检验，表明此变量是影响棉农参与决策的重要变量。结果说明，在其他条件不变的情况下，以种植棉花为主要收入来源的棉农对农业依赖程度高，更倾向于参加合作社，享受其带来的收益。

与村里其他棉农对生产棉花的交流是影响棉农参与期货合作社的重要因素之一。在模型结果中，与其他棉农交流变量的回归系数为正，通过显著性检验。这表明，在其他情况不变的前提下，棉农互相之间关于生产棉花的交流越多，越有利于棉农传播最新知识和信息，从而更有可能选择参与期货合作社。

第三，在棉农认知情况中，对种植风险的认知程度对参与期货合作社有显著正向影响，通过5%统计水平的显著性检验，这表明棉农认为种植棉花的风险越大，参与期货合作社的可能性越大。由此看来，棉农已经充分了解期货合作社的避险功能，愿意通过期货合作社来规避市场风险。对期货认知变量未通过显著性检验，可能的原因是，被调查农户对期货的认知程度偏低，了解一些期货基本知识的农户仅占14.84%，而愿意参与期货合作社的比例达到81.43%，不过从前文的属性统计分析中可以看出，对期货认知程度高的农户的参与意愿强于不了解期货或从未听说过期货的农户。

第四，在生产环节的影响因素中，生产种植偏好因素未通过显著性检验，表明下年是否继续种植棉花并不影响棉农参与意愿。对金融服务满意程度越高的棉农参与期货合作社的可能性越小，原因可能是，在问卷调查中的金融服务主要涉及组织贷款、专业组织提供资金、贷款的担保、购买农业保险、提供信用评级证明等。在现有金融服务能够满足棉农的需求时，棉农寻找其他规避风险和增收途径的可能性较小。

是否购买棉花保险变量通过统计性检验，且回归系数为负，表明购买棉花保险的棉农，相比于没有购买农业保险的棉农，更不倾向于进行期货套期保值，这一结果与 Coble（2000）和 Maine Jonas Mofokeng（2012）在研究种植玉米的棉农进行套期保值决策的影响因素时的结论一致，农业保险体系越完善，棉农承担风险越小，而棉农参与期货合作社的可能性越小。

第五，在销售环节的影响因素中，是否获得行情预测信息对棉农参与期货合作社影响显著且系数为正，在模型中通过显著性检验，表明在同等情况下，能够获得行情预测信息的棉农，更能够了解期货市场的功能，更倾向于通过期货合作社获取对生产种植有利的价格信息。对行情预测信息需求程度并未通过检验。

是否参加过价格培训也是影响棉农参与决策的重要变量，通过显著性检验，结果表明，参加过价格培训的棉农，对价格风险的防范意识更强，参与意愿更强。同时也能够看出棉农对参与期货合作社后获得价格信息的期望。

价格波动对棉花生产的影响程度通过显著性检验，且其回归系数在所有变量中绝对值最大，此变量是重要变量之一，即认为价格波动对棉花生产影响很大的棉农更愿意参加期货合作社。

棉花销售的困难程度和对销售渠道的需求程度通过显著性检验，是影响棉农参与期货合作社的显著性变量，表明棉农在销售环节遇到的困难越大，对销售渠道的需求程度越大，越倾向于向期货合作社寻求帮助。

对政府补贴增收评价变量对棉农是否参与期货合作社具有显著影响，表明认为政策补贴可以促进增收的棉农，相比于不看好补贴政策的棉农，更有可能参与期货合作社。

## 11.4 新疆棉花期货合作社的组织模式的创建

### 11.4.1 新疆棉花期货合作社的创建依据

根据前文对棉农参与期货合作社意愿的分析，可以看出，棉农参与期货合作社的意愿较为强烈，因此考虑构建一个满足棉农需求的专业合作社具有重要的现实意义。

国内学者关于农民专业合作社与期货市场结合的研究，主要停留在利用期货市场套期保值和价格发现等方面，这种期货合作社的运作模式以与农户签订订单为前提，再进入期货市场进行套期保值，本质上这种单方面的套期保值操作不能从根本上规避价格风险，与农户签订订单的定价高低同样影响着农户与企业的履约率，仍未解决订单农业的弊端，无法满足农户规避价格风险的需求。另外，农民专业合作社应致力于解决现存的合作社服务不完善和盈余分配制度不健全等问题。本章尝试将"期货点价＋基差"的交易模式运用到专业合作社中，以期能够达到完全套期保值的效果。

## 11.4.2　新疆棉花期货合作社的设立方式与机制

### 11.4.2.1　新疆棉花期货合作社发起设立方式

新疆农民专业合作社在发展过程中，结合不同地区的特点，有不同的创办主体：农民（"大户"或"能人"）、龙头企业、基层农技服务组织和其他主体，其中农户牵头创办合作社占大部分。因此棉花期货合作社可以由农民牵头创办，在村级组织具有一定影响力和发展较为成熟的地区，可以考虑村级组织牵头创办设立；在种植面积比较集中，地区内已经形成规模化生产加工的地区，可以考虑由龙头企业牵头创办。根据前文对合作社现状分析的数据显示，大部分地区都是由农户组建，在塔城地区、巴州和阿克苏地区以龙头企业牵头创办的相对较多，而在伊犁州和阿克苏地区，基层农技服务组织作为牵头人组建的合作社相对较多。因此，对于期货合作社的发起设立方式应根据设立地区的特点选择相对容易成功的创办主体。

### 11.4.2.2　新疆棉花期货合作社的功能定位

新疆既有的棉花专业合作社目前提供的服务包括：农资供应，技术培训，产品收购，委托加工，统一销售皮棉以及提供有关技术信息服务等。根据调研数据显示，棉农希望合作社提供的服务见图 11 - 3，其中生产资料供应占比最高，占总样本数的 31.44%；其次是产品销售、资金借贷服务，分别占总样本数的 23.70% 和 20.86%；技术指导和信息服务的占比为 16.63% 和 6.65%。因此，针对这些农户需求的服务，新疆棉花期货合作社应以成员为主要服务对象，主要提供服务的着重点是生产资料供应、农产品的销售、资金支持以及技术、信息等服务。棉花期货合作社应按照棉农的需求程度，来提供服务，在与农户的合作中注重考察农户的需求变化。

### 11.4.2.3　新疆棉花期货合作社的利益分配机制

根据国际合作社联盟对惠顾返还原则的解释，社员对合作社自愿公平出资，并且具有对资金使用的决策权，合作社可以建立公积金用以支持合作社未来的发展，社员有权享受合作社扣除运营成本后的盈余利润，合作社应根据社员的交易量（额），按比例返还，以鼓励农户更积极地参与合作社，促进合作社发展壮大。因此新疆棉花期货合作社的利益分配机制可以考虑实行惠顾返还，即二次返利机制。

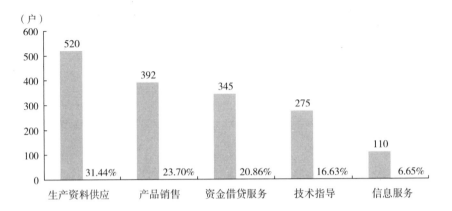

**图 11 - 3　棉农最希望从合作社获取的服务分布**

数据来源：根据调研数据整理所得。

利益分配机制实行惠顾返还原则，有利于促进农户更多地参与合作社。另外，因为返还的利润并非按照对合作社的出资额，而是按照惠顾额，因此对一些没有经济实力对合作社进行大额资金支持但却希望通过合作社完成销售的弱势农户有更明显的帮助作用，保障其应得利益。最后，惠顾返还的前提条件是在合作社年终实现盈余，因此，此项机制能够促使合作社成员更关心合作社是否能够更好地实现加工、包装、销售等一系列经营活动，而不是仅仅为了从与合作社的交易中获得价格优势，同时达到了利益共享、风险共担的目的，保障合作社的稳定健康发展。

##### 11.4.2.4　新疆棉花期货合作社的决策机制

新疆棉花期货合作社的社员应该享受平等的权利，可以考虑采用"一人一票"或根据投资交易量（额）按比例投票的决策机制。社员一般可以通过直接在社员大会上对关于需要决策的事项直接进行表决，以此实现表决权，公开透明。另一种方式是通过选举，选出理事会，由理事会对日常事项进行决策。合作社应该明确为农户服务的目的，在做出任何决策时，都应以农户为主，而不是为投资者获得利润。整体来看，新疆棉花期货合作社应该根据设立运营的不同，建立不同的决策机制，不仅为了体现民主，以农户为主，还应该保证合作社稳健运营和促进合作社的发展。

### 11.4.3　新疆棉花期货合作社的经营操作流程

在经营操作流程上，该模式试图从基差交易入手，将期现货价格波动转换成较小的基差波动，提出"期货点价＋基差"的创新模式，以期能够达到完全套期保值的效果，提出优于传统套期保值的创新模式。

该模式以棉花期货合作社积极参与期货市场，利用期货市场价格信息作为经营决策参考，与农户签订棉花销售合约，同时进行套期保值，转移价格波动风险；另外，期货合作社代表农户与有意愿的涉棉企业签订基差交易，即约定在相关月份的期货价格的基础上加上双方协定的基差进行现货交易。在此模式中，合作社作为连接企业和农户的桥梁，促成双方基差交易，并且可以向农户提供期货市场价格信息，指导其经营决策，完全实现套期保值；同时，在目标价格政策出台后，棉花价格呈下降趋势的大背景下，涉棉企业既能够在种植期锁定货源，保证生产经营的稳定进行，又能够享受价格下降的好处。其中三方具体操作如下：

第一，棉花种植期（2～9月）。棉花播种前，合作社向所有社员发放问卷调查表，调查棉农的意向种植面积和估计相关产量，向农户讲解"期货点价＋基差"的优势，同时了解农户与期货合作社签订合同的意愿和意向规模。期货合作社根据期货价格的走势，向棉农提供价格信息，指导其改善种植结构和规模；种植过程中，期货合作社提供专业的技术指导和培训；建立高产优质棉花示范基地，建立短信平台，发送在不同生长时期棉花的特性、田间管理技术要点、病虫害防御等信息，以及期现货市场价格走势和期货的基础知识普及，促进棉农标准化规模化生产。通过合作社和农户签订合同，收取棉农2%的保证金。根据期货市场套期保值计划，期货合作社在期货市场卖出相应月份套期保值，此时的现货价格－期货价格，即基差记为B1；并且分批建仓，从而保证现货合同和期货建仓的同期性和有效性。期货合作社与涉棉企业进行协商，确定目标月份期货合约，以此期货合约的价格为基础，协定基差为B2（基差B2应大于基差B1），从而确定现货交货价格为期货价格加协定基差B2，并且约定企业向期货合作社缴纳3%的保证金。这种买方叫价基差交易给涉棉企业更大自主权，促进双方交易。

第二，棉花收获期（9～12月）。棉花成熟后，期货合作社指导棉农在交货日期前按约定数量、等级交到合作社，按约定价格成交，期货合作社返还其缴纳的保证金。购买方企业对期货价格点价，由涉棉企业对合约到期前的一个月内任一交易日的期货价格进行点价，选择企业认为对自己有利的期货价格，在当天的期货价格基础上加协定基差B2确定现货价格，与期货合作社进行现货交易。期货合作社在与涉棉企业进行现货交易的当天，对相同数量的期货合约进行平仓，若棉价下降，则期货市场的盈利可以弥补现货市场的亏损，并有盈余；若棉价上升，则现货市场的盈余也大于期货市场的亏损，从而实现完全的套期保值。

第三，合作社盈余返还（年底）。期货合作社根据"期货点价＋基差"模式的盈利情况，对棉农实行利润分配，完全依照《农民专业合作社法》实施。

### 11.4.4　棉花期货合作社对新疆棉花产业的作用

#### 11.4.4.1　降低农户承担的波动风险和销售成本

基差交易能够降低价格波动风险，保障套期保值的效果。基差交易可以将期现货价格波动风险转化为基差波动风险。一般来说，由于期现货价格走势具有收敛性，因此，基差波动通常小于期现货价格波动。套期保值不仅能够完全实现，还会有盈余。通过期货合作社的基差交易能够降低涉棉企业和棉农双方的价格谈判成本，保障棉花销售、企业采购的连续性。

#### 11.4.4.2　提供价格信息指导经营，保障棉农稳产增收

我国棉花期货市场与现货市场联动性已被国内学者证实，并且现货市场的信息来源于期货市场，所以作为现货市场的主体，棉农更应充分利用期货市场的价格信息。通过期货合作社，棉农可根据价格信息调整种植结构、面积和品种等生产经营决策，预测棉价走势，提高议价能力，保证在销售棉花的交易中与涉棉企业平等的地位。

在棉花市场中，每年年初价格较高，新棉上市时供给量增加导致价格有所下降，棉农卖棉往往随行就市，无法以有利的价格出售；另外，在目标价格政策下，棉价持续下跌，等到棉花收获时售卖，比较不利。但通过参与期货合作社，实施"期货点价＋基差"合作模式，能够提前锁定棉花的售价，稳定棉农收入，节约了棉农的销售成本，棉农只需按约定数量和等级交货，履行义务，年末便可享受利润分配。

#### 11.4.4.3　有助于企业稳定生产经营，以较低的成本预定货源

在"期货点价＋基差"合作模式中，采取买方叫价交易方式，企业能够按照自身对市场的研究判断和自由选择特定日期的期货价格作为计价基础的权利，赋予涉棉企业更大灵活性，促成涉棉企业与期货合作社的基差交易。除此之外，企业直接与期货合作社交易，节约了涉棉企业与市场上大量农户交易的成本。由于棉农在此模式中获益，因此履约率较订单模式有所提高，从而给企业的经营带来更大的保障。另外，企业通过缴纳10%的保证金，即可预订货源，有利于企

业安排生产经营，提高企业的盈利能力。

11.4.4.4　促进期货农业发展，利用期货市场提高效率和收益

在期货农业的时代背景下，此合作模式进一步提高了棉农利用期货市场的能力，不仅使期货市场的主体构成更加全面，还有利于棉农规范化标准化生产，提高棉花质量；我国农业生产规模小，小生产与大市场特征明显，借助此种创新模式，有效发挥期货市场功能，解决企业与农户地位不平等问题，对市场经济有重要作用。

# 11.5　本章小结

第一，从新疆农民专业合作社现状分析，介绍现有专业合作社数量、成员、创办主体等情况，发现新疆棉花专业合作社的发展仍然存在一些问题，并通过分析国内外期货合作社发展状况，对这些问题进行解析。

第二，利用新疆棉区农业社会化服务状况的调研数据，从统计描述角度分析了农户对市场风险的感知和规避方式、卖棉的方式，以及不同年龄、种植规模、受教育程度、对市场风险感知、对期货认知不同的农户参与期货合作社的意愿。

第三，在分析影响棉农参与期货合作社意愿的影响因素中，棉农家庭种棉收入占比越高、棉农与其他棉农交流越频繁、对风险的认知程度越高、参加过价格培训、对行情预测信息的获得与需要程度越高、认为价格波动对生产销售的影响程度越大、销售困难程度越大和对政府补贴的满意度越高，棉农参与期货合作社意愿越强烈；棉农对金融服务的满意程度越高、购买农业保险会降低棉农参与合作社的意愿。

第四，基于分析影响棉花生产经营的风险中，选择"棉花价格波动太剧烈"作为首要风险因素的棉农最多，对于规避风险的方式，有一半的棉农选择"种植一些其他的农作物"，可以看出新疆棉农缺乏主动规避市场风险的意识和能力；在指导棉农的生产种植时，相比于田间栽培管理、病虫害防治和机械采收等技术服务，政府提供应对价格变动等规避市场风险的服务和培训较少；对于是否购买棉花保险，64.14%的棉农选择运用棉花保险来规避种植中的市场风险和自然风

险；对期货的认知虽然仅有 14.84% 的棉农表示"了解一点知识"，相比于国内学者的调研数据，农户对期货的认知有所提高；大部分棉农选择"随行就市，按周围棉农卖价而定"，在市场交易中议价能力较低。

第五，对于不同情况下农户参与期货合作社的意愿，年龄在 30 岁及以下的棉农参与意愿最强烈，为五个年龄分段中占比最高的分段，而 61 岁及以上的棉农参与意愿最弱。种植规模较小的农户的参与意愿低于种植规模大的农户的参与意愿；种植规模为 101 亩及以上的棉农参与意愿最强。农户参与期货合作社的意愿随受教育程度提高而增加。认为种植棉花风险越高，参与期货合作社寻求规避风险的意愿越强烈。了解基本知识的棉农参与合作社的意愿为 81.43%，高于不了解期货的农户。

第六，从调研数据描述性分析无法判断影响因素是否显著作用于农户参与期货合作社的意愿，因此还需要从实证角度论证影响农户参与期货合作社的意愿。

第七，从成立机制、功能分析、盈利分配机制和决策机制几个方面阐述新疆棉花期货合作社的创建；在经营操作流程上，创新性地提出"期货点价 + 基差"模式，该模式试图从基差交易入手，将期现货价格波动转换成较小的基差波动，以期在期货合作社的实践操作中能够达到完全套期保值的效果，提出优于传统套期保值。

# 第12章 新疆棉区农业社会化服务供给改进路径与扶持政策

本章依据实地调查数据，分析农户对技术服务、信息服务、资金服务、保险服务、农资购买服务、销售服务和包装（加工）服务等服务内容、来源渠道（服务主体选择）的意愿，基于农户对服务主体的服务功能、服务内容、服务形式的期望，揭示农户对不同形式服务主体的愿望，探讨服务主体的服务定位、服务内容、服务方式改进内容及方向，提出供需对接的内容、方式与服务创新模式。在此基础上，研究保障供需对接服务创新模式，提升新疆棉区农业社会化服务水平的扶持政策。

## 12.1 新疆棉农对农业社会化服务需求强度与意愿分析

### 12.1.1 棉农对棉花生产服务主体满意程度普遍较高

从表 12 - 1 可以看出，棉农对农业生产服务提供主体满意度从高到低依次排序为：邻里亲戚、村集体、农技推广部门、农资销售企业、合作社、棉花加工企业。棉农对农资销售企业、合作社、棉花加工企业提供服务的满意率较低，根据实际调研情况来看，造成这一现象的原因，一般缘于农资销售企业、合作社、棉花加工企业的运作模式以及合作方式，未能真正满足农户的基本需求。

表12-1　棉农对棉花生产服务主体满意程度分布及百分比　　单位：n,%

| 服务主体 | | 很满意 | 满意 | 基本满意 | 不太满意 | 不满意 |
|---|---|---|---|---|---|---|
| 农技推广部门 | 频数 | 447 | 877 | 468 | 201 | 77 |
| | 百分比 | 21.6 | 42.4 | 22.6 | 9.7 | 3.7 |
| 村集体 | 频数 | 261 | 1173 | 476 | 92 | 68 |
| | 百分比 | 12.6 | 56.7 | 23 | 4.4 | 3.3 |
| 合作社 | 频数 | 260 | 860 | 505 | 140 | 305 |
| | 百分比 | 12.6 | 41.5 | 24.4 | 6.8 | 14.7 |
| 农资销售企业 | 频数 | 167 | 852 | 681 | 263 | 107 |
| | 百分比 | 8.1 | 41.2 | 32.9 | 12.7 | 5.1 |
| 棉花加工企业 | 频数 | 226 | 856 | 481 | 294 | 213 |
| | 百分比 | 10.9 | 41.4 | 23.2 | 14.2 | 10.3 |
| 邻里亲戚 | 频数 | 407 | 1205 | 354 | 70 | 34 |
| | 百分比 | 19.7 | 58.2 | 17.1 | 3.4 | 1.6 |

注：满意率=（很满意人数+满意人数+基本满意人数）/总人数×100%。

## 12.1.2　农户对农业技术服务需求强烈，农业技术服务的理想主体是农技推广部门

新疆棉农最需要的技术优先顺序如下：①新品种技术；②播种技术；③田间栽培管理；④病虫害防治技术；⑤科学施肥；⑥节水灌溉技术；⑦农药安全使用技术；⑧机械采收技术；⑨残膜回收技术；⑩地膜覆盖技术；⑪秸秆粉碎技术，根据表12-2中数据分析得出：棉农最需要的技术按照需求强烈程度排序，第一位是新品种技术，第二位是播种技术，第三位是病虫害防治技术，第四位是病虫害防治技术，第五位是新品种技术。可以看出，农户最需要的技术是产前的新品种技术（见表12-2）。

表12-2　新疆棉区最需要的技术优先顺序排列　　单位：%

| 项目 | 第一位 | 第二位 | 第三位 | 第四位 | 第五位 |
|---|---|---|---|---|---|
| 新品种技术 | 45.90 | 12.60 | 12.70 | 15.30 | 23.70 |
| 地膜覆盖技术 | 0.20 | 0.20 | 0.40 | 1.50 | 2.60 |
| 秸秆粉碎技术 | 0.10 | 0.20 | 0.20 | 0.40 | 0.80 |
| 播种技术 | 17.70 | 29.90 | 7.20 | 5.00 | 4.40 |

续表

| 项目 | 第一位 | 第二位 | 第三位 | 第四位 | 第五位 |
|---|---|---|---|---|---|
| 田间栽培管理 | 9.40 | 14.60 | 16.00 | 6.50 | 5.40 |
| 病虫害防治技术 | 10.70 | 18.20 | 23.90 | 17.80 | 6.90 |
| 科学施肥 | 3.60 | 8.60 | 12.00 | 17.20 | 16.10 |
| 节水灌溉技术 | 3.60 | 5.50 | 11.80 | 10.70 | 12.80 |
| 农药安全使用技术 | 2.90 | 5.60 | 10.00 | 13.00 | 9.30 |
| 机械采收技术 | 4.90 | 3.40 | 3.80 | 9.80 | 10.70 |
| 残膜回收技术 | 1.00 | 1.20 | 1.90 | 2.90 | 7.30 |
| 合计 | 100.00 | 100.00 | 100.00 | 100.00 | 100.00 |

数据来源：由实际调研的新疆棉区 1726 户农户的数据整理所得。

根据问卷统计数据显示（见表 12-3），棉农认为最有效率的技术服务模式首先是"农业技术推广站＋农户"模式；其次是"农业技术推广站＋农业专业合作社＋农户"模式；最后是"农业技术服务企业＋农户"模式，农业技术推广站是棉农最信任的技术服务主体。

表 12-3　棉农认为最理想的技术服务模式分布及比例　　单位：户，%

| 技术服务模式 | 频数 | 百分比 |
|---|---|---|
| ① | 466 | 22.5 |
| ④ | 454 | 21.9 |
| ② | 389 | 18.8 |
| ⑦ | 119 | 5.7 |
| ③ | 93 | 4.5 |
| ⑥ | 80 | 3.9 |
| ②、⑤ | 73 | 3.5 |
| ①、②、⑦ | 50 | 2.4 |
| ②、⑦ | 37 | 1.8 |
| ②、⑥、⑦ | 35 | 1.7 |
| ⑧ | 30 | 1.4 |
| 其他选项组合 | 244 | 18.6 |

注：①农业技术推广站＋农户；②农业技术服务企业＋农户；③农业专业合作社＋农户；④农业技术推广站＋农业专业合作社＋农户；⑤高校科研院所＋农户；⑥高校科研院所＋农业技术服务企业＋农户；⑦政府＋部门（七站八所）＋农户；⑧其他。

分技术类型看，不管是产前、产中、产后的所有技术，获得技术指导的理想主体主要是农技推广部门与基层技术服务站和村干部或村组集体。可见农技推广部门与基层技术服务站和村干部或村组集体这两个技术指导主体在实践中最受棉农朋友的青睐，主要是因为他们与棉农朋友靠得最近，最接地气。他们对棉农朋友进行技术指导最方便。所以在充分发挥农技推广部门与基层技术服务站和村干部或村组集体这两个技术指导主体的作用的同时，也要调动其他指导主体，特别是要发挥大学和科研单位的技术指导作用（见表12-4）。

表12-4　新疆棉区农户获得技术指导的理想主体　　　　　　单位:%

| 生产环节 | 技术指导类型 | 获得技术指导的理想主体 | | | | | |
|---|---|---|---|---|---|---|---|
| | | ① | ② | ③ | ④ | ⑤ | ⑥ |
| 产前 | 新品种技术 | 43.61 | 16.46 | 10.92 | 7.65 | 15.35 | 6.01 |
| | 播种技术 | 42.00 | 18.21 | 9.54 | 7.04 | 15.07 | 8.14 |
| 产中 | 地膜覆盖技术 | 40.35 | 16.10 | 10.29 | 6.69 | 18.08 | 8.49 |
| | 田间栽培管理 | 40.30 | 16.19 | 8.62 | 8.74 | 16.95 | 9.20 |
| | 病虫害防治 | 41.59 | 14.08 | 9.77 | 9.54 | 16.99 | 8.03 |
| | 科学施肥 | 37.79 | 17.33 | 10.47 | 9.13 | 17.15 | 8.14 |
| | 节水灌溉技术 | 38.20 | 16.69 | 10.64 | 7.79 | 18.55 | 8.14 |
| | 农药安全使用技术 | 40.01 | 14.69 | 10.69 | 7.55 | 17.77 | 9.29 |
| 产后 | 机械采收技术 | 41.66 | 16.15 | 9.24 | 7.55 | 18.25 | 7.15 |
| | 秸秆粉碎技术 | 40.61 | 17.63 | 8.78 | 7.68 | 17.80 | 7.50 |
| | 地膜回收技术 | 42.31 | 15.03 | 8.68 | 8.86 | 15.91 | 9.21 |

注：①农技推广部门与基层技术服务站；②农民专业技术协会或合作社；③农资企业或加工厂；④大学和科研单位；⑤村干部或村组集体；⑥亲朋好友与其他农户。

数据来源：由实际调研的新疆棉区1726户农户的数据整理所得。

从表12-5中可以看出，产前产中产后的技术所需要的理想渠道主要是技术示范、观摩，其次是大众传媒（电视、广播等），科教录像光盘与讲座培训位居第三。技术示范、观摩是最主要的理想渠道主要是因为棉农一般文化程度不是很高，对棉花的技术理解和掌握需要一定的时间，不如通过技术人员的亲自示范那样方便和容易掌握。这也是棉农普遍喜欢的。其次的渠道是大众传媒如电视和广播，这主要是因为棉农家家都有电视，学起技术来比较方便。

表 12 - 5　新疆棉区获取技术指导的理想渠道　　　　单位:%

| 生产环节 | 获取技术指导的理想渠道 | | | | | |
| --- | --- | --- | --- | --- | --- | --- |
| | 技术指导类型 | ① | ② | ③ | ④ | ⑤ | ⑥ |
| 产后 | 新品种技术 | 23.89 | 38.46 | 9.09 | 8.51 | 6.41 | 13.64 |
| | 播种技术 | 21.67 | 42.57 | 8.15 | 8.44 | 6.64 | 12.52 |
| 产中 | 地膜覆盖技术 | 19.49 | 41.02 | 10.09 | 7.35 | 6.65 | 15.4 |
| | 田间栽培管理 | 17.59 | 41.18 | 9.61 | 7.75 | 8.62 | 15.26 |
| | 病虫害防治 | 18.79 | 40.26 | 10.97 | 7.64 | 5.66 | 16.69 |
| | 科学施肥 | 18.12 | 40.79 | 9.44 | 6.76 | 7.23 | 17.66 |
| | 节水灌溉技术 | 20.55 | 44.06 | 8.73 | 6.00 | 6.58 | 14.09 |
| | 农药安全使用技术 | 19.61 | 42.73 | 10.68 | 7.36 | 6.19 | 13.43 |
| 产后 | 机械采收技术 | 21.99 | 37.77 | 9.97 | 7.74 | 6.92 | 15.60 |
| | 秸秆粉碎技术 | 21.86 | 38.40 | 10.58 | 8.24 | 7.54 | 13.38 |
| | 地膜回收技术 | 25.12 | 36.24 | 10.01 | 7.26 | 7.38 | 13.99 |

注: ①大众传媒（电视、广播等）；②技术示范、观摩；③邻居亲戚朋友；④互联网（网络浏览）或手机消息；⑤书刊、科技小报和宣传册；⑥科教录像光盘与讲座培训。

数据来源: 由实际调研的新疆棉区 1726 户农户的数据整理所得。

## 12.1.3　农户对信息服务需求强烈, 理想的信息服务主体、模式

依据农户最希望获得的信息服务, 并按需要的强烈程度进行排序, 排在前五位的是: 第一位是农业科学、技术信息, 第二位是农产品价格信息, 第三位是农产品供求信息, 第四位是农药、化肥等农资信息, 第五位是气象信息。从中可以看出棉农最需要的信息是农业科学、技术信息（见表 12 - 6）。

表 12 - 6　新疆棉区农户最希望获得的信息服务排序（前五位）　　单位:%

| 项目 | 第一位 | 第二位 | 第三位 | 第四位 | 第五位 |
| --- | --- | --- | --- | --- | --- |
| 农业科学、技术信息 | 44.34 | 9.67 | 8.18 | 8.16 | 10.03 |
| 农产品价格信息 | 32.84 | 34.22 | 7.42 | 11.65 | 6.53 |
| 农产品供求信息 | 8.82 | 16.68 | 24.62 | 8.16 | 7.60 |
| 农药、化肥等农资信息 | 4.23 | 18.54 | 24.3 | 23.51 | 6.53 |
| 农产品行情预测信息 | 2.38 | 4.28 | 8.12 | 8.84 | 13.68 |

续表

| 项目 | 第一位 | 第二位 | 第三位 | 第四位 | 第五位 |
|---|---|---|---|---|---|
| 农业政策、相关法律法规信息 | 2.15 | 3.97 | 12.15 | 15.15 | 13.83 |
| 劳务用工信息 | 0.54 | 1.92 | 3.96 | 6.79 | 11.32 |
| 气象信息 | 1.73 | 3.91 | 3.77 | 6.44 | 14.51 |
| 合计 | 100 | 100 | 100 | 100 | 100 |

数据来源：由实际调研的新疆棉区 1726 户农户的数据整理所得。

从表 12-7 中可以得出：获得各类信息的理想主体主要是农技推广部门与基层技术服务站和村干部或村组集体。因为这两类服务主体与棉农的距离最近，这两类主体获得信息也最方便。其中最理想主体是农技推广部门与基层技术服务站，因为农技推广部门与基层技术服务站其本身也是第一时间掌握各类信息的载体，也最容易传达给棉农。

表 12-7　新疆棉区农户期望获得各类农业信息服务的理想供给主体　单位：%

| 信息指导类型 | 获得各类信息的理想主体 | | | | | |
|---|---|---|---|---|---|---|
| | ① | ② | ③ | ④ | ⑤ | ⑥ |
| 农业科学、技术信息 | 51.14 | 9.43 | 8.14 | 7.91 | 15.82 | 7.56 |
| 农产品价格信息 | 41.81 | 14.27 | 10.33 | 7.34 | 16.50 | 9.69 |
| 农产品供求信息 | 41.47 | 13.96 | 10.63 | 7.07 | 17.87 | 9.00 |
| 农药、化肥等农资信息 | 40.14 | 13.85 | 10.12 | 7.21 | 18.73 | 9.95 |
| 行情预测信息 | 44.02 | 10.57 | 12.03 | 7.88 | 16.05 | 9.46 |
| 农业政策、相关法律法规信息 | 44.42 | 12.39 | 10.52 | 7.25 | 17.48 | 7.95 |
| 劳务用工信息 | 42.54 | 12.68 | 11.5 | 8.02 | 16.58 | 8.67 |
| 气象信息 | 47.08 | 11.55 | 8.34 | 7.06 | 16.57 | 9.39 |

注：①农技推广部门与基层技术服务站；②农民专业技术协会或合作社；③农资企业或加工厂；④大学和科研单位；⑤村干部或村组集体；⑥亲朋好友与其他农户。

数据来源：由实际调研的新疆棉区 1726 户农户的数据整理所得。

### 12.1.4　农户希望获得的金融服务的理想主体是农村信用社，最理想的棉花种植金融服务模式是农户与农业加工、销售企业两者相结合的模式

从表12-8中可以看出：获得各类金融服务的理想主体主要集中在农村信用社、银行这两类，最主要的理想主体是农村信用社，其中期望从农村信用社获取各项金融服务的棉农占比达到了40%以上，其次期望从银行获取各项金融服务的农户比重达到14.9%以上。出现这样的状况主要原因是农村信用社覆盖范围广，棉农朋友认可度高，在农村信用社容易获得资金。

表12-8　新疆棉区获得该项服务的理想主体　　　　　单位：%

| 金融服务类型 | 获得该项服务的理想主体 | | | | | |
|---|---|---|---|---|---|---|
| | ① | ② | ③ | ④ | ⑤ | ⑥ |
| 组织贷款 | 10.99 | 8.54 | 48.42 | 16.37 | 10.41 | 5.26 |
| 专业组织提供资金 | 13.43 | 7.30 | 44.83 | 17.81 | 7.76 | 8.87 |
| 贷款的担保 | 12.43 | 12.43 | 37.89 | 16.35 | 11.68 | 9.22 |
| 组织帮助购买农业保险 | 13.48 | 6.68 | 40.15 | 16.53 | 12.84 | 10.32 |
| 提供信用评级证明 | 13.66 | 9.11 | 42.21 | 16.46 | 12.26 | 6.30 |
| 介绍贷款渠道 | 13.78 | 8.11 | 42.79 | 14.94 | 13.08 | 7.30 |
| 组织农户集体贷款 | 14.25 | 6.46 | 41.36 | 15.59 | 13.32 | 9.02 |

注：①农产品销售、加工及农资企业；②亲朋邻居；③农村信用社；④银行；⑤村集体；⑥合作社。

数据来源：由实际调研的新疆棉区1726户农户的数据整理所得。

棉农理想的棉花种植金融服务模式奠定了金融服务模式创新的基础。棉区金融服务机构的类型多样，农户所能接受的金融服务模式是政府广泛推广的。棉农理想的棉花种植金融服务模式有："农户+农业合作社+网络平台""农户+农业加工销售企业""农户+金融机构+乡镇企业""农户+专业合作社+金融机构""农户+专业合作社+加工销售企业""农户+政府""农户+政府+金融机构""村集体+农户+合作组织"等，农户最理想的棉花种植金融服务模式是"农户+农业加工销售企业"，表明棉花的加工过程和棉花的销售过程给棉农带来了巨大的影响，棉农最理想的棉花种植金融服务模式是"农户+农业加工销售企业"。

从表12-9中可以看出：棉农最理想的棉花种植的金融服务模式是棉农与农业加工、销售企业两者相结合的模式。其次是棉农、农业专业合作社、农业加工、销售企业三者结合的模式和棉农、政府、金融机构三者相结合的模式。棉农与农业加工、销售企业两者相结合的模式已成为棉农最理想的棉花种植的金融服务模式，主要是因为这一模式集合棉花的生产、初加工、销售于一体，可以让棉农后顾无忧，可以保证生产出来的棉花能销售出去，而且在进行初加工后可以有附加值，可以提升棉农种棉的积极性。

表12-9　新疆棉区理想的金融服务模式　　　　　　单位：n，%

| 项目 | ① | ② | ③ | ④ | ⑤ | ⑥ | ⑦ | ⑧ | ⑨ |
| --- | --- | --- | --- | --- | --- | --- | --- | --- | --- |
| 频数 | 383 | 602 | 304 | 420 | 552 | 140 | 530 | 223 | 34 |
| 百分比 | 22.19 | 34.88 | 17.61 | 24.33 | 31.98 | 8.11 | 30.71 | 12.92 | 1.97 |

注：①农户+农业专业合作社；②农户+农业加工、销售企业；③农户+金融机构；④农户+农业专业合作社+金融机构；⑤农户+农业专业合作社+农业加工、销售企业；⑥农户+政府；⑦农户+政府+金融机构；⑧村集体+农户；⑨其他。

数据来源：由实际调研的新疆棉区1726户农户的数据整理所得。

### 12.1.5　农户需要多种类型的保险产品

棉农对农业保险的需求强烈，对农业保险持"需要"态度的占绝大多数，表明农户对于保险服务的需求较大，保险服务在棉农的植棉生产中起着较大的作用。从新疆棉区棉农对保险服务的满意度及需求程度可以看出，棉农对保险持"基本满意"态度的农户占比较大，其中32.8%的棉农持"基本满意"态度，持"不太满意"和"不满意"态度的棉农占比在10%左右。总体上，新疆棉区农户对农业保险较为满意，但农业保险服务仍需不断完善，需不断提高（见表12-10）。

表12-10　新疆棉区对保险服务满意及需求程度分析　　单位：n，%

| 项目 | | 很满意 | 满意 | 基本满意 | 不太满意 | 不满意 |
| --- | --- | --- | --- | --- | --- | --- |
| 保险服务 | 频数 | 183 | 524 | 565 | 272 | 180 |
| 满意程度 | 百分比 | 10.6 | 30.4 | 32.8 | 15.8 | 10.4 |
| 项目 | | 不需要 | 无所谓 | 需要 | 很需要 | 强烈需要 |
| 对保险服务 | 频数 | 218 | 284 | 948 | 177 | 90 |
| 需求程度 | 百分比 | 12.7 | 16.5 | 55.2 | 10.3 | 5.2 |

数据来源：由实际调研的新疆棉区1726户农户的数据整理所得。

从需要保险而现在尚未购买的原因看，主要有七类棉农需要购买保险而现在没有买的原因（买保险程序及保险条款太复杂；理赔太麻烦；不信任保险公司；保费太高；家庭经济状况不佳；周围的人都没买；曾经买过，印象不好）。排在前五位的是：第一位是买保险程序及保险条款太复杂；第二位是理赔太麻烦；第三位是保费太高；第四位是家庭经济状况不佳；第五位是曾经买过，印象不好。尚未购买的原因主要是买保险程序及保险条款太复杂，主要是因为棉农一般文化程度不高，对保险的具体内容理解得不到位，所以一方面他知道棉花保险好，而另一方面又因保险程序和条款太过于复杂，所以持尚未购买、观望的态度。对是否应购买棉花种植保险，64.1%的人认为应该购买，从这比例再一次说明，棉农对棉花保险认可度高，接受意愿也强。但保险服务模式有待改善（见表12-11）。

表12-11 新疆棉区需要购买保险，而现在尚未购买的原因 单位：%

| 排序次位 | ① | ② | ③ | ④ | ⑤ | ⑥ | ⑦ | ⑧ |
|---|---|---|---|---|---|---|---|---|
| 第一位 | 27.18 | 23.69 | 16.21 | 5.64 | 12.62 | 5.74 | 6.05 | 2.87 |
| 第二位 | 9.28 | 23.29 | 19.87 | 5.70 | 11.56 | 16.94 | 10.75 | 2.61 |
| 第三位 | 15.30 | 0.53 | 15.57 | 15.83 | 12.66 | 13.19 | 11.87 | 7.92 |
| 第四位 | 13.88 | 17.22 | 13.88 | 13.88 | 7.22 | 9.57 | 10.05 | 4.31 |
| 第五位 | 26.67 | 18.52 | 7.41 | 5.19 | 16.30 | 16.30 | 8.89 | 0.74 |

注：①买保险程序及保险条款太复杂；②理赔太麻烦；③不信任保险公司；④保费太高；⑤家庭经济状况不佳；⑥周围的人都没买；⑦曾经买过，印象不好；⑧其他。

数据来源：由实际调研的新疆棉区1726户农户的数据整理所得。

在政府最应设置产量保险还是价格保险的问题上，调查显示：57%的人接受价格保险，而43%的人接受产量保险（见表12-12）。主要有8种了解棉花保险的渠道（广播、电视、报纸、网络、保险营销员、亲戚朋友、村干部、其他），棉农了解棉花保险的渠道主要来自村干部。这主要是由于村干部为棉农服务，经常与棉农接触，在平时就可以与其进行交流。所以要想让棉农更好地了解棉花保险，应继续扩大棉花保险其他渠道的宣传。

表 12-12　新疆棉区是否应购买棉花种植保险及设置哪类保险　单位：n，%

| 项目 | | 否 | 是 |
|---|---|---|---|
| 是否购买棉花<br>种植保险 | 频数 | 619 | 1106 |
| | 百分比 | 35.9 | 64.1 |
| 项目 | | 产量保险 | 价格保险 |
| 政府最应设置<br>哪类保险 | 频数 | 617 | 817 |
| | 百分比 | 43 | 57 |

数据来源：由实际调研的新疆棉区 1726 户农户的数据整理所得。

棉农对棉花保险最看重什么？棉农最看重的是出事（出险）后能赔偿多少，比例达到 56.08%，其次看重的是保险公司承诺是否属实，比例为 19.64%。这也是为什么选择保险的原因，选择保险就是为了让自己的风险降到最低，获得风险损失的补偿（见表 12-13）。

表 12-13　新疆棉区对棉花保险最看重什么　　　　单位：n，%

| 项目 | ① | ② | ③ | ④ | ⑤ | ⑥ |
|---|---|---|---|---|---|---|
| 频数 | 968 | 339 | 197 | 185 | 99 | 38 |
| 百分比 | 56.08 | 19.64 | 11.41 | 10.72 | 5.74 | 2.2 |

注：①出事（出险）后能赔偿多少；②保险公司承诺是否属实；③保费额；④有没有合适的险种；⑤保险合同条款；⑥其他。

数据来源：由实际调研的新疆棉区 1726 户农户的数据整理所得。

## 12.1.6　农户希望获得稳定的销售渠道

根据实地调研，发现农户偏向于选择合同销售，占比 28%，原因在于通过签订订单进行销售，对农户来说是一种保障，方便了农业生产，还解决了农户销售难的问题。社会关系销售，占 24.7%，农户为了节约销售时间通过社会关系进行销售。企业收购，占 24%，棉纺织企业在棉花收购季节对棉花需求旺盛，由于市场竞争激烈，农户可以从企业获得较高的价格。商贩（中介）上门收购，占 16.2%，对于农户来说，可以节约运输成本，方便农户销售。合作组织收购，仅占 7.1%，毕竟合作组织数量有限，对于一些种植规模小的农户，偏向于选择其他销售方式（见表 12-14）。

表 12 - 14　农户希望获得销售渠道情况　　　　单位：户，%

| 销售渠道类型 | 频数 | 有效百分比 |
| --- | --- | --- |
| 商贩（中介）上门收购 | 280 | 16.2 |
| 企业收购 | 415 | 24 |
| 合作组织收购 | 122 | 7.1 |
| 社会关系销售 | 426 | 24.7 |
| 合同销售 | 483 | 28 |

数据来源：由实际调研的新疆棉区 1726 户农户的数据整理所得。

## 12.2　农业社会化服务供给改进路径

### 12.2.1　构建新型基层农业技术推广服务体系

构建新型基层农业技术推广服务体系，要坚持发挥政府在农业技术推广体系的主导作用，并积极引导、扶持农业院校、科研单位、各类涉农企业和农民专业合作组织等共同参与农业技术推广。从以"技术为中心"的自上而下的行政干预推广模式转变为"以棉农需求为中心"的市场推动的现代农技推广模式，实现农业技术服务供给与棉农技术需求的有效对接。因地制宜，结合地区特点提供农业科技服务，注重分析新疆不同地区、不同民族对农业技术服务的需求差异和需求强度差异，有针对性地向不同的技术服务需求群体提供不同的科技服务。

大力支持发展农技推广机构，进一步充实乡镇级农技推广部门的人员，加强村级农技推广部门的力量。建立以乡镇村农技推广为核心，农业院校、科研单位、各类涉农企业和农民专业合作组织为辅助的新型基层农业技术推广服务体系。

### 12.2.2　完善专业合作社的服务功能

从农户调查看，棉农对合作社的不满意程度高，主要是因为目前农民合作社提供的服务无法满足农户需求。从合作社提供的服务调查看，绝大多数合作社主要提供播种、收割等服务，播种、收割等生产性服务占了社会化服务的绝大部分，而运输、深加工、销售以及农业金融、信贷、保险、信息等服务仍然比较缺乏。合作社提供的排名第一、第二位的服务"提供生产销售信息服务"和"技术指导"在棉农需求程度排名上为最后两种服务；而棉农需求程度排名第二、第三位的"产品销售"和"资金借贷服务"并非合作社提供的主要服务。棉花专业合作社对于提供提高售价、规避风险和提供资金借贷方面服务还较为欠缺。因此，合作社应完善社会化服务功能，提供发展运输、深加工、线上及线下销售以及农业金融、信贷、保险、信息等服务。

（1）有必要建立以期货市场为依托的棉农期货合作社，在自愿互利的基础上，以集体形式利用期货市场，锁定生产利润，获得稳定的销售渠道，获取更多的行情预测信息和建议，使棉农在市场交易中处于平等地位。

（2）支持鼓励棉花加工、销售企业创立、领办棉花合作社，为棉农提供所需要的播种、收割、采摘运输、深加工、销售以及农业金融、信贷、保险、信息等服务，满足农户的需要。

### 12.2.3 建立农户与棉花加工、销售企业的新型合作关系

农户与农业加工、销售企业两者相结合的模式已成为棉农最理想的棉花种植的金融服务、销售服务模式，主要是因为这一模式集合了棉花的种植、初加工、销售于一体，可以让棉农后顾无忧，可以保证生产出来的棉花能销售出去，可以提升棉农种棉的积极性。建立农户与棉花加工、销售企业的新型合作关系，就是要积极鼓励扎花企业、棉纺企业与棉农建立联合生产模式，签订生产合同，鼓励棉花加工企业和农户签订生产合同，为棉农提供借贷融资、种子购买、播种、机耕、病虫害防治、采摘、销售等方面的服务，提高社会化服务的水平。

### 12.2.4 大力发展各种类型的农业保险品种

虽然棉农对棉花保险认可度高，接受意愿强，新疆棉区有64.1%的棉农认为应该购买。但仍有一部分棉农没有购买，棉农不接受保险服务的主要原因是买保险程序及保险条款太复杂、理赔太麻烦、保费太高及买保险程序及保险条款太复杂。而且目前的农业保险仅为灾害保险，但棉农最需要的产量保险、价格保险则没有，基于农户对农业风险的规避心理，应针对不同风险偏好农户创立特色农业保险品种，丰富农业保险品种，满足棉农对农业保险的需要。同时，应拓展农业信用社与保险机构的业务合作。借助于农业信用社在基层地区的分布优势，在银

行开办农业保险基础业务，同时通过对于参与农业保险的农户提供贷款融资的优先权，并且可享受较高的利率优惠或保费折扣等营销策略提高农户的参保行为。通过"保险机构＋农信社＋农户"等多种创新模式，建立农业风险分散与分担机制，才能有效发挥农业保险职能，促使新疆农业保险的稳健发展。

### 12.2.5　创新借贷资金产品，建设借贷信息平台

新疆各个区域的经济发展水平各不相同，因此会产生不同类型的农户，而且不同农户的借贷行为特征也会有所差异。农户由于投资风险偏好不同，其资金借贷需求呈明显的阶梯特征。为满足农户多样化的资金借贷需求，创新符合需求的个性化金融产品，建立起以农户需求为中心的供给体系来提升金融机构的服务效率。同时，应当借助计算机、互联网等技术创建农村金融信息平台。平台主要帮助金融机构和有借贷需求的农户有效及时地获取对方的信息，为金融机构提高配置资金资源的效率，为棉农提供及时、便捷、高质量的金融服务。

# 第13章 研究结论及政策建议

## 13.1 研究结论

本书基于棉区农户需求与供给视角，研究新疆棉区农业社会化服务体系问题，测算新疆农业社会化服务水平，考察棉区异质性农户对农业社会化服务的需求意愿及差异，研究异质性农户对农业社会化服务供给效果评价，拣选重要的影响因素，基于农户行为理论，探讨农户的借贷行为、销售渠道选择及对期货合作社的需求意愿，探讨引起农户借贷行为发生变化、选择怎样的销售渠道及参与期货合作组织意愿的因素，探索提升棉区农业社会化服务路径，提出棉区农业社会化服务水平提升的政策途径。

### 13.1.1 新疆农业社会化服务体系稳步发展，但也面临发展困境

总体而言，新疆棉区农业社会化服务的发展现状较好，其中农技推广机构、金融保险机构稳步发展，同时合作组织和龙头企业逐渐壮大；农业社会化服务呈现主体多元化、内容多样化发展；服务渠道逐渐拓宽、模式也在不断创新；销售服务供给主体在不断完善相关销售服务，棉区棉花销售渠道不断拓展。

（1）目前新疆形成了以政府为主体，以基层服务站、农业技术推广站、村干部为牵头，同时以农资经营门市、亲朋好友、农业专业技术协会、农业服务性企业和大学及科研单位为补充的，以信息采集、加工和发布为一体的服务队伍。棉区农业社会化服务主体逐渐增加，由最初的单一农技推广部门发展到多类型的服务主体，涉及农业技术推广部门、村集体、合作社、农业物资销售企业、棉花加工企业及邻里亲戚等。服务主体所提供的服务发生改变：由以前年度的仅由金

融机构提供资金、农资机构仅提供农资、信息服务机构提供信息服务的单一服务发展为金融机构、农资购买机构和信息服务机构等不仅能够提供本机构所需的基本服务也能向农户提供各类利于农户开展农业活动的信息。

（2）农业社会化服务内容逐渐多样化。第一，棉区技术服务呈现种类多样化、培训次数增加、新品种技术受到农户的青睐等。首先，技术服务类型增多。近2年，棉农曾经接受过的产前技术涉及新品种技术、播种技术；产中技术指导包括：地膜覆盖、田间管理、防治病虫、施肥科学、灌溉节水和安全使用农药等；产后技术指导包括：机械采收、秸秆粉碎和回收地膜等。其次，棉农技术培训的次数较多。棉农每年参加技术培训的次数增加，棉农培训次数最多的平均可达到10次，棉农可科学有效地开展生产活动。最后，新品种技术是棉农最需要的技术服务。第二，棉区农业信息服务类型增多，服务范围逐渐广泛。首先，该服务的种类丰富，棉区农业信息服务的内容涉及科学技术、供需价格、农资、行情预测、政策法律法规、劳务用工和气象信息等。其次，信息服务的发布形式各异，有政府信息中心、互联网平台、信息中介机构发布等多种形式。最后，棉区农业信息服务的服务范围相对广泛，农业信息服务的服务范围涉及棉区的各个县（市）、村庄等多地，调查县均设有信息服务协会等，可为农户提供充足的信息资源。第三，棉区金融服务的发展为农户提供了便利。首先，农村大部分地区已建立中国农业银行、信用合作社等服务机构，为棉农贷款提供了良好的环境。其次，金融服务机构的办事效率不断提高，农户申请的贷款可及时得到妥善解决，金融机构的办事时间缩短。最后，农户申请贷款相对便利，大部分农村地区实行"5户联保"或者"3户联保"等方式，农户仅需找到与之具有相同意愿申请贷款同时具备还款能力的农户共同与银行签订合同，到期还款即可，这为因缺乏资本而需从事生产的农户提供了便利。第四，棉区保险服务有地域性、季节性、连续性及政策性的特点。首先，棉区涉及南北疆，地域特征明显，南北疆地区气温、降水及土壤情况与南疆相比差异较大，保险服务有差别。其次，由于棉花生长期固定，同时随着季节变化其生产周期不同，棉花生长有较强的连续性特点使得农业保险有季节性和连续性。最后，保险服务具有政策性特点，其受国家政策的引导，当国务院下发《关于保险业改革发展的若干意见》时中国人民财产保险公司新疆分公司积极配合自治区财政厅制定了《新疆农业保险财政补贴实施方案》。为保障农户的合法权益，农户在种植棉花的过程中遭受风险时购买农业保险的农户可得到保险机构的相应补偿。

（3）新疆棉区农户获得农业社会化服务的渠道类型多样，农户从各个服务机构中获取各项服务的渠道相对广泛并逐渐拓宽，社会化服务的服务渠道各不相同。首先，技术服务渠道多样化，农户通过一定途径获得技术服务，农业技术服务主体具有多样性，使得技术服务的传播方式各异，棉农获得技术服务的渠道趋于多元化。其次，保险服务的推广渠道全面化。新时期为保障棉农基本权益，农业保险随之出现，推广渠道种类也逐渐增多。农户了解保险服务不仅是通过保险营销员、保险机构的推广，也可通过电视、广播、杂志、网络新闻、亲朋好友、村干部等多方了解。最后，信息服务渠道较广。棉农获得信息服务的渠道相对广泛，有电话、手机短信、网上发布的信息、信息中介获得、亲朋好友推荐、农业经济人、政府信息中心等多种渠道。

（4）农业社会化服务的模式不断创新。互联网的发展及农业信息的广泛传播促使棉区农业社会化服务的服务模式发生了相应改变，出现了"农户＋网络平台""农户＋合作社＋政府"及"农户＋政府＋加工企业＋销售企业"等多种类型的服务模式，可为农户提供全面具体及时有效的服务，使棉农的生产更具有科学性。其中棉区社会化服务模式创新以"金融服务"最为典型。棉农能否获取充足资金是金融服务模式发展的动力，农户种植棉花需要一定的资金积累，资金是棉农种植棉花过程中不可缺少的资源，棉农种植棉花的资金投入来源广泛，金融服务机构是为棉农提供主要资金支持的金融机构，为棉农种植棉花提供了资金、贷款等金融支持。棉区金融服务机构的类型多样，农户所能接受的金融服务模式是政府广泛推广的模式。棉农理想的棉花种植金融服务模式有："农户＋农业合作社＋网络平台""农户＋农业加工销售企业""农户＋金融机构＋乡镇企业""农户＋专业合作社＋金融机构""农户＋专业合作社＋加工销售企业""农户＋政府""农户＋政府＋金融机构""村集体＋农户＋合作组织"等。

然而新疆棉区农业社会化服务体系在发展的同时也面临相应困境。第一，棉区农业合作社数量少，棉农入社不积极；第二，棉农生产环节技术成本高，且渠道单一；第三，种棉资金来源单一，主要由农村信用社提供；第四，严重缺乏棉花种植信息，棉区信息服务渠道单一；第四，农户在棉花销售过程中也遇到很多困难，例如缺乏销售信息、销路不畅、价格不稳定等问题。

## 13.1.2 新疆农业社会化服务总水平整体呈波动上升趋势，但总体发展速度缓慢

根据熵值法计算新疆农业社会化服务水平可以得到以下结论：

（1）新疆农业社会化服务总水平整体呈波动上升趋势，但总体发展速度缓慢。2000～2013 年，尤其是 2005 年以来，这一增长趋势相对显著。从 2005 年的 0.0323，增长到 2013 年的 0.0373，增长了 1.2 倍，年均增长率为 1.82%。

（2）从综合评价指标中的分类指标来看，公共服务、生产服务、科技信息服务、金融流通服务等农业社会化服务项目的发展水平差异较为显著。公共服务、生产服务和金融流通服务的发展水平整体呈现出波动上升的趋势，科技信息服务的发展水平呈现出连续下降的趋势。分类指标体系中发展水平最高的是公共服务发展水平，金融流通服务的发展水平位列第二，生产服务的发展水平位列第三，科技信息服务的发展水平最低。

（3）从新疆农业社会化服务项目制约度及其变化趋势来看，各分类指标对新疆农业社会化服务发展水平的制约作用呈现波动变化。截止到 2013 年，制约度最大的还是公共服务，其值为 0.3497，生产服务的制约度（0.2858）排在第二位，金融流通服务的制约度（0.2064）排在第三位，科技信息服务的制约度（0.1581）最低。可以看出，公共服务对新疆农业社会化服务的影响作用十分显著，且长期存在并严重影响到新疆农业社会化发展的进程。生产服务的制约度，在各分类指标中的制约度排序基本未发生显著变化。科技信息服务与金融流通服务的制约度排序变化亦不显著，但期间金融流通服务的制约度变化要稍微显著于科技信息服务制约度的波动。

（4）从新疆农业社会化服务项目制约度的变化趋势来看，波动趋势最为复杂的是公共服务制约度的变化，其次是生产服务和金融流通服务制约度的变化，科技信息服务制约度变化相对不显著，2000～2013 年均处于连续上升趋势。截止到 2013 年，制约度最低的是科技信息服务，排在其次的是金融流通服务的制约度，生产服务的制约度排在倒数第二位，公共服务对新疆农业社会化服务发展的制约度最大。且从各分类指标制约度变化来看，公共服务、生产服务、科技信息服务、金融流通服务等分类指标的制约度，从变化趋势看也存在显著性差异。

### 13.1.3 新疆棉区农户对农业社会化服务的需求强烈，呈现需求异质性

通过对新疆农户农业社会化服务需求意愿的分析可得到以下结论：

（1）新疆棉农对农业社会化服务需求意愿方面。第一，技术需求强烈，满意度高；第二，棉农资金需求旺，希望专业组织提供资金保障；第三，棉农保险

服务需求强烈，但了解保险渠道单一；第四，棉农获取信息渠道传统，获取信息的意识强烈。

（2）在影响棉农对社会化服务需求的影响因素方面。影响棉农对技术服务需求的因素中年龄和文化程度显著正向影响，到火车站的距离显著负向影响。影响棉农对金融服务需求的因素中文化程度、投资偏好和棉花种植年限显著正向影响，社会关系和到火车站的距离显著负向影响。影响棉农对信息服务需求的因素中当前是否务农、种植规模、是否加入农业合作社和村里是否有专职技术人员显著正向影响，到火车站的距离显著负向影响。影响棉农对农资服务需求的因素中，种植规模和村里是否有信息员显著正相关，到火车站的距离显著负向影响。影响棉农对销售服务需求的因素中文化程度、种植规模、棉花种植年限和是否加入农业合作社显著正向影响，本人经历和棉花年收入占比有显著负向影响。

## 13.1.4 新疆棉区农业社会化服务效果较好，棉农评价总体较为满意

由分析新疆棉区农业社会化服务效果评价的结果可以得到以下结论：

（1）从分析新疆棉区农户对农业社会化服务的满意程度概况，具体分析不同棉区农户、不同种植规模农户，风险偏好异质性农户，年龄异质性农户，受教育程度异质性农户等对农业社会化服务的评价差异可知，总体上农户对该服务评价较好且呈"倒 V 形"分布。棉农对农业社会化服务的评价除喀什棉区的农户对其评价为"满意"之外，其他棉区农户的评价均以"基本满意"为主；北疆棉区的农户对该服务的评价为"基本满意"的棉农所占比重较大，农户评价为"不满意"和"很满意"相对较少，而地处南疆地区的棉农对农业社会化服务的评价是"基本满意"和"满意"态度的占多数；中等规模农户和大规模农户评价"基本满意"的居多，0.6%的小规模农户评价"不满意"；风险中立型农户占多数，评价为"基本满意"的居多；各年龄段的农户对农业社会化服务的评价持"基本满意"态度和"满意"态度的棉农所占比例较高；初中的农户占被调查农户的一半。

（2）由棉农对农业社会化各项服务具体内容的评价差异得出以下结论：棉农对技术服务具体内容"不满意"的人数所占比例均较小，态度为"很满意"的农户多于态度为"不满意"的农户，然而态度为"基本满意"的农户所占比例处在25%～35%，其变化趋势相对平缓，态度为"不太满意"和态度为"满

意"的棉农，其变化趋势较大；棉农对金融服务各项服务的评价较好，评价不满意的农户较少；不同满意程度下，棉农对各项信息服务的评价波动较小，棉农对各类信息服务持"基本满意"和"满意"态度的农户所占比例较高；棉区棉农对各类服务主体的评价较好，其对农业社会化服务主体的服务质量评价较高。

（3）根据多元有序回归模型，从新疆棉区农户对农业社会化服务评价影响因素的实证分析可知：总体上，新疆棉区农户对其的评价较为理想且呈"倒 V形"分布；种植规模、性别、受教育程度、本人经历、劳动人口数、到火车站的距离、是否有合作社、是否有专职技术人员、是否有信息服务协会、棉花销售情况、是否购买棉花保险等变量对农户评价农业社会化服务及各项服务均具有重要影响，有无电视、棉花种植年限、是否有借贷和是否及时获取信息变量对农户评价部分服务有一定显著影响，其他变量同时对各项服务的影响不显著。

### 13.1.5　新疆棉区农业社会化服务供需结构性失衡较突出，影响其失衡的因素各异

依据描述性统计的结果分析可以看出，整体上棉区农户对农业社会化各项服务的需求呈"凸状"的不均衡分布，棉农对技术、金融、保险及信息服务表现出需求状态，棉农对各项社会化服务的需求程度由"不需要——一般需要—需要"递增，至棉农"需要"社会化服务达到最大值，接着呈现出从"需要—很需要—强烈需要"依次递减的现状。同时，当前新疆棉区社会化服务存在需求异质性凸显、社会化服务内容及渠道失衡、区域服务布局的结构性失衡。新疆棉区农业社会化服务结构性失衡影响因素的实证研究结果显示：

（1）农业社会化服务结构性失衡可以用农业社会化服务主体和农业社会化服务内容结构性失衡来衡量，且为正向影响；农户禀赋、需求程度及供给水平正向显著影响农业社会化服务结构性失衡，其中供给评价和农户禀赋对其的影响最大，分别是 0.64 和 0.38。

（2）基于结构方程模型的分析结果看，农户禀赋每提高 1 个单位，农业社会化服务结构性失衡程度就增加 0.38 个单位，需求程度每提高 1 个单位，农业社会化服务结构性失衡程度就增加 0.19 个单位，供给评价对农业社会化服务结构性失衡程度的影响更强。

（3）影响农业社会化服务结构性失衡的 11 个可观测变量中对社会化服务结构性失衡影响较大的有农户所在棉区、族别、信息服务供给评价等。

### 13.1.6 新疆棉区农户借贷需求程度高，不同风险偏好棉农的借贷需求存在差异

基于不同投资偏好棉农借贷行为及影响因素得到以下结论：

（1）总体上农户借贷需求程度高，获得的贷款期限短、高利率、额度低。农户偏好从正规渠道获得贷款，虽然农村信用社是农村金融市场的主力军，但资金供给仍不能满足农户的借贷需求。

（2）就影响因素方面，性别、文化程度和是否务农等变量均显著正向影响。家庭劳动力人口数和家庭社会关系变量均显著负向影响。种植年限变量显著正向影响。其中，激进型农户对资金需求较为强烈且取得贷款的比例较高，保守型和中立型农户以中小额贷款为主且从正规金融机构取得贷款的比例略低，金融机构的服务仍存在弊端。在影响因素方面，种植规模和是否购买棉花种植保险变量，与三个类型农户借贷行为均显著正相关。此外，地区等五个变量与保守型农户借贷行为显著正相关。社会经验等三个变量对激进型农户借贷行为显著正向影响，是否加入农业合作社等三个变量对激进型农户借贷行为显著负向影响。文化程度等两个变量与中立型农户借贷行为显著正相关，家庭社会关系等五个变量与中立型农户借贷行为显著负相关。

### 13.1.7 新疆棉区农户参保意愿及保险决策行为差异较大，保险服务有较大的发展空间

通过统计描述性分析以及模型回归的结果，得出以下结论：

（1）农户年龄、文化程度、种植年限、社会经验、城乡距离等农户禀赋因素对农户参保决策行为影响显著，农户的参保决策行为主要取决于农户禀赋；农户风险偏好对农户参保决策行为存在显著负向影响，伴随着农户风险喜好程度加深，其参保意愿明显减弱，参保比率相应降低。

（2）农户禀赋、风险偏好对农户参保意愿和参保行为的效应发挥基本一致。具体而言，农户年龄、文化程度、种植年限、社会经验、城乡距离及风险偏好对农民参保意愿和参保行为影响一致。信息资源对农户参保意愿有显著影响，但这种影响在实际参保行为中未得到体现；组织程度对农户的实际参保行为作用明显，但对农户参保意愿的作用较小，未通过检验。

（3）新疆农业保险有一定的发展空间。从前述章节描述性统计不难看出，

有绝大多数植棉农户对农业保险表露出参与倾向性，但缺乏使其发生参保行为的驱动力，一半以上的农户有实际的参保行为，可以看出新疆农业保险拥有着相当大的潜在市场，其发展前景广阔。

### 13.1.8　新疆棉区农户对棉花销售服务需求强烈，影响其服务需要的因素较多

基于新疆棉区农户对棉花销售渠道需求强烈程度概况，从不同棉区农户、年龄异质性农户、受教育程度异质性农户等对棉花销售渠道的需求程度分析得出以下结论：

（1）总体上看农户对棉花销售渠道需求强烈。棉区农户对棉花销售服务的需求程度中喀什棉区最高，其他棉区农户对棉花销售渠道的需求强烈程度以"需要"为主。农户不同年龄段对棉花销售服务需求不同，各个年龄段农户对棉花销售渠道持"需要"和"很需要"态度，所占比重之和占比较大。棉区农户文化水平为文盲和大专及以上对棉花销售渠道持"不需要"的态度占比相同且偏少，农户文化水平为初中对棉花销售渠道持"需要"态度的比例最高，文化水平为小学的占比较多。

（2）通过运用多元 Logistic 回归模型，从新疆棉区农户对棉花销售渠道的选择及影响因素进行实证分析可知：在户主特征中性别、民族、年龄、文化程度对棉农销售渠道选择具有显著的影响；家庭特征中劳动力人口数对棉农销售渠道选择具有显著的影响；棉花种植特征中种植年限和种植规模对棉农销售渠道选择具有显著的影响；市场环境中到乡政府的距离、到火车站的距离、是否有专职信息员、是否及时获取信息对棉农销售渠道选择有显著的影响；农户认知度中满意度对棉花销售渠道选择有显著影响；家庭人口数和当前是否务农对棉花销售渠道选择影响不显著。

### 13.1.9　新疆棉区农户加入合作社的意愿强烈，期货合作社模式需不断创新

（1）新疆棉花专业合作社功能缺失与农户需求错位。调研数据显示参加合作社的棉农表示从合作社获益最大的方面是"获得的信息更丰富、准确"，对于"集体销售，提高售价""抗拒市场及外在的风险"和"资金借贷"占比相对较低。可以看出现有的棉花专业合作社对于提高售价、规避风险和提供资金借贷方

面的功能还较为欠缺。农民合作社提供的服务无法满足农户需求。合作社提供的排名第一、第二位的服务"提供生产销售信息服务"和"技术指导"在农户需求程度排名上为最后两种服务；而农户需求程度排名第二、第三位的"产品销售"和"资金借贷服务"并非合作社提供的主要服务。表明目前合作社提供的服务与农户的需求存在错位，无法满足农户的需求。

（2）棉农规避风险方式单一，议价能力较低。新疆棉农普遍认为棉花价格波动剧烈是种植棉花面临的首要风险。而对于规避风险的方式，有一半的棉农选择"种植一些其他的农作物"，表明新疆棉农缺乏主动规避市场风险的意识，能够规避市场风险的途径较少、能力偏弱；另外绝大多数棉农选择运用棉花保险来规避种植中的市场风险和自然风险；在棉花销售方式上，大部分棉农选择"随行就市，按周围棉农卖价而定"，在市场交易中议价能力较低。总体来看，棉农管理市场风险的手段匮乏，处于较低水平，对相关风险管理工具了解很少，在市场交易中议价能力较低。

（3）棉农对期货认知有所提高并有较强参与合作社的意愿。近年来随着农村金融改革的不断推进，农户对期货的认知有所提高；通过合理引导和讲解，绝大多数棉农将愿意参加期货合作社。对于不同情况下农户参与期货合作社的参与意愿，年龄在30岁以下的棉农参与意愿最强烈，为五个年龄分段中占比最高的分段。种植规模较小的农户的参与意愿低于种植规模大的农户的参与意愿；种植规模为100亩以上的棉农参与意愿最强。农户参与期货合作社的意愿随受教育程度提高而增加。认为种植棉花风险越高，参与期货合作社寻求规避风险的意愿越强烈。

（4）新疆棉花期货合作社创新模式有利于产业发展。从新疆棉花期货合作社的发起设立方式、创办人员、出资方式到期货合作社主要提供的服务和盈利分配机制、决策机制，棉农都占据主导地位，该期货合作社设立的宗旨就是服务广大棉农。对于期货合作社的具体经营操作流程分析，期货合作社参与期货市场，为农户提供价格信息，并与农户签订棉花合约，同时，进行套期保值转移风险；另外，期货合作社代表农户与有意愿的涉棉企业签订基差交易，即约定在相关月份的期货价格的基础上加上双方协定的基差进行现货交易。在此模式中，合作社作为连接企业和农户的桥梁，促成双方基差交易，可以向农户提供期货市场价格信息，指导其经营决策，完全实现套期保值；在目标价格政策出台后，棉花价格呈下降趋势的大背景下，涉棉企业既能够在种植期锁定货源，保证生产经营的稳定进行，又能够享受价格下降的好处，实现交易双方双赢的局面，稳定棉花产业的发展。

# 13.2　政策建议

## 13.2.1　依据棉农对农业社会化服务的需求异质性，完善农业社会化服务体系

### 13.2.1.1　制定差异性的农业惠农政策，鼓励棉农之间的相互交流与合作

（1）制定差异性的农业惠农政策，解决不同类型棉农的内在需求。为具有不同种植规模特征的棉农提供相应产前、产中和产后的惠农政策。提供产后服务时重点提供初加工和包装服务，棉花采摘服务也必不可少。

（2）设立一个棉农与棉花企业合作的优惠政策，鼓励棉花企业与棉农联合生产。为消除棉花收购与销售存在的问题，政府要重点在棉花收购与销售方面出台相应的政策，或对棉农提供种植订单。同时政府应鼓励农资企业和农户签订销售合同，预防在销售环节出现问题。

（3）鼓励农民与其他村民相互沟通，促进农业生产工具的流通。研究结果说明农户对个体方面的需求旺盛，也希望从个体渠道来获得相应的农业社会化服务。农户的生产工具在满足自己农业生产需要的同时，还可以为其他农户提供相应的服务，为其他人提供生产工具的同时还可以获得额外收入。

### 13.2.1.2　加强建立棉花专业合作社，提高棉农入社积极性

研究表明农户是否参加农业合作社和村里是否有农业合作社对农户农业服务渠道选择有明显影响。针对新疆棉区农业合作社数量少、棉农参与合作社不积极和参加农业合作社的农户对农业社会化服务渠道需求较弱的问题，需要建立起各种形式的农业专业合作社，鼓励农户参加农业专业合作社，提高农业合作社的服务效果。同时，建设一支推广服务、熟悉合作知识的辅导队伍，直接面对农业合作社服务，鼓励农户参与到农业合作社当中，同时面向农村基层干部和广大农户开展《农民专业合作社法》的教育宣传，为农业合作社的发展扫除各种障碍。同时，利用电视、网络、报刊等媒体渠道，普及合作知识，在农村弘扬发展合作

精神，宣传合作理念，加强广大棉农对于农业合作社制度的认识。农业专业合作社的缺少和不完善也制约棉农的农业服务需求。因此，政府应出台相关法律政策，促使地区农业专业合作社发展。

13.2.1.3　拓宽农业社会化服务渠道，满足棉农的实际需求

（1）拓宽棉农获取信息渠道，满足棉农获取信息的需求。针对棉农获取信息渠道传统，获取信息的意识强烈的问题，加大棉农获取信息的渠道的宣传力度和服务力度。从调研得知棉农获取信息主要依赖电视。这归因于电视普及率高，覆盖广，每家每户都有。此外还有电话、广播、互联网等，互联网时代要在最大程度上发挥互联网获取信息的作用。政府要加强信息流通渠道建设。农户自身文化程度较低，对农业服务了解程度不高，加上获取信息的渠道少，导致农户很难得到相关的农业服务信息。信息流通不畅严重限制了农业社会化服务的发展。因此政府应大力普及农村网络、电话和农业频道等传播媒介，能为农业社会化的发展提供基础。

（2）拓展和完善农业服务渠道，政府加快农业社会化服务渠道的多元化进程。依据农户家庭特征对农业社会化服务的需求程度的影响，应该根据农户的家庭特点来完善现有的农业社会化服务。同时建设起该地区完善的农业社会化服务渠道，满足农户对农业社会化服务的需求。加强农户购买大型农用设备的补贴力度，促使农业社会化服务来源渠道的发展。

（3）多渠道满足棉花生产环节技术，提高棉农技术需求愿望。针对棉农生产环节技术获得高但渠道单一的问题，政府应继续加大对棉花生产技术获得渠道的宣传力度和指导力度，在已经有的渠道上继续完善好，服务好，必要的时候可以派专门的技术人员比如技术示范、观摩等，在还没有发挥好的渠道上要继续挖掘，充分调动各种渠道的优势，为广大棉农服务好。

（4）扩大棉花资金融资渠道，全方位、多角度满足棉农种棉资金需求。针对棉农种棉资金来源单一，主要由农村信用社提供的问题，应积极拓宽种棉资金来源渠道，特别是要发挥银行对农扶持的政策，加大银行对棉花的专用资金的支持力度。

## 13.2.2　建立农业社会化服务的供给评价系统

13.2.2.1　发展多种形式的适度规模经营方式满足各类农户的需求

对不同种植规模农户对农业社会化服务及各项服务内容的需求差异，可以通过

发展多种形式的适度规模经营方式满足各类农户的需求，从以下 3 个方面入手。

（1）政府需扶持多种形式的农业适度规模经营发展，并且通过采取各个地区财政的扶持和信贷的支持等措施，大力培育农业经营性服务组织，适当开展政府购买农业公益性服务试点，并且积极主动地推广合作式、订单式等服务来满足各类农户的需求。

（2）政府、企业等共同支持当地的合作组织开展社会化服务，加速形成综合性的为农服务体系，从而真正意义上为各类农户提供有效而具体的服务。

（3）对不同种植规模的农户采取不同的措施。对小规模农户，可采用专门技术人员下乡指导，鼓励农户积极参与信息服务协会组织的活动，金融服务机构降低贷款利率，农资供应企业提供更便捷的服务等；对中等和大规模棉农，各项服务机构需改进现有措施为其提供更多的支持。

### 13.2.2.2　健全和完善农业社会化服务体系

总体上农户对农业社会化服务的评价较好，仍需健全农业社会化服务体系。首先，加强服务主体建设。积极推进政府及涉农机构改革，加强农业服务部门建设，促进合作社组合、龙头企业的发展进步，鼓励保险机构稳固发展。其次，提高服务机构服务质量。提高合作社、保险机构、金融机构、信息协会等服务机构的服务水平，确保社会化服务的有序进行。最后，建立相应机制保证各项服务的进行，保护棉农的利益。该体系的发展离不开相关法律法规的保护，制定相应保障机制对该体系的建设意义深远。因而需制定保护金融、保险、信息服务协会等机构的法律法规保障其健康有序发展。

### 13.2.2.3　提高农户认知度、拓宽农户眼界

根据调查发现女性农户、小规模家庭农户、劳动人口数较少的农户对农业社会化服务的评价较低的原因是农户的认知水平较低，因而为提高农户的评价可从提高农户对农业社会化服务水平的认知度入手，如开展关于农业社会化服务的宣传等方面提高认知度。到火车站的距离越近及农户所在地有合作社，农户的评价有所下降，因而需要更大程度上加强农户对农业社会化服务的了解并提高服务水平。

农户自身素质的增强有助于农户获得农业社会化服务。经过调查可知棉农的受教育水平较低，为提高对农业社会化服务的认知度，相关单位可适当增加新型农户培训课程以提高农户素质。农闲时节，积极开展各类农业社会化服务的知识竞赛，如农业社会化服务知识竞赛、准确收集农业社会化服务信息的比赛等，让农户从生活中了解该服务，增强农户获得该服务信息的意识。通过培训等方式帮

助农户获得有效的服务，增强农户收集农业信息的能力，提高农户对农业社会化服务的认知，拓宽视野。

13.2.2.4　鼓励农户积极参与合作组织并建立"互联网＋信息协会"等服务机构

互联网对农户的影响深远，因而为进一步提高农户对农业社会化服务的认知度，需鼓励农户积极参与合作组织并建立"互联网＋信息协会"机构，提高不同种植规模农户对各项服务的了解程度及获得信息的本领。大力推广合作社等组织的发展以促进农业社会化服务体系的完善。因而需制定政策鼓励农户积极参与合作社，将互联网运用到信息服务协会中让农户了解农业生产和农产品销售信息。

### 13.2.3　完善棉区社会化服务供求网络体系

13.2.3.1　基于农户对农业社会化服务的需求强烈程度，建立系统完善的服务供求网络体系

农业社会化服务供给侧结构性改革，需建立系统完善的农业社会化服务供求网络体系。以户、村、镇、市等为单位，建立需求主体的农业社会化服务需求网络体系，农闲时期分时段、分层次开展入户、入村、入社调研，深层次了解需求单元真实所需，构建统一完整的需求网络。自上而下，分级别分单位调研农业社会化服务供给主体的服务现状，缩减冗杂机构，以供应链的有效性决定社会化服务机构的去留，建立全方位一体化的农业社会化服务供给网络体系。将供求网络与需求单元网络体系相结合，以期建立全面的社会化服务供求网络体系。

13.2.3.2　推广"互联网＋服务共享"的农业社会化服务模式

借鉴国外农业社会化服务模式的经验，不同时期各国采取了形态各异的农业社会化服务模式。现阶段，伴随大数据及互联网的推广，农业社会化服务模式应推陈出新，建立"互联网＋服务共享"的农业社会化服务模式。农业社会化服务供给服务主体互联网化，社会化服务需求网络化，农业社会化服务市场网络化，实现社会化服务因需所供而不是因供所需。将"服务共享"理念加入社会化服务体系中，选择社会化服务较完善，互联网推广较全面的县域，建立"共享服务"试点区，解决农户获取服务较难的困境。"互联网＋服务共享"是未来城镇化建设、美丽乡村建设过程中，农业社会社会化服务模式革新的未来发展路径。

### 13.2.3.3 增强区域农业基础设施建设，提供优质高效的服务

实现区域农业社会化服务协调发展，增强区域农业基础设施建设是前提。在保障农业生产的基础设施建设的同时建立系统专业的农业信息服务站、农机供应机构、农村金融系统、农业技术推广机构等，以确保区域农业基础设施的完整性，为农户提供优质高效的农业社会化服务。配备全方位的软硬件设施，大力推广农村互联网建设，加强村与村、村与镇等的相互交流，实现村镇网络一体化。制定健全的宏观政策，将"看得见的手"与"看不见的手"相结合，保障农业基础设施建设的顺利展开。制定相应法律法规，确保基础设施有人修缮以及网络体系监管部门化。

### 13.2.3.4 统筹协调农业社会化服务总体与局部发展

农业社会化服务供给侧结构性改革，需协调区域间平衡、协调供给与需求间均衡、协调农业社会化服务总体与局部间统分相结合，共同发展。正确处理农业社会化服务体系总体与局部各项服务间的关系，如果将农业社会化服务体系看作是一个圆，金融服务、技术服务、信息服务、农资购买服务、销售服务、保险服务等各项服务则是其构成部分，需协调自身的发展同时兼顾与其他各项服务间是否平衡。政府各职能部门，应明确各项服务与社会化服务总体间的关系，结合实际开展农业社会化服务体系建设，实现农业社会化服务领域的革新。

## 13.2.4 依据不同农户的金融借贷需求提供供给服务

### 13.2.4.1 加大对农户培训力度

通过实地调研得知，农户文化程度普遍不高，且农户文化程度与其借贷行为呈正相关关系。因此，对农户可以通过开展金融知识讲座、发放宣传手册、开设网络学习课程等方式来提高农户融资意识。而且以往研究已经全面论证了资金需求对其借贷行为的影响，文化水平对农户资金借贷行为的影响程度较高。在目前正常的农业生产经营活动中，文化程度较高的农户一般会根据农村金融市场的经济导向去经营农业生产，这样农户会主动地寻求资金借贷，用资金来更新提高农业生产技术，以此来提高土地产量和农业生产效率。所以，文化程度较高的农户，一般具有较高的融资意识。另外，在农村金融市场中，金融机构对农户的信用评级也会参考文化程度这一指标，同时文化程度也是农户能否获得亲朋邻居等非正规金融贷款的一个影响因素。因此，文化程度较高的农户获得资金借贷的渠道相应拓宽，具有更多获得贷款的机会和更强的借贷能力。而且以往的研究表

明，农户的借贷需求意愿往往受其自身文化水平高低的影响，且影响程度较大。农户参与金融行为的意识与其文化程度成正比，所以文化程度高的农户会表现出更高的借贷需求意愿。同时，农户也应从自身实际情况出发，通过学习提高自身素质、提高文化水平。摆脱传统农业的生产方式，改变农业生产习惯和生活习惯，不断学习先进农业生产技术，通过预测市场需求来决定农业生产的种类和方式。因此提高对农户的教育力度，在提高农户文化水平、提升农户参与借贷行为的意识、间接提高农户农业生产率等方面能够起到有效作用。通过参加培训，农户自身也能够获得更多借贷机会。

13.2.4.2 拓展农户资金借贷渠道

农村信用社是为农户提供资金的主力军，且是正规的金融机构。但信用社在资金借贷方面存在一些弊端，其借款手续繁琐、借款利率高等一方面影响了农户的借款意愿，另一方面也抑制了农户的农业生产行为。虽然农户在资金短缺时会向亲朋邻居寻求融资，但获得的资金与农户的实际需求相去甚远。所以建立一个农村正规与非正规金融机构准入制度在当今农村金融体制当中显得尤为重要。完善民间借贷的相关制度准则、拓展农户在农村金融市场上的融资渠道也必不可少。农户的资金需求既可通过农信社等正规金融机构获取，也可以通过亲朋邻居和金融组织等非正规金融机构获取。所以，对农村信用社进行改革、规范民间借贷能够使农户资金需求得到更好的满足，既为农户提供现代、科学的资金支撑，也为推动农村经济发展打下基础。此外，鼓励农资、棉花销售、龙头企业等为农户提供购买农资所需的资金。将购买农资与资金借贷相串联，可以提高农户资金借贷效率，降低时间成本，为农户提供更多的融资机会和空间。

13.2.4.3 创新资金借贷产品

新疆各个区域的经济发展水平各不相同，因此会产生不同类型的农户，而且不同农户的借贷行为特征也会有所差异。农户由于投资风险偏好不同，其资金借贷需求呈明显的阶梯特征。一般地，激进型农户对资金借贷的需求程度最高，其次是中立型农户，保守型农户对资金借贷的需求程度最低，而且借贷种类呈多样化趋势。因此，从地区发展水平和农户投资偏好的实际差异出发，根据差异选择适合农户借贷的金融机构，包括正规和非正规机构。为满足农户多样化的资金借贷需求，创新符合需求的个性化金融产品，建立起以农户需求为中心的供给体系来提升金融机构的服务效率。

对处于经济较发达地区的农户，可以尝试引入金融机构的竞争机制，鼓励民间资本进入金融市场当中，建立多样化的资金服务组织，拓宽资金服务的范围，提升工作效率。对于处于经济欠发达地区的农户，金融机构应简化农户借款手续，放宽借款条件、降低利率。有效地为农户提供其所需要的生产性资金，提升农户的家庭年收入和农业生产率。总之建立农村金融服务体系应当以合理的制度为基础，为农户制造一个良好的融资环境，努力消除金融体制弊端和障碍。满足农户资金需求同时使融资风险降到最低。

#### 13.2.4.4　建设借贷信息平台

由于信息不对称是影响农户借贷行为的一个重要因素，本书认为应当借助计算机、互联网等技术创建农村金融信息平台。平台主要帮助金融机构和有借贷需求的农户之间能够有效及时地获取对方信息，为金融机构提高配置资金资源的效率，为客户提供及时、便捷、高质量的金融服务。新疆农村地区信息闭塞现象较为严重，农户与金融机构之间往往存在资金不对称现象，供需双方之间很难获取及时有效的信息。所以有必要建立一个金融信息平台，将金融机构与农户供需双方联系起来。政府机构、金融机构、农户代表、互联网技术部门、龙头企业需参与到平台当中。通过实地调查得知，99%的农户家庭有电话，98%的农户家庭有手机，12%的农户家庭有电脑并且可以上网，基本具有获取金融信息平台信息的条件。农户可以通过手机等方式获取有效及时的金融信息，降低资金借贷的时间成本。平台能够使金融机构主动地寻求有资金需求的农户，为其提供借贷服务。因此可以提高农户融资效率，加速金融市场运转效率。

### 13.2.5　完善棉区农业保险服务机制

#### 13.2.5.1　改善农户禀赋，提升保险认知水平

农村劳动力老龄化问题日益凸显，文化程度较低等农户禀赋因素成为农业保险发展的绊脚石。一方面，正确引导具有丰富社会经验的在外务工人员回乡创业，培养新时代专职农民，搭建农业保险综合平台，培育新型职业农民，搭建农业保险综合平台，大力发展农民专业合作组织。通过农村新型微观经营主体的引导教育，深化农户对整个保险运作过程的了解和认识，增强农户对农业保险的信任度，提高参保信心。另一方面，加大对农户科学种植的培训，改善农作物种植结构，拓展农产品销售渠道，解决劳动力转移的问题。通过种种渠道和措施努力改善农户禀赋资源，这样才能为农业保险推广实施提供健康良好的条件基础，从根本上促进农业保险业的发展。

对于农户而言，农户上层的保险需求建立在家庭经济状况好坏基础之上，如果农户的经济水平只能维持他们的日常温饱问题和基础生产开销，那么就算他们有再强烈的参与意愿，也不会形成参与行为。研究结果显示农户家庭经济状况不佳是导致农户持有积极参保意愿但产生消极参保行为的原因之一，这也在一定程度上验证了这一说法，说明农户家庭经济状况对其参保决策行为有显著的影响。因此，要提高农户的实际参保行为，还应该大力提高农户的家庭经济水平。

13.2.5.2　完善保险制度，发挥保险主体作用

目前，在农户农业保险参保决策过程中存在农户的实际参保行为与最初参保意愿出现偏差的问题，较高参保率一定程度上是基于捆绑缴费及基层干部挨家挨户做工作的影响，而非农民自身利益的驱动。着眼未来，在"深化农险改革，力促农险供给侧创新"背景下，响应全面推进的农业供给侧结构性改革创新，改革农业保险经营的鞭策机制。

首先，调整农业保险宣传方案，增设特色农业保险类别。基于农户对农业风险的规避心理，针对不同风险偏好农户设立多种具有优惠政策的特色农业保险类别；同时调整农业保险宣传方案，避免传统"广而推之"的宣讲过程的信息损失。针对不同程度自然灾害辐射区给出相应的宣传方案，帮助广大农户认清农业风险的危害性和参与农业保险的有利之处，相继逐步消除农户对保险机构的抵触心理，达到推广农业保险的目的。

其次，重视人才培养，积极引进高素质人才。"人才兴国"强调了高素质人才在国家发展过程中的重要性。同理，农业保险的发展离不开专业人才的技能发挥，保险机构应重视人才培养，建设服务于农业保险的高素质人才队伍。曾发生过参保行为的农户表示保险机构服务能力不强，对投保期间享受的保险服务并不满意，主要因为部分农户在遭受灾害侵袭之后因受灾程度未达到理赔标准而没有获得经济赔偿，也有其他农户虽获得了由保险机构提供的经济赔偿，但是繁琐复杂的理赔程序和过久的理赔时间造成他们心生不满，相应削弱了其参保意愿。因此，建设高素质专业人才队伍，能够优化投保流程、合理勘察定损和精简理赔程序，提供快速、高效的优质服务质量，有效避免"农险脱保"情况的发生，从而使具有积极参保意愿却发生消极参保行为的农户向积极参保行为转变。

最后，探索农业保险经营创新发展模式，促进保险主体多元化。新疆农业保险帮扶农业发展的效力发挥，不能仅依赖于保险经营主体自身能力的提升，还需第三方行为主体的参与和扶持，如拓展农业信用社与保险机构的业务合作。借助

于农业信用社在基层地区的分布优势，在银行开办农业保险基础业务，同时对通过参与农业保险的农户提供贷款融资的优先权，并且可享受较高的利率优惠或保费折扣等营销策略提高农户的参保行为。通过"保险机构＋农信社＋农户"等多种创新模式，建立农业风险分散与分担机制，才能有效发挥农业保险职能，促使新疆农业保险的稳健发展。

### 13.2.5.3 强化政府职能，规范市场化运行机制

农业保险的准公共品特性在一定程度上决定了其自身发展要依靠于政府职能的效力发挥。目前，新疆农业保险市场仍具有很大的发展潜力，但政府对农业保险的财政补贴政策在农业保险的推广和实施过程中的推动作用并不十分显著，政府还需对其进行完善，为新疆农业保险发展提供良好的运营环境。

（1）持续加大农业保险扶持力度，确保农险产品供需均衡。在走访调查过程中发现，部分受访农户表示政府对农业保险的财政补贴水平过低，农户仍需自行承担的保费较高，造成经济负担过重，因此农业保险对农户的吸引力不足。因此，政府在大力推行农业保险方案中应以调整"农业保险补贴"政策为主线，适当优化配套补贴资金比例，加大对农户的优惠扶持力度，从而吸引更多的农户参与农业保险，为推动农业保险稳步发展提供有效动力。另外，自然灾害的作用效果具有两面性。一旦发生巨大自然灾害，不仅农户面临巨大的生产风险，对于农业保险经营主体来说同样要承担巨大的赔付风险。保险机构很有可能需要支付巨额的赔偿金，不但没有利润可言，很有可能遭受巨大的亏损。所以为避免农业保险市场的供需失衡，政府还需从供求双方考虑，除为具有保险需求的农户提供财政补贴之外，还应为保险供给方提供政策支持，如通过增添融资渠道、实施再保险政策等方式来鼓励保险机构增设更多的险种以确保农业保险的有效供给。

（2）减少政府干预，采取放管原则相结合。由前文分析可知，部分持有消极意愿的农户基于农业合作组织的捆绑销售及基层干部的动员工作导致其发生了积极行为，但这不是维持农业保险健康持续发展的有效途径。政府应该在遵从农户行使参保意愿自主权的原则上，优化农业保险市场结构，调整保险宣传方案，针对不同的禀赋群体提供相应宣传方案，积极引导农户自愿参保，从根本上解决农户消极参保意愿的问题，实现由强制参保行为向真正的内需驱动发生积极参保行为的转变。

（3）健全法制体系建设，规范保险市场化运行机制。相对于保险机构而言农户更愿意相信政府，所以政府应该充分发挥其公信力度，加快完善农业保险立

法工作的步伐，健全法制体系建设。围绕费率厘定、理赔方式和保障水平等农业保险核心问题制定相关法律法规，为农户投保受损获赔提供一站式的法律保障，从而正确引导农户积极参与农业保险。同时，通过农业保险立法工作的开展，可以规范保险市场化运行，促进农业保险持续健康发展的长效机制。

### 13.2.6　完善农业销售服务供给体系

#### 13.2.6.1　建立健全棉区销售服务体系

棉区农户对棉花销售服务总体上持满意态度，但也存在诸多问题需不断地加以完善。首先，加强销售服务主体建设。积极推进当地政府职能转变，加强农业服务部门建设，大力促进合作经济组织、棉花加工企业、村集体等销售服务主体发展。其次，要不断提高各种销售服务主体的服务质量。为农户提供准确及时的销售信息，确保农户顺利地把棉花销售出去获得最佳的收益。最后，进一步完善法律法规，创造一个良好的市场环境，保障各服务机构正常运行，为农户提供更好的销售服务，保障农户的利益。

#### 13.2.6.2　提高农户的文化水平，拓展农户视野

在调研过程中发现，大部分受访者文化水平较低，对新鲜事物的接受能力差，思想观念落后。随着市场经济的快速发展，农户很难快速捕捉到有用的市场信息，直接影响棉区棉花的及时销售。因此提高农户的文化水平至关重要。作为农技推广部门，要在农闲时对农户进行有关农业种植技能培训，病虫害知识普及等从而使农户获得专业的技术指导有利于提高农户的种植水平。作为农户要通过网络不断学习相关知识，提升自己的能力，准确获取市场信息，按市场需求来合理组织棉花种植，从棉花选种、栽培、施肥、田间管理到采摘进行科学化管理。棉花收获以后，要积极关注市场价格信息。做到在合适的时间、选择合适的销售渠道、以相对合理的价格把棉花销售出去，从而获得较高的收益。

#### 13.2.6.3　不断拓展新的销售渠道，满足农户需求

随着经济社会的快速发展，尤其是"互联网＋"那些传统的销售渠道已不能满足市场需求，因此要建立新的销售模式。如"农户＋企业订单销售"模式，积极引导企业和棉花种植农户建立密切的纵向协作关系，让农户成为企业长期的合作者，从而去保障双方共同利益。"农户＋合作社"模式，农户通过加入合作经济组织，来获得更多的销售相关信息，从而有利于棉花销售。社会关系销售，通过已有的社会关系来帮助农户获取销售信息，从而达到销售的目的。

13.2.6.4　推进棉区信息化建设，拓宽种植户信息渠道

（1）以棉区农户实际需求为本，深入了解种植户对市场信息的需求情况，在此基础上，政府领衔建立一个开放的交互性的棉花市场信息平台。信息平台要实现与企业、市场、农民经济合作组织信息系统的对接。信息平台实时从互联网或通信网上发布和搜索棉花市场信息。单个棉花种植户可在该信息平台上搜索和发布棉花销售市场信息。

（2）通过电视、互联网、广播、专家下乡等多种方式为农户提供更加丰富的销售信息服务。

（3）完善农村网络基础设施建设，通过农村家家通网络工程，使每一户都可以及时捕捉到实时的信息，共享网络带来的益处。

## 13.2.7　创新期货合作社模式

13.2.7.1　增强农户对期货市场和套期保值功能的认知

对期货市场和套期保值的认知能够保证创新模式的迅速开展。目前，棉农对期货市场和其功能的认知远未达到要求，农户对期货市场闻所未闻的现状需要尽快改变。政府部门应积极组织期货市场功能等讲座，培育基础期货知识和相关概念；新闻媒体在提供棉花产业信息的同时，加大对期货市场的宣传力度，正确引导农户的认知，激发其参与期货市场的积极性；涉棉企业应重视相关金融专业人才的重用，展开自身期货市场业务，同时带动农户参与套期保值业务，参与到专业的期货合作社中。普及期货基本知识，有利于促进农户选择通过合作组织的方式运用期货达到增收避险的目的。同时，注重市场工具的开发和利用，学习国外成功的经验和模式，将完善的保险体系与期货市场相结合，制定全面充分的套期保值组合，培育适应农民现状的期货合作组织。

13.2.7.2　加大政府对农民专业合作社的扶持与保护力度

目前农民专业合作组织中，政府仍然扮演一个重要角色，为了维护农业合作组织健康持续公平地发展，政府有责任创建良好的政策环境。在《合作社法》中，完善合作社融资的相关法律支持，方便合作社开展"期货农业"相关的创新模式探索；加大财政税收优惠，针对期货合作社的盈利减免其税收负担，留给其更多的利润分配给入社农户；颁布专业人才引进政策，给予扶持政策和优惠措施，以促进合作社快速发展。

13.2.7.3　充实农村金融机构，保障三方资金运转流畅

在整个创新模式中，资金的充足性是模式运行的前提条件之一。无论是棉农

预缴的保证金、涉棉企业基差交易的保证金还是期货合作社参与期货市场参与套期保值的保证金，任一个环节的中断、资金滞纳都将给模式运行带来阻力。因此在法律规范的基础上，促进各金融组织开展对农业务，向棉农和涉棉企业提供较为实惠的信贷服务；鼓励资本市场向农民合作社等提供资本投入，创建涉农扶持基金等，为其提供资金借贷服务。建立健全的农村金融服务体系，保证涉农金融机构能够从现实生产经营中满足农民的需求，解决农村金融机构培育与发展过程中资金问题，拉动农村信贷、农业保险、农村信用合作社的发展。其中农业保险体系的完善应充分借鉴发达国家的经验，设立实行价格保险、产量保险，利用农业保险、担保获取信贷资金支持。

### 13.2.7.4 努力发挥期货市场的作用推行棉花期权交易

完善的棉花期现货市场同样是创新模式的重要影响因素之一。在 2014 年颁布棉花目标价格政策后，期货市场反应迅速，持仓量成交量成倍增长，期货市场的交易活跃度有显著提高，投资者的持仓意愿增强，期货价格的波动率上升，与现货价格的关联程度有较大提高。如此可见，我国棉花期货市场发展较为完善。在此基础上，增加期货交易品种，推出农产品期权交易，完善期货市场制度，都有利于推动"期货农业"的发展。

作为期货市场产品创新的体现，期权交易将权利与义务分离，代表一种对未来的选择权。对于棉农和涉棉企业来说，买入看跌期权合约，当价格下降时，实施权利按既定价格出售棉花，当价格上升时，可以选择放弃行权，保留了价格上涨的盈利。为中小投资者提供了一种避险新方式，有利于完善棉花期货市场。

### 13.2.7.5 注重设计高效增收的期货合作社组织模式

合作社的最终目标是改善农户在交易地位上的不利形势，使农户能够得到产业化和农业现代化带来的利润。因此，有必要建立以期货市场为依托的棉农期货合作社，在自愿互利的基础上，以集体形式利用期货市场，锁定生产利润，获得稳定的销售渠道，获取更多的行情预测信息和建议，使农户在市场交易中处于平等地位。

## 13.3 有待进一步研究的问题

考虑到在对新疆农业社会化服务的研究过程可能存在不足，在未来的研究中建议从以下几点入手，完善新疆农业社会化服务的相关研究：

（1）受团队学术能力、精力所限，整个研究过程中，仅针对新疆主要农业生产地域的农户、村集体组织进行了实地访谈和问卷调查，分析了当前新疆农业社会化服务现状，然而缺乏针对合作经济组织、农业生产服务企业、轧花企业、加工厂、纺织企业等其他类型服务供给主体情况的深入研究。同时农业社会化服务体系在发展过程中，不同区域呈现出差异性的特征，而本书研究的主要区域集中在新疆，后续相关学者的研究可从多区域出发，结合其他省份农业社会化服务体系的发展状况，从宏观、微观视角，多方面多角度研究农业社会化服务体系的发展。

（2）可适当修正、增加或减少综合效益评价指标体系中各项指标。如在公共服务分类评价指标中，农村基本建设投资额指标由于缺少数据，本书选择以第一产业固定资产投资额代替，在实际情况中，农村基本建设投资并不仅仅限于第一产业固定资产投资。类似的情况还有如农业科技服务人员、农业科技服务效果等指标的选择，在一定程度上均存在差异。

（3）在研究方法的选择方面，探析新疆棉区农业社会化服务水平制约解构的过程中，未能通过理论论证基于熵值法综合评价方法与其他综合研究方法的差异。同时基于影响因素的研究大多选取的是 Logistic 回归模型，面对这些问题及学术领域日新月异的综合评价方法，建议日后学者的研究能够适当规避，可选取 OLS 分析、Probit 模型等多种类型的计量研究方法，完善提升对新疆农业社会化服务发展的相关研究。

（4）本书研究的主体是农业社会化服务，调查区域是新疆棉区，仅研究了农业社会化服务体系，而忽略了最为基础的条件：由于棉农种植棉花因此产生了对农业社会化服务各方面的需求，因此本书用了大量笔墨叙述农业社会化服务的现状及农户对其需求等，缺乏从多学科领域展开综合研究，如从农学视角研究即从棉花的种植方面考虑农户的需求等，后续研究可在本书研究的基础上，从多视角展开，将多学科领域知识相结合，进一步拓展研究。

# 参考文献

[1] A. Sen, M. Chander. Privatization of Veterinary Services in Developing Countries: A Review [J]. Tropical Animal Health and Production, 2003, 35 (3): 223 –236.

[2] David Hulme. Agricultural Extension: Public Service or Private Business? Agricultural Administration, 1983, 14 (2): 65 – 79.

[3] Dinar, A. Extension Commercialization: How Much to Charge for Extension Services [J]. American Journal of Agricultural Economics, 1996, 78 (1): 1 – 12.

[4] Andrew P. Davidson, Munir Ahmad, Tanvir Ali. Dilemmas of Agricultural EXtension in Pakistan: Food for Thought [J]. Agricultural Research & Extension Network, 2001 (7): 12 – 26.

[5] Peter Österberg, Jerker Nilsson. Members' Perception of Their Participation in the Governance of Cooperatives: The Key to Trust and Commitment in Agricultural Cooperatives. Agribusiness, 2009, 25 (2): 181 – 197.

[6] David J. Spielman, Klaus von Grebmer. Public – Private Partnerships in Agricultural Research: An Analysis of Challenges Facing Industry and the Consultative Group on International Agricultural Research [J]. Environment and Production Technology Division (EPTD) Discussion Paper No. 113, 2004 (2).

[7] G. Feder, R. Slade. The Acquisition of Information and the Adoption of Technology [J]. American Journal of Agricultural Economics, 1984 (66): 312 – 320.

[8] Rezaei Moghaddam. K. Modeling Determinants of Agricultural Production Cooperatives' Performance in Iran [J]. Agricultural Economics, 2005, 33 (3): 305 – 314.

[9] John Farrington, Ian Christoplos, Andrew Kidd, Malin Beckman, Elizabeth Cromwell [J]. Creating a Policy Environment for Pro – poor Agricultural EXtension: The Who? What? and How? Natural Resource Perspectives, 2002 (5).

[10] Lawrence D. Smith. Decentralisation and Rural Development: The Role of the Public and Private Sectors in the Provision of Agricultural Support Services [N]. Paper Prepared for the FAO/IFAD/World Bank Technical Consultation on Decentralisation, Rome, December, 1997: 16 – 18.

[11] Peter J. Barry. Modern Capital Management by Financial Institutions: Implications for Agricultural Lenders [J]. Agricultural Finance Review, 2001, 61 (2): 103 – 122.

[12] Richard J. Sexton. Imperfect Competition in Agricultural Markets and the Role of Cooperatives: A Spatial Analysis [J]. American Journal of Agricultural Economics, 1990, 72 (3): 709 – 720.

[13] Haitham, El – Hourani. The Role of Public and Private Sectors in Agriculture [J]. Representation Office of the Food and Agriculture Organization of the United Nations in Jordan Organization of the United Nations in Jordan, 2005, 12 (9): 603 – 612.

[14] Ezatollah Karami, Rezaei Moghaddam K. Modeling Production Cooperatives' Performance in Iran [J]. Agricultural Economics, 2005, 33 (3).

[15] Carney, D. Changing Public and Private Roles in Agricultural Service Provision: A Literature Review [R]. Overseas Development Institute Working Paper, London, 1995.

[16] A. D. Kidd, J. P. A. Lamer, P. P. Ficarelli and V. Hoffmann. Privatising Agricultural Extension: Caveat Empto [J]. Journal of Rural Studies, 2000, 16 (1): 95 – 102.

[17] Porter PK. Economic Efficiency in Cooperatives [J]. The Journal of Law and Economics, 1987 (30): 489 – 512.

[18] Sexton R. J. The Formation of Cooperatives: A Game – theoretic Approach with Implications for Cooperative Finance, Decision Making, and Stability [J]. American Journal of Agricultural Economics, 1986, 68 (2): 214 – 225.

[19] Emelianoff I V. Economic Theory of Co – operatives [M]. Washington DC: Edward Brothers, 1942: 103.

[20] Enke S. Consumer Cooperatives and Economic Efficiency [J]. American Review, 1945 (35): 148 – 155.

［21］ Ariel Dinar. Extension Commercialization: How Much to Charge for Extension Services ［J］. American Journal of Agricultural Economics, 1996, 78 (1): 1 – 12.

［22］ Charles R. Wise. Public Service Configurations and Public Organizations: Public Organization Design in the Post – Privatization Era ［J］. Public Administration Review, 1990, 50 (2), 141 – 155.

［23］ Phillips R. Economic Nature of the Cooperative Association ［J］. Journal of Farm Economics, 1953 (35), 74 – 87.

［24］ Hayami Yujiro, V W. Ruttan. Factor Prices and Technical Change in Agricultural Development: The United States and Japan, 1880 – 1960 ［J］. The Journal of Political Economy, 1969, 78 (5): 1115 – 1141.

［25］ Fulton M. The Future of Canadian Agricultural Cooperatives: A Property Rights Approach ［J］. American Journal of Agricultural Economics, 1995, 77 (12): 1144 – 1152.

［26］ Oliver RL. A Cognitive Model of the Antecedents and Consequences of Satisfaction Decisions ［J］. Journal of Marketing Research, 1980 (2): 460 – 469.

［27］ Ranaweera C, Prabhu J. On the Relative Importance of Customer Satisfaction and Trust as Determinants of Customer Retention and Positive Word of Mouth ［J］. Journal of Targeting Measurement & Analysis for Marketing, 2003, 12 (1): 82 – 90.

［28］ Fapri. Cropinsura NCE: Background Statistics on Participation and Results ［EB/OL］. http://www. Fapri. Missouri. Edu, 2010.

［29］ Tufano P. What's Manages risk? An Empirical Examination of Risk Management Practices in the Gold Mining Industry ［J］. Finance, 1996 (51): 1097 – 1137.

［30］ Shapiro B. I. , Brorsen B. W. Factors Affecting Farmers' Hedging Decisions ［J］. North Central Journal of Agricultural Economics, 1988, 10 (2): 145 – 153.

［31］ Ennew T. C. W. Morgan, T. Rayner. Role of Attitudes in the Decision to Use Futures Market : The Case if the London Potato Future Market ［J］. Agribusiness, 1994, 8 (6): 561 – 573.

［32］ Campbell, Gerald R. , Shiha A. Wisconsin Corn and Soybean Producers' Knowledge and Use of Options and Related Marketing Instruments ［R］. Madison: University of Wisconsin, Department of Agricultural Economics, 1987 (276).

［33］ Goodwin, Barry K. , Schroeder, Ted C. Human Capital, Producer Education Programs and the Adoption of Forward – Pricing Methods [J]. American Journal of Agricultural Economics, 1994 (76): 936 – 947.

[34] Musser, Wesley N. Patrick, George F., Eckman, David F. Risk and Grain Marketing Behavior of Large – scale Farmers [J]. Journal of Agricultural Economics, 1996 (18): 65 – 77.

[35] Harwood J. L., Hoffman L. A., Leath M N. Marketing and Pricing Methods Used by Midwestern corn Producers [J]. Situation and Outlook Report: Feed United States Department of Agriculture, Economic Research Service (USA), 1987 (303): 33 – 39.

[36] Fulton M. The Future of Canadian Agricultural Cooperatives: A Property Rights Approach [J]. American Journal of Agricultural Economics. 1995, 77 (12): 1144 – 1152.

[37] Hueth B., Marcoul P. Observations on Cooperative Bargaining in U. S. Agricultural Markets Center for Agricultural and Rural Development [R]. Iowa State University, 2002.

[38] Nourse E. G. The Economic Philosophy of Cooperation [J]. American Economic, 1993 (7): 104 – 118.

[39] Hakelius K. Cooperative Values: Farmers' of Cooperatives in the Minds of the Farmers [D]. Uppsala: Swedish University of Agriculture Sciences, 1996.

[40] Working. New Concerning Futures Markets and Prices [J]. American Economic Reviews, 1962 (49): 87 – 112.

[41] Working. The Theory of Price of Storage [J]. American Economic Review, 1949 (50): 368 – 390.

[42] Johnson L. The Theory of Hedging and Speculation in Commodity Futures [J]. Review of Economic Studies, 1960 (52): 139 – 151.

[43] Stein. The Simultaneous Determinations of Spot and Futures Prices [J]. American Economic Review, 1961 (52): 338 – 349.

[44] Musser Wesley N., Patrick George E., Eckman David E. Risk and Grain Marketing Behavior of Large – scale Farmers [J]. Applied Economic Perspectives and Policy, 1996, 18 (1): 65 – 77.

[45] Coble K. H., Heifner R. G., Zungi M. Implication of Crop Yield and

Revenue Insurance for Producer Hedging [J]. Journal of Agricultural and Resource Economics, 2000 (25): 432 – 452.

[46] Maine Jonas Mofokeng. Factors Affecting the Hedging Desion of Farmers: The Case of Maize Farmers of Gauteng Province [EB/OL]. http: //hcll. handle. net/ 10019. 1/71750.

[47] Porter P. K. Economic Efficiency in Cooperatives [J]. The Journal of Law and Economics, 1987, (30): 489 – 512.

[48] Hayami Yujiro, V. W. Ruttan. Factor Prices and Technical Change in Agricultural Development: The United States and Japan, 1880 – 1960 [J]. The Journal of Political Economy, 1970, 78 (5): 1115 – 1141.

[49] A. D. Kidd, J. P. A. Lamer P. P. Ficarelli, V. Hoffmann. Privatising Agricultural Exten – sion: Caveat Empto [J]. Journal of Rural Studies, 2000, 16 (1): 95 – 102.

[50] David Hulme. Agricultural Extension: Public Service or Private Business? [J]. Agricultural Administration, 1983, 14 (2): 65 – 79.

[51] Peter J. Barry. Modern Capital Management by Financial Institutions: Implications for Agricultural Lenders [J]. Agricultural Finance Review, 2001, 61 (2): 103 – 122.

[52] Rezaei Moghaddam. K. Modeling Determinants of Agricultural Production Cooperatives' Performance in Iran [J]. Agricultural Economics, 2005, 33 (3): 305 – 314.

[53] Ariel Dinar. Extension Commercialization: How Much to Charge for Extension Services [J]. American Journal of Agricultural Economics, 1996, 78 (1): 1 – 12.

[54] Riedel S. L., Pitz G. F. Utilization – Oriented Evaluation of Decision Support Systems [J]. IEEE Transactions on SMC, 1986, 16 (6): 980 – 996.

[55] Kaliba A. R. M., Featherstone A. M., Norman D. W. A Stall – feeding Management for Improved Cattle in Semiarid Central Tanzania: Factors Influencing Adoption [J]. Agricultural Economics, 1997, 17 (2 – 3): 133 – 146.

[56] Feder G., O' Mara G T. On Information and Innovation Diffusion: A Bayesian Approach [J]. American Journal of Agricultural Economics, 1982, 64 (1): 145 – 147.

［57］ Daberkow S. G., McBride W. D. Farm and Operator Characteristics Affecting the Awareness and Adoption of Precision Agriculture Technologies in the US ［J］. Precision Agriculture, 2003, 4 (2): 163 – 177.

［58］ Scott J. C. The Moral Economy of the Peasant: Rebellion and Subsistence in Southeast Asia ［M］. Yale University Press, 1977.

［59］ Van Dijk T. Scenarios of Central European Land Fragmentation ［J］. Land use Policy, 2003, 20 (2): 149 – 158.

［60］ Olarinde L. O., Manyong V. M., Akintola J. O. Factors Influencing Risk Aversion Among Maize Farmers in the Northern Guinea Savanna of Nigeria: Implications for Sustainable Crop Development Programmers ［J］. Journal of Food, Agriculture & Environment, 2010, 8 (1): 128 – 134.

［61］ Bwala M. A., Bail Y. Analysis of Famers' Risk Aversion in South Boron, Nigeria ［J］. Global Journal of Agricultural Science, 2009, 8 (1): 7 – 11.

［62］ Binici T, Koc A, Bayaner A. The Risk Attitudes of Farmers and the Socioeconomic Factors Affecting Them: A Case Study for Lower Seyhan Plain Farmers in Adana Province, Turkey. Ankara: Agricultural Economics Research Institute ［R］. Turkish Journal of Agricultural and Forestry, Working Paper, 2001.

［63］ Umoh G S. Programming Risks in Wetlands Farming: Evidence from Nigerian Floodplains ［J］. J. Hum. Ecol, 2008, 24 (2): 85 – 92.

［64］ Serra T., Goodwin B. K., Featherstone A. M. Modeling Changes in the US Demand for Crop Insurance During the 1990s ［J］. Agricultural Finance Review, 2003, 63 (2): 109 – 125.

［65］ Just R. E., Calvin L., Quiggin J. Adverse Selection in Crop Insurance: Actuarial and Asymmetric Information Incentives ［J］. American Journal of Agricultural Economics, 1999, 81 (4): 834 – 849.

［66］ Smith V. H., Goodwin B. K. Crop Insurance, Moral Hazard, and Agricultural Chemical Use ［J］. American Journal of Agricultural Economics, 1996, 78 (2): 428 – 438.

［67］ Vandeveer M. L. Demand for Area Crop Insurance Among Litchi Producers in Northern Vietnam ［J］. Agricultural Economics, 2001, 26 (2): 173 – 184.

［68］ Right B D, Hewitt J A. All Risk Crop Insurance: Lessons from Theory and

Experience [J] . Economics of Agricultural Crop Insurance: Theory and Evidence, 1994 (2): 73 - 112.

[69] Shaik S. , Coble K. H. , Knight T. O. Revenue Crop Insurance Demand [Z] . Selected Paper Presented at the American Agricultural Economics Association Annual meeting, Providence, RI, 2005.

[70] Dalisay, Doralyn S. , Quach, Tim, Nicholas, Gillian N. , et al. Amplification of the Cotton Effect of a Single Chromophore Through Liposomal Ordering – stereochemical Assignment of Plakinic Acids I and J [J] . Angewandte Chemie International Edition, 2009, 48 (24): 4367 - 4371.

[71] Takeshi Y. , Hiroki K. , Tetsuya K. , et al. The Relationship between the CD Cotton Effect and the Absolute Configuration of FD - 838 and its Seven Stereoisomers [J]. Journal of Organic Chemistry, 2010, 75 (12): 4146 - 4153.

[72] Takahiro F. , Tadashi M. , Takehiko W. , et al. Absolute Configuration of Chiral Paracyclophanes with Intramolecular Charge – transfer Interaction. Failure of the Exciton Chirality Method and Use of the Sector Rule Applied to the Cotton Effect of the CT Transition [J] . Journal of the American Chemical Society Jacs, 2005, 127 (23): 8242 - 8243.

[73] Yaron, J. Benjamin. Rural Finance: Issues, Design and Best Practices [R] . The World Bank Discussion Papers, 1997.

[74] Pederson, Glenn. Challenges of Agricultural and Rural Finance in Ce, Nis and Baltic Countries [R] . Center for International Food and Agricultural Policy in its Series Working Papers, 1997.

[75] Udry C. Credit Markets in Northern Nigeria: Credit as Insurance in a Rural Economy [J] . World Bank Economic Review, 1990, 4 (3): 1327 - 1350.

[76] Binswanger Hans P. , Shahidur. R. K. Khandker. The Impact of Formal Finance on the Rural Econmy of India [J] . The Journal of Development Studies, 1995, 32 (2): 34 - 62.

[77] Stephens P J, Harada N. ECD Cotton Effect Approximated by the Gaussian Curve and other Methods [J] . Chirality, 2010, 22 (2): 229 - 233.

[78] Pitt. M. M. , Khandker S. R. Household and Intra – household Impact of the Graman Bank and Similar Target Credit Programs in Bangladesh [R] . World Bank

Discussion Paper, Washington D. C, 1996 (3): 320 – 325.

[79] Diagne. Empirical Measurement of Household Access to Credit and Credit Constraints in Developing Countries: Methodological Issues and Evidence [J] . Fcnd Discussion Paper, 1997 (2): 90 – 93.

[80] Easterlin, Richard A. Birth and Fortune: The Impact of Numbers on Personal Welfare [M] . New York: Basic Book1, 1980.

[81] Iqbal, F. The Demand for Funds by Agricultural Household: Evidences from Rural India [J] . The Journal of Development Studies, 1983, 20 (1): 69 – 86.

[82] Mittal. Vikas and Wagner A Kamakura. Satisfaction and Repurchase Behavior: Moderating Influence of Customer and Market Characteristics [J] . Journal of Marketing Research, 2001, 38 (1): 131 – 142.

[83] Pham Bao Duong, Yoichi Izumida. Rural Development Finance in Vietnam: A Micro – econometric Analysis of Household Surveys [J] . World Development, 2002, 30 (2): 319 – 335.

[84] Sarmistha Pal. Household Spectral Choice and Effective Demand for Rural Credit in India [J] . Applied Economics, 2002, 34 (14): 1743 – 1755.

[85] Dufhues T. , Heidhues F. , Buchenrieder G. Participatory Product Design by Using Conjoint Analysis in Rural Financial Market of Northern Vietnam [J] . Asian Economic Journal, 2004, 18 (1): 81 – 114.

[86] Emmett Elam. A. Marketing Strategy for Cotton Roducers Based on Mean Reversion in Cotton Futures Prices [J] . Texas Tech University Lubbock, TX, 2000 (2): 310 – 313.

[87] John Robinson, John Park, Jackie Smith, Carl Anderson. Basic Marketing of Texas Cotton [J] . The Cotton Marketing Planner, 2007 (22): 1 – 4.

[88] Everett M. Rogers, George M. Beal. The Importance of Personal Influence the Adoption of Technological Changes [J] . Social Forces, 1958, 36 (4): 329 – 335.

[89] Easterli, Richard A. Birth and Fortune: The Impact of Numbers on Personal Welfare [M] . NewYork: Basic Book1, 1980.

[90] Pfeffer, Jeffrey Organizational Demography, In Cummings and B. M. Staw (eds), Research in Organizationa Behavior Greenwich [M] . CT: JAI Press, 1983.

［91］Mittal. Vikas，Wagner A. Kamakura. Satisfaction and Repurchase Behavior：The Moderating Influence of Customer and Market Characteristics ［J］. Journal of Marketing Research，2001，38（1）：131 – 142.

［92］D. Sirdeshmukh，J. Singh，B. Sabo，Consumer Trust，Value，and Loyalty in Relational Exchanges ［M］. Journal of Marketing，2002（2）：15 – 37.

［93］陈锡文. 加快发展现代农业着力改善农村民生［EB/OL］. 2010 – 10 – 22［2012 – 02 – 20］. http：//cppcc. People. com. cn /GB/34961 /205719 /205721 /13018379. Html.

［94］龚道广. 农业社会化服务的一般理论及其对农户选择的应用分析［J］. 中国农村观察，2000（6）：25 – 34.

［95］《中国农业技术推广体制改革研究》课题组. 中国农技推广：现状、问题及解决对策［J］. 管理世界，2004（5）：50 – 57，75.

［96］李伟，燕星池，华凡凡. 基于因子分析的农村公共品需求满意度研究［J］. 统计与信息论坛，2014，29（5）：78 – 84.

［97］孔祥智. 中国农业社会化服务：基于供给和需求的研究［M］. 北京：中国人民大学出版社，2009.

［98］赵美玲，马明冲. 我国新型农业社会化服务组织发展现状与路径探析［J］. 广西社会科学，2013（2）：111 – 115.

［99］李炳坤. 农业社会化服务体系的建设与发展［J］. 管理世界，1999（1）：195 – 202.

［100］郭翔宇，范亚东. 发达国家农业社会化服务体系发展的共同特征及其启示［J］. 农业经济问题，1999（7）：60 – 63.

［101］樊亢，戎殿新. 论美国农业社会化服务体系［J］. 世界经济，1994（6）：4 – 12.

［102］金兆怀. 我国农业社会化服务体系建设的国外借鉴和基本思路［J］. 当代经济研究，2002（8）：38 – 41.

［103］龙书芹. 农业社会化服务体系的新的研究路径探讨［J］. 调研世界，2010（3）：26 – 32.

［104］庞晓鹏. 农业社会化服务供求结构差异的比较与分析［J］. 农业技术经济，2006（4）：35 – 40.

［105］孔祥智，徐珍源. 农业社会化服务供求研究——基于供给主体与需求

强度的农户数据分析 [J]. 广西社会科学, 2010 (3): 120 - 125.

[106] 谈存峰, 李双奎等. 欠发达地区农业社会化服务的供给、需求及农户意愿——基于甘肃样本农户的调查分析 [J]. 华南农业大学学报 (社会科学版), 2010 (3): 2 - 8.

[107] 庄丽娟, 贺梅英等. 农业生产性服务需求意愿及影响因素分析——以广东省 450 户荔枝生产者的调查为例 [J]. 中国农村经济, 2011 (3): 70 - 78.

[108] 孙剑, 黄宗煌. 农户农业服务渠道选择行为与影响因素的实证研究 [J]. 农业技术经济, 2009 (1): 67 - 74.

[109] 何安华, 孔祥智. 农民专业合作社对成员服务供需对接的结构性失衡问题研究 [J]. 农村经济, 2011 (8): 6 - 9.

[110] 关锐捷. 构建新型农业社会化服务体系初探 [J]. 农业经济问题, 2012, 33 (4): 4 - 10, 110.

[111] 张颖熙, 夏杰长. 农业社会化服务体系创新的动力机制与路径选择 [J]. 宏观经济研究, 2010 (8): 12 - 17.

[112] 孔祥智, 钟真, 李明. 农业社会化服务体系中的农资供应商: 困境与出路 [J]. 青岛农业大学学报 (社会科学版), 2009 (5): 21 - 25.

[113] 高强, 孔祥智. 我国农业社会化服务体系演进轨迹与政策匹配: 1978 ~ 2013 年 [J]. 改革, 2013 (4): 5 - 18.

[114] 谭智心, 孔祥智. 新时期农业产业化龙头企业提供农业社会化服务的现状、问题及对策研究 [J]. 学习论坛, 2009 (11): 59 - 63.

[115] 鲁可荣, 郭海霞. 农户视角下的农业社会化服务需求意向及实际满足度比较 [J]. 浙江农业学报, 2013, 25 (4): 890 - 896.

[116] 黄祖辉, 高钰玲. 农民专业合作社服务功能的实现程度及其影响因素 [J]. 中国农村经济, 2012 (7): 4 - 16.

[117] 郭霞, 董维春. 农户需求视角下的农技推广服务发展方向探析——基于江苏省农户的调查 [J]. 农业经济, 2008 (5): 73 - 75.

[118] 苑鹏. 农民专业合作组织与农业社会化服务体系建设 [J]. 农村经济, 2011 (1): 3 - 5.

[119] 顾瑞兰, 吴仲斌. 体制机制创新: 新型农业社会化服务体系建设的核心 [J]. 中国财政, 2012 (22): 64 - 65.

[120] 曾福生, 李小卉. 农村合作组织是农业社会化服务的主导力量 [J].

农业现代化研究，2002（5）：390 – 392.

［121］李俏，王建华. 农业社会化服务中的政府角色：转型与优化［J］. 贵州农业科学，2013（1）：109 – 113.

［122］高鸿业. 西方经济学［M］. 北京：北京人民大学出版社，2011.

［123］曹丽，李丹丹，李纯青. 基于 ZIP 模型和 Logistic 模型估计的顾客满意度、口碑推荐和新顾客购买决策关系研究［J］. 预测，2012（4）：15 – 21.

［124］杨雪，王礼力. 社员对农民专业合作社满意度的影响因素分析［J］. 北方园艺，2014（21）：209 – 212.

［125］刘博. 农机购置补贴政策绩效评价与农户满意度影响因素研究［D］. 南京：南京农业大学，2012.

［126］郑杭生. 社会运行论及其在中国的表现——中国特色社会学理论探索的梳理和回顾之一［J］. 广西民族学院学报（哲学社会科学版），2003（4）：2 – 11.

［127］韩明谟. 中国社会学调查研究方法和方法论发展的三个里程碑［J］. 北京大学学报（哲学社会科学版），1997（4）：6 – 16，159.

［128］史清华，侯瑞明. 农户家庭生命周期及其经济运行研究［J］. 农业现代化研究，2001（2）：65 – 70.

［129］庄二平. 食品安全视角下我国农产品绿色供应链管理浅探［J］. 农业经济，2014（2）：116 – 118.

［130］时显勋. 我国有机农产品销售渠道优化研究［D］. 成都：西南财经大学，2013.

［131］黄季焜，王丹，胡继亮. 对实施农产品目标价格政策的思考——基于新疆棉花目标价格改革试点的分析［J］. 中国农村经济，2015（5）：10 – 18.

［132］董婉璐，杨军，程申，李明. 美国农业保险和农产品期货对农民收入的保障作用——以 2012 年美国玉米遭受旱灾为例［J］. 中国农村经济，2014（9）：82 – 96.

［133］张秀青. 美国农业保险与期货市场［J］. 中国金融，2015（13）：74 – 76.

［134］徐欣，胡俞越，韩杨. 农户对市场风险与农产品期货的认知及其影响因素分析——基于 5 省（市）328 份农户问卷调查［J］. 中国农村经济，2010（7）：47 – 55.

［135］汪来喜．粮食期货市场促进我国棉农增产增收问题研究［J］．金融理论与实践，2013（3）：56 - 59.

［136］吕东辉，张郁，张颖．粮食主产区培育农民期货合作组织的影响因素分析——以吉林省梨树县为例［J］．农业技术经济，2010（2）：104 - 109.

［137］郝刚．农产品期货市场服务"三农"模式探讨——以黑龙江绥化地区望奎县为例［J］．新疆财经，2013（1）：19 - 23.

［138］吕东辉，杨印生等．东北玉米主产区农民利用期货市场增收的制约性因素分析［J］．农业技术经济，2007（6）：40 - 44.

［139］徐欣，胡俞越，刘晓雪．农产品期货市场服务"三农"的框架设计与模式选择［J］．世界农业，2010（7）：20 - 25.

［140］刘岩．中美农户对期货市场利用程度的比较与分析［J］．财经问题研究，2008（5）：59 - 66.

［141］刘岩，于左．美国利用期货市场进行农产品价格风险管理的经验及借鉴［J］．中国农村经济，2008（5）：66 - 72.

［142］邓俊锋．农户与农产品期货市场有效对接模式研究［J］．河南农业大学学报，2011（8）：477 - 481.

［143］蔡荣．"合作社＋农户"模式：交易费用节约与农户增收效应——基于山东省苹果种植农户问卷调查的实证分析［J］．中国农村经济，2011（1）：58 - 65.

［144］蔡荣．剩余创造、分配安排与农民专业合作社前景［J］．改革，2012（5）：88 - 93.

［145］孙亚范，余海鹏．立法后农民专业合作社的发展状况和运行机制分析——基于江苏省的调研数据［J］．农业经济问题，2012（2）：89 - 112.

［146］刘洁，祁春节．我国农业合作社制度创新的动力机制及完善对策［J］．农业现代化研究，2011（32）：192 - 195.

［147］刘景莉，张海珍．农民对专业合作社需求的影响因素分析——基于沈阳市200个村的调查［J］．中共石家庄市委党校学报，2008（12）：32 - 35.

［148］邓衡山，王文烂．合作社的本质规定与现实检验——中国到底有没有真正的农民合作社［J］．中国农村经济，2014（7）：15 - 26.

［149］薛天桥．浅谈西方农业合作社新型治理模式及其启示［J］．农业经济，2012（7）：44 - 45.

[150] 白选杰. 构建农户生产与农产品期货市场对接桥梁 [J]. 求索, 2012 (7): 35 - 37.

[151] 苑鹏. "公司 + 合作社 + 农户" 下的四种农业产业化经营模式探析——从农户福利改善的视角 [J]. 中国农村经济, 2013 (4): 71 - 78.

[152] 李永山. 我国农民专业合作组织创新模式研究——基于 "合作组织 + 期货市场" 的视角 [J]. 农业经济问题, 2009 (8): 50 - 54.

[153] 张继承. 农民生产与期货市场的对接机制研究 [J]. 生态经济, 2009 (11): 138 - 141.

[154] 赵佳佳, 刘天军, 田祥宇. 合作意向、能力、程度与 "农超对接" 组织效率——以 "农户 + 合作社 + 超市" 为例 [J]. 农业技术经济, 2014 (7): 105 - 113.

[155] 孙才仁, 王玉莹, 张霞, 王云. 山西农民专业合作社金融支持研究 [J]. 经济问题, 2014 (1): 1 - 11.

[156] 湖北省期货市场服务 "三农" 联合课题组. 发挥期货市场功能加快湖北 "期货农业" 发展——探索期货市场服务 "三农" 新模式 [J]. 武汉金融, 2011 (6): 31 - 35.

[157] 李艺欣. 以农产品期货市场推进农业产业化发展探讨 [J]. 农业经济, 2012 (1): 114 - 116.

[158] 秦敏花. 期货市场在农业现代化进程中的作用研究 [J]. 科技与经济, 2012 (4): 45 - 49.

[159] 姜柏林. 发展期货合作社, 引领农民进入市场 [EB/OL]. 三农中国, 2000, http://www.snzg.net/.

[160] 谢勇模. 期货合作社: 农民避险增收的新模式 [J]. 银行家, 2006 (7): 108 - 111.

[161] 魏君英, 何蒲明. 利用农产品期货市场探索粮食补贴新思路——基于美国的经验 [J]. 生产力研究, 2008 (5): 36 - 40.

[162] 张琦. 我国农民合作组织参与农产品期货市场研究 [D]. 武汉: 武汉轻工大学, 2013.

[163] 孙亚范, 余海鹏. 农民专业合作社成员合作意愿及影响因素分析 [J]. 中国农村经济, 2012 (6): 48 - 58.

[164] 张红云. 农民对专业合作社需求的影响因素分析——基于湖南省180

户农户的问卷调查 [J]．江西农业大学学报，2009（3）：63－67．

［165］杨伊侬．基于 Logit 模型的牧民参与合作社的意愿研究：以内蒙古为例 [J]．农业经济，2012（8）：80－81．

［166］贺梅英，庄丽娟．农户对专业合作组织需求意愿的影响因素——基于广东荔枝主产区的调查 [J]．华南农业大学学报（社会科学版），2012，1（11）：22－27．

［167］马彦丽，施轶坤．农户加入农民专业合作社的意愿、行为及其转化——基于 13 个合作社 340 个农户的实证研究 [J]．农业技术经济，2012（6）：101－108．

［168］黄胜忠，刘洋洋．促进农民专业合作社发展的财政支持政策 [J]．农村经济，2013（12）：64－68．

［169］李敏，王礼力，郭海丽．农户参与合作社意愿的影响因素分析——基于陕西省杨凌示范区的数据 [J]．云南社会科学，2015（3）：63－67．

［170］王克亚，刘婷，邹宇．欠发达地区农户参与专业合作社意愿调查研究 [J]．经济纵横，2009（7）：71－73．

［171］郭凌．美国棉花合作社套期保值效果的实证检验及启示 [J]．世界农业，2012（6）：53－56．

［172］郭红东，陈敏．农户参与专业合作社的意愿及影响因素 [J]．商业研究，2010（6）：168－171．

［173］杨印生，吕东辉．农户重大经济决策行为的仿生学研究——以黑龙江省农户参与利用期货市场行为决策为例 [J]．农业技术经济，2012（2）：48－53．

［174］孙亚范．农民专业合作社治理中的社员参与意愿影响因素研究——基于江苏省的调查数据 [J]．经济问题，2014（3）：94－98．

［175］孙芳，李永亮，李懿．农户参与农业微观组织意愿影响因素分析 [J]．农村经济，2013（2）：28－31．

［176］张启文，周洪鹏，吕拴军，胡乃鹏．农户参与合作社意愿的影响因素分析——以黑龙江省阿城市料甸乡为例 [J]．农业技术经济，2013（3）：98－104．

［177］倪细云．菜农参与蔬菜专业合作社的意愿及影响因素——基于 3 省 607 户的调查分析 [J]．西北农林科技大学学报，2014，5（14）：45－52．

［178］唐茂华，黄少安．农业比较收益低吗？——基于不同成本收益核算框架的比较分析及政策含义［J］．中南财经政法大学学报，2011（4）：53－59．

［179］郑军，史建民．山东省玉米种植成本收益时序变化与特征分析：1998～2010 年［J］．农业现代化研究，2013（11）：744－748．

［180］温凤荣，史建民．主产区玉米价格波动分析——以山东省为例［J］．农业技术经济，2004（7）：89－95．

［181］张立杰．棉花价格研究及预测［D］．天津：天津大学，2012．

［182］张耀兰等．安徽省小麦生产成本收益分析［J］．中国农业资源与区划，2014（4）：116－120．

［183］范成方等．山东省粮食种植成本影响因素的实证分析——以玉米，小麦为例［J］．中国农业资源与区划，2014（2）：67－74．

［184］连雪君等．细碎化土地产权，交易成本与农业生产［J］．中国人口·资源与环境，2014（4）：86－92．

［185］陈立泰等．农业资本利润率变动趋势及其成因的实证研究［J］．产业经济研究，2010（2）：9－17．

［186］段小红．甘肃省粮食综合生产能力不同阶段的影响因素分析［J］．中国农业资源与区划，2011（6）：50－55．

［187］刘宁．我国农机购置补贴对粮食生产成本收益影响分析［J］．价格理论与实践，2010（3）：49－50．

［188］曹帅．中国农业补贴政策变动趋势及其影响分析［J］．公共管理学报，2012（9）：55－64．

［189］马琼等．新疆棉花生产的外部环境成本评估［J］．干旱区资源与环境，2015，29（6）：63－68．

［190］李丽等．棉花收储政策对棉花市场的影响分析［J］．山东农业大学学报（社会科学版），2014（1）：21－25．

［191］孟平，张劲松．中国复合农林业发展机遇与研究展望［J］．防护林科技，2011（1）：7－10，69．

［192］宋延清，王选华．公共选择理论文献综述［J］．商业时代，2009（35）．

［193］王桂胜．福利经济学［M］．北京：中国劳动社会保障出版社，2007．

［194］王洋．新型农业社会化服务体系构建［D］．哈尔滨：东北农业大学，2010．

［195］孔祥智，徐珍源等．当前我国农业社会化服务体系的现状、问题和对策研究［J］．江汉论坛，2009（5）：13－18．

［196］王方红．产业链视角下现代农业服务模式研究［D］．长沙：中南大学，2007．

［197］苏为华．多指标综合评价理论与方法问题研究［D］．厦门：厦门大学，2000．

［198］朱鹏颐．基于现代物流理念创建农资配送新体系［J］．海峡科学，2008（3）：7－8，16．

［199］孔祥智．中国农业社会化服务基于供给和需求的研究［M］．北京：中国人民大学出版社，2009．

［200］黄锡富．建立新型农业社会化服务体系［J］．农家之友，2009（7）：5－6．

［201］李俏．农业社会化服务体系研究［D］．咸阳：西北农林科技大学，2012．

［202］张小东，孙蓉．农业保险对农民收入影响的区域差异分析——基于面板数据聚类分析［J］．保险研究，2015（6）：62－71．

［203］周稳海，赵桂玲，尹成远．农业保险对农业生产影响效应的实证研究——基于河北省面板数据和动态差分 GMM 模型［J］．保险研究，2015（5）：60－68．

［204］黄英君，林文俊，陈丽红．我国农业保险发展滞后的根源分析——以云南省的实地调研为例［J］．云南师范大学学报（哲学社会科学版），2009（3）：91－100．

［205］李尚蒲，罗必良，钟文晶．产权强度、资源禀赋与征地满意度——基于全国273个被征地农户的抽样问卷调查［J］．华中农业大学学报（社会科学版），2013（5）：7－15．

［206］翁贞林，高雪萍，檀竹平．农户禀赋、区域环境与粮农兼业化——基于9省份1647个粮食种植户的问卷调研［J］．农业技术经济，2017（2）：61－71．

［207］冯伟林，李树苗．生态移民风险应对策略的选择及影响因素——基于农户禀赋的视角［J］．农村经济，2016（9）：91－97．

［208］李静．云南省贫困地区农户禀赋对扶贫项目选择影响的实证研究

［D］．昆明：昆明理工大学，2015．

［209］刘子飞，张体伟，胡晶．西南山区农户禀赋对其沼气选择行为的影响——基于云南省1102 份农户数据的实证分析［J］．湖南农业大学学报（社会科学版），2014，15（2）：1 - 7.

［210］方松海，孔祥智．农户禀赋对保护地生产技术采纳的影响分析——以陕西、四川和宁夏为例［J］．农业技术经济，2005（3）：35 - 42.

［211］孔祥智，方松海，庞晓鹏，马九杰．西部地区农户禀赋对农业技术采纳的影响分析［J］．经济研究，2004（12）：85 - 95，122.

［212］陈新建，杨重玉．农户禀赋、风险偏好与农户新技术投入行为——基于广东水果种植农户的调查实证［J］．科技管理研究，2015，35（17）：131 - 135.

［213］樊翔，张军，王红，刘梅．农户禀赋对农户低碳农业生产行为的影响——基于山东省大盛镇农户调查［J］．水土保持研究，2017，24（1）：265 - 271.

［214］国亮，侯军岐．影响农户采纳节水灌溉技术行为的实证研究［J］．开发研究，2012（3）：104 - 107.

［215］丰军辉，何可，张俊飚．家庭禀赋约束下农户作物秸秆能源化需求实证分析——湖北省的经验数据［J］．资源科学，2014，36（3）：530 - 537.

［216］朱月季，周德翼，游良志．非洲农户资源禀赋、内在感知对技术采纳的影响——基于埃塞俄比亚奥罗米亚州的农户调查［J］．资源科学，2015，37（8）：1629 - 1638.

［217］吴冲．农户资源禀赋对优质小麦新品种选择影响的实证研究［D］．南京：南京农业大学，2007.

［218］王宏杰．农户禀赋对家庭收入影响的实证分析［J］．经济论坛，2011（2）：54 - 56.

［219］于艳丽，李桦，姚顺波．村域环境、家庭禀赋与农户林业再投入意愿——以全国集体林权改革试点福建省为例［J］．西北农林科技大学学报（社会科学版）：2017（6）：1 - 10.

［220］陆林．家庭禀赋对农户借贷行为的影响研究［D］．成都：西南财经大学，2016.

［221］黄彦，温继文，孙焕磊．农户禀赋对农业信息服务技术采纳的影响分析［J］．林业经济评论，2012，2（00）：114 - 121.

［222］汪丽娜．农户禀赋、环境特征对农户创业意愿影响的实证研究［D］．

南昌：江西农业大学，2016.

[223] 刘克春，苏为华．农户资源禀赋、交易费用与农户农地使用权流转行为——基于江西省农户调查 [J]．统计研究，2006 (5)：73-77.

[224] 李尚蒲，郑荣馨．禀赋特征、选择偏好与农地流转——来自广东省的农户问卷调查 [J]．学术研究，2012 (7)：78-84.

[225] 普蓂喆，郑风田．初始禀赋、土地依赖与农户土地转出行为分析——基于 23 省 5165 个农户样本的实证分析 [J]．华中科技大学学报（社会科学版），2016，30 (1)：42-50.

[226] 钟文晶，罗必良．禀赋效应、产权强度与农地流转抑制——基于广东省的实证分析 [J]．农业经济问题，2013，34 (3)：6-16，110.

[227] 侯石安．初始禀赋差异、农业补贴与农地流转选择——全国 8 省 30 村的微观实证分析 [J]．中国农业科学，2012，45 (21)：4508-4516.

[228] 林丽梅，刘振滨，许佳贤，郑逸芳．家庭禀赋对农户林地流转意愿及行为的影响——基于闽西北集体林区农户调查 [J]．湖南农业大学学报（社会科学版），2016，17 (2)：16-21.

[229] 朱兰兰，蔡银莺．农户家庭生计禀赋对农地流转的影响——以湖北省不同类型功能区为例 [J]．自然资源学报，2016，31 (9)：1526-1539.

[230] 张淑霞，刘明月，郭丽园．不同风险偏好下养殖户参保意愿的影响因素分析 [J]．东北农业大学学报（社会科学版），2015，13 (2)：1-6.

[231] 陈新建．感知风险、风险规避与农户风险偏好异质性——基于对广东适度规模果农风险偏好的测度检验 [J]．广西大学学报（哲学社会科学版），2017，39 (3)：85-91.

[232] 侯麟科，仇焕广，白军飞，徐志刚．农户风险偏好对农业生产要素投入的影响——以农户玉米品种选择为例 [J]．农业技术经济，2014 (5)：21-29.

[233] 文长存，孙玉竹，吴敬学．农户禀赋、风险偏好对农户西瓜生产决策行为影响的实证分析 [J]．北方园艺，2017 (2)：196-201.

[234] 周波，张旭．农业技术应用中种稻大户风险偏好实证分析——基于江西省 1077 户农户调查 [J]．农林经济管理学报，2014，13 (6)：584-594.

[235] 秦海旺．内蒙古农业保险的对策研究 [D]．北京：中国农业科学院，2006.

[236] 胡宜挺，蒲佐毅．新疆种植业农户风险态度及影响因素分析 [J]．

石河子大学学报（哲学社会科学版），2011（3）：1-6.

[237] 张虎，孔荣. 农户农业保险支付意愿影响因素研究——以福建省龙岩市413户烟农的调查为例 [J]. 西北农林科技大学学报（社会科学版），2014，14（3）：76-82.

[238] 郑春继，余国新，李先东. 风险偏好视角下棉农保险购买意愿差异性分析——基于新疆1726个样本农户的实证调查 [J]. 江苏农业科学，2017，45（2）：269-273.

[239] 郭丽园. 基于风险偏好的养殖户参保行为及影响因素分析 [D]. 咸阳：西北农林科技大学，2014.

[240] 王国军. 农村社会养老保险制度的经济可行性探讨 [J]. 首都经济贸易大学学报，2002（4）：11-15.

[241] 张跃华，顾海英，史清华. 农业保险需求不足效用层面的一个解释及实证研究 [J]. 数量经济技术经济研究，2005（4）：83-92.

[242] 庹国柱，李军. 我国农业保险试验的成就、矛盾及出路 [J]. 金融研究，2003（9）：88-98.

·[243] 赵莹. 准公共物品定义下的农业保险供给 [J]. 财经科学，2004（4）：94-97.

[244] 张跃华，顾海英. 准公共品、外部性与农业保险的性质——对农业保险政策性补贴理论的探讨 [J]. 中国软科学，2004（9）：10-15.

[245] 谢家智，蒲林昌. 政府诱导型农业保险发展模式研究 [J]. 保险研究，2003（11）：42-44，31.

[246] 费友海. 我国农业保险发展困境的深层根源——基于福利经济学角度的分析 [J]. 金融研究，2005（3）：133-144.

[247] 房健. 新型城镇化背景下我国农业保险发展的困境及对策分析 [D]. 成都：西南财经大学，2013.

[248] 周文杰. 中国政策性农业保险效率研究——基于交易成本角度[J]. 保险研究，2014（11）：33-41.

[249] 郑军，朱甜甜. 经济效率和社会效率：农业保险财政补贴综合评价 [J]. 金融经济学研究，2014，29（3）：88-97.

[250] 邱波，郑龙龙. 巨灾风险视角下的我国政策性农业保险效率研究 [J]. 农业经济问题，2016，37（5）：69-76.

［251］徐文燕．河北省农业保险对农户生产行为的影响研究［D］．成都：西南财经大学，2014.

［252］代宁，陶建平．政策性农业保险对农业生产水平影响效应的实证研究——基于全国 31 个省份面板数据分位数回归［J］．中国农业大学学报，2017，22（12）：163－173.

［253］宁满秀，苗齐，邢鹂，钟甫宁．农户对农业保险支付意愿的实证分析——以新疆玛纳斯河流域为例［J］．中国农村经济，2006（6）：43－51.

［254］于洋，王尔大．多保障水平下农户的农业保险支付意愿——基于辽宁省盘山县水稻保险的实证分析［J］．中国农村观察，2011（5）：55－68，96－97.

［255］罗立．政府参与、农户风险感知与农业保险购买意愿［D］．成都：西南财经大学，2016.

［256］惠莉，刘荣茂，陆莹莹．农户对农业保险需求的实证分析——以江苏省涟水县为例［J］．灾害学，2008（3）：130－134.

［257］余洋．基于保障水平的农业保险保费补贴差异化政策研究——美国的经验与中国的选择［J］．农业经济问题，2013，34（10）：29－35，110.

［258］匡昕，吴剑，夏帆．基于结构方程模型的农户购买农业保险的影响因素分析［J］．农村经济与科技，2015，26（7）：121－125.

［259］王秀芬，李茂松，王春艳．不同类型农户农业保险需求意愿影响因素分析——以吉林省为例［J］．吉林农业大学学报，2013，35（3）：364－368.

［260］宁满秀，邢鹂，钟甫宁．影响农户购买农业保险决策因素的实证分析——以新疆玛纳斯河流域为例［J］．农业经济问题，2005（6）：38－44，79.

［261］杜鹏．农户农业保险需求的影响因素研究——基于湖北省五县市 342 户农户的调查［J］．农业经济问题，2011（11）：78－83，112.

［262］张建伦，时秀霞．经济收益、风险博弈与农业保险参与行为——来自中华联合财产保险公司的实证［J］．保险职业学院学报，2007（6）：55－58.

［263］聂荣，沈大娟．农业保险参保决策对农民消费行为影响的实证研究［J］．东北大学学报（社会科学版），2016，18（4）：362－368.

［264］张芳洁，刘凯凯，柏士林．政策性农业保险中投保农户道德风险的博弈分析［J］．西北农林科技大学学报（社会科学版），2013，13（4）：82－87.

［265］李勇杰．论农业保险中道德风险防范机制的构筑［J］．保险研究，

2008 (7): 67 - 69.

[266] 金大卫, 潘勇辉. 政策性农业保险的道德风险调控初探——基于信息经济学的视角 [J]. 农业经济问题, 2009, 30 (10): 25 - 33.

[267] 温燕. 农产品价格对农业保险投保及道德风险的影响: 一个理论框架及政策建议 [J]. 保险研究, 2013 (9): 18 - 30.

[268] 彭可茂, 席利卿, 彭开丽. 农户水稻保险支付意愿影响因素的实证研究——基于广东 34 地 1772 户农户的经验数据 [J]. 保险研究, 2012 (4): 33 - 43.

[269] 陈泽育, 凌远云, 李文芳. 农户对农业保险支付意愿的测算及其影响因素的分析——以湖北省兴山县烟叶保险为例 [J]. 南方经济, 2008 (7): 34 - 44.

[270] 杨世华. 农业社会化服务体系的研究 [J]. 玉溪师范学院学报, 2011, 27 (7): 19 - 29.

[271] 周维松. 市场经济国家农业社会化服务组织的类型和现状 [J]. 中共四川省委省级机关党校学报, 2003 (2): 60 - 62.

[272] 程富强, 张龙. 关于完善我国农业社会化服务体系的思考 [J]. 北京农业职业学院学报, 2005 (2): 16 - 19.

[273] 卢小磊, 张淑云, 赵翠媛等. 大学主导型农业社会化服务的供求差异分析 [J]. 贵州农业科学, 2009, 37 (12): 224 - 227.

[274] 卢锋. 棉花供求变化周期性与我国棉花积压亏损问题 [J]. 福建论坛 (经济社会版), 2000 (1): 13 - 15.

[275] 王兆阳. 我国棉花供给价格弹性的实证分析及政策启示 [J]. 中国物价, 2003 (3): 36 - 39.

[276] 杜珉. 我国棉花供求状况及对策分析 [J]. 中国农垦, 2005 (7): 26 - 29.

[277] 孔庆平. 新疆棉花产业面临的困境与发展战略探讨 [A]. 中国棉花学会, 2015.

[278] 吴林海, 侯博, 高申荣. 基于结构方程模型的分散农户农药残留认知与主要影响因素分析 [J]. 中国农村经济, 2011 (3): 35 - 48.

[279] 马海霞. 新疆棉花产业可持续发展的困境——以家庭为单位的经济学研究 [J]. 新疆财经, 2008 (6): 24 - 29.

［280］李锋虎．新疆棉花发展面临的困难与挑战［J］．中国农业信息，2015（14）：47-48．

［281］马延亮．新疆农业水价改革问题研究［J］．新疆经济研究，2014（159）：20-25．

［282］庄丽娟，贺梅英．我国荔枝主产区农户技术服务需求意愿及影响因素分析［J］．农业经济问题，2010（11）：61-67．

［283］陈风波，丁士军．农户行为变迁与农村经济发展：对民国以来汉江平原的研究［M］．北京：中国农业出版社，2007．

［284］秦建群，吕忠伟，秦建国．中国农户信贷需求及其影响因素分析——基于Logistic模型的实证研究［J］．当代经济科学，2011（5）：27-33，125．

［285］朱院利，李双奎．主要国家农业社会化服务体系述评［J］．福建论坛（社科教育版），2009（12）：57-59．

［286］高志敏，彭梦春．发达国家农业社会化服务模式及中国新型农业社会化服务体系的发展思路［J］．世界农业，2012（12）：50-53，57．

［287］王勇．沿海发达地区农民专业合作社的农业社会化服务功能［J］．农机化研究，2013（9）：246-249．

［288］杨飞虎，余国新．新疆不同地区农业社会化服务内容比较研究——以生产服务为例［J］．广东农业科学，2012（24）：218-222，232．

［289］杨爽，余国新．农户对不同社会化服务的需求及模式选择——基于新疆784个样本农户的调查［J］．调研世界，2013（3）：32-37．

［290］胡家浩．美、德农业社会化服务提供的启示［J］．开放导报，2008（5）：88-91．

［291］许先．农业市场营销的一条有效渠道——农村供销合作社——美国农业合作社体系的启示［J］．商业研究，2001（10）：115-117．

［292］孙明．美国农业社会化服务体系的经验借鉴［J］．经济问题探索，2002（12）：125-128．

［293］宋莉，靖飞．美国农业社会化服务现状及其对我国的启示［J］．江苏农业科学，2012（6）：10-11．

［294］黄乐珊，李红，孙泽昭．棉花产业在新疆区域经济中的地位［J］．新疆农业科学，2006（S1）：38-41．

［295］杨忠娜，唐继军，喻晓玲．新疆棉花产业对国民经济的影响及对策研

究［J］．农业现代化研究，2013（3）：298 – 302.

［296］盛承发，王红托，宣维健．新疆棉花比较优势的进一步分析：基于经济收益［J］．干旱区地理，2002（1）：40 – 43.

［297］周英虎．2008 年新疆棉花成本效益分析与 2009 年新疆棉花发展趋势预测——以哈密地区为例［J］．会计之友（下旬刊），2009（3）：33 – 34.

［298］霍远，张敏，王惠．新疆棉花成本及经济效益分析［J］．干旱区地理，2011（5）：838 – 842.

［299］孙良斌．新疆棉花现货与期货市场价格动态关系的实证分析［J］．安徽农业科学，2011（8）：4958 – 4960.

［300］李辉，孔哲礼．棉花期货市场对棉花产业保障作用的实证研究——以新疆棉区为例［J］．改革与战略，2009（5）：83 – 85.

［301］李成友，杨红，刘春宇．不同区域间棉花期货价格发现功能对比分析——以新疆为例［J］．安徽农业科学，2011（32）：88 – 92.

［302］祁春节．美国棉花补贴政策研究［J］．中国棉花，2003（9）：2 – 5.

［303］谭砚文．美国 2008 新农业法案中的棉花补贴政策及其启示［J］．农业经济问题，2009（4）：103 – 109，112.

［304］杨秀玉，马建荣，刘平方．美国棉花补贴农业政策及其特点［J］．世界农业，2013（12）：78 – 80.

［305］章杏杏，朱启荣．美国棉花补贴政策及其影响作用［J］．世界农业，2005（8）：34 – 36.

［306］郁大海．我国农业社会化服务体系改革创新研究［J］．农业经济，2010（1）：6 – 8.

［307］殷秀萍，王洋，郭翔宇．构建新型农业社会化服务体系的影响因素及解决对策［J］．学术交流，2013（5）：146 – 149.

［308］王洋，殷秀萍，郭翔宇．农业社会化服务供给模式分析与评价［J］．农机化研究，2011（11）：1 – 4.

［309］高俊才．美国农业社会化服务简介［J］．中国农垦经济，2000（10）：30.

［310］顾瑞兰，杜辉．美国、日本农业社会化服务体系的经验与启示［J］．世界农业，2012（7）：7 – 10.

［311］刘胜林，王雨林，卢冲，西爱琴．感知价值理论视角下农户政策性生

猪保险支付意愿研究——以四川省三县调查数据的结构方程模型分析为例［J］. 华中农业大学学报（社会科学版），2015（3）：21 - 27.

［312］高峰，赵密霞. 美国、日本、法国农业社会化服务体系的比较［J］. 世界农业，2014（4）：35 - 39.

［313］邱慧芳. 美国农工商一体化中的政府作用［J］. 农业经济问题，1999（2）：61 - 62.

［314］王蕾，朱玉春. 基于农户收入异质性视角的农田水利设施供给效果分析［J］. 软科学，2013（9）：122 - 126.

［315］朱玉春，唐娟莉，郑英宁. 欠发达地区农村公共服务满意度及其影响因素分析——基于西北五省 1478 户农户的调查［J］. 中国人口科学，2010（2）：82 - 91，112.

［316］郑德亮，袁建华，赵伟. 农村公共投资满意度情况调查及其敏感度分析——以山东省农户调查数据为例［J］. 农业技术经济，2009（6）：31 - 39.

［317］张启文，黄可权. 新型农业经营主体金融服务体系创新研究［J］. 学术交流，2015（7）：130 - 135.

［318］李劲松. 中国环境经济政策伦理及其实践路径［D］. 长沙：湖南师范大学，2013.

［319］徐芝兰. 政府经济行为法律规制问题研究［D］. 合肥：安徽财经大学，2012.

［320］王海军. 新型农业合作经济组织发展研究［D］. 咸阳：西北农林科技大学，2007.

［321］罗纳德·麦金农. 经济发展中的货币与资本［M］. 上海：上海三联书店，1988.

［322］爱德华·S. 肖. 经济发展中的金融深化［M］. 上海：上海三联书店，1988.

［323］斯蒂格利茨，赫尔曼，默多克. 金融约束：一个新的分析框架［M］. 上海：上海三联书店，1997.

［324］庞新军，冉光和. 风险态度、农户信贷与信贷配给——基于张家港市问卷调查的分析［J］. 经济经纬，2014，31（1）：149 - 154.

［325］李岩，赵翠霞，于丽红. 不同区域农户贷款行为的影响因素分析——以连续 6 年农户贷款面板数据为依据［J］. 金融理论与实践，2014（5）：

29 – 34.

[326] 程杨, 刘清华, 吴锟. 城乡一体化背景下中国西部地区农户金融需求及其影响因素研究 [J]. 世界农业, 2014 (5): 194 – 199.

[327] 许崇正, 高希武. 农村金融对增加农民收入支持状况的实证分析 [J]. 金融研究, 2005 (9): 173 – 185.

[328] 苏亮瑜. 农户金融服务需求实证研究——以广东省农户融资状况为视角 [J]. 南方金融, 2007 (3): 41 – 43.

[329] 赵峦, 孙文凯. 农信社改革对改善金融支农的政策效应评估 [J]. 金融研究, 2010 (3): 194 – 206.

[330] 许辉. 基于农户采纳行为的农村金融服务创新研究——基于对浙江省农村的调查 [J]. 生产力研究, 2013 (2): 74 – 76.

[331] 刘艳, 马利锋, 郭姝宇, 范静. 农村信贷约束影响因素的实证研究——基于 1207 户农户的调查数据 [J]. 中国农机化学报, 2013, 34 (6): 301 – 304.

[332] 王静, 吴海霞, 霍学喜. 信贷约束、农户融资困境及金融排斥影响因素分析 [J]. 西北农林科技大学学报 (社会科学版), 2014, 14 (3): 62 – 70.

[333] 胡振, 臧日宏. 中国农村金融排斥地域差异及因素研究 [J]. 中国农业大学学报, 2014, 31 (2): 115 – 123.

[334] 霍学喜, 屈小博. 西部传统农业区域农户资金借贷需求与供给分析——对陕西渭北地区农户资金借贷的调查与思考 [J]. 中国农村经济, 2005 (8): 58 – 67.

[335] 罗俊勤. 富裕地区农户借贷需求的阶层差异研究——以浙江省为例 [J]. 农村经济, 2010 (7): 86 – 90.

[336] 汪小亚. 掌握需求特点, 改善农户金融服务——基于 2 万户样本 "农户借贷情况问卷调查" 的分析 [J]. 中国金融, 2009 (20): 45 – 47.

[337] 中国人民银行长沙中心支行课题组, 彭育贤, 邹庆华. 县域经济发展新趋势催生金融服务新需求——对湖南县长、县域企业和农户问卷调查综合分析 [J]. 武汉金融, 2010 (8): 60 – 61.

[338] 钟春平, 孙焕民, 徐长生. 信贷约束、信贷需求与农户借贷行为: 安徽的经验证据 [J]. 金融研究, 2010 (11): 189 – 206.

[339] 程郁, 罗丹. 信贷约束下中国农户信贷缺口的估计 [J]. 世界经济

文汇，2010（2）：69-80.

[340] 杜晓颖. 基于农户收入结构变化的农村金融服务需求 [J]. 商业研究，2011，40（3）：203-207.

[341] 张毅. 怀化农户融资需求差异分析——基于怀化市农户融资行为的调查 [J]. 金融经济，2013（22）：177-179.

[342] 杨帆，和军. 农村金融需求调研分析——以辽宁大连农村为例[J]. 商业经济，2014（4）：14-16.

[343] 邓芬芬. 差异性农户金融需求与同质性金融供给问题研究——基于湖南永州市240户农户金融供需状况调查 [J]. 金融经济，2014（10）：203-205.

[344] 周天芸，李杰. 农户借贷行为与中国农村二元金融结构的经验研究 [J]. 世界经济，2005（11）：19-25.

[345] 王冀宁，赵顺龙. 外部性约束、认知偏差、行为偏差与农户贷款困境——来自716户农户贷款调查问卷数据的实证检验 [J]. 管理世界，2007（9）：69-75.

[346] 汪婉莉，杨林娟. 甘肃省农户借贷行为的实证研究 [J]. 甘肃农业大学学报，2008（3）：148-149.

[347] 刘松林，杜辉. 基于农户收入水平的借贷需求特征分析 [J]. 统计与决策，2010（8）：90-92.

[348] 秦建国，吕忠伟，秦建群. 我国西部地区农户借贷行为影响因素的实证研究 [J]. 财经论丛，2011（3）：78-84.

[349] 潘海英，翟方正，刘丹丹. 经济发达地区农户借贷需求特征及影响因素研究——基于浙江温岭市的调查 [J]. 财贸研究，2011（5）：48-52.

[350] 杨汝岱，陈斌开，朱诗娥. 基于社会网络视角的农户民间借贷需求行为研究 [J]. 经济研究，2011（11）：116-129.

[351] 燕小青，张红伟. 农户信贷需求、民间金融与农户增收——基于浙江地区经验实证 [J]. 天府新论，2013（5）：62-65.

[352] 赵丙奇，金彬. 社会资本视角的农户民间借贷行为分析 [J]. 宁波大学学报（人文科学版），2013（6）：91-94.

[353] 杨京泽. 中部地区农户信贷需求与正规信贷行为关系的实证研究——基于湖北襄阳710户农民家庭的调查 [J]. 武汉金融，2014（7）：60-63.

[354] 蒋海燕. 关于农户借贷行为的调查研究——以江苏省海门市四甲镇为

例［J］．农业经济，2014（5）：101 – 103.

［355］颜志杰，张林秀，张兵．中国农户信贷特征及其影响因素分析［J］．农业技术经济，2005（1）：2 – 8.

［356］周宗安．农户信贷需求的调查与评析：以山东省为例［J］．金融研究，2010（2）：195 – 206.

［357］王定祥，田庆刚，李伶俐，王小华．贫困型农户信贷需求与信贷行为实证研究［J］．金融研究，2011（5）：124 – 138.

［358］刘浩，罗剑朝．新型农村金融机构引入区农户借贷行为影响因素实证研究［J］．中国农学通报，2014，30（2）：130 – 135.

［359］杜谊．农户信贷意愿的影响因素分析——基于湖南省 230 户农户的调查［J］．当代经济，2014（8）：126 – 128.

［360］狄瑞鸿，邵传林．西北欠发达地区农户信贷需求及其影响因素分析——来自甘肃两个镇的经验证据［J］．宁夏社会科学，2014（1）：56 – 60.

［361］朱守银，张照新．中国农村金融市场供给和需求——以传统农区为例［J］．管理世界，2003（3）：88 – 95.

［362］何军，宁满秀，史清华．农户民间借贷需求及影响因素实证研究——基于江苏省 390 户农户调查数据分析［J］．南京农业大学学报（社会科学版），2005（12）：20 – 24.

［363］胡金焱，张博．农户信贷需求的影响因素——基于农户调查的实证研究［J］．金融论坛，2014（1）：3 – 9.

［364］徐璋勇，杨贺．农户信贷行为倾向及其影响因素分析——基于西部 11 省（区）1664 户农户的调查［J］．中国软科学，2014（3）：45 – 56.

［365］李韬，罗剑朝，陈妍．农户正规融资获贷笔数及影响分析——基于泊松门栏模型的微观实证研究［J］．农业技术经济，2014（5）：42 – 49.

［366］刘娟，张乐柱．农户借贷需求意愿及其影响因素实证研究［J］．中南财经政法大学学报，2014（1）：16 – 21.

［367］王朝才．根据农户不同需求完善多层次现代农村金融服务体系［J］．经济研究参考，2011（18）：21 – 25.

［368］王奎武，匡勇．关于新型农村科技服务模式发展的思考［J］．农业科技管理，2008，27（1）：64 – 67.

［369］黄修杰，郑业鲁．现代农业科技服务的现状与对策研究——以广东为

例［J］．中国农学通报，2009，25（13）：250 - 253．

［370］李广明．智慧金融环境下的农村金融信息服务平台研究［J］．上海金融学院学报，2012，11（2）：228 - 234．

［371］彭澎．农民资金互助合作社风险防范机制探讨［J］．现代金融，2010，329（7）：18 - 19．

［372］林乐芬，赵倩．长三角地区农民资金互助合作社运行满意度及影响因素分析——以泰州市苏陈资金互助合作社为例［J］．南京邮电大学学报，2012，14（3）：24 - 33．

［373］韩明谟．农村社会学［M］．北京：北京大学出版社，2001．

［374］史清华．农户经济增长与发展研究［M］．北京：中国农业出版社，1999．

［375］恰亚诺夫．农民经济组织［M］．萧正洪译．北京：中央译文出版社，1996．

［376］西奥多·W．舒尔茨．改造传统农业［M］．梁小民译．北京：汉译世界学术名著丛书出版社，2006．

［377］黄宗智．长江三角洲小农家庭与乡村发展［M］．北京：中华书局，2000．

［378］王曙光，乔郁．农村金融学（第1版）［M］．北京：北京大学出版社，2008．

［379］王迪，王进，钱中平．常州市农业社会化服务供需分析［J］．中国集体经济，2012（22）：6 - 7．

［380］王迪，周洁，钱中平．农业现代化服务模式选择研究——以常州市为例［J］．安徽农业科学，2012（34）：16906 - 16907，16920．

［381］李荣耀．农户对农业社会化服务的需求优先序研究——基于15省微观调查数据的分析［J］．西北农林科技大学学报（社会科学版），2015（1）：86 - 94．

［382］周曙东，朱红根，卞琦娟，王玉霞．种稻大户订单售粮行为的影响因素分析——基于江西省8县591个农户样本数据［J］．农业技术经济，2008（5）：38 - 44．

［383］罗万纯．农户农产品销售渠道选择及影响因素分析［J］．调研世界，2013（1）：35 - 37，52．

［384］侯建昀，霍学喜．交易成本与农户农产品销售渠道选择——来自7省124村苹果种植户的经验证据［J］．山西财经大学学报，2013（7）：56－64．

［385］齐文娥，唐雯珊．农户农产品销售渠道的选择与评价——广东省荔枝种植者为例［J］．中国农村观察，2009（6）．

［386］祝宏辉，王秀清．新疆番茄产业中农户参与订单农业的影响因素分析［J］．中国农村经济，2007（7）：67－75．

［387］乌云花，黄季焜，ScottRozelle．水果销售渠道主要影响因素的实证研究［J］．系统工程理论与实践，2009（4）：58－66．

［388］乔颖丽，岳玉平，钱善良．蔬菜种植户销售渠道选择行为影响因素分析——以河北省丰宁县为例［J］．广东农业科学，2014（1）：227－231．

［389］闫玉娟，白山稳，陈俊鸿等．陕西省农业现代化进程中农产品销售渠道优化研究［J］．山西农业科学，2014（2）：190－194．

［390］耿献辉，周应恒．小农户与现代销售渠道选择——来自中国梨园的经验数据［J］．中国流通经济，2012（6）：82－87．

［391］万国伟，万迈，安部淳．农户对农业社会化服务需求的影响因素研究——浙江蔬果主产地实证［J］．农业经济与管理，2016（1）：88－96．

［392］乐永海，陈华．农业社会化服务渠道选择及其满意度研究——基于新疆地区红枣产业种植农户的调查数据［J］．天津农业科学，2011（6）：63－69．

［393］郭锦墉，尹琴，廖小官．农产品营销中影响农户合作伙伴选择的因素分析——基于江西省农户的实证［J］．农业经济问题，2007（1）：86－93．

［394］程燕，李先德．啤酒大麦农户销售意愿影响因素的实证分析——基于内蒙古、新疆的调查数据［J］．世界农业，2014（8）：143－147，160．

［395］王丽萍，罗发恒，陈美萍．广东肇庆蔬菜种植户的农业生产性服务需求及其影响因素［J］．贵州农业科学，2015（7）：206－210．

［396］张季秋．大邑县食用菌种植户技术服务需求研究［D］．成都：四川农业大学，2012．

［397］郑晶．种稻大户农技信息渠道选择影响因素研究［D］．南昌：江西农业大学，2013．

［398］董敏，赵学娇，罗明灿，风军．云南农户核桃销售渠道实证研究［J］．林业经济，2016（6）：59－64．

［399］宋金田，祁春节．交易成本对农户农产品销售方式选择的影响——基

于对柑橘种植农户的调查［J］. 中国农村观察, 2011 (5)：33 - 44, 96.

［400］屈小博, 霍学喜. 交易成本对农户农产品销售行为的影响——基于陕西省 6 个县 27 个村果农调查数据的分析［J］. 中国农村经济, 2007 (8).

［401］宋瑛. 西南农户选择农产品营销渠道的影响因素研究——基于川云黔渝四省 (市) 489 户农户的调查数据［J］. 生产力研究, 2015 (4)：45 - 49.

［402］徐泽喜. 农户农产品多元销售渠道效率的比较研究［D］. 广州：华南农业大学, 2016.

［403］申延龄, 布娲鹣·阿布拉. 昌吉市葡萄农户销售渠道选择影响因素分析［J］. 北方园艺, 2015 (10)：180 - 183.

［404］彭朵芬. 农户渠道选择行为的影响因素研究［D］. 广州：华南农业大学, 2016.

［405］耿献辉, 周应恒, 林连升. 现代销售渠道选择与水产养殖收益——来自江苏省的调查数据［J］. 农业经济与管理, 2013 (3)：54 - 61.

［406］陈晓琴, 王钊. 农户农产品销售渠道选择行为研究——基于重庆市 479 名农户的调查数据［J］. 调研世界, 2017 (2)：24 - 28.

［407］庄二平. 农副土特产品销售渠道探析［J］. 农业经济, 2013 (4)：127 - 128.

［408］翁贞林, 朱红根, 张月水. 稻作经营大户合同售粮行为的影响因素分析——基于江西省滨湖地区 492 个样本大户的调查［J］. 中国农村经济, 2009 (6)：27 - 36 + 61.

［409］康婷, 穆月英. 生计资本视角的农户蔬菜销售渠道及其相互关系［J］. 中国农业大学学报, 2016 (11)：145 - 154.

［410］孙珊珊, 刘彤, 王慧, 汤庆安. 从农村经纪人入手的农村物流服务体系建设研究——以砀山县为例［J］. 安徽农业科学, 2015 (6)：333 - 334, 336.

［411］吴欣桦. 我国农业合作社发展的历史、现状及趋势研究［D］. 重庆：重庆理工大学, 2014.

［412］宋洪远. 新型农业社会化服务体系建设研究［J］. 中国流通经济, 2010 (6)：35 - 38.

［413］章芸. 农民专业合作社扶持政策满意度影响因素的研究［D］. 南昌：江西农业大学, 2013.

［414］于雅雯, 余国新. 农业信息社会化服务结构性失衡的影响因素分

析——基于新疆10县28乡（镇）784个农户的调查［J］．中国农业资源与区划，2016，37（12）：28-35.

［415］仝志辉，侯宏伟．农业社会化服务体系：对象选择与构建策略［J］．改革，2015（1）：132-139.

［416］李俏，张波．农业社会化服务需求的影响因素分析——基于陕西省74个村214户农户的抽样调查［J］．农村经济，2011（6）：83-87.

［417］蒲娟，余国新．新形势下农业社会化服务效果评价——基于新疆不同种植规模农户的研究［J］．调研世界，2016（3）：16-21.

［418］杨爽，余国新，闫艳燕．发达国家农业社会化服务模式的经验借鉴［J］．世界农业，2014（6）：155-157.

［419］穆娜娜，孔祥智，钟真．农业社会化服务模式创新与农民增收的长效机制——基于多个案例的实证分析［J］．江海学刊，2016（1）：65-71.

［420］蒋永穆，周宇晗．农业区域社会化服务供给：模式、评价与启示［J］．学习与探索，2016（1）：102-107.

［421］夏蓓，蒋乃华．种粮大户需要农业社会化服务吗——基于江苏省扬州地区264个样本农户的调查［J］．农业技术经济，2016（8）：15-24.

［422］徐斌，应瑞瑶．基于委托—代理视角的农业社会化服务满意度评价研究——以病虫害统防统治为例［J］．中国软科学，2015（5）：67-76.

# 附录　调查问卷

## 区域棉花农业社会化服务调查问卷

调查地点：＿＿＿＿市＿＿＿＿县＿＿＿＿乡＿＿＿＿村＿＿＿＿组

调查时间：＿＿＿＿年

村离乡镇政府：＿＿＿＿公里

村里是否通公交汽车：□是　□否

村距离火车站＿＿＿＿公里

村里是否有专职的技术人员：□有　□否

村里是否有专职的信息员：□有　□否

## 一、基本信息

1. 户主信息

| 项目 | 性别 | 民族 | 年龄 | 文化程度 | 家庭人口数（人） | 劳动力人口数（人） | 社会经历（编码1） | 当前是否务农（①是；②否） | 家庭其他成员职业（编码2） |
|---|---|---|---|---|---|---|---|---|---|
| 选项 | | | | | | | | | |

编码1：①曾担任村干部；②外出打工；③司机；④退伍军人；⑤匠人；⑥小店主；⑦宗教人士；⑧无特殊经历。

编码2：①短期务工；②为农产品经销商打工；③企业工人；④自营工商业；⑤村干部；⑥教师；⑦大学生；⑧其他。

2. 您家种植耕地面积_____亩，其中租赁耕地_____亩。

3. 您家从_____年开始种植棉花，2014 年棉花种植种类：①人工棉　②机采棉机；2014 年棉花种植及收入情况是：

| 种植面积（亩） | 投入劳动力 | | | | 投入资金（元） | | | | | | | | 产量与销量 | | |
| --- | --- | --- | --- | --- | --- | --- | --- | --- | --- | --- | --- | --- | --- | --- | --- |
| | 自家劳动力（天） | 换工（天） | 雇用劳动力 | | 农药 | 化肥（农家肥） | 种子 | 地膜 | 水费 | 机耕 | 采摘 | 运输 | 其他 | 总产量（公斤） | 销售量（公斤） | 价格 |
| | | | 数量（天） | 单价（元/天） | | | | | | | | | | | | |
| | | | | | | | | | | | | | | | | |

4. 您家 2014 年的总收入_____元，其中棉花收入占家庭总收入比重为_____%。

5. 您家在县域范围内的社会关系（亲朋）情况：（可多选）

①个体运输　②农业保险机构　③担任村镇领导及县里领导　④从事农业技术推广　⑤在金融机构　⑥从事农产品销售　⑦在棉花加工厂　⑧是农产品经纪人

6. 下面哪项符合您家庭的实际情况？（可多选）

①电话　②手机　③电视、广播　④有电脑（可上网）　⑤订阅了报纸或杂志

7. 您家中有下列哪些设备？（可多选）

①农用汽车　②除草机　③小汽车　④粉碎机　⑤灌溉设备　⑥打药机械　⑦拖拉机

8. 您在农业活动中种植或养殖行为偏好是：

①高投资高收益　②低投资低收益　③中投资中收益　④有时偏好高投资高收益，有时偏好低投资低收益

9. 您村是否有农业合作社：

①有　②没有

您是否参加农业合作社：

①是　②否

您加入的合作社提供的服务有哪些？（多选）

①生产资料统一采购　②生产销售信息服务　③提供技术指导、病虫害防

治、机械作业等服务　④提供销售服务　⑤运输服务　⑥其他服务

加入合作社，您觉得在下列哪些方面获益很大？（多选，按获益程度由大到小排列）

①减少了购买生产资料的费用　②获得了较多的技术服务，提高了产品品质　③集体销售，提高了销售价格　④更有力地抵抗市场及外在的风险，生产经营有保障　⑤资金借贷　⑥获得的信息更丰富、准确

对合作社的满意程度：①很满意　②满意　③基本满意　④不太满意　⑤不满意

没有加入合作社的原因是：①不知道合作社　②本村没有合作社　③当地有合作社，但不了解　④加入要缴纳费用，不合算　⑤合作社没有作用

今后您是否有加入合作经济组织的意愿？①打算加入　②不打算加入　③没想过

10. 您家与村里其他农户的关系如何？①融洽　②较融洽　③不融洽

11. 您与村里其他农户就棉花生产问题交流情况：①经常　②偶尔　③较少　④没有

## 二、技术指导与来源

1. 对当前技术服务满意吗？①很满意　②满意　③基本满意　④不太满意　⑤不满意

2. 在近 2 年中您及家人接受过哪些技术培训？（多选）一年参加_____次？

①新品种技术　②播种技术　③田间栽培管理　④病虫害防治技术　⑤科学施肥　⑥节水灌溉技术　⑦农药安全使用技术　⑧机械采收技术　⑨残膜回收技术　⑩地膜覆盖技术　⑪秸秆粉碎技术

3. 您使用新技术时，下列因素重要吗？（按影响重要程度排序，最重要的排第一位）

①新技术使用的资金　②技术的适用性　③技术具有好的营利性　④技术的可操作性　⑤新技术的风险

4. 您对技术服务需求强烈程度？①不需要　②无所谓　③需要　④很需要　⑤强烈需要

5. 您目前获得技术服务的基本情况是：

| 生产环节 | 技术指导类型 | 目前是否获得该技术指导（①是；②否） | 技术指导需求的强烈程度（填写编码1） | 满意程度（填写编码2） | 目前获得技术指导的主体（填写编码3） | 获得技术指导的理想主体（填写编码3） | 目前获取技术指导的主要渠道（填写编码4） | 获取技术指导的理想渠道（填写编码4） |
|---|---|---|---|---|---|---|---|---|
| 产前 | 新品种技术 | | | | | | | |
| | 播种技术 | | | | | | | |
| 产中 | 地膜覆盖技术 | | | | | | | |
| | 田间栽培管理 | | | | | | | |
| | 病虫害防治 | | | | | | | |
| | 科学施肥 | | | | | | | |
| | 节水灌溉技术 | | | | | | | |
| | 农药安全使用技术 | | | | | | | |
| 产后 | 机械采收技术 | | | | | | | |
| | 秸秆粉碎技术 | | | | | | | |
| | 地膜回收技术 | | | | | | | |

编码1：①不需要；②无所谓；③需要；④很需要；⑤强烈需要。

编码2：①很满意；②满意；③基本满意；④不太满意；⑤不满意。

编码3：①农技推广部门与基层技术服务站；②农民专业技术协会或合作社；③农资企业或加工厂；④大学和科研单位；⑤村干部或村组集体；⑥亲朋好友与其他农户。

编码4：①大众传媒（电视、广播等）；②技术示范、观摩；③邻居亲戚朋友；④互联网（网络浏览）或手机消息；⑤书刊、科技小报和宣传册；⑥科教录像光盘与讲座培训。

6. 您认为棉农最需要的技术服务：（按需求的强烈程度排序，最需要排第一位，排前五项）

①新品种技术　②播种技术　③田间栽培管理　④病虫害防治技术　⑤科学施肥　⑥节水灌溉技术　⑦农药安全使用技术　⑧机械采收技术　⑨残膜回收技术　⑩地膜覆盖技术　⑪秸秆粉碎技术

7. 您理想获得技术指导的主体是：（按需求强烈程度排序，最希望排第一位，排前五项）

①农技推广部门与基层技术服务站　②农民专业技术协会或合作社　③农资企业或加工厂　④大学和科研单位　⑤村干部或村组集体　⑥亲朋好友与其他农户

请您按对他们服务的满意程度由高到低排序（　　　）。

8. 您理想获取技术的渠道是：（按需求强烈程度排序，最希望渠道排第一位，排前五项）

①大众传媒（电视、广播等）　②技术示范、观摩　③邻居亲戚朋友　④互联网（网络浏览）或手机消息　⑤书刊、科技小报和宣传册　⑥科教录像光盘与讲座培训

9. 您心目中理想的技术服务模式是：

①农业技术推广站＋农户　②农业技术服务企业＋农户　③农业专业合作社＋农户　④农业技术推广站＋农业专业合作社＋农户　⑤高校科研院所＋农户　⑥高校科研院所＋农业技术服务企业＋农户　⑦政府＋部门（七站八所）＋农户　⑧其他

10. 您认为技术人员以何种方式提供技术最好？（按重要顺序选出前五项）

①个别辅导　②小组辅导（包括现场会、试验示范、培训班等）　③黑板报　④发放小册子、资料　⑤示范户或种植大户带动　⑥大众传媒（电视、广播等）　⑦科技人员下乡　⑧服务合作社协会　⑨服务种植基地带动

11. 若是需要技术专家进行技术指导，您觉得哪种方式最好？（可多选）

①农忙前进行技术宣传　②有问题时可以打电话咨询他们　③到乡农技站咨询　④到县农技站咨询　⑤可以咨询村里农技员　⑥找村里的种植大户或示范户

12. 您觉得目前本地技术指导员有哪些方面需要改进：（可多选）

①尽量提早告知自己应采取的技术措施　②传授技术尽可能通俗易懂，简单明了　③提供服务时不要收费　④提供的物资价格便宜，质量有保证　⑤服务态度更好些　⑥其他原因（请注明）

## 三、金融服务

1. 您对金融服务的强烈程度：
①不需要　②无所谓　③需要　④很需要　⑤强烈需要

2. 您对金融服务是否满意：
①很满意　②满意　③基本满意　④不太满意　⑤不满意

3. 您近几年是否有借贷？①有　②没有

若选择①有贷款，请回答下述第 4 题、第 5 题；若选择②，请直接回答第 6 题。

4. 您借贷的情况：

| 借贷金额<br>（元） | 借贷的<br>供给者* | 借款期限<br>（年） | 借贷情况 | | 目的 |
| --- | --- | --- | --- | --- | --- |
| | | | 利率（%） | 偿还的全部金额（元） | |
| | | | | | |
| | | | | | |

借贷的供给者*：①银行；②农村信用社；③加工、销售及农资等企业；④放债者；⑤朋友或亲戚。

5. 对金融机构信贷服务？

①很满意　②满意　③基本满意　④不太满意　⑤不满意

若选择④和⑤的，您对金融机构贷款服务不满意的主要原因是：

①办事效率低　②贷款申请困难　③不能解决实际困难　④不及时　⑤其他

若选择①、②和③的，您对金融机构贷款服务满意的主要原因是：

①办事效率高　②方便及时　③能解决实际困难　④其他

6. 您为什么没有申请贷款：（如果申请金融机构贷款不用作答该题）

①不喜欢借钱，怕有压力　②不需要，自己有钱　③不需要，已经有未还的贷款　④没有投资机会，缺乏资金用场　⑤有其他更方便的融资途径　⑥手续太麻烦，申请贷款批复所需时间太长　⑦利率太高　⑧缺乏质押品、抵押品　⑨找不到符合要求的担保人　⑩贷款期限太死　⑪家庭收入低，金融机构不愿意提供贷款

7. 您最希望获得的金融服务有哪些（多选，按需要强烈程度排，最需要排第一位，排前五项）

①专业组织提供资金，用于购买种子、化肥等生产资料　②生产性贷款的担保　③帮购买农业保险　④提供信用评级证明　⑤介绍贷款渠道　⑥组织贷款

8. 您家种植棉花的投入资金主要来自：

①自己积累　②棉花销售、加工及农资企业　③亲朋　④农村信用社　⑤银行

9. 对于资金短缺，您希望通过哪种途径获得？（按需要的强烈程度排序，最需要排第一位）

①农产品销售、加工及农资企业　②亲朋邻居　③农村信用社　④银行　⑤其他

10. 您目前获得金融服务的基本情况是：

| 金融服务类型 | 目前是否获得该项服务（①是 ②否） | 对该项服务需求的强烈程度（填写编码1） | 满意程度（填写编码2） | 目前获得该项服务的主体（填写编码3） | 获得该项服务的理想主体（填写编码3） |
|---|---|---|---|---|---|
| 组织贷款 | | | | | |
| 专业组织提供资金 | | | | | |
| 贷款的担保 | | | | | |
| 购买农业保险 | | | | | |
| 提供信用评级证明 | | | | | |
| 介绍贷款渠道 | | | | | |
| 组织农户集体贷款 | | | | | |

编码1：①不需要；②无所谓；③需要；④很需要；⑤强烈需要。

编码2：①很满意；②满意；③基本满意；④不太满意；⑤不满意。

编码3：①农产品销售、加工及农资企业；②亲朋邻居；③农村信用社；④银行；⑤村集体；⑥合作社。

11. 您理想的棉花种植金融服务模式是：（可多选）

①农业专业合作社＋农户 ②农业加工、销售企业＋农户 ③金融机构＋农户 ④农业专业合作社＋金融机构＋农户 ⑤农业专业合作社＋农业加工、销售企业＋农户 ⑥政府＋农户 ⑦政府＋金融机构＋农户 ⑧村集体＋农户 ⑨其他

## 四、保险服务

1. 您认为种植棉花风险如何？ ①风险大 ②风险中 ③风险小

您在棉花种植生产中面临的风险有哪些？（ ）（多选，按照影响程度由高到低排序）

①棉花价格波动太剧烈 ②生产资料（种子、化肥、农药、地膜等）上涨过快 ③拾花费用上升 ④大风、冰雹、干旱等灾害 ⑤病虫害危害 ⑥销售渠道不稳定

2.（1）近五年来您家有没有遭受过自然灾害？（ ） ①有 ②没有

（2）如果遭受过自然灾害，主要是以下哪几种类型？（ ）请按影响程度排序（ ）

①干旱 ②病虫害 ③洪涝 ④风灾 ⑤霜冻雹灾 ⑥其他

3. 您认为自然灾害对棉花生产影响有多大？（ ）

①非常大　②较大　③一定影响　④较小

4. 您通常如何防范自然风险？（　　　）

①储蓄存钱　②购买保险　③听天由命　④其他

5. 您认为有效防范棉花自然灾害的措施有哪些？（多选）（　　　）

①棉花保险　②农业基础设施建设　③村民互助　④病虫害防治措施　⑤其他

6. 您对棉花保险的了解程度：①非常了解　②一般了解　③不了解

您是通过什么渠道了解棉花保险的？（　　　）

①广播　②电视　③报纸　④网络　⑤保险营销员　⑥亲戚朋友　⑦村干部
⑧其他

7. 对保险服务满意程度？（　　　）　①很满意　②满意　③基本满意　④不
太满意　⑤不满意

8. 您是否购买了棉花种植保险？①是　②否，若购买过，您的支付保险费
为（　　　）元，保险金额为（　　　）元，政府给予（　　　）元/亩棉花保险补
贴，您认为补贴费用为（　　　）元/亩是合理的。发生险情后，您是否按合同得
到了赔偿？①是　②否

您对农业保险公司的保险服务满意吗？（　　　）

①很满意　②满意　③一般满意　④不满意，原因是＿＿＿＿＿＿＿＿

您一直没有购买棉花保险的原因：（如第 8 题选②请继续作答，若选①则不
用作答）：

①不了解保险　②不相信保险　③觉得没必要　④保险机构没有这种险种
⑤知道农业保险，但不知道如何投保　⑥购买农业保险，没有发生风险感觉不
合算

9. 您对保险服务需求程度？①不需要　②无所谓　③需要　④很需要　⑤强
烈需要

您是否愿意购买棉花保险：①愿意　②不愿意　③随便（没有明确购买意愿）

第 10 题回答了②，您不愿意购买的原因是：（　　　）

①遇到风险的可能性不大　②可通过其他方式化解风险　③遇到灾害国家会
给予救济　④没有受灾，钱就白交了　⑤保费高，赔付低，不划算　⑥其他

10. 若您认为需要购买，而现在尚未购买的原因是：（多选，由主到次排序）
（　　　）

①买保险程序及保险条款太复杂　②理赔太麻烦　③不信任保险公司　④保费

太高　⑤家庭经济状况不佳　⑥周围的人都没买　⑦曾经买过，印象不好　⑧其他

11. 您对棉花保险最看重什么？（　　　）

①出事（出险）后能赔偿多少　②保险公司承诺是否属实　③保费额　④有没有合适的险种　⑤保险合同条款　⑥其他

12. 您认为是否应设置棉花产量保险？①是　②否

您觉得承保产量的比例应占产量的：①50%　②70%　③80%　④90%

13. 您认为是否应设置棉花价格保险？①是　②否　价格应定为_____。

14. 您认为政府最应该设置哪类保险？①产量保险　②价格保险

## 五、期货

1. 您什么时候开始知道"期货"的？①两年以前　②最近一年　③现在也不清楚

2. 您对"期货"认识？①从未听说过　②仅仅听说过而已　③了解一些基本知识

3. 您参加过如何应对价格变动的培训吗？①参加过，次数较多　②有，但很少　③未参加过

4. 您卖棉的方式是：①随行就市，按周围农户卖价而定　②与棉花加工厂商议而定　③根据期货价格与买方讨价还价　④年初和加工厂签订订单

如果回答④，您签订合同的价格是：①固定价格　②市场价格

5. 您认为棉花价格波动对棉花生产影响：①很大　②一般　③很小

6. 当棉花出现收成不好，或价格下跌时，您是怎样规避风险的？

①种植一些其他的农作物　②种植棉花时就与收购企业商定价格签署协议　③多出外打工，少种地　④加入合作社，利用合作社卖出棉花

7. 如果有依托期货价格以棉花加工厂为主导设立的期货合作社，年初种植时可以有计划地确定种植品种，可以选择销售时机，您是否愿意参加？①是　②否

## 六、信息服务

1. 您是否需要棉花信息服务：①不需要　②无所谓　③需要　④很需要　⑤强烈需要

2. 您目前获得信息服务的基本情况是：

| 技术指导<br>类型 | 目前能否获<br>得该信息<br>（①是<br>②否） | 需求的强<br>烈程度<br>（填写<br>编码1） | 满意程度<br>（填写<br>编码2） | 目前获得<br>信息的主<br>体（填写<br>编码3） | 获得信息的<br>理想主体<br>（填写<br>编码3） | 目前获取<br>信息的主要<br>渠道（填<br>写编码4） | 获取信息的<br>理想渠道<br>（填写<br>编码4） |
|---|---|---|---|---|---|---|---|
| 农业科学、技术信息 | | | | | | | |
| 农产品价格信息 | | | | | | | |
| 农产品供求信息 | | | | | | | |
| 农药、化肥等农资信息 | | | | | | | |
| 农产品行情预测信息 | | | | | | | |
| 农业政策、相关<br>法规法规信息 | | | | | | | |
| 劳务用工信息 | | | | | | | |
| 气象信息 | | | | | | | |

编码1：①不需要；②无所谓；③需要；④很需要；⑤强烈需要。

编码2：①很满意；②满意；③基本满意；④不太满意；⑤不满意。

编码3：①农技推广部门与基层技术服务站；②农民专业技术协会或合作社；③农资企业或加工厂；④大学和科研单位；⑤村干部或村组集体；⑥亲朋好友与其他农户。

编码4：①大众传媒（电视、广播等）；②技术示范、观摩；③邻居亲戚朋友；④互联网（网络浏览）；⑤书刊和科技小报；⑥科教录像光盘与讲座培训；⑦手机消息。

您对信息服务是否满意：①很满意；②满意；③基本满意；④不太满意；⑤不满意。

3. 您最希望获取的信息：（可多选，按需要强烈程度排序，最需要排第一位，排前五项）

①农业科学、技术信息　②农产品价格信息　③农产品供求信息　④农药、化肥等农资信息　⑤农产品行情预测信息　⑥农业政策、相关法律法规信息　⑦劳务用工信息　⑧气象信息

4. 您希望信息服务主体是：（　　）（多选，按需求强烈程度排序，最希望排第一位，排前五项）

①基层信息服务站　②农民协会或合作社　③农资经营门市　④政府部门⑤大学和科研单位　⑥村干部　⑦农技推广部门　⑧农业服务性企业　⑨亲朋好友
请您按对他们服务的满意程度由高到低排序（　　）

5. 您望获得信息服务主要渠道是：（　　）（按强烈程度排序，最希望的渠道排第一位，排前五项）

①电视 ②电话 ③广播 ④互联网（网络浏览） ⑤书刊和科技小报 ⑥录像光盘 ⑦讲座培训 ⑧技术示范、观摩 ⑨拜访推广部门 ⑩邻居亲戚朋友 ⑪手机短信

6. 您是否希望有一个政府组织或机构根据农业生产时节，将当前流行的病虫害，气象灾害等通过手机短信不定期地将棉花种植信息发送给您？

①强烈希望 ②希望 ③ 无所谓 ④不希望

7. 本乡是否有信息服务协会：①有 ②否，是否愿意参加：①是 ②否

8. 是否想把关于棉花的买卖信息发布出去？（ ） ①想发布 ②无所谓 ③不想发布

如果回答①，您认为买卖信息以什么形式发布出去最好？（可多选）

①手机短信 ②电话 ③发布网上 ④通过集市 ⑤通过政府信息中心 ⑥通过信息中介 ⑦通过亲朋好友传递 ⑨农村大户 ⑩农业经纪人 ⑪其他

9. 您认为您是否能获得及时、准确、有效的棉花种植信息？①是 ②否

若回答②，您认为影响获取及时、准确、有效的棉花种植信息的原因是：
（ ）

①不知去哪儿获取信息 ②不知哪些信息有用 ③自身文化水平低 ④虚假信息太多 ⑤提供信息的针对性差，信息实用性不强 ⑥提供的信息及时性差 ⑦其他

10. 您认为理想的棉花种植信息服务模式是：

①农户+基层信息服务站 ②农户+合作社 ③农户+农业综合服务公司 ④农户+政府 ⑤农户+网络平台 ⑥农户+合作社+农业综合服务公司 ⑦农户+合作社+政府 ⑧农户+合作社+涉农企业+政府 ⑨农户+政府+加工企业+销售企业

## 七、生产环节服务

1. 棉花种植过程中，您最担心的是：（ ） ①收成不好，收入无法得到保证 ②成本太高，收益得不到保证 ③棉花价格太低 ④病虫害 ⑤自然灾害 ⑥其他

2. 您认为销售棉花困难吗？（ ） ①困难大 ②困难小 ③没有困难

如果有困难，存在哪些问题？

①缺乏销售信息 ②销路不畅 ③价格不稳定 ④压级压价 ⑤销路不广

⑥其他

3. 您家棉花主要销售情况是：

| 服　务 | 是否能获得<br>（①是　②否） | 需求强烈程度<br>（编码1） | 销售渠道 | | 满意程度<br>（编码3） |
|---|---|---|---|---|---|
| | | | 实际获得<br>（编码2） | 希望获得<br>（编码2） | |
| 棉花的销售 | | | | | |

编码1：①不需要；②无所谓；③需要；④很需要；⑤强烈需要。

编码2：①加工厂；②个体零售商上门收购；③经纪人；④邻居、亲戚朋友联系销售；⑤加工厂订单式销售；⑥乡镇政府和村委会联系销售；⑦种植大户或示范户订购；⑧协会或专业合作组织销售。

编码3：①很满意；②满意；③基本满意；④不太满意；⑤不满意。

您对当前农产品的产后销售服务感到满意或不满意的原因是_____。

4. 您主要去哪儿购买良种、化肥、农药等生产资料？（　　）（可多选）
①政府部门或与农业相关的企事业单位（农技推广部门等）　②村集体
③协会或合作社　④科研院所、院校　⑤个体经销公司　⑥其他
请您按对它们服务的满意程度由高到低排序（　　）

5. 您对农资服务需求的强烈程度：①不需要　②无所谓　③需要　④很需要　⑤强烈需要

6. 总体来讲，您对农资购买服务满意吗？
①很满意　②满意　③基本满意　④不太满意　⑤不满意，原因是_____。

7. 您目前在种植生产各环节农资购买获得的状况是：

| 服　务 | 是否能获得<br>（①是　②否） | 需求强烈程度<br>（编码1） | 销售渠道 | | 满意程度<br>（编码3） |
|---|---|---|---|---|---|
| | | | 实际获得<br>（编码2） | 希望获得<br>（编码2） | |
| 优良品种的购买与服务 | | | | | |
| 农药的购买与使用 | | | | | |
| 化肥的购买与使用 | | | | | |

编码1：①不需要；②无所谓；③需要；④很需要；⑤强烈需要。

编码2：①村集体；②农技推广部门；③合作社；④农资企业；⑤农业服务企业；⑥棉花加工厂；⑦科研院所（校）。

编码3：①很满意；②满意；③基本满意；④不太满意；⑤不满意。

## 八、目标价格政策的认知

1. 您对棉花目标价格政策了解吗?（　　）①比较了解　②听说　③不了解

2. 您认为棉花目标价格政策对您未来增收:（　　）①非常好　②非常不好　③不清楚

2014 年您家获得的目标价格补贴收入为_____元,总体收入是否增长?（　　）①是　②否

3. 您对棉花补贴扶持政策了解哪些?（　　）（可多选）

①疆外运输补贴　②棉花良种补贴　③农资综合直补　④购买农机具补贴　⑤目标价格补贴　⑥节水灌溉补贴

4. 您对目标价格补贴增收评价:（　　）①满意　②一般　③不满意,进一步提高补贴标准

5. 您认为以下哪种目标价格棉花补贴方式更合理?（　　）

①以出售籽棉数量计算更为合理　②以承包地计税面积计算更为合理　③以播种面积计算方式更为合理　④以出售籽棉量和种植面积混合计算更为合理

如果回答④,您认为目标价格补贴中,出售籽棉量占比（　　）,种植面积占比（　　）

6. 您了解棉花扶持政策等信息的渠道是:（　　）

①通过政府部门宣传　②通过网络、电视、广播、报纸　③其他方式

7. 对"今后政府会加大种棉补贴力度,从长远来看种棉花是划算"的观点认为:（　　）

①非常同意　②同意　③一般　④不同意　⑤很不同意

8. 您是否认同"棉价波动是一种长期的现象,种棉收益是有保障机制的"?（　　）

①非常同意　②同意　③一般　④不同意　⑤很不同意

9. 您认为种棉收入不如种其他作物或是非农就业的收入?（　　）①同意　②不同意

10. 未来您家还愿意继续种棉花吗?（　　）①愿意　②不愿意

若选择①,如何打算?（　　）①扩大面积　②保持不变　③缩减面积

更愿意种植哪类?（　　）①机采棉　②人工棉

若选择②,原因是:（　　）①收益不好　②社会化服务不好

## 九、社会化服务主体

1. 您对各类农业社会化服务主体提供的社会化服务的满意程度是:

| 项目 | 农技推广部门 | 村集体 | 合作社 | 农资销售企业 | 棉花加工企业 | 邻里亲戚 |
|------|------------|--------|--------|------------|------------|---------|
| 满意程度 | | | | | | |

编码: ①很满意; ②满意; ③基本满意; ④不太满意; ⑤不满意。

2. 您希望农技推广机构提供哪些服务?(　　)(多选,由主到次排序)

①生产资料供应　②产品销售　③资金借贷服务　④技术指导　⑤信息服务

您最希望农技推广机构提供服务的方式:(　　)

①提供种子、化肥等销售与使用一体化服务　②提供种子、化肥等农资技术指导　③提供种子、化肥等价格、质量信息服务　④种植、产品品质技术指导　⑤其他

3. 您希望合作经济组织提供哪些服务?(　　)(多选,由主到次排序)

①生产资料供应　②产品销售　③资金借贷服务　④技术指导　⑤信息服务

您最希望合作组织提供服务的方式是:(　　)

①供从农资、种植指导到棉花销售的一体化服务　②提供产品订单服务(种植技术指导服务,固定价格产品销售)　③提供订单服务(种植技术指导服务,浮动价格产品销售)　④提供信息服务　⑤仅仅提供技术指导　⑥提供组织贷款、担保等金融服务　⑦仅仅提供产品销售服务　⑧其他

4. 您希望村集体提供哪些服务?(　　)(多选,由主到次排序)

①生产资料供应　②产品销售　③资金借贷服务　④技术指导　⑤信息服务

您最希望村集体提供服务的方式:(　　)

①种子、化肥等销售使用一体化服务　②种子、化肥等农资技术指导　③提供组织贷款、担保等形式提供金融服务　④通过信息服务站提供信息服务　⑤提供产品销售服务　⑥其他

5. 您希望龙头企业(棉花加工厂)提供哪些服务?(　　)(多选,由主到次排序)

①生产资料供应　②产品销售　③资金借贷服务　④技术指导　⑤信息服务

您最希望龙头企业(棉花加工厂)提供服务的方式是:(　　)

①提供从农资供应、种植指导到棉花销售的一体化服务 ②提供产品订单服务（种植技术指导，固定价格产品销售） ③仅仅提供订单服务（种植技术指导，浮动价格产品销售） ④提供价格信息服务 ⑤提供资金提供、担保等金融服务 ⑥提供产品收购销售服务 ⑦其他

6. 目前您需要政府提供的服务有哪些？（　　　）（多选，由主到次排序）

①技术服务 ②资金服务 ③销售服务 ④信息服务 ⑤保险服务 ⑥农资供应服务

7. 您对社会化服务的总体满意度？（　　　）①很满意 ②满意 ③基本满意 ④不太满意 ⑤不满意，原因是_____。

# 后 记

　　本书是"新形势下新疆棉区农业社会化服务体系的创新与扶持政策研究"项目课题组集体智慧的结晶。研究项目能顺利完成、课题的实地调研、数据的获取，得到了许多单位的大力支持和帮助。新疆维吾尔自治区农业农村厅、尉犁县农业农村局、轮台县农业农村局、库车县农业农村局、阿瓦提县农业农村局、温宿县农业农村局、莎车县农业农村局、巴楚县农业农村局、麦盖提县农业农村局、沙湾县农业农村局、乌苏市农业农村局、呼图壁县农业农村局、玛纳斯县农业农村局、昌吉市农业农村局等单位及其相关人员给予了积极配合，在此表示衷心的感谢！

　　本项目共有8名研究生参与了研究工作，第4章的内容由李先东编写，第5章的内容由周风涛编写，第6章、第7章的内容由蒲娟编写，第8章的内容由常俊编写，第9章的内容由郑春继编写，第10章的内容由杨旭编写，第11章的内容由高欣宇编写，在此向他们的努力工作表示谢意！

　　在项目研究方案的设计和研究报告的审阅中，还有很多需要感谢的人，他们为此都付出了大量的心血和汗水，提出了许多宝贵的意见和建议，在此，也向他们的辛苦工作表示深深的谢意！

作　者

2019 年 12 月